[개정판]

호텔 마케팅

김충련 著

21세기사

개정 머리말

호텔은 환대산업의 한 부분으로서 관광산업이 발전되면서 더욱 중요시 되고 있다. 특별히 산업이 분화 및 고도화되고 있고, 사람들이 삶의 여유가 많아지면서 비즈니스를 위한 미팅, 컨벤션 등 국제회의의 필요성, 사람들의 여행의 활성에 따라 많은 변화를 겪어 왔다. 한국의 호텔산업은 미국과 같은 선진국 호텔 산업에 비해 소비자의 선택의 폭을 넓혀 줄 수 있는 다양한 세분시장에 맞는 호텔 등이 많지 않은 편이다. 주로 고급 호텔은 선진국의 체인 호텔을 중심으로 포지션되어 있으며, 중저가의 호텔들은 한국관광공사의 이노스텔을 제외한 선진국에서 볼 수 있는 개념이 아닌 모텔, 펜션, 콘도 등이 주요한 숙박 형태로 자리잡고 있다. 특별히 산업의 분화 및 고도화에 따라 고급 호텔보다는 비즈니스 호텔이 본격적으로 성장하고 있는 상황이다. 이러한 상황에서 호텔산업에 대한 이해와 호텔의 마케팅 전략을 잘 이해하는 것이 그 어느 때보다 중요한 시대가 되었다.

호텔마케팅 책을 처음으로 출간한 후 2년여가 지나가고 있다. 처음 호텔마케팅 책을 출간하고 나서, 마케팅 개념의 변화를 비롯해 강의를 하면서 이전 판에서 언급되지 않았던 내용들, 새로운 참고문헌 등을 추가하게 되었다.

본 책은 전판에서와 같이 총 14장으로 구성되어 있다. 1장에서는 일반 마케팅과 다른 호텔산업 마케팅의 특징을 설명했다. 특별히 새롭게 바뀐 마케팅 개념을 반영해서 내용을 수정했다. 2장과 3장은 호텔을 둘러싸고 있는 환경과 고객, 그리고 이를 파악하기 위한 마케팅조사에 대해서 설명하고 있다. 2장에서는 외부환경과 내부환경, 조직과 개인소비자의 행동특성을 제시했다. 개인 소비자의 행동특성과 관련해 지각을 비롯한 다양한 특성들에 대해서 내용들을 새롭게 추가했다. 3장에서는 이들 특성들을 파악하기 위한 시장조사기법을 설명하였다. 4장에서는 환경분석과 마케팅조사 결과에 근거해서 시장을 분석할 수 있는 시장세분화, 표적시장 선정, 포지셔닝 방법에 대해서 설명했다. 5장에서는 호텔의 강점과 약점, 기회 및 위협 요인을 바탕으로 전략적 목표를 세우고 기업이 나아갈 마케팅계획에 대해서 서술하고 있다.

6장부터는 마케팅전략을 수행하기 위한 마케팅믹스 요인들을 설명하고 있다. 6장은 상품관리, 7장은 상품관리의 확장 개념으로 패키지, 프로그래밍, 파트너십을 설명하고 있다. 8장은 가격관리, 9장은 유통관리, 10장은 촉진 활동으로서 마케팅 커뮤니케이션 관리를 소개하고 있다. 11장은 마케팅 커뮤니케이션 수단 중에서도 호텔산업의 영업활동에 중요한 역할을 하는 인적 판매에 대해서 살펴보고 있다. 요즘 거론되고 있는 SNS등과 관련한 촉진프로그램에 대해서 추가하였다. 또한 서비스산업은 일반 제조업보다 종업원에 대한 관리가 중요한데 12장에서 내부마케팅이라는 개념으로 소개하고 있다. 이어서 호텔산업의 상품특성인 서비스관리에 관한 내용을 13장에서 소개하고 있다. 마지막으로 현대 호텔마케팅의 주요 이슈인 관계마케팅, 텔레마케팅, 감성마케팅 등에 대한 전략적 이슈를 14장에서 소개하고 있다.

학교에서 강의를 하는 동안 항상 부족한 저자에게 보내주신 선, 후배 동료들의 관심과 학교의 학생들, 출판을 흔쾌히 할 수 있도록 도와주신 도서출판 21세기사의 이범만 사장님과 직원 선생님들에게 감사를 드린다. 마지막으로 한결같이 옆에서 늘 격려의 말로 힘을 북돋아 준 아내와 나의 자녀들에게 고마움을 전한다.

2012년 2월

저자 **김충련**

들어가는 말

호텔산업은 산업이 고도화될수록 서비스산업에서 차지하는 비중이 점차적으로 커지고 있으며 선진국의 경우에는 경제 비중이 가장 큰 산업 중에 하나로 자리잡고 있다. 우리나라의 경우에도 관광이 활성화되고 글로벌 세계가 전개되면서, 환대산업으로서 호텔산업은 외화획득과 고용창출 측면에서 경제에 기여할 뿐만 아니라 인간의 삶의 질 향상에 중요한 역할을 담당하고 있다.

19세기말에 인천항에 세워진 호텔을 시발로 근대식 호텔개념이 우리나라에 들어왔다. 1980년대 초까지 국가차원에서 전략적으로 운영되었던 호텔산업은 1986년의 아시안게임과 1988년의 올림픽, 2002년의 월드컵을 거치면서 호텔산업을 포함한 환대산업이 급속히 성장하면서 발전되어 왔다. 최근에는 해외의 체인호텔이 국내 시장에 앞다투어 진출하면서 국제간의 경쟁이 치열해지고 있는 상황이다. 이와 더불어 인터넷을 비롯한 정보통신기술의 발전으로 호텔의 마케팅환경이 큰 도전을 받고 있다. 국내 호텔도 전세계적인 호텔과 경쟁을 해야 하는 시대가 된 것이다. 소비자들도 국내외 여행을 자주하게 되면서 여행에 대한 감각이 높아졌으며, 호텔을 평가하는 관점도 많이 변하고 있다. 이제 호텔산업은 시장의 성숙과 고객 욕구의 다양화, 공급측면에서 새로운 전략이 필요한 시대가 되었다. 그 어느 때보다 시장에 대한 정확한 이해와 고객에게 효과적으로 접근하기 위한 적절한 마케팅전략이 필요한 시대가 되었다.

본 책은 독자들에게 호텔산업에 대한 기본적인 이해를 넓히고, 효과적인 마케팅전략을 수립을 하도록 하는데 도움을 주고자 한다. 널리 알려진 마케팅이론을 바탕으로 호텔산업의 특성을 반영한 마케팅개념과 원리들을 충실하게 소개하고 있다. 따라서 본 책은 호텔마케팅을 공부하려는 학생들과 호텔산업분야에 종사하는 마케팅관련 담당자들에게 적절하다고 볼 수 있다.

Prologue

본 책은 총 14장으로 구성되어 있다. 1장에서는 일반 마케팅과 다른 호텔산업 마케팅의 특징을 설명했다. 2장과 3장은 호텔을 둘러싸고 있는 환경과 고객, 그리고 이를 파악하기 위한 마케팅조사에 대해서 설명하고 있다. 2장에서는 외부환경과 내부환경, 조직과 개인소비자의 행동특성을 제시했다. 3장에서는 이들 특성들을 파악하기 위한 시장조사기법을 설명하였다. 4장에서는 환경분석과 마케팅조사 결과에 근거해서 시장을 분석할 수 있는 시장세분화, 표적시장 선정, 포지셔닝 방법에 대해서 설명했다. 5장에서는 호텔의 강점과 약점, 기회 및 위협 요인을 바탕으로 전략적 목표를 세우고 기업이 나아갈 마케팅계획에 대해서 서술하고 있다. 6장부터는 마케팅전략을 수행하기 위한 마케팅믹스 요인들을 설명하고 있다. 6장은 상품관리, 7장은 상품관리의 확장 개념으로 패키지, 프로그래밍, 파트너십을 설명하고 있다. 8장은 가격관리, 9장은 유통관리, 10장은 촉진 활동으로서 마케팅 커뮤니케이션 관리를 소개하고 있다. 11장은 마케팅 커뮤니케이션 수단 중에서도 호텔산업의 영업활동에 중요한 역할을 하는 인적 판매에 대해서 살펴보고 있다. 또한 서비스산업은 일반 제조업보다 종업원에 대한 관리가 중요한데 12장에서 내부마케팅이라는 개념으로 소개하고 있다. 이어서 호텔산업의 상품특성인 서비스관리에 관한 내용을 13장에서 소개하고 있다. 마지막으로 현대 호텔마케팅의 주요 이슈인 관계마케팅, 텔레마케팅, 감성마케팅 등에 대한 전략적 이슈를 14장에서 소개하고 있다.

학교에서 강의를 하고, 오랜 시간 동안 책을 집필하기 위해 준비를 해 왔음에도 불구하고 아직도 더 연구하고, 추가하고, 정교화 시켜야 할 것이 많은 것으로 보인다. 항상 부족한 저자에게 보내주신 선, 후배 동료들의 관심과 학교의 학생들, 출판을 흔쾌히 할 수 있도록 도와주신 도서출판 21세기사의 이범만 사장님과 직원 선생님들에게 감사를 드린다. 마지막으로 한결같이 옆에서 지켜봐 주고 늘 격려의 말로 힘을 북돋아 준 아내와 자녀들에게 고마움을 전한다.

2010년 5월

저자 **김충련**

차례

CONTENTS

Chapter 08

제8장 가격관리 217

Chapter 09

제9장 유통관리 47

Chapter 12 내부마케팅과 내부판매 347

Chapter 13 서비스 환경관리 367

Chapter 1

호텔마케팅의 이해

1. 호텔산업의 개요
2. 호텔마케팅의 이해
3. 호텔마케팅의 특성
4. 호텔마케팅믹스

01 호텔마케팅의 이해

● 학습목표
1. 호텔산업의 역사와 특성에 대해서 알아본다.
2. 호텔마케팅의 개념과 발전과정, 특성에 대해서 알아본다.
3. 호텔의 주요한 마케팅 믹스 구성요인과 특성에 대해서 알아 본다.

1. 호텔산업의 개요

1.1 호텔산업의 현황

중세시대의 인(Inn)을 중심으로 구성되었던 숙박시설에 대한 소비자들의 욕구가 변화되면서, 19세기에 유럽을 중심으로 호텔이 등장하기 시작했다. 처음에는 광천수 온천지역을 중심으로 부유층을 대상으로 한 호텔이 생겨났다. 호텔(hotel)이라는 어원은 라틴어의 '호스페스(Hospes)'라는 용어가 '호스피탈레(Hospitale)' 로 전환되면서 등장하게 되었다. 이후 프랑스와 영국에서 호텔이라는 용어는 사용되었다. 프랑스에서는 부유층이나 저명인사의 주거지나 건물을 'Hotel de Ville' 나 'Hotel de la Monnaie' 와 같이 불렀다. 프랑스혁명 이후 공유 거주지로 변환되면서 호텔이라고 불리게 되었다.

호텔의 개념은 1850년 파리에 건립된 'Le Grand Hotel' 에서 시작되었다. 나중에 이 호텔은 호화스럽고 고급스러운 호텔의 대명사로 알려지게 된다. 1855년에는 나폴레옹 3세에 의해 'Hotel de Louvre' 가 문을 열었으며, 1870년에는 세계에서 가장 호화스러운 호텔인 'Grand National' 이 문을 열었다. 1880년에는 세자르 리츠(Cesar Ritz)에 의해 'Ritz Development Co.' 가 설립되었다. 1889년에는 영국 런던에 'Savoy Hotel' 이 세워졌으며, 1899년에는 'The Carlton' 이 개업을 했다. 20세기 초 독일에서는 바덴바덴에 '바디쉬 호프(Der Badische Hof)' 가 세워졌다.

미국에서는 신대륙 개척지를 중심으로 '터번(Tervern)' 이라 불리는 식당 겸 숙박시설이 보급

되었다. 1775년에는 제임스 랜시(James de Lancy)의 사저인 '프론시스 태번(Fraunces Tavern)'이 문을 열었고, 1789년에 '시티 태번(The City Tavern)'으로 불리다가, 1793년에 현대식 시설을 갖추었으며, '톤틴 시티 태번(Tontine City Tavern)'과 '시티 호텔(City Hotel)'로 이름으로 바꾸면서 호텔영업을 시작하였다. 이 호텔은 최초로 뉴욕의 사교의 중심지에 73개의 객실을 갖춘 건물이었다. 1807년에는 '익스체인지 커피 하우스(Exchange Coffee House)'라는 호텔이 필라델피아에서 문을 열었으며, 후에 '맨션 하우스 호텔(Manson House Hotel)'로 개명되었다. 미국에서는 동부지역의 항구도시에서부터 숙박시설이 발전하기 시작했다. 근대 미국 호텔산업의 원조는 1829년 보스턴에 문을 연 '트래몬트 하우스(Tramont House)'이다. 이후 미국에서는 다양한 호텔, 모텔들이 등장하기 시작했다.

우리나라에서는 개화 이후 1888년에 일본인에 의해 인천에 '대불호텔', 1902년에 손탁에 의해 '손탁(Sontag) 호텔'이 세워졌다. 손탁 호텔은 객실, 식당, 연회장이 갖추어진 외교의 중심지로 활용되었다. 계속해서 일본에 의해 신의주와 부산에 철도호텔이 세워졌으며, 1914년에 서울에 조선호텔, 1915년에 금강산호텔과 장안사호텔, 1925년에 평양 철도호텔, 1936년에 반도호텔이 세워졌다. 해방후 미군정청에 있었던 조선호텔과 반도호텔은 정부의 교통부 육운국이 1950년대 초에 인수하여 운영하였다. 1962년에는 한국관광공사에서 운영하고 있던 온양호텔, 서귀포호텔, 무등산호텔, 불국사호텔, 대구호텔, 설악산호텔, 조선호텔, 화진포호텔 등이 관광호텔로 개칭되었다. 민간에서도 1952년에 대규호텔, 1955년에 금수장호텔, 1957년에는 해운대호텔과 사보이호텔이 개관하였다. 1970년대에는 서울 조선호텔, 부산 조선비치호텔, 경주 조선호텔이 운영되었으며, 1976년에는 서울 프라자호텔, 1979-80년에는 호텔신라, 롯데호텔, 경주 도큐호텔, 부산 서라벌호텔, 서울 가든호텔들이 개관했다. 1986년 아시안 게임과 1988 서울 올림픽은 국내의 호텔과 관광산업이 급속히 발전하게 되는 계기였다. 2005년말 기준으로 국내에는 838 개의 호텔이 있다.

1.2 호텔산업의 변화

미국의 경우 전형적인 호텔은 20세기 중반만 해도 인구가 집중된 곳이나, 무역센터 등에 주로 위치하고 있었다. 대부분의 호텔은 객실이 50개 미만이었으며, 오늘날과 같이 국제적인 체인 호텔은 거의 없었다. 그 당시에는 쉐라톤이나 힐튼 정도의 체인 호텔이 존재했을 뿐이다. 호텔의 객실도 넓지 않았고, 전화도 없었고, 욕실조차도 없었다. 표준화된 상품이나 편의시설, 서비스조차도 없었다. 고작 일부 호텔이 레스토랑, 바, 수영장 등을 갖추고 있는 정도였다. 산이나 호수, 바닷가에 위치한 소수의 리조트 호텔들이 있었으나, 대부분 특정 계절에만 운영이 되었다. 이런 호텔들은 일부 부유층을 위한 것들이었다.

호텔의 발전은 주변 환경의 변화와 밀접한 관련이 있다. 과거에 소수의 전유물이었던 호텔이 현대와 같이 변화게 된 몇 가지 주변환경의 변화를 살펴보면 다음과 같다. 미국에서 1950년대 중반 이후에 호텔이 바뀌게 된 몇 가지 이유를 애비(James R. Abbey, 2003)는 다음과 같이 제시하고 있다.

- **인구증가** : 미국 남부, 산악지대, 서부 태평양 지역을 중심으로 인구가 급격히 증가하였다. 또한 많은 인구가 플로리다나 텍사스 지역들에 유입이 되었다.
- **수명연장** : 인구증가와 더불어 사람들의 수명이 늘어났다. 가구수가 급격히 증가하면서, 미국 전역에 걸쳐 사람들이 정착하여 살게 되었다.
- **소득증가** : 2차 세계대전 후 가족의 소득이 증가되었다. 맞벌이 부부가 일반적인 가족형태로 등장했다. 그들이 더 많은 소득을 갖게 되면서 생활양식이 변하기 시작했다. 가족들은 허리띠를 졸라맨 전쟁기간 이후 갑자기 여행과 레저에 쓸 수 있는 돈을 더 많이 갖게 되었다. 인플레이션이 만연하기 전 1970년대까지는 이러한 추세가 계속해서 이어졌다.
- **레저시간의 증가** : 주당 40시간 근무와 추가적인 법정 공휴일의 증가로 레저시간이 늘어났다. 또한 파트타임 근무나 분담노동(job-sharing)과 같은 직업적인 변화 요인들에 의해 사람들이 사용할 수 있는 레저시간이 늘어났다.
- **고속도로 확장** : 42,500마일에 이르는 주간 고속도로의 건설로 인해 상용 및 레저여행을 하는 여행객이 증가되었다. 자동차의 등록이 경이적으로 늘었으며, 많은 수의 사람들이 고속도로를 이용해 여행을 하게 되었다.
- **교외지역의 발달** : 주간 고속도로로 인해 장거리 여행이 가능해졌으며, 근거리 여행이 쉬워졌다. 이에 따라 교외지역에 쇼핑센터, 사무실, 레크리에이션과 오락시설이 생겨났다. 교통량의 증가와 더불어 숙박과 회의 장소의 필요성이 증가되었다.
- **항공여행의 증가** : 상용 및 레저여행을 할 때 항공여행이 일반화되었다. 1980년 초에 시카고, 뉴욕, LA, 달라스 등과 같은 허브공항을 포함한 승객수송을 위한 공항이 700개 이상 생겨났다. 허브공항들은 국내외적으로 승객수송 및 항공편 중간연결 기착지로서 역할을 담당해 왔

다. 그 이외에도 35개의 중규모 허브공항이 남서부나 북동부 지역을 대상으로 항공수송을 담당하게 되었으며, 62개의 소규모 허브공항은 같은 주(state)안에서 상용 및 레저여행객 항공편 연결 수송을 담당할 수 있게 되었다.

- **컨벤션 센터의 팽창** : 1950년대와 1960년대에 미국경제가 부흥하면서 기업과 친목단체가 증가했고 컨벤션과 회의를 할 수 있는 시설이 필요하게 되었다. 이러한 수요를 수용할 수 있는 시민센터와 대강의실을 가지고 있는 도시들은 소수였고, 대부분은 시내 중심가의 몇몇 호텔에서 이러한 수요를 감당해야만 했다. 점차적으로 기업이 교외지역까지 확장되었고, 수요가 도심의 시민센터의 시설능력을 초과하게 되면서 도시와 지역 또는 리조트 지역에 컨벤션 호텔 건축 붐이 일어났다.

이러한 요소들은 미국 호텔산업의 모든 분야에 영향을 주었다. 고속도로 여행자를 위해 홀리데이 인(Holiday Inn)이나 하워드 죤슨(Howard Johnson) 같은 체인 호텔이 등장했다. 또한 체인 호텔들은 표준화된 디자인, 시설, 서비스, 추천 네트워크를 도입했다. 이에 따라 여행자들이 쉽게 호텔들을 찾을 수 있게 되었다. 레저와 상용여행객이 항공여행을 점차적으로 많이 이용함에 따라 공항호텔이 일반화 되었다. 또한 상용여행객을 대상으로 한 컨벤션호텔, 비즈니스층과 비즈니스 센터가 설치된 호텔, 장기투숙 호텔 등이 생겨나게 되었다.

최근에는 인터넷과 같은 정보통신기술의 개발과 혁신으로 인해 호텔산업이 변화되고 있는데, 이러한 추세는 우리나라의 호텔에도 역시 직접적으로 영향을 미치고 있는 것들이다. 앞에서 제시된 8가지 요소와 더불어 인터넷을 기반으로 한 정보통신기술의 발전은 호텔의 경영전략과 마케팅 전략에 상당한 영향력을 미치고 있다.

1.3 호텔산업의 특성

호텔은 숙박산업(lodging industry)의 일부이다. 숙박산업은 사람을 숙박시키고 음식을 제공하는 호텔, 모텔, 유스호스텔, 콘도미니엄 등을 총칭하는 산업이다. 웹스터 사전에서 호텔은 일반 대중에게 숙박, 음식, 서비스를 제공하는 건물 또는 시설이라고 정의하고 있다.

우리나라의 호텔은 관광숙박업의 일부이며, 관광숙박업은 호텔업과 휴양콘도미니엄업으로 나뉜다. 관광진흥법 제3조에서 호텔업은 '관광객의 숙박에 적합한 시설을 갖추어 이를 관광객에게 제공하거나 숙박에 부수되는 음식, 운동, 오락, 휴양, 공연 또는 연수에 적합한 시설 등을 함께 갖추어 이를 이용하게 하는 업' 으로 정의하고 있다. 여기에는 관광호텔업, 수상관광호텔업, 가족호텔업, 한국전통호텔업이 있다. 반면에 휴양콘도미니엄업은 '관광객의 숙박과 취사에 적합한 시설을 갖추어 이를 당해 시설의 회원, 공유자, 기타 관광객에게 제공하거나 숙박에 부수되는 음식, 운동, 오락, 휴양, 공연 또는 연수에 적합한 시설 등을 함께 갖추어 이를 이용하게 하는 업' 으로 규정하고 있다.

현대적 개념의 호텔의 정의는 '숙박, 음식, 인적서비스, 부대시설을 갖추고 관광객(대중, 고객, 소비자)의 욕구를 유발하고, 충족시키기 위해 각종 서비스를 제공하고 이익을 추구하는 업' 이라고 볼 수 있다. 호텔산업은 다음과 같은 6가지의 특성이 있다(Morrison, 2006).

- **개방성** : 호텔산업은 개방적인 시스템으로 고정되어 있지도 않고 각 부분들이 일정한 방법으로 정확히 조직화되어 있지도 않다. 늘 동적이며 끊임없는 변화를 겪고 있으며, 항상 새롭고 창조적인 방법으로 마케팅이 진행되어 왔다. 1980년대에는 항공사와 호텔에서 상용고객 우대프로그램(frequent traveler awards)을 실시했으며, 1990년대에는 항공사와 호텔, 여행사, 그리고 관광목적지 마케팅조직들이 전 세계적으로 협력하여 전략적 동맹을 맺었다. 1990년대 후반과 2000년대 초에는 인터넷과 전자상거래가 생활의 일부분이 되면서 호텔산업의 예약과 운영시스템이 획기적인 변화를 맞게 되었다.
- **복잡성과 다양성** : 호텔산업은 매우 다양한 조직들이 존재한다. 아주 소규모의 호텔에서부터 다국적 기업에 이르기까지 다양하다. 서로 다른 조직들은 복잡한 상호관계를 맺고 있다. 또한 다양한 유통경로가 존재한다. 리조트는 직접적으로 고객들에게 마케팅을 하거나 전통적인 여행사 또는 온라인 여행사, 관광 도매업자, 인센티브 여행 기획자 등 다양한 중재자를 선택할 수 있다. 환대 및 여행서비스를 촉진, 판매하고 가격을 결정하는 데에도 다양한 방법이 존재한다. 그만큼 고정된 성공의 공식은 존재하지 않는다.
- **반응성** : 끊임없이 시장환경과 마케팅환경이 변하고 있다. 이에 따라 호텔산업도 변화에 민감하게 대응해야만 하는 시대가 되었다. 고객의 욕구와 경쟁환경의 변화에 대한 대응을 하기 위해 고객들이나 다른 이들로부터 정보를 수집해야만 한다. 그냥 현상을 유지하는 정도로는 살아남기 힘든 시대가 되었기 때문이다. 회사의 이미지를 바꾸고, 호텔의 건물을 새롭게 수리하고, 브랜드전략을 강화해야만 한다. 인구변화 추이에 따른 새로운 상품과 서비스를 시장에 내 놓아야 하며, 고객과의 장기적인 관계를 구축해야만 한다.

- **경쟁성** : 호텔산업은 치열한 경쟁산업이다. 매일 새로운 조직들이 생겨나며, 관련 기업과의 협력 정도가 클수록 경쟁력과 그 강도가 증가된다. 상대적으로 작은 규모의 조직들은 그들이 갖고 있는 경쟁적 위치를 확실히 하게 하기 위해 서로 협력해야 한다. 더 나아가 컨소시엄, 추천집단, 협동조합 등을 결성하고 시장에서 더 많은 영향력을 얻기 위해 공동의 마케팅 노력을 기울여야 한다. 1980년대에는 항공사, 호텔, 렌터카 회사 등이 협력하여 상용고객 우대 프로그램를 실시한 것도 이러한 노력의 결과이다. 1990년대에는 본격적인 글로벌 경쟁의 시대가 시작되면서 다른 조직들과 전략적 마케팅동맹과 파트너십을 형성해 왔다.
- **상호의존성** : 호텔산업은 집을 떠난 고객들의 욕구에 맞는 서비스를 제공하는 다양한 관련사업과 조직들이 상호의존적인 관계를 맺고 있다. 레스토랑, 관광자원, 운송수단, 여행사, 소매 쇼핑 사업 등과의 상호의존적인 관계를 맺고 있다. 그 외에도 각종 스포츠행사, 박람회 등 국가홍보기관, 지역 및 국가 관광협회, 컨벤션과 방문객 안내 및 관리국, 상공회의소, 다른 관광목적지 마케팅조직과도 서로 협력하는 것이 필요하다. 이들과도 관계마케팅 차원에서 장기적인 협력 관계를 유지하는 것이 필요하다. 기업 내부적으로도 운영, 재무, 회계, 인적관리, 시설유지 부서 등과도 협력적이며 조화로운 관계를 유지할 필요가 있다.
- **상충과 부조화** : 항상 많은 고객들과 대할 뿐만 아니라 고객들의 요구가 다양한 관계로 호텔산업에 종사하는 종업원들과 조직들간에는 충돌, 스트레스, 긴장이 항상 존재한다. 불건전한 내부경쟁, 개인간의 충돌, 의사소통의 문제로 고객들에게 실행할 수 없는 약속을 하기도 한다. 때로는 호텔산업의 각 주체들이 기대하는 대로 업무수행이 잘 안 되는 경우도 있다. 이에 따라 각 주체별로 긴장감이 형성되기도 한다. 종종 호텔과 리조트의 대리 임무를 마지못해서 처리함으로써 호텔과 숙박시설을 판매하는 회사 사이의 긴장을 시키는 원인이 되기도 한다. 호텔은 관광업자들이 약속했던 것보다 적게 임무를 수행함에 따라 좌절감을 느끼기도 한다. 따라서 관광목적지와 사업자들은 경쟁사에 대항하기 위해 서로 협력해야만 한다.

2. 호텔마케팅의 이해

2.1 호텔마케팅의 환경

이전의 호텔이미지에서 현대의 호텔이 새롭게 변하고 있다. 아직도 호텔을 연상할 때 많은 사람들은 호텔에 있는 큰 로비, 품격 있는 레스토랑 등을 연상할 것이다. 호텔산업은 이와 같은 단순한 이미지에서 벗어나고 있다. 호텔은 여행, 숙박, 레스토랑, 클럽, 게임, 관광명소, 레크리에이션이 결합된 복합 공간으로 변하고 있다. IHG(InterContinental Hotels Group)의 홀리데이 인(Holiday Inn)은 1950년대의 숙박을 제공하던 호텔에서 '가족 휴가의 모험' 이라는 서비스 제공을 통해 급격히 성장하고 있는 주간 자동차여행객 세분시장의 요구에 대응하는 호텔로 변화되었다(그림 1-1 참조). 이후 홀리데이 인은 미국 소비자들에게 모텔과 동의어가 되었다. 홀리데이인의 지속적인 성공은 다양한 세분시장에 접근해서 다양한 소비자 욕구를 만족시키기 위해 호텔의 상품과 관련된 서비스를 변화시킬 수 있었던 능력에 기인한다고 볼 수 있다.

[그림 1-1] 홀리데이 인의 프런트오피스

자료원 : http://development.ihg.com/?region=americas&page=brand/hi

또한 대부분의 호텔은 힐튼(Hilton Hotel), 메리어트 호텔(Marriott Hotel)과 같이 창업자의 이름을 따서 호텔 이름이 붙여진 경우가 많다. 이에 따라 다른 산업 분야보다 창업자들의 노력이 호텔산업의 변화에 결정적인 영향을 주고 있다. 메리어트 호텔의 창업자인 윌라드와 앨리스 메리어트(Willard and Alice Marriott)는 특정한 세분시장에 적합한 음식서비스 개념을 개발했다. 빌 메리어트(Bill Marriott)는 이들의 경영정신을 이어받아 전세계적인 브랜드로 메리어트를 성장시켰다. 이와 같이 새로운 세분시장의 욕구를 만족시키기 위한 새로운 음식 개념들을 개발한 맥도널드나 KFC 등은 이제 전세계적인 브랜드로서 지위를 확고하게 세운 상태이다.

호텔의 모습은 계속해서 변화되고 있다. 호텔 변화의 결정적인 요인은 소비자의 욕구 변화에 대한 대응에 있다. 이제 호텔경영자는 그들이 대상으로 하고 있는 소비자의 세분시장을 어떻게 파악하고, 세분시장의 욕구에 대응하기 위해 어떻게 접근할 것인가를 고민하고 있다.

2.2 호텔마케팅의 개념

호텔간에 경쟁이 치열해지면서 호텔의 객실이나 수익센터를 광고, 인적 판매, 구전효과를 통한 추천 등으로만 채울 수 있는 시대가 지나가고 있다. 과거의 판매자 중심의 시장이 아니기 때문이다. 이제는 소비자의 수요를 만족시키기 위한 집중화된 마케팅과 판매전략이 필요한 시대가 되었다. 즉 고객중심적인 마케팅(customer-oriented marketing)이 필요한 시대가 되었다. 오늘과 내일의 호텔의 성공은 변화하는 환경에 영향력을 미칠 수 있는 잘 훈련되고, 유능하며, 혁신적인 판매와 마케팅 전문가들의 공통노력의 결과이다.

마케팅에 대한 공식적인 정의는 1960년 미국마케팅학회(American Marketing Association: AMA)에 의해 처음 제시되었다. 이후 1985년에는 현대적 개념의 마케팅에 대한 정의를 제시했다. 이후 2007년에 마케팅 개념을 새롭게 개정한 미국 마케팅학회의 정의에 따르면, 마케팅은 '고객들(customer and clients), 협력자들(partners), 그리고 더 나아가 사회 전반에 가치 있는 것을 만들고, 알리며, 전달하고, 교환하기 위한 활동과 일련의 제도 및 과정들' 이라고 정의하고 있다.

미국 마케팅학회의 마케팅 관점은 개인과 조직의 목적을 충족시킨다는 측면에서 소비자 관점(consumer' s perspective)에서 마케팅활동이다. 소비자를 대상으로 한 마케팅조사와 분석을 통해 고객의 욕구를 만족시킬 수 있는 상품과 서비스를 개발하고 제공하는 것에 초점을 둔다. 마케팅은 고객의 욕구와 일치되지 않은 상품과 서비스를 통해서는 성공할 수 없다. 고객의 욕구는 상품과 서비스를 이용하는 고객의 목적이나 이유 등에 따라 달라진다. 예를 들어 회사 중역이 사업상 목적으로 여행을 할 때에는 논스톱 항공 티켓, 회의실을 갖춘 풀 서비스를 제공하는 저명한 호텔에서 숙박, 호텔내부에 있는 고급 레스토랑을 이용할 가능성이 높다. 하지만 같은 중역이 가족들과 여행을 할 때에는 여러 경유지를 거치는 항공 티켓, 근처에 패스트푸드 레스토랑이 있는 경제적인 숙박시설을 이용할 수도 있다. 이러한 측면에서 소비자 관점은 고객이 여행을 하려는 목적과 이유에 따라 달라질 수 있다. 따라서 같은 고객일지라도 상황에 따라 다양한 욕구가 드러날 수가 있다.

호텔 마케팅의 주 대상은 호텔의 상품과 서비스를 이용하는 소비자이다. 점차적으로 환경이 변하고, 고객만족이 중시되면서 호텔은 마케팅을 해야 할 대상이 다변화 되고 있다. 과거에는 전체 소비자를 하나의 집단으로 보았으나, 이제는 전체 소비자가 아닌 소비자 세분시장의 관점에서 바라보게 되었다. 그 밖에도 투자자 집단, 주주, 프랜차이즈 가맹점, 금융기관, 회사의 종업원 등이 중요한 호텔의 마케팅 대상으로 등장하였다. 이들은 호텔의 고객만족 활동과 의사결정에 직접적인 영향을 줄 수 있는 협력업체와 내부마케팅 대상이기 때문이다. 공시(Investor Relations : IR) 차원에서 마케팅활동을 강화시키고 있으며, 프랜차이즈 가맹점을 대상으로 한 컨퍼런스를 매년 개최하고 있을 뿐만 아니라 종업원들을 대상으로 한 내부마케팅활동을 강조하고 있다.

2.3 마케팅과 판매의 관계

마케팅은 판매보다는 더 넓은 관점을 가지고 있다. 마케팅개념에서 보듯이 마케팅은 소비자 관점에서 교환과정에 대해서 연구하고 관리하는 것이다. 표적시장을 선택하고, 호텔의 상품과 서비스의 수요를 증진시키거나 변화시키는 것을 수행하는 것이다. 마케팅은 마케팅프로그램의 효율성을 모니터하고 마케팅조사, 구체적인 마케팅 실행전략, 광고, 홍보, 판매촉진과 같은 것들을 수행한다.

다른 산업에 비해 호텔산업은 판매를 중요하게 생각한다. 호텔산업은 인적 판매, 전화판매, 우편 등을 통해 호텔의 상품과 서비스를 판매하는 직접적인 노력의 비중이 크기 때문이다. 물론 마케팅개념이 생산중심의 개념에서 마케팅 중심의 개념으로 바뀌면서 과거의 판매자를 중심으로 하는 판매활동에서 고객을 중심으로 하는 마케팅활동으로 바뀌었다. 이제는 고객만족 차원에서 시장과 고객에 더 초점을 두고 판매활동이 전개되고 있다.

마케팅의 궁극적인 목적은 성공적인 판매기법을 개발하고 효과를 나타내기 위한 조사를 진행하고 전략을 세우는 것이다. 따라서 성공적인 판매는 주어진 환경 조건하에서 성공적인 마케팅전략을 수립하려는 마케팅 목적과 밀접한 관련이 있다.

2.4 마케팅개념의 발전

제조업이나 다른 서비스산업은 마케팅의 개념이 생산지향적, 제품지향적, 판매지향적, 마케팅지향적, 사회지향적인 개념에서 최근의 디지털지향적 마케팅개념으로 발전되어 왔다. 하지만 호텔산업의 마케팅은 이와 같은 형태로 마케팅개념이 발전되어 오지 않았다. 호텔산업은 제조업에 비해 20년 정도 뒤처져 있는 상태에서 마케팅개념을 도입하였으며, 곧 이어 디지털경제 시대를 맞게 되었다. 현재 호텔산업은 디지털지향적 마케팅개념과 마케팅지향적 마케팅개념, 사회지향적 마케팅개념이 혼합되어 있는 상태이다.

호텔산업이 제조업에 비해 마케팅개념이 뒤쳐진 이유는 여러 가지가 있다(Morrison, 2006). 첫째, 체계적인 경영학 교육을 받은 경영자가 많지 않기 때문이다. 대부분의 관광산업에서 보는 것처럼 여행 가이드가 여행사의 간부가 되었고, 이전에 주방장이었던 사람이나 요리사였던 사람들이 레스토랑을 경영하게 되었고, 조종사가 항공사를 운영한 것처럼 프런트데스크 직원이 호텔 사장이 된 경우가 많았기 때문이다. 이에 따라 마케팅개념보다는 호텔을 운영하는 기술적인 측면을 강조하였고, 교육훈련의 내용도 이를 중심으로 진행되어 왔다.

둘째, 전반적인 산업의 발전이 제조업보다 늦었기 때문이다. 호텔산업은 산업이 발전되고 교통환경이 개선된 후로 성장되기 시작했다. 이에 따라 제조업보다 3~40년 정도 지난 이후에 제조업의 대량생산과 표준화된 경영기법들을 받아들이기 시작했다. 하지만 늦게 시작한 만큼 이점도 있었다. 제조업에서 6~70년간 동안 발전된 경영과 마케팅기법을 쉽게 적용하게 되면서 빠른 시간 안에 마케팅개념을 발전시킬 수 있었다. 사실 호텔산업이 그 동안의 짧은 기간 동안 상당한 시간을 호텔의 효율성과 수익률을 올릴 수 있는 기술과 관리시스템을 정비한 것에 치중해 왔던 것을 생각해 볼 때 현재와 같이 마케팅 활동을 전개할 수 있다는 점은 놀라운 발전이라고 볼 수 있다.

그럼에도 불구하고 호텔산업은 생산 또는 판매지향적 마케팅개념을 갖고 있는 경우가 많다. 생산 또는 판매지향성 마케팅개념을 갖게 되면, 호텔조직이 내부를 중심으로 하는 경향을 아주 강하게 갖게 된다. 그럴 경우 자신의 비즈니스에서 진행되는 내용들에만 관심을 보인다. 호텔조직들은 가장 손쉽고, 효과적인 판매를 강조하게 되며, 심지어는 이익보다는 판매를 강조할 수도 있다. 고객이 원하는 서비스보다 경영자가 좋아하는 서비스나 경영자의 의견에 따른 서비스를 제공하는 것을 고객이 원하는 서비스라고 생각하기 쉽다. 호텔산업에서는 이와 같이 생산 또는 판매지향적 마케팅개념의 시대가 한동안 계속되었다.

1960년대부터 1970년대 초까지는 세계관광산업이 10%이상 성장을 하면서 관광산업이 발전해 왔다. 미국에서는 1980년 초에 호텔산업이 급속한 성장을 했으며, 새로운 이름의 호텔들이 많이 등장하였다. 그러나 1970년대 초의 에너지위기와 더불어 경제적 문제, 테러, 법의 변화, 군사적 갈등 이후 생산 또는 판매지향적인 개념에서 서서히 탈피하게 된다. 관광산업이 축소되면서 호텔의 객실점유율 또한 감소되었기 때문이다. 결국 시장환경 변화에 따른 고객의 욕구에 대한 정확한 이해와 욕구의 변화를 이해하지 못하면서 문제가 생기기 시작한 것이다. 호텔산업은 시장 점유율이 낮아지고, 사업규모가 떨어지고, 고객의 불만족이 늘어나면서 마케팅 기회를 놓치기 시작했다.

이러한 환경적인 변화 이후로 마케팅지향적 마케팅개념이 본격적으로 등장했다. 마케팅지향적 마케팅개념은 고객의 욕구를 만족시키는 것이 최우선이라는 마케팅개념에 기반하여 호텔조직을 운영하는 것이다. 마케팅조직은 고객의 욕구를 최우선으로 여기고, 이러한 욕구를 이해하는데 지속적인 관심을 두고 경영을 하게 된다. 이에 따라 정기적인 마케팅조사를 통해 고객의 욕구를 파악하려고 한다. 그들은 고객의 인지도를 항상 파악하고, 시장의 변화에 따른 경쟁자와 자사의 강점과 약점을 조사하게 된다. 또한 모든 부서가 고객의 욕구에 따라 고객이 원하는 상품과 서비스를 창출해 내기 위해서 서로 협력하고 보완적인 역할을 감당하게 된다. 기업은 그들의 마케팅활동을 항상 측정하고 모니터하여 개선점을 찾는 노력을 게을리 하지 않고 있다.

2.5 핵심적 마케팅원칙

호텔산업에서 필요한 핵심적 마케팅원칙을 살펴보면 다음과 같다(Morrison, 2006).

- **마케팅개념** : 고객의 욕구와 필요를 충족시키는 것이 최우선이라는 믿음에 근거한 경영활동을 하는 것이다. 끊임없이 고객의 입장에서 생각하고, 고객의 욕구와 필요 충족을 위해 노력을 아끼지 않는 것이다.
- **마케팅 지향성** : 마케팅 지향적인 경영자나 조직은 마케팅개념을 받아들이고 그것에 따라 행동하는 것이다. 매리어트 호텔(Marriott Hotel)의 매리어트(J. Willard Marriott) 회장은 투숙한 고객들이 작성한 고객의견카드를 전 중역들이 읽도록 함으로써 경영활동에 반영하려고 노력해 왔었다.
- **고객의 욕구 및 필요의 충족** : 경쟁이 심화되고 환경 변화가 심한 상황에서 호텔이 살아남기 위해서는 고객의 욕구와 필요를 지속적으로 충족시키는 것이 필요하다. 마케팅지향적 마케팅개념 시기에는 고객의 욕구와 필요를 판매로 전환할 수 있는 새로운 기회를 포착해서 잘 활용해야 한다.
- **시장세분화, 표적시장 선정, 포지셔닝** : 시장세분화(market segmentation)는 호텔산업이 대

상으로 하는 시장의 고객들이 모두 같지 않다는 전제로 세분시장(market segment)을 나누는 것이다. 이를 바탕으로 세분시장 중에 마케팅활동의 초점이 되는 표적시장(target market)을 선정하여, 그들만을 대상으로 하는 마케팅활동을 하는 것이다. 표적시장에서 성공하기 위해서는 다른 경쟁사와 차별화된 상품과 서비스 이미지를 전달해야 하는데 이것이 포지셔닝이다. 즉 차별화된 포지셔닝으로 고객의 욕구를 충족시킬 수 있는 상품과 서비스를 제공하는 것이다.

- **가치와 교환과정** : 가치(value)는 호텔산업에서 제공하는 상품과 서비스가 얼마나 고객들의 욕구와 필요를 충족시켰는가를 말한다. 이를 효용이라고도 한다. 어떤 고객들은 가격을 가치로 보기도 하지만 가격은 가치를 나타내는 지표일 뿐이다. 고객은 이런 가치에 대해 가격을 지불하고 사게 된다. 이것이 마케팅에서 말하는 교환과정(exchange process)이다. 호텔과 같은 서비스산업은 집을 떠나있는 고객에게 가치 있게 여기는 상품과 서비스에 대한 경험을 제공하고, 고객으로부터 이에 대한 보답으로 예약을 하고 지불하는 돈을 받게 되는 것이다.
- **상품수명주기** : 호텔산업에서 제공하는 상품과 서비스는 도입기, 성장기, 성숙기, 쇠퇴기라는 4단계를 거친다. 각 단계별로 다른 마케팅을 수행해야 하며, 장기적으로 살아남기 위해서는 쇠퇴기를 피해가야 한다.
- **마케팅믹스** : 기업이 표적시장에서 적절한 포지셔닝 전략을 수행하려면 마케팅믹스 활동을 필요로 한다. 마케팅믹스 요인은 전통적으로 제품(product), 유통(place), 촉진(promotion), 가격(price)라는 4가지 요소를 갖는다. 하지만 호텔산업은 서비스산업으로서 확장된 6P를 더 가지고 있다. 확장된 6P는 물리적 증거(physical evidence), 프로세스(process), 인적 요소(people), 패키징(packaging), 프로그래밍(programming), 파트너십(partnership)이다.

3. 호텔마케팅의 특성

호텔산업에서 제공하는 상품과 서비스는 일반 제조업의 제품과는 다른 특성을 가지고 있다. 제조업은 구체적인 제품을 만든 후 정해진 유통 경로를 통해 판매가 일어난다. 반면에 호텔산업은 서비스산업으로서 구체적인 상품이 없으며, 서비스상품으로서의 독특한 특성을 갖게 된다. 이와 관련된 특성들을 살펴보면 다음과 같다.

3.1 상품과 서비스의 특성

(1) 무형성

무형성(intangibility)은 호텔의 상품이 제조업의 일반 제품과는 다르게 인간의 오감으로 감지하기 어려운 데서 오는 특성이다. 따라서 달리 눈으로 볼 수 있거나, 손으로 만질 수 있는 구체적인 형태가 있는 것이 아니다. 호텔산업은 서비스를 제공하기 위해서 호텔의 객실, 레스토랑의 음식과 같이 눈에 보이는 상품도 있지만, 여행안내와 같이 보이지 않는 서비스도 제공하게 된다. 실제로 눈에 보이는 상품일지라도 서비스가 주 내용인 경우가 대부분이다. 예를 들어 호텔객실의 경우에는 호텔객실을 판매하는 것이 아니라 특정 기간 동안의 호텔객실의 이용권을 판매하는 것이다. 그럴 뿐만 아니라 고객은 서비스를 소유하지 못하고 경험하게 된다. 고객이 이용을 한 후에 빈손으로 돌아가는 것이 아니고 이용 경험 또는 추억을 가지고 가게 된다.

서비스를 판매하는 마케팅관리자의 경우에도 상품과 서비스에 대한 질을 고객에게 정확하게 전달할 수 없는 측면이 있다. 그렇기 때문에 상대적으로 그 가치를 파악하거나 평가하기가 어렵다. 서비스는 고객에게 직접 보여줄 수도 없고, 고객도 미리 서비스를 알 수가 없다. 호텔의 상품과 서비스는 고객이 직접 구매해서 이용하기 전까지는 객관적인 평가가 어렵다. 단지 그들이 알 수 있는 것은 호텔 판매사원의 상품과 서비스 및 경험에 대한 설명에 의존할 수 밖에 없다. 따라서 판매사원의 신뢰성이 판매에 중요한 역할을 한다. 요즘에는 소비자가 느끼는 위험을 줄이고, 회사의 약속에 대한 소비자의 신뢰를 구축하기 위해 서비스 보장(service guarantees) 제도가 점차적으로 많이 활용되고 있다.

(2) 소멸성

소멸성(perishability)이란 상품재고의 보관과 관련된 특성이다. 일반 제조기업의 상품은 재고를 보관할 수 있지만 서비스상품인 호텔의 상품과 서비스는 보관이 불가능하다. 서비스의 산출과 동시에 소멸이 되기 때문이다. 예를 들어 호텔의 객실, 이용되지 않은 레스토랑의 좌석, 이용되지 않은 회의실, 티 오프가 되지 않은 골프장 시간은 이용할 수 있는 날과 시간에 이용되지 않으면 다음 날로 이전이 불가능하고 바로 소멸이 된다. 따라서 어느 산업보다도 마케팅관리자와 판매담당자에게는 혁신적인 가격정책, 촉진, 정확한 수요예측 능력이 필요하다. 그래서 어떤 호텔들은 예정된 기일보다 먼저 체크아웃을 하거나, 레스토랑의 예약시간에 나타나지 않으면 벌금을 물리기도 한다.

〈표 1-1〉은 호텔 상품의 소멸성에 따라서 적절한 수요와 공급의 예측 전략을 사용할 수 있는 방법을 보여주고 있다.

〈표 1-1〉 수요공급을 예측한 판매전략

수요측면	공급측면
• 가격차별화 : 호텔의 조식할인 • 피크타임(성수기)외의 수요개발 : 호텔의 하계, 동계 특별상품의 개발 • 보충서비스 개발 : 기다리는 손님을 위한 휴게실 운영 • 예약시스템의 운영 : 항공, 호텔 등의 숙박업체	• 임시고용제 : 피크타임의 수요대비 파트타임 종업원 고용 • 효율적인 현장 작업 : 구매고객의 참여활성화 : 간단한 서비스는 고객이 직접 참여한다. • 예외시설의 개발

자료원 : 박호표, 호텔관광마케팅, 학현사, 1997, p. 24.

(3) 비분리성

비분리성(inseperability)은 생산과 소비의 동시성이라고도 한다. 호텔의 상품과 서비스는 제공자가 사람이든 혹은 다른 것이든 간에 제공자와 고객이 분리되어 존재할 수 없다. 왜냐하면 제공자와 고객간의 거래가 발생한 곳에서 전달이 되기 때문이다. 반면에 일반 제조업의 제품은 생산과 소비가 일어나는 장소와 시간의 격차가 있다. 즉 생산이 일어난 후, 유통망을 통해 고객에게 전달되는 장소와 시간이 달라진다. 예를 들어 호텔 레스토랑에서 고객이 음식을 준비하면, 음식이 만들어지며, 바로 고객에게 제공이 된다. 만약 만들어진 음식이 그 때 소비가 일어나지 않는다면, 바로 그 음식은 효용가치가 사라지게 된다. 호텔산업에서는 상품과 서비스를 제공하는 종업원뿐만 아니라 다른 고객들도 상품과 서비스의 품질에 영향을 주기 때문에 통제의 어려움이 존재한다.

(4) 이질성

이질성(heterogeneity)은 인적 판매로 인해 서비스가 표준화가 잘 되지 않는 특성이다. 유사한 상품과 서비스도 고객의 특성에 따라 차별화되며, 동일한 상품과 서비스도 누가, 언제, 어떻게, 어느 곳에서 그것을 제공하는가에 따라 느끼는 경험과 품질이 달라진다. 따라서 일관된 경험과 품질을 유지하는 것이 호텔이 직면하고 있는 도전 중에 하나이다. 비록 같은 호텔 체인 내의 표준화된 훈련프로그램과 시설을 갖춘 레스토랑일지라도 같은 경험과 품질을 느낄 수 있게 하는 것이 쉽지 않기 때문이다. 같은 종업원이 제공하는 서비스일지라도 시간대별로, 일별로 달라질 수 있다. 하지만 고객들은 어떤 종업원이 제공하는가, 어떤 호텔 체인점에서 제공하는가와 관련 없이 같은 경험과 품질을 기대하고 있다. 특별히 성수기와 같이 고객이 많을 때는 품질을 균일하게 유지하기가 더 힘들어진다. 예를 들어 레스토랑의 동일한 음식이라도 평상시 고객에게 제공하는 것과 결혼식과 같은 특별 행사를 하는 경우 음식의 질이 차이가 날 수가 있다.

(5) 계절성

계절성(seasonality)은 계절에 따라 수요가 달라지는 것을 의미한다. 호텔은 성수기와 비수기에 분명한 수요의 차이가 있는 경우가 많다. 시내에 있는 호텔의 경우에는 주말과 주중에 오는 고객의 수도 다르며 고객의 형태도 다른 경우가 많다. 관광지에 있는 호텔의 경우, 여름철에 가는 곳과 겨울철에 가는 곳이 구분된다. 스키장에 있는 호텔은 주로 겨울에 많은 고객들이 몰리며, 이 때 모든 시설이 이용되는 성수기가 된다. 반면에 여름철에는 해수욕장에 있는 호텔에 많은 고객들이 몰려 성수기가 된다. 이러한 계절성의 영향은 호텔의 시설활용과 수익률관리에 결정적인 영향을 주고 있다.

3.2 마케팅활동의 특성

호텔산업의 마케팅과 연관된 다양한 측면에서 마케팅활동의 특성이 다르게 나타난다. 이에 대해서 모리슨(Morrison, 2006)은 기존마케팅과 비교해 일반적 차이점, 구조적 차이점, 서비스마케팅으로서 차이점에 대한 내용들을 제시하고 있다. 이 내용들을 중심으로 다음과 같은 마케팅활동의 특성을 정리해 볼 수 있다.

- **좁은 마케팅활동 범위** 마케팅이 중요함에도 불구하고 제조업만큼 마케팅을 높이 평가하지 않는다. 오히려 프런트오피스의 숙박 관리, 관광정보 제공, 티켓 발급과 같은 전문적인 기술이 더 인정을 받고 있다. 마케팅 기술과 재능이 독특해 보이지 않고 인정받지도 못하며, 마케팅 조사와 같은 전문적인 기술도 잘 활용되지 않고 있다. 이것은 호텔산업의 특성상 다른 산업과는 다른 형태의 조직구조를 가지고 있는 것에 그 이유가 있기도 하다. 대부분은 경우 총지배인이 개별 호텔을 운영하는 책임을 지고, 체인 운영 본부에 보고하는 역할을 담당하기 때문에 일반 기업처럼 독자적인 경영 활동이 잘 일어나지 않는다. 마케팅을 담당하는 매니저를 마케팅 디렉터(Director of Marketing) 또는 세일즈 디렉터(Sales Director)라고 부르는

데, 광고, 판매촉진, PR, 인적 판매, 홍보 등과 관련한 마케팅 커뮤니케이션 활동 등과 관련된 업무를 총지배인의 승인을 받는다. 마케팅의 주요 업무인 가격결정, 입지선정 및 서비스 개념 개발, 조사업무 등은 여전히 다른 부서나 총지배인이 담당하는 경우가 많다.

- **독특한 마케팅 진행** 호텔의 마케팅활동은 여러 가지 측면에서 독특한 특징을 갖게 된다. 제조업처럼 장시간에 걸친 제품기획에서 생산에 걸리는 시간과는 달리, 호텔은 서비스 생산에 대한 준비 기간이 짧고 생산과 소비가 동시에 일어나며 단기간에 서비스를 제공하게 된다. 또한 상품에 대한 구체적인 특성을 표현할 수 없기 때문에 사람을 기반으로 한 소비자의 감정에 호소하는 경향이 크다. 사람과 사람의 접촉 순간마다 다른 감정이 발생될 소지가 높다. 서비스는 무형적이기 때문에 고객들이 만질 수도, 볼 수도, 평가해 볼 수도 없지만, 호텔의 외관 및 내관, 인테리어, 시설의 배치와 같은 물리적 환경, 가격수준, 종업원의 복장과 서비스태도 등을 통한 의사소통, 호텔에 머물고 있는 다른 고객 등과 관련한 유형적 단서들의 영향을 많이 받는다. 이러한 특성들은 호텔의 이미지를 전달하는데 중점을 두려고 하는 호텔의 광고전략의 특성으로 나타난다.
- **최소한의 물류 기능과 유통경로의 의존성** 제조업의 마케팅관리자는 공장에서 제조한 제품을 창고에서 소매업자에게 효율적으로 이동시키기 위한 유통과 물류전략을 세워야 한다. 호텔에서는 이와 같은 유통경로의 물류 전략은 없다. 상품이 무형적이며, 물리적으로 생산자에서 중간상을 거쳐 소비자에게 운반되는 과정을 거치지 않기 때문이다. 고객은 호텔의 객실과 레스토랑에서 구매가 일어난 후 객실에 투숙하거나 음식과 음료를 소비한 후 떠난다. 따라서 호텔은 소비하는 장소로서 의미가 크다. 설사 일부 물류기능이 필요하다 할지라도 서비스 이용권을 우편 등으로 배송하는 정도이다. 이마저도 인터넷을 통해 고객들이 직접 출력해 볼 수 있는 형태로 급속히 바뀌어 가고 있다. 반면에 고객들은 이러한 서비스 이용권을 여행사, 관광업자, 운영자, 기업 여행관리자, 인센티브 여행 기획자, 컨벤션 및 회의 기획자 등과 같은 다양한 형태의 유통경로를 통해 구매할 수가 있다. 고객들은 광고를 보고 그들을 방문하기 때문에 그들의 조언은 고객이 호텔의 상품과 서비스를 구매하는데 결정적인 영향을 준다. 대부분의 고객들은 그들이 전문가라고 생각하고 진지하게 그들의 추천을 받아들이기 때문이다.
- **비용결정의 복잡성** 호텔산업은 호텔 내에 자사의 판매자료가 체계적으로 축적이 되어 있지 않은 경우가 많으며, 경쟁사의 성과자료를 구할 수 없는 경우가 많아서 서비스에 대한 수요 예측이 어렵다. 또한 서비스내용이 무형적이고 상황과 고객에 따라 변화가 쉽다. 어떤 고객들은 다른 고객들보다 더 많은 관심과 서비스를 필요로 하기 때문이다. 따라서 호텔산업의 고정비용 및 변동비용을 정확하게 추정하기가 힘들다.

- **서비스모방을 방지하기 위한 공급자의 활용** 일반적으로 서비스는 쉽게 모방이 가능하다. 호텔은 누구나 자유롭게 방문할 수 있어 경쟁자들의 접근을 막는 것이 불가능하기 때문이다. 반면에 호텔산업의 특성상 서비스가 이를 제공하는 종업원들과 분리되지 않는 특성을 잘 활용하면 모방이 어려운 서비스를 개발할 수 있다. 예를 들어 호텔에서 운영하는 레스토랑에 따라 독특한 분위기가 만들어지며, 주방장에 따라 독특한 음식이 제공된다. 또한 리조트 시설에서 제공되는 스타와 함께 하는 여러 형태의 캠프, 유명 연주자들의 연주회, 전문가와 함께 하는 여행 또는 골프 축제 등도 다른 곳에서는 경험할 수 없는 경우가 많다.
- **비수기 촉진의 강조** 제조업의 경우 제품수요가 최고일 때 가장 공격적인 홍보를 한다. 반면에 호텔은 비수기에 집중적으로 촉진을 한다. 이것은 고객들이 자신들의 휴가에 상당히 감정적인 투자를 하기 때문이다. 휴가는 일상의 책임과 노동으로부터 자유로운 귀중한 시간이고, 이러한 휴가는 종종 다른 주요한 부분의 현금 지출과 관련이 되어 있다. 많은 시간과 돈을 투자한 구매계획이 즐거워야만 호텔을 이용한다. 이러한 계획은 보통 수개월 전에 진행이 되며 고객이 휴가를 계획하고 있는 단계인 비수기에 홍보를 함으로 고객의 의사결정에 직접적인 영향을 줄 수 있다. 또한 호텔의 생산력이 고정되어 있어, 성수기에는 필요로 하는 사람이 많지만 비수기에는 남아 돌기 때문이다. 따라서 비수기에는 촉진에 더욱 신중을 써야 하는 산업적인 특성이 있다.
- **정부규제의 영향** 호텔산업은 정부의 관광산업에 대한 규제의 영향을 받고 있다. 많은 경우 정부 관광진흥기관, 컨벤션과 방문자 안내기관, 지역 관광진흥협회, 다양한 봉사조직 등이 정부의 영향아래 있으며, 정부의 엄격한 규제로 인해 항공사, 버스회사, 여행사, 그리고 관광업자들을 포함한 많은 조직들의 마케팅 활동이 제약받고 있다. 이에 따라 가격정책과 유통경로의 노선, 심지어 서비스까지 정부의 승인이 필요한 경우가 많다. 점차적으로 이런 규제가 철폐되고 있지만 아직까지도 제조업에 비해 많은 통제를 받고 있는 상황이다.

4. 호텔마케팅믹스

4.1 마케팅믹스의 이해

마케팅에서 말하는 전통적인 4P는 상품(product), 가격(price), 유통(place), 촉진(promotion)

이라고 볼 수 있다. 호텔산업의 경우에는 서비스산업으로서 4P에 추가하여 확장된 6P의 개념을 활용하고 있다. 그것은 물리적 환경(physical evidence), 사람(people), 프로세스(process), 패키지(package), 프로그래밍(programming), 파트너십(partnership)으로 마케팅믹스를 진행하는데 이들의 중요성이 크다는 것이다.

- **물리적 증거(physical evidence)**는 서비스상품이 무형적이어서 기업은 서비스상품을 유형적으로 나타내기 위해 상표, 시설 및 기구와 같은 것들을 물리적 증거로 제시한다. 물리적 증거는 소비자가 무형의 서비스상품을 구매할 때 느끼는 불안감을 효과적으로 줄이고자 하는 전략으로 사용한다. 호텔과 같이 서비스를 제공하는 기업은 호텔의 외관, 인테리어, 로비, 종업원의 복장 등을 통해 호텔의 서비스가 어떤 것인지를 전달하고자 한다. 항공사의 경우에도 승무원의 복장, 비행기 내부의 배치사진, 기내서비스 등을 통해 유형적인 단서를 제공하고자 한다. [그림 1-2]는 제주 롯데호텔의 외관과 야경 모습이다.

[그림 1-2] 제주 롯데호텔의 외부 야경 모습

자료원 : http://www.lottehoteljeju.com

- **사람(people)**은 서비스기업의 또 다른 중요한 요인으로 종업원을 말한다. 사람은 서비스를 제공하는 주체로서 고객의 상품에 대한 품질인식에 직접적인 영향을 미친다. 종업원이 상품의 일부이기도 하면서 생각을 가진 능동적인 주체라는 점 때문에 더욱 그렇다. 구체적으로 서비스기업은 종업원의 능력, 예절, 신뢰성, 적응성, 커뮤니케이션 능력, 외모, 말투 등의 인

적 요인이 기업의 중요한 차별화 포인트가 되고 있다. 따라서 직원 모집, 선발, 오리엔테이션, 훈련, 감독, 동기부여와 같은 것들을 포함한 내부마케팅의 중요성이 크다.

- **프로세스(process)**는 종업원들에게 생산되고 소비됨으로써 발생하는 서비스의 이질성과 무형성에 따른 문제점을 극복하기 위해 제시된 방법인 서비스의 프로세스를 관리하는 방법이다. 서비스는 서비스를 받는 사람과 상황에 따라 달라질 수 있다. 따라서 편차를 줄이기 위해서는 서비스의 표준화가 필요하다. 서비스의 표준화를 통해 서비스를 유형화할 수 있고, 고객들에게 신뢰와 고객의 기대에 만족감을 줄 수 있다.
- **패키지(package)와 프로그래밍(programming)**은 고객에게 편리함과 다양성을 가져다 주는 특성이다. 고객들은 단일 상품에 대한 요구보다 관광상품과 결합된 패키지와 프로그래밍 상품을 더 선호하는 경향이 있다. 이것은 따라 호텔의 수요를 변화시키는데 도움이 된다. 예를 들어 시내의 주말 패키지와 레스토랑의 노인 할인 패키지, 리조트의 각종 클리닉 패키지, 테마파크의 특별 행사 등은 수요를 끌어들이는데 효과가 있다.
- **파트너십(partnership)**은 패키지와 프로그래밍 그리고 다양한 유통경로의 특성에 따라 등장하는 개념이다. 호텔은 다른 분야보다 상호 협력적인 마케팅이 더욱 필요한 분야이다. 호텔의 경우에는 독자적인 마케팅보다는 각종 관광지에 대한 안내를 하는 여행업자, 항공업자와 렌터카 회사 등과 같은 교통업자 등과 협력이 필요하다. 실제로 각 협력업체들이 협력을 할 때, 고객을 더욱 만족시키는 결과를 기대할 수가 있다.

그 외에도 고객들이 서비스를 구매하기 전에 시험해 볼 수 있는 기회가 제한되어 있다. 따라서 사람들은 주변 사람들의 구전을 중요하게 생각한다. 긍정적인 구전효과는 일관된 서비스와 관련 시설을 제공함으로써 만들어지게 된다.

전체적으로 이러한 것들을 반영한 호텔산업의 마케팅믹스 구성 내용은 [그림 1-3]과 같다. 마케팅믹스의 구성을 보면 각 요소들의 세부적인 내용들이 제시되어 있다. 상품은 호텔산업의 서비스지향적인 면을 나타내기 위해 서비스 내용이 포함되어 있다. 유통은 호텔산업의 상품과 서비스를 고객에게 전달하는 유통경로와 중간상을 표현하기 위해 유통경로의 내용이 제시되어 있다. 가격은 호텔산업에서 가격이라는 단어보다는 객실 요금과 같은 단어가 많이 사용되기 때문에 요금과 관련된 내용들이 제시되어 있다. 마지막으로 촉진은 제조업의 경우에는 마케팅 커뮤니케이션이 생산자에서 소비자에게 전달되는 일방적인 특징이 강한 반면에 호텔산업에서는 인적인 접촉 등을 통한 쌍방향 커뮤니케이션 특징이 강하다는 의미로 커뮤니케이션 내용이 포함되어 있다. 호텔마케팅믹스의 특징을 보면 각 마케팅 요소의 가운데 원에는 마케팅의 대상이 되는 고객이 자리하고 있다. 바깥 원에는 호텔산업의 특성을 반영한 각 믹스 요소의 통제 가능한 변수들의 예를 제시했다.

[그림 1-3] 호텔의 마케팅믹스 구성내용

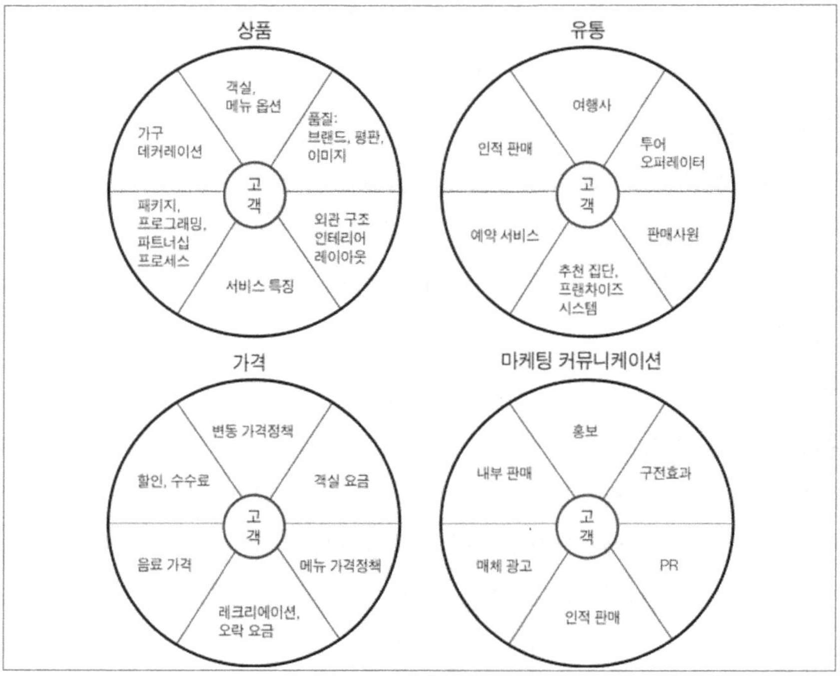

자료원 : Abbey, James R., Hospitality Sales and Marketing, 4th Edition, Educational Institute, 2003의 내용을 수정 인용함.

4.2 마케팅믹스의 요소

(1) 상품

호텔에서는 객실, 연회장, 식음료, 주차, 하우스키핑, 프런트오피스의 체크인과 체크아웃 서비스 등을 제공한다. 이런 상품과 서비스들은 현재 이용하는 고객이나 잠재고객이 찾는 필요와 욕구에 맞도록 제공되어야 한다. 객실과 같은 상품일지라도 구체적인 상품을 팔지 않으며 객실을 이용할 수 있도록 하는 이용권을 판매하며, 제조업의 제품과는 달리 이들 상품과 서비스들은 형태가 없다. 구체적인 형태가 없기 때문에 소비자 입장에서는 직접 이용을 통해 경험하기 전에는 볼 수도, 만질 수도, 냄새를 맡을 수도 없다. 이에 따라 제조업의 제품에 비해 선택에 따른 위험 부담이 크고, 종사원의 설명만을 듣고 평가해야 하는 어려움이 있다. 호텔 입장에서도 상품을 경험하기 전에 사전 설명이 어렵고, 진열판매와 같은 방법을 사용할 수 없다. 개발한 상품과 서비스도 경쟁사들이 쉽게 모방할 수 있어 경우에 따라서는 업체별로 별 차이가 없는 경우도 많다. 상품과 서비스의 재고도 남아 있지 않고, 소비되어야 할 시간이나 날짜에 소비가 되지 않는다면 그 상품과 서비스는 시간이 지나면 자동으로 없어지는 특징이 있다. 서비스가 종사원이나 환경에 따라 달라진다. 계절적인 수요의 편차가 심하게 있어 표준화가 쉽지 않다.

(2) 유통

호텔의 유통은 일반 제조업과는 반대의 과정을 거치게 되는 경우가 대부분이다. 일부 자동차와 같은 제조업 분야나 산업재 등은 주문 후 제품을 인도받는 과정을 거치며 소비자를 대상으로 하는 대부분의 제조업은 적정한 수요를 예측한 후에 먼저 제품을 생산해 판매를 한다. 호텔은 상품과 서비스를 기획한 후 소비자에게 판매가 먼저 일어나고, 상품과 서비스에 대한 생산과 소비가 동시에 일어나는 특징을 갖는다. 생산과 소비가 동시에 일어나는 점은 자동차 주문을 포함해 일반 제품에서 일어나는 과정과는 다른 점이다. 왜냐하면 호텔의 객실이나 레스토랑에서 먹는 음식에 대한 경험은 소비자에게 일반 상품처럼 인도되거나 저장되지 않기 때문이다. 그렇기 때문에 창고나 재고관리 문제는 일어나지 않고 유통경로가 제조업보다는 단순한 편이다.

호텔에서 유통경로의 문제는 객실에 대한 판매를 어떻게 할 것인가가 더 중요한 문제가 된다. 직접 유통경로는 다이렉트 메일(Direct Mail : DM), 전화 판매, 인적 판매, 매체를 통한 판매, 인터넷판매 등이 대표적인 예이다. 간접 유통경로는 여행사, 투어 오퍼레이터, 인센티브를 받고 판매를 하는 기관, 호텔객실판매 전문 대행업체 등이 대표적인 예이다.

예를 들어 호주에 패키지 관광을 가고자 하는 경우에는 먼저 여행사를 통해 관광패키지 상품을 구매하고, 출발일이 되어 비행기를 타고 현지에 도착해서 호텔을 이용하게 된다. 이 과정에서 판매는 먼저 일어나지만, 호텔의 객실서비스의 생산과 소비는 고객이 객실을 이용할 때 일어난다. 일반적으로 호텔의 상품과 서비스는 판매일과 생산과 소비일에 간격이 있다는 것이 제조업과는 다른 점이다.

(3) 가격

호텔을 이용하려는 고객이 객실요금 등에 의해 호텔의 상품과 서비스를 이용하지 않으려 한다면 다른 마케팅믹스 요소의 노력은 의미가 없다고 볼 수 있다. 따라서 호텔에 있어 가격결정은 마케팅의 가장 중요한 관심사 중에 하나이다. 소비자가 가격의 영향을 강하게 받기 때문에 객실 요금이나 레스토랑의 메뉴가격을 신중하게 결정해야 한다. 경제적인 호텔을 이용하려고 하는 고객은 고급 리조트 호텔을 이용하려고 하는 고객과는 다른 욕구와 필요와 기대를 가지고 있다.

호텔 가격의 가장 큰 특징은 수요가 계절성 있어 계절별로 가격 편차가 심하다는 점이다. 호텔은 수요의 정도에 따라 성수기(peak period; in-season), 비수기(valley period; off-season), 성수기와 비수기의 중간수요에 해당하는 중간기(shoulder period)로 나뉜다. 성수기에는 수요가 폭증하는 시기로서 정상가격 이상이라도 소비자들이 이용을 하려고 한다. 반면에 비수기에는 수요가 많지 않은 시기로서 할인정책을 사용하지 않으면 어려울 정도로 수요가 줄어든다. 요즘에는 성수기가 주로 휴가철, 방학, 연휴, 주말 등에 집중이 된다. 성수기와 비수기에 따라 수요가 달라지기 때문에 수요를 증진시키기 위해서 성수기에는 가격을 통해 디마케팅(demarketing)을 할 수도 있고, 비수기에는 강력한 판매촉진 프로그램과 연계한 마케팅전략을 전개할 필요가 있다.

회의 기획가들은 성수기의 컨벤션 기간보다 비수기나 중간기에 가격을 협상하는 것이 쉽다. 휴가를 가려는 여행객들은 비수기의 가격할인 요율 이점을 활용하기 위해 휴가계획을 늦추기도 한다. 시내에 있는 호텔은 주중보다는 주말에 이용율이 떨어지는 것을 대응하기 위해 이 기간에 상용여행객을 위한 특별 주말 패키지 상품을 내놓기도 한다.

호텔의 가격 정책은 호텔의 이미지에 영향을 미친다. 따라서 고급 호텔들은 가격할인을 많이 하는 것에 대해 매우 신중한 편이다. 만약 리츠칼튼 호텔이나 리젠트 호텔 등에서 가격 할인을 많이 한다면 고객들은 적절한 서비스가 제공될 것인가에 대해서 의문을 갖게 될 수 있다. 이러한 경우 가격할인으로 인해 호텔의 이미지가 손상을 입을 수 있다. 또한 호텔의 평판이 좋을수록 더 높은 가격을 책정할 수 있다. 평판이 있는 리츠칼튼과 같은 호텔은 다른 비슷한 호텔에 비해서 더 높은 객실요금을 책정하더라도 소비자들은 이에 대해 수긍을 할 것이다.

(4) 촉진

촉진은 다른 말로 마케팅 커뮤니케이션이라고 한다. 제품 마케팅에서는 제품 자체의 정보를 중심으로 한 이성적인 내용의 광고가 중심이 되는 측면이 강하다. 때로는 감성적인 면도 추가해 소비자에게 호감도를 갖도록 해서 제품을 구매하도록 한다. 매장에 있는 제품에 대한 구매를 촉진시키기 위해 판매 촉진이 진행되는 측면이 강하다. 반면에 호텔의 상품과 서비스는 무형이기 때문에 광고는 이미지를 형성해서 서비스품질을 전달하는 물질적 증거를 제공하고자 하는데 초점을 둔다. 주로 홍보 인쇄물, 인터넷 홈페이지를 통해 고급스러운 이미지를 전달하고자 하는 경향이 강하다.

또한 상품과 서비스에 대한 필요성이 없는데 판매하려고 노력하는 것보다 거래 당사자간의 커뮤니케이션을 통해 소비자의 필요와 욕구가 무엇인지를 결정하는 방법을 통해 판매를 하는 것이 더 효율적인 측면이 있어 쌍방향간의 커뮤니케이션이 중요하다.

토론해 볼 문제

1. 호텔마케팅의 개념에 대해서 어떻게 생각하는지 토론해 보시오.
2. 우리가 호텔마케팅을 공부하는 이유는 무엇인가 토론해 보시오.
3. 일반 제조업의 마케팅과 호텔의 마케팅의 차이점에 대해서 토론해 보시오.
4. 호텔의 이름으로 창업자의 이름이 활용되는 사례들을 찾아보고, 왜 이름을 활용했는지에 대해 토론해 보시오.
5. 호텔마케팅에서 판매의 개념이 중요한데, 구체적으로 판매의 역할이 중요한 분야들에 대한 사례들을 찾아보고 그 이유를 토론해 보시오.
6. 호텔마케팅에 추가되는 6P를 잘 활용하는 호텔을 찾아보고, 어떤 측면에서 이를 강조하게 되었는지 토론해 보시오.

Chapter 2

호텔마케팅의 환경분석

02 호텔마케팅의 환경분석

- **학습목표**

1. 호텔마케팅을 둘러싼 주요 환경에 대해서 알아본다.
2. 소비자행동의 전제 및 구매과정에 대해서 알아본다.
3. 소비자행동에 영향을 미칠 수 있는 주요 영향요인에 대해서 알아본다.
4. 조직구매자의 행동의 특성 및 구매과정에 대해서 알아본다.

1. 호텔마케팅 환경의 이해

호텔마케팅 환경은 호텔이 처한 산업을 둘러싸고 있는 환경이다. 이 요인들은 장기간에 걸쳐서 변화되며, 기업이 통제할 수 없는 요인으로 호텔과 호텔산업 전반에 걸쳐 영향을 미친다. 이들은 인구통계적 환경, 경제적 환경, 사회문화적 환경, 정치적·법적 환경, 기술적 환경, 생태적 환경으로 나누어진다. 이런 환경적 요인들은 호텔에 있어서 새로운 상품을 개발하고 판매할 수 있는 기회를 제공할 뿐만 아니라 현재 진행하고 있는 마케팅믹스 대안의 적절성에 대한 피드백을 기업에게 제공한다.

1.1 인구통계적 환경

시장을 구성하고 있는 것은 사람들이다. 호텔마케팅 환경분석에서 가장 먼저 고려해야 할 것은 인구통계적 환경(demographic environment)이다. 인구통계적 환경은 표적시장을 구성하고 있는 소비자와 밀접한 관련이 있다. 이들 요인들은 마케팅의 기회가 될 수도 있고 위협이 될 수도 있다. 마케팅관리자는 다음과 같은 요인들의 추세를 잘 살펴보아야 한다.

- 성별, 연령별, 인종별 인구분포 및 연령구조의 변화

- 인구증가율, 인구밀도, 인구수, 인구의 지리적 이동
- 가구수, 소득, 교육 등의 변화

인구의 연령구조의 변화는 다음과 같은 세대구분을 중심으로 고려해 볼 수 있다(Kotler 외, 2004). 0–9세의 유년층(children), 10–19세의 청소년 층(youths), 20–34세의 젊은 층(young adults), 35–49세의 중년 전기층(early middle age), 50–64세의 중년 후기층(late middle age), 65세 이상의 퇴직자(retirees) 또는 실버 연령층 등이다. 이들 연령층들이 전체 인구에서 차지하는 비중의 변화와 이들의 선호도 변화를 봄으로서 호텔의 서비스 및 마케팅의 표적이 달라질 수 있다. 우리나라의 인구통계와 관련해서 유의할만한 점은 출생률 저하, 핵가족화, 여성의 사회참여 증가, 노년층 증가에 따른 연령대별 인구구조의 변화이다. 현재 우리나라는 출생률이 급격히 저하되고 있다. 이는 어린이와 관련된 제반 산업에 위협이 될 수 있는 요인이다. 소득이 증가하면서 핵가족화의 급속한 진전에 따라 가족구성원의 수가 줄어들고 자녀의 수가 적어서 호텔에서 제공하는 상품의 가격에 구애를 받지 않고 이용할 가능성이 그 만큼 높아지고 있다.

다음으로 베이비붐 세대의 은퇴와 인구의 고령화를 생각해 볼 수 있을 것이다. 1954년 이후에 태어난 전후 베이비붐 세대의 은퇴가 본격적으로 2010년부터 시작되었다. 또한 2000년에 65세 이상의 노령인구가 7.1%로 UN기준으로 고령화 사회에 이미 진입했다. 이러한 경향이 급속히 심해지면서 2026년에는 노령인구가 20%를 넘어설 것으로 예측되고 있다. 이에 따라 노인시장 또는 실버시장(silver market)의 급속한 성장이 예상되고 있다. 현대의 노인들은 어느 정도 가처분소득을 가지고 있어서 실버시장을 대상으로 노인휴양상품 등 다양한 상품을 개발해 활용할 수 있을 것이다.

인구의 지리적 이동도 중요한 변화요인이다. 우리나라의 경우에는 지방에서 도시로 인구이동이 일어나고 있으며, 특히 수도권을 중심으로 인구의 유입이 지속적으로 일어나 전체 인구에 50%에 육박하고 있다. 수도권에서도 교외지역, 영종도, 인천 송도 등 신도시 및 신개발지를 중심으로 인구가 성장하고 있다.

이외에도 교육수준의 향상, 결혼 적령기의 연장, 독신주의 선호도 증가, 실질소득수준의 증가, 수명의 연장, 의료기술의 발달, 인구증가율 감소 또는 2020년 이후 인구의 축소 예상, 아파트거주 중심의 주거환경의 변화 등도 주목할만한 인구통계의 변화라고 볼 수 있을 것이다.

1.2 경제적 환경

마케팅 활동에 가장 큰 영향을 주는 것이 경제적 환경이다. 경제적 환경은 소비자의 구매력과 소비패턴에 영향을 미치는 요인들이다. 기업의 상품에 대한 수요는 그 기업의 마케팅노력에 의해서 좌우되지만, 경제적 추세와 분위기에 의해서도 상당부분 영향을 받기 때문이다. 마케팅관리자는 다음과 같은 요인들의 추세를 보아야 한다.

- 환율을 포함한 경기변동
- 가처분소득의 변화와 소득분포
- 소비지출 패턴의 변화
- 기타 경기관련 변수들(저축률, 신용 등)

호텔은 경제적인 환경의 밀접한 영향을 받게 된다. 구체적으로 경기, 경제성장률, 1인당 국민소득, 금리, 인플레이션, 환율, 주식시세 등이 영향을 미친다. 호텔산업의 발전에 긍정적 영향을 주는 요인으로서는 (1) 일정한 가처분소득의 증대, (2) 소득분배의 개선, (3) 통화가치의 안정, (4) 유리한 경기변동을 들 수 있다. 반면에 호텔산업의 발전을 저해하는 요인은 (1) 경제적 위기, (2) 산업생산의 후퇴로 실업증가, (3) 임금의 동결이나 조업단축, (4) 초과수당의 폐지, (5) 통화안정의 실패, (6) 심한 경기변동을 들 수 있다(최태광, 2002).

선진국의 경우 1970년대와 1980년대에 인플레이션, 실업, 그리고 불경기로 인해 비즈니스와 여행, 외식에 대한 지출이 많이 줄어들었다. 이에 따라 회의대신에 컨퍼런스 콜(conference call)이 활성화 되었으며, 국가적 회의가 지역적 회의로 대체되고, 호텔이나 관광지에서 휴가를 보내기는 기간이 짧아지고, 집에서 휴가를 보내는 추세가 증가되었다. 특히 OPEC에 의한 오일쇼크는 사람들의 여행패턴을 변화시켰으며 비즈니스에 직·간접적으로 영향을 미쳤다. 이렇듯이 경제적 환경은 호텔산업에 직·간접적으로 영향을 미치고 있다.

경기는 전반적으로 거래가 어느 정도 활기를 띠고 진행이 되는가를 보는 것이다. 경기가 활기를 띨수록 거래가 활발하게 일어나서 소비자들의 부가 증가하고 여행을 하는 기회가 늘어나게 된다. 경기란 경제의 거시적 분위기로서 개별기업에 직접적인 영향을 주게 된다. 반면에 경기가 침체되면 거래가 줄어들고 물량도 줄어든다. 기업은 생산감축과 해고, 고용의 기회가 줄어들어 그 만큼 사람들의 부가 감소하고 여행을 하는 기회가 줄어든다.

소득수준의 변화는 소비자의 구매력을 결정하는 문제이기 때문에 중요하다. 소득 중에서 세제 후에 남는 잉여소득을 각 소비자의 가처분소득(disposable income)이라고 부른다. 소비자의 가처분소득은 소비패턴과 밀접한 관련이 있다. 가처분소득이 증가할수록 음식에 대한 지출비용이 감소한다. 반면에 교육, 건강, 오락, 교통비 등과 같은 기타 항목에 대한 지출비용이 증가한다. 우리나라 국민들은 1960년대 이후로 가처분소득이 증가하면서 구매력이 증가되었다. 이에 발맞추어 여행산업도 발전했으며, 국민소득이 1만 달러를 넘어선 2002년부터는 국내와 해외여행이 급속히 증가하면서 호텔에 대한 수요도 증가하고 있는 추세이다.

1.3 사회·문화적 환경

사회·문화적 환경은 종교적 신념, 가치관, 태도, 가정, 민주주의, 교육과 관련된 요인들이다. 이들은 한 사회의 문화를 형성하는 뼈대가 된다. 이들은 기업과 소비자행동에 커다란 영향을 미친다. 기업은 사회·문화적 규범을 기반으로 마케팅활동을 해야 한다. 그렇지 않으면 그 사회에서 기업의 활동이 받아들여지지 않은 경우가 생길 수 있다. 소비자들 또한 사회나 문화적 환경의 영향을 받아 소비활동이 달라진다. 이것은 경제적인 환경과는 다른 영향력이 있으며 기업 활동에 직·간접적으로 영향을 주게 된다. 마케팅관리자는 다음과 같은 추세들을 잘 고려해야 한다.

- 문화의 변화(다양성, 가족, 세대 및 하위 문화, 글로벌화)
- 사회에서 남성, 여성의 역할변화
- 소비자보호운동
- 소비자의 편익추구 행위
- 자연환경보호운동

문화는 선천적인 것이 아니라, 학습되는 것이며, 여러 구성요소간에 상호관련성이 있고, 특정 집단의 구성원에게 공유가 되며, 다른 사회구성원들과 확연히 구별될 수 있는 특성을 가지고 있다. 더 나아가 문화적 환경은 한 사회의 신념, 가치, 규범 등을 결정짓는다. 이들은 사회 속에서 오랜 기간 동안 형성되어온 것이다. 따라서 쉽게 바뀌지 않는다. 이렇게 형성된 문화는 소비자의 소비행동에도 영향을 미치게 된다. 한 사회의 문화는 소비자가 속한 사회 속에서 언어, 종교, 미학, 사회

제도, 가치관, 태도, 물질문명에 대한 인식에 직접적인 영향을 준다. 기업이 마케팅활동을 하는데 사회문화적인 영향을 무시할 수 없다.

사회변화의 또 다른 요인으로 도시화의 진전을 들 수 있다. 도시화는 먼저 가족의 변화를 일으키고 있다. 핵가족화로 과거에 집 안에서 행해지던 각종 행사들이 호텔 등의 연회장에서 진행되고 있다. 또한 여성의 사회진출로 외식업이 발전하고 있다. 가정과 직장생활을 하는 동안 시간과 공간의 부족을 느끼게 되면서 여행 및 리조트 호텔에서 머무르고자 하는 수요를 증가시키고 있다. 여성들이 복잡한 도시를 떠나 휴식을 취하고 싶은 욕구가 강하게 나타나면서 일탈형 관광객이 점차로 증가하고 있기 때문이다.

마지막으로 후기 산업사회의 진전으로 인해 다양한 개성과 삶의 질을 추구하는 형태로 사회문화적 환경이 바뀌고 있다. 관광산업에 있어서도 해외여행, 골프, 취미활동 등 건강과 레크리에이션 분야가 성장을 하고 있다.

1.4 정치적·법적 환경

정치적·법적 환경은 마케팅 의사결정에 영향을 미치는 정치이념, 정부의 정책, 법률, 조세제도, 정치단체나 시민단체 등의 영향에 관한 것이다. 마케팅관리자는 다음과 같은 추세를 살펴보아야 한다.

- 정치적 안정성,
- 정치풍토, 권력구조, 정치집단의 성격, 정부의 시책
- 호텔산업에 대한 대정부 정책
- 각종 관련 법규(기업규제법률, 소비자보호법, 환경보호관련법)

해외 관광객의 호텔 이용은 지속적인 평화 상태에 의존하고 있어서 정치적 안정은 매우 중요하다. 미국의 9.11 테러 사건이나 2008년의 태국공항폐쇄 사건 등은 한 나라의 정치적 안정이 사람들의 이동에 얼마나 영향을 주는지를 보여주는 사례이다.

법적 환경은 기업을 직·간접적으로 규제한다. 미국의 경우 1980년대의 호텔투자와 관련된 세법의 변화로 호텔산업이 급속하게 팽창하게 되었다. 이렇듯이 정부는 어떤 산업분야의 성장에 영

향을 미치기도 하고, 기업들 사이의 공정한 경쟁을 유도하기도 하며, 소비자를 보호하기 위해 규제활동을 하기도 한다. 법은 기업들간의 공정한 경쟁으로 경쟁력 있는 기업이 살아남도록 하려는 목적으로 만들어진다. 소비자에게는 기업들의 허위과장 광고나 잘못된 정보유통, 가격담합과 같은 것을 통해 소비자의 피해를 줄이고자 하는 목적으로 만들어진다.

특별히 한 국가의 교통체제와 관련된 정부의 정책은 호텔산업 발전에 직접적인 영향을미치고, 관광지 호텔의 수요에 직접적인 영향을 미친다. 교통과 관광의 관계는 동전의 양면과도 같다. 관광은 교통이 없으면 할 수도 없기 때문이다. 정부에 의한 교통조직망 정책, 교통수단 정책, 교통요금 정책이 직접적인 영향을 준다.

다음으로 사회정책 역시 호텔산업의 발전에 영향을 준다. 사회적인 법규의 개선, 휴가제도 및 노동시간에 대한 법적 규제, 소득분배 등의 영향은 호텔의 수요와 직접적인 관련이 있다. 예를 들어 주5일 근무제도의 실시로 관광이 증가하면서 호텔 수요가 증가하고 있다.

1.5 기술적 환경

페니실린, 원자력 발전, 각종 수술기구의 발전, 경구 피임약 등의 사례를 통해 알 수 있듯이 인류의 운명을 결정하는 요소는 기술이라고 볼 수 있다. 호텔은 1957년에 최초로 모든 객실에 흑백 TV를 설치하기 시작하면서 고객들에게 새로운 즐거움을 주었듯이, 컴퓨터의 보급으로 호텔, 여행사, 항공사는 정보제공 및 예약시스템 차원에서 보다 나은 고객서비스를 할 수 있게 되었다. 이렇듯이 기술의 발전은 사회가 변하는 계기가 된다. 최근 기술의 발전속도는 과거와는 비교가 되지 않을 정도로 신속하게 진행되고 있다. 새로운 기술의 등장으로 기존에 있었던 마케팅 관행에 창조적 파괴가 일어나고 있다. 기술의 도입은 새로운 시장을 창조해냄으로써 기업에게 새로운 수요를 창출하게 된다. 기술적 환경과 관련하여 마케팅관리자는 다음과 같은 것들을 살펴 보아야 한다.

- 새로운 신기술 출현
- 기술변화의 내용과 속도
- 신기술관련 정부의 규제

현대사회는 교통수단의 발전에 따라 이제는 안정적이며, 안락하고 신속하게 이동이 가능한 시대가 되었다. 교통수단의 발전에 따라 관광객은 휴식이나 위락의 장소를 쉽게 찾게 되었고, 빨라진 여행 속도에 의해 여행기간 중의 경험이 과거와는 다른 형태로 전개되고 있다.

숙박 분야에도 대형호텔의 등장으로 호텔의 영업활동이 변화하고 있다. 컴퓨터예약시스템, 고객정보관리시스템, 회계정보시스템, 주방기기의 자동화시스템, 카드를 활용한 문개폐시스템, 자동온도조절시스템 등을 활용으로 인해 여행의 쾌적함과 편리함이 점차적으로 증가하고 있다.

컴퓨터예약시스템(Computerized Reservation System)의 도입은 예약처리업무를 쉽게 처리할 수 있도록 했다(그림 2-1 참조). 업체들간에 제휴마케팅도 활발하게 추진되었다. 특히 정보기술(Information Technology : IT)의 핵심 매체인 인터넷은 사람들에게 정보를 수집하고 상품을 구매하는 새로운 수단을 제공하였다. 과거에는 여행사나 항공사에 직접 찾아가거나 연락을 해서 여행상품을 고르거나 티켓팅을 했지만, 요즘은 인터넷을 통해 쉽게 집에서 여행상품도 고르고 티켓팅도 할 수 있는 시대로 변했다.

[그림 2-1] 대표적인 호텔, 항공, 렌터카 예약사이트 Expedia.com

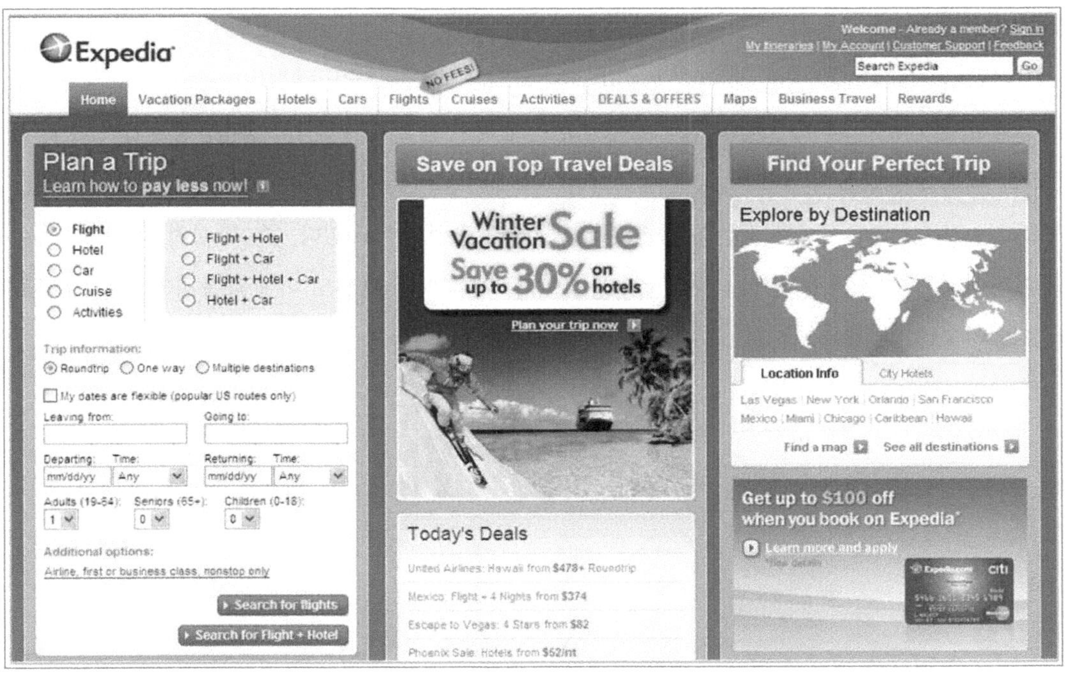

자료원 : http://ww.expedia.com

1.6 생태적 환경

생태적 환경은 마케팅활동에 영향을 주거나 마케팅활동에 필요한 자연, 자원의 변화를 말한다. 인간의 경제활동과 인구증가로 인해 지구의 환경이 급속히 파괴되고 있는 상황이다. 지구상에는 이산화탄소, 메탄가스 등 각종 가스의 대기속 농도가 높아지면서 온난화 현상이 두드러지고 있다. 또한 스프레이 등 인공화학물질의 사용으로 지구 오존층에 구멍이 뚫려 있는 상태이다. 브라질의 아마존 강 유역 등의 산림의 파괴 현상도 심하게 나타나고 있다. 이와 더불어 자연계의 많은 생물들이 멸종하거나 멸종위기에 처한 상황이다.

환경오염 문제는 경제성장 중심의 국가정책에 제동을 걸고 있다. 이에 따라 다양한 국가간 환경협약이 진행되고 있는 상황이다. 그 예들로서 오존층 파괴물질의 사용을 억제하고 위한 몬트리올 의정서, 유해폐기물의 국제적 이동을 제한하는 바젤협약, 지구온난화 방지를 위한 교토의정서와 코펜하겐 환경관련 회의, 생물종과 유전자원을 보호하기 위한 생물다양성보존협약 등을 들 수 있을 것이다.

이러한 노력들은 생태마케팅(ecological marketing) 또는 그린마케팅(green marketing) 등을 강화시키는 계기가 되고 있다(그림 2-2 참조). 이에 따라 관광 분야에서도 생태관광(eco-tourism)이라는 개념이 등장했다. 미국 생태관광협회는 '생태관광은 환경을 보존하고 현지 주민의 복지를 개선하는 자연지역으로 실시되는 책임 있는 여행' 이라고 정의하고 있다. 즉, 환경적, 경제적, 사회적 관심에서 생겨난 관광 형태가 생태관광인 것이다. 이에 따라 호텔도 이에 대응하기 위한 개념들을 도입하고 있다.

[그림 2-2] 이산화탄소를 줄이기 위한 노력을 하는 IHG 웹사이트의 사회적 책임

자료원 : http://www.ihg.com

2. 소비자행동의 이해

2.1 소비자행동이란

소비자는 호텔과 관련하여 여행, 숙박, 레스토랑, 클럽, 게임, 관광지, 오락, 레크리에이션과 관련한 다양한 형태의 소비활동을 한다. 이때 소비자가 호텔의 상품과 서비스를 구매하여 이용하려고 할 때 다양한 소비형태가 드러난다. 이와 관련된 내용을 살펴보는 것을 소비자행동이라고 한다. 소비자행동은 '소비자들이 그들의 욕구를 충족시켜 주리라고 기대하는 상품이나 서비스 혹은 아이디어를 탐색, 구매, 사용 및 평가하면서 보여주는 행동' 이라고 정의할 수 있다.

소비자행동은 소비자시장에 직접적인 영향을 미친다. 호텔과 관련된 소비자시장은 국내의 소비자뿐만 아니라 해외 관광객을 포함한 시장으로 구성된다. 이 시장은 지속적으로 성장할 뿐만 아니라 다양한 요인들에 의해 영향을 받고 있다. 소비자는 연령, 소득, 학력, 기호, 추구하는 혜택 등에

서 서로 상이하며, 다양한 호텔의 상품과 서비스를 구매하고 있다. 챔버스, 책코와 루이스(Cambers, Chacko, and Lewis)가 제시한 소비자행동의 다섯 가지 기본적인 신념의 전제를 살펴보면 다음과 같다(Kotler 외, 2010).

- **전제 1** : 소비자행동은 목적지향적이다. 경영자가 보기에는 비합리적인 행동도 소비자에게는 완전히 합리적인 행동이 될 수 있다.
- **전제2** : 소비자는 자유선택권을 가지고 있다. 소비자는 마케팅 커뮤니케이션에 대하여 주의를 기울일 의무가 없다. 메시지는 선택적으로 처리된다. 대부분의 경우 소비자는 몇 개의 호텔과 그들이 생산하는 상품과 서비스 중에서 선택할 수 있다.
- **전제3** : 소비자행동은 일련의 과정이다. 소비자가 호텔의 상품과 서비스를 구매하는 과정이 있다. 따라서 소비자에게 영향을 미치기 위해서는 마케팅관리자는 이 과정을 이해하는 것이 필요하다.
- **전제4** : 소비자행동은 무엇인가에 의해 영향을 받을 수 있다. 따라서 마케팅관리자는 구매의사결정과정과 그 과정에 영향을 미치는 요인을 이해함으로써 소비자행동에 영향을 미칠 수 있다.
- **전제5** : 소비자는 교육이 필요하다. 소비자들은 충분한 지식을 가지고 있지 않기 때문에 소비자는 자신의 이해관계에 반하는 행동을 취할 경우도 있다. 따라서 소비자들이 충분한 지식을 갖도록 마케팅관리자가 교육하는 것이 필요하다.

소비자는 평소에 마케팅믹스로 구성된 마케팅 자극과 외적인 기타 자극의 영향을 받는다. 다음 단계로 호텔의 상품과 서비스에 대한 구매 필요성을 느낀 소비자는 구매자로서 의사결정을 진행한다. 이 과정은 소비자의 내부에서 진행되는 블랙박스와 같은 과정이다. 이 과정을 지나면서 소비자는 구매자로서 구매와 관련된 적절한 반응을 하게 된다. 이와 관련된 소비자행동 모델을 제시하면 [그림 2-3]과 같다.

[그림 2-3] 소비자행동 모델

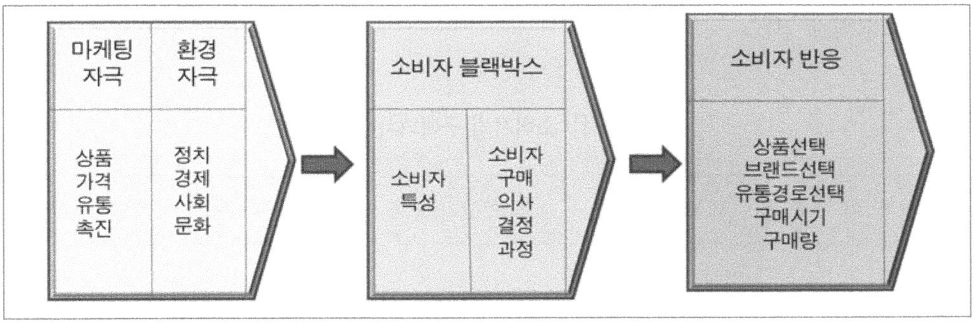

자료원 : Kotler, Philip 외, 호텔·외식·관광마케팅, 김영태 옮김, 도서출판 석정, 2010

소비자행동은 소비자의 블랙박스 안에서 일어나는 일들에 대해서 살펴보는 것이다. 이것은 소비자가 어떤 호텔을 선택하는가와 관련된 소비자의 구매의사결정 과정과 구매의사결정 과정에 영향을 미치는 영향 요인으로서 소비자특성으로 구분된다.

소비자 특성은 소비자들이 같은 정보라도 어떻게 처리하는가와 관련된 정보처리 과정이다. 소비자특성은 개인적인 요인들로 지각, 학습, 동기, 성격, 태도와 같은 것들이며, 환경적 또는 대인적인 요인들로서는 문화, 하위문화, 사회계층, 준거집단, 가족 등과 같은 것들이다. 이러한 요인들이 영향을 미쳐 소비자의 구매의사결정 과정에 영향을 미친다.

2.2 소비자의 구매의사결정 과정

소비자는 다양한 호텔을 선택하게 된다. 하지만 소비자가 호텔을 선택하기까지의 과정은 간단하지 않다. 구매과정(purchase process)은 개인마다, 호텔마다 다르다. 또한 주변에 있는 환경의 영향을 받기도 한다. 일반적으로 알려진 호텔의 구매과정은 [그림 2-4]에서처럼 문제의 인식, 정보의 탐색, 대안의 평가, 호텔의 선택과 이용, 호텔이용 후 행동이라는 5단계 과정으로 나누어진다. 소비자는 문제를 인식하고 나면, 주변에서 정보를 탐색하고, 수집한 정보를 평가한 후에 가고자 하는 호텔을 선택하게 된다. 호텔을 선택한 이후 이용이 이루어지는데, 여기서 호텔구매에 대한 의사결정은 끝나지 않는다. 호텔을 이용한 후에도 자신의 구매행동에 대한 평가를 통해 호텔이용에 대한 긍정적이거나 부정적인 감정이 소비자들의 기억 속에 남아 있게 된다. 이러한 감정들은 다음 번 구매의사결정을 해야 할 때, 정보탐색 단계부터 영향을 줄 수도 있고, 주변에 있는 다른 사람들의 의사결정에 영향을 미칠 수도 있다. 따라서 마케팅관리자들은 소비자의 전구매과정에 대한 이해를 하고 있어야 한다.

[그림 2-4] 소비자의 구매의사결정 과정

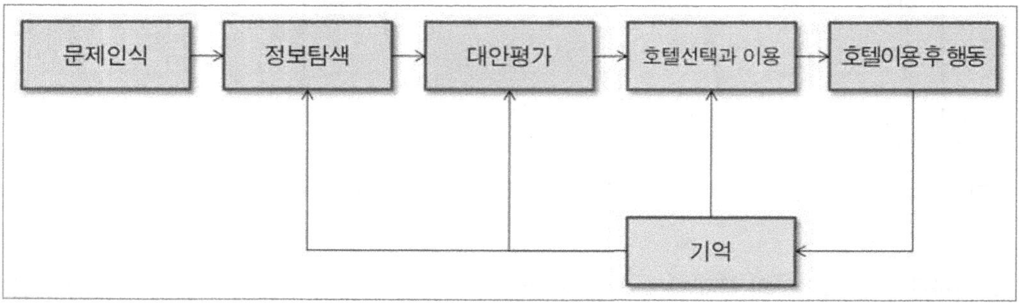

(1) 문제의 인식

문제의 인식(problem recognition)은 소비자가 '호텔을 이용하고자 하는 필요가 발생하여 그 것을 충족하고자 하는 마음이 지각된 상태' 이다. 이러한 인식은 내부적으로 또는 외부적 자극으로 인해 생겨날 수가 있다. 전자를 내적 요인(internal factor) 또는 내적 환경(internal environment)에 의한 문제의 인식이라고 하며, 후자를 외적 요인(external factor) 또는 외적 환경(external environment)에 의한 문제의 인식이라고 한다. 그런데 문제가 인식되었다고 해서 항상 행동으로 이어지는 것이 아니다. 문제를 해결하려는 욕구가 증가되었을 때 다음 단계인 동기(motive)가 유발되어 행동으로 이어진다.

소비자의 행동을 유발시키는 욕구가 클지라도, 이를 행동에 옮기지 못하도록 하는 막는 장애요인들이 있다. 박시사(2005)가 제안한 장애요인들을 중심으로 다음과 같은 점들을 호텔분야에 적용해 볼 수 있다. 장애요인들로는 가처분시간이 충분히 있는가, 본인이 부담할 수 없을 만큼 비용이 크지 않은가, 직업이나 직장의 환경상 갈 수 없는 상황이 아닌가, 호텔에 대한 지식이나 정보가 부족한가, 건강 상에 문제가 있는가, 두려움이 크고 안전이 보장되어 있지 않은가 등이다. 장애요인들이 클수록 소비자는 호텔을 이용하고자 하는 욕구를 행동에 옮기지 못한다.

마케팅관리자는 소비자들에게 욕구를 인식하게 하는 요인들과 장애요인들과 관련된 상황들을 잘 이해하고 있어야 한다. 즉 소비자가 어떤 동기로 호텔을 이용할 필요성을 느끼게 되었는지에 대한 동기와 그 동기를 행동에 옮기지 못하도록 하는지에 대한 상황들을 파악할 필요가 있다. 동기가 만들어졌다 할 지라도 경제적인 상황이 어려운 경우 이러한 동기는 실천에 옮겨지지 않는다. 따라서 마케팅관리자는 이에 대한 정보를 수집함으로써 호텔의 상품과 서비스에 대하여 관심을 유발할 수 있는 자극을 식별하고, 이러한 자극을 활용하여 동기를 유발할 수 있는 마케팅프로그램을 개발할 수 있어야 한다.

(2) 정보의 탐색

문제의 인식과정에서 문제해결의 필요성을 인식한 소비자는 본인에게 적절한 호텔을 찾게 된다. 소비자는 욕구를 충족시키기 위해 몇 가지 조건에 부합하는 대안들을 찾을 것이다. 첫 번째 기준은 먼저 어느 지역으로 갈 것인가에 관한 것이다. 다음으로 항공, 선박, 철도, 버스, 자동차 중 어떤 교통수단을 활용할 것인가에 관한 것이다. 호텔방문 목적이 휴가 목적인가, 아니면 사업의 목적인가도 정보탐색에 영향을 줄 것이다. 호텔을 이용할 때에 혼자 갈 것인가, 아니면 단체로 갈 것인가를 생각해 볼 것이다. 목적지가 단거리인가 아니면 장거리인가도 고려해 볼 것이다. 마지막으로 호텔을 이용하는데 비용이 어느 정도 들 것인가에 대한 것에 대해서도 살펴 볼 것이다. 이 과정이 정보의 탐색(information search) 단계이다.

만약 소비자가 본인의 욕구를 채울 수 있을 만큼 만족스러운 호텔이 떠오른다면 직접 그 호텔을 선택할 것이다. 이는 소비자가 소유한 내부정보를 기준으로 탐색하는 내적 탐색(internal search)이다.

그러나 소비자들은 일반적으로 자신의 욕구를 만족시킬 수 있는 해결책을 위한 정보를 기억 속에 충분히 갖고 있지 못한 경우가 많다. 이와 같은 상황에서는 정보를 수집하기 위해 외적 탐색(external search)을 하게 될 것이다. 외적 탐색을 거칠 필요성인 있는 소비자들은 다양한 정보원천으로부터 외부의 정보를 획득한다. 소비자는 먼저 개인적인 정보원천(personal sources)인 가족, 친구, 이웃, 친지들로부터 정보를 얻으려고 할 것이다. 둘째로, 상업적 원천(commercial sources)인 광고, 여행사의 호텔판매원, 호텔소개 책자나 인쇄물, 여행사의 웹사이트 등을 통해 정보를 얻을 수 있다. 셋째로, 공적 원천(public sources)인 신문 기사나 방송의 뉴스, 호텔관련 잡지, 호텔관련 정보제공 웹사이트 등을 통해서 얻을 수도 있다. 넷째로, 경험적 원천(experiential sources)으로 과거에 소비자가 이용했던 호텔에 대한 경험을 통해서도 얻을 수 있다.

일반적으로 호텔은 일반 공산품과는 달리 호텔정보에 대한 매체광고가 많지 않으며 복잡하고 다양하기 때문에 정보를 탐색하기가 쉽지 않다. 따라서 주로 과거의 경험, 친구나 주변인물, 신문 등의 매체광고, 여행사 상담, 여행관련 책자 및 인쇄물, 웹사이트 등의 경로를 통해 호텔 정보를 수집하는 경향이 있다.

사람에 따라 다르겠지만 호텔이용을 계획하고 있는 주변인물이나 인터넷을 통해 어느 곳으로 여행을 가는 것이 좋을 것인가에 대한 정보를 먼저 수집할 것이다. 그리고 여행사 등을 통해서도 문의를 하게 될 것이다. 이 과정을 통해서 소비자는 그들이 인지할 수 있는 호텔의 전체집합(total set) 중에서 정보수집을 통해 파악한 인지집합(awareness set)을 형성한다. 다음 과정은 인지집합에 있는 호텔 중에 경제적인 조건을 포함한 여러 가지 조건에 맞는 호텔 대안들을 선택하게 된다. 이렇게 선택된 대안을 고려대안집합(consideration set)이라고 한다. 이들 중에서 적절하지 않다고 생각하는 대안들을 제외하고 직접 비교평가를 통해 선택할 호텔의 집합인 선택대안집합(choice set)을 구성하게 된다.

(3) 대안의 평가

소비자들은 탐색한 정보를 바탕으로 여러 가지 대안들을 비교하여 문제해결에 필요한 최적의 대안을 찾아내는 평가를 하게 된다. 이를 대안의 평가과정이라고 한다. 이 과정을 통해 선택된 최적 대안은 소비자에게 가장 큰 효용(utility)을 제공하는 것이다.

대안의 평가는 평가기준과 평가방식을 결정하는 것으로부터 시작한다. 평가기준이란 호텔 대안들을 비교하고 평가하는데 사용되는 기준들인데, 이를 속성(attribute)이라고 일반적으로 말한다. 평가방식이란 소비자가 선택된 평가기준을 통합하고 처리하는 방식을 말한다.

개인적 특성, 호텔의 종류, 호텔을 선택해야 하는 상황에 따라 소비자가 여러 대안을 평가하는데 사용하는 기준이 달라질 수 있다. 특별히 이 과정에는 관여도가 영향을 미칠 수 있다. 관여도(involvement)란 '특정상황에 있어 자극에 의하여 유발되어 지각된 개인적인 중요성이나 관심도의 수준' 을 말한다. 관여도는 수준에 따라 고관여 상황(high involvement level) 또는 저관여 상황(high involvement level)으로 나눌 수 있다. 고관여 상황일수록 구매의사결정 과정이 길어지고, 저관여도 상황일수록 구매의사결정 과정이 짧아진다. 이에 따른 문제해결 방법을 살펴보면 다음과 같다.

- **포괄적 문제해결(extensive problem solving)** : 관여의 정도가 높기 때문에 문제해결에 긴 의사결정을 거치는 문제해결 방법이다. 예를 들면, 처음 가는 지역의 호텔 선택, 기업의 첫 번째 컨퍼런스 개최 등의 경우이다.
- **제한적 문제해결(limited problem solving)** : 관여의 정도가 낮아 상대적으로 짧은 의사결정 과정을 거치는 문제해결 방법이다. 예를 들면 지난 번에 방문했던 호텔에 다시 가는 경

우이다.

- **일상적 문제해결(routinized problem solving)** : 제한적인 문제해결 방법보다 의사결정이 더 짧은 문제해결 방법으로, 반복적인 구매가 일어나는 경우에 행해진다. 예를 들면 일상적인 국내출장이나 해외출장을 할 때 평소에 가는 호텔을 방문하는 것과 같은 경우이다.

예를 들어 고급호텔과 같이 고관여 호텔일수록 평가해야 할 대안이나 평가기준이 증가하고, 평가방식이 복잡해 진다. 반면에 자주 이용하는 호텔의 결정과 같이 저관여 상황에서는 소비자가 알고 있는 정보를 중심으로 제한적인 정보탐색 과정을 거치고, 대안의 평가과정을 거치지 않고 바로 호텔을 선택하는 과정으로 넘어갈 수도 있다.

평가방식은 평가과정에서의 체계성과 규칙성에 따라 객관적 수리모형과 주관적 직관모형으로 구분된다. 객관적 수리모형은 한 가지 속성에서 낮은 점수를 받은 대안이 좋은 점수를 받은 다른 속성에 의해 만회되는가에 따라 보상적 방식과 비보상적 방식이 있으며, 경험과 직관 등에 의해 단순화된 주관적 또는 휴리스틱(heuristic) 모형이 있다.

(4) 호텔의 선택과 이용

소비자는 여러 호텔대안들을 평가한 후에 가장 선호하는 호텔을 선택하게 된다. 이 단계에서도 상황적인 요인이나 주변사람들이 보여주는 호텔에 대한 태도의 영향을 받는다. 따라서 호텔에 대한 선호도와 구매의도가 항상 호텔의 선택으로 이어지는 것은 아니다. 일반적으로 소비자가 구매하려는 호텔의 변경, 선택시기의 지연, 선택의 회피는 소비자가 호텔의 선택과 관련하여 지각하는 위험성 정도에 따라 영향을 받는다. 대부분의 호텔의 선택에는 어느 정도 위험을 포함하고 있기 때문에 기업이 선택한 결과에 대한 확신을 줄 수 없다면 소비자는 두려움을 느끼게 된다. 여기서 지각되는 위험의 정도는 가격, 선택한 결정에 대한 불확실성의 정도, 소비자의 자기확신의 정도에 따라 다르게 나타난다. 소비자들은 이 같이 지각된 위험을 회피하기 위해 유명한 호텔을 선택하거나 이러한 위험을 줄일 수 있는 내용이 포함된 호텔을 선택할 가능성이 높아진다. 기업의 마케팅관리자는 지각된 위험수준을 높이는 요인들을 알아내어 이를 제거하거나 감소시키기 위해 소비자에게 추가적인 정보를 제공하거나 위험을 줄일 수 있는 보장내용이 들어간 서비스를 제안할 필요가 있다.

이렇게 선택된 호텔은 곧 바로 이를 이용하는 행동으로 이어지지 않는다. 먼저 선택한 호텔을 예약해야 한다. 그리고 예약한 호텔은 어느 정도 시간이 지난 후에 방문하게 된다. 소비자는 예약을 한 후 보통 방문준비를 하게 된다. 소비자는 호텔에 대한 기대를 하면서 실제 방문하지는 않았지만 기대감이 충만하기 때문에 행복감을 느낀다. 많은 경우 소비자들은 주변 지역을 관광을 하고자 하는 욕구도 함께 가지고 있는데 그들은 지도에 대한 연구, 안내책자 또는 여행관련 잡지의 기사수집 등을 통해 여행에 대한 전반적인 정보를 수집하게 된다. 이것은 소비자에게 큰 즐거움으로 호텔마케팅관리자는 웹사이트나 이메일 등을 통해 소비자에게 사전에 충분한 정보를 제공할 필요성이 있다.

이와 같은 과정을 통해서 소비자는 여행사나 예약기관으로부터 목적지에 대한 정보를 소개받게 된다. 준비된 소비자는 이제 목적지를 향해서 출발하게 된다. 목적지로 최초로 이동하는 단계는 소비자에게 목적지를 체험하는 것만큼 흥분과 즐거움을 제공하기도 한다. 소비자는 주변의 상황이나 환경에 대한 즐거움을 느끼기 때문이다. 이 때 호텔에 대한 소비가 직접적으로 일어난다. 소비자는 목적지에 도착하여 소비자가 계획했던 서비스를 이용하게 된다. 즉, 소비자의 핵심체험(core experience)이 일어나며, 다른 지역에서 온 소비자, 현지의 주민, 현지의 문화 등과 만남을 통해 상호작용이 이루어진다. 호텔의 이용이 끝난 후에는 소비자는 일상생활로 돌아오게 된다. 소비자는 가정 또는 직장에서 무엇인가를 해야 한다는 생각 때문에 여행을 가면서 풀렸던 마음이 현실로 돌아와 긴장감이 형성된다.

(5) 호텔이용 후 행동

목적지를 방문하여 호텔을 이용한 소비자는 호텔이용에서 느꼈던 기쁨과 행동 등을 다시 돌이켜 보게 된다. 소비자의 호텔 이용경험은 일상생활로 돌아와서 끝이 났지만, 호텔의 사진, 이야기, 추억들을 회상하게 된다. 소비자는 자신의 체험과 추억을 다른 사람과 공유하기도 하고 자랑하기도 한다. 이때 본인이 경험한 호텔을 기준으로 이에 대한 만족 또는 불만족과 같은 반응을 나타낸다. 이 반응은 다시 호텔이용 후 행동으로 이어진다. 소비자의 호텔에 대한 만족, 불만족은 소비자의 기대와 목적지에서 체험한 지각된 경험에 의해 결정된다. 만약 호텔에 대한 지각된 경험이 소비자의 기대에 못 미치게 된다면 소비자는 실망하게 될 것이고, 기대에 부응하게 되면 소비자는 만족을 느끼게 된다. 더 나아가 소비자가 기대했던 것보다 더 좋은 체험을 하는 경험을 하게 되면 소비자는 매우 기뻐하게 된다.

소비자가 만족하거나 뛰어난 서비스를 받았다고 할 경우, 호텔의 재구매 고객이 될 가능성이 높고, 주변 사람들에게 긍정적인 구전을 할 가능성이 높아진다. 반면에 불만족한 소비자는 다시는 그 기업의 호텔을 이용하지 않을 가능성이 높으며 주변에 부정적 구전을 전할 가능성이 높다.

특별히 고가의 호텔을 이용한 후에는 소비자들은 자신의 의사결정이 옳았는지에 대한 확신의 부족으로 인지부조화(cognitive dissonance) 또는 심리적 불편(psychological discomfort)을 경험할 수도 있다. 인지부조화란 상품구매를 하는데 있어서 행동과 인지간에 조화를 이루지 못하면 긴장이 발생하는 심리적인 상태를 말한다. 인지부조화가 발생했을 때 사람들은 본인이 알고 있는 정보들 중에 어느 한 부분을 수정해서 이러한 긴장이나 부조화를 감소시키려고 한다. 즉, 선택한 호텔에 만족한 소비자는 자신이 생각하기에 부족하다고 느낀 점들에 대해 다행으로 생각하지만, 그렇지 못할 경우 호텔이용 후 부조화를 느끼게 된다. 일반적으로 오랜 시간을 두고 호텔을 비교한 후 선택했다면 자신의 선택을 합리화하는 과정(rationalization process)을 거치게 된다. 이럴 경우 소비자는 선택 후 부조화를 없애기 위해 자신의 선택을 지지하는 정보를 적극적으로 탐색하는 경향과 자신의 선택과 상충되는 정보를 회피하거나 왜곡시키는 경향이 있다. 따라서 호텔은 자사 호텔 선택자의 불만족을 극소화할 수 있도록 호텔 선택 행동의 당위성을 내용으로 하는 적절한 메시지를 전달할 필요가 있다.

3. 소비자행동의 영향요인

소비자의 구매의사결정에 영향을 미치는 주체는 소비자다. 따라서 시장을 구성하고 있는 소비자들의 행동을 이해하지 않고는 효과적인 마케팅을 전개할 수 없다. 소비자의 행동에 영향을 미치는 요인들은 다양하다. 일반적으로 소비자의 행동에 영향을 미치는 요인들은 개인적 요인, 심리적 요인, 사회적 요인, 문화적 요인으로 구분된다.

3.1 개인적 요인

개인적 요인(personal factors)은 소비자의 연령과 가족생활주기, 직업, 경제적 상황, 라이프스타일, 개성, 자아개념으로 나뉜다.

(1) 연령과 가족생활주기

사람들은 연령에 따라 기호가 변해가면서 호텔을 선택하게 된다. 특별히 연령에 따른 기호는 가족생활주기(family life cycle)와 밀접한 관련이 있다(표 2-1 참조). 가족생활주기는 출생, 성장, 자녀의 출가, 배우자의 사망 등을 중심으로 구분된다.

〈표 2-1〉 가족생활주기와 구매 및 행동패턴

가족 생활주기	특징	주요 행동패턴	주요 구매품목
미혼단계	젊고, 집에 살지 않은 독신	재정적 부담, 패션견해리더, 레크리에이션 지향	기본적인 주방용품, 가구, 자동차, 휴가
최근 결혼한 커플	젊고, 자녀가 없음	가까운 미래에 재정적으로 부유함, 내구재의 높은 구매율과 높은 평균 구매율	자동차, 냉장고, 스토브, 기능적이고 내구적인 가구, 휴가
가족I	6세 미만의 어린 자녀	집 구매, 낮은 유동자산, 재정적 위치에 대한 불만족과 상당량의 저축, 새로운 상품에 대한 흥미, 광고된 상품의 기호	세탁기, 건조기, TV, 아기 음식, 기침약, 비타민, 인형, 유모차, 썰매, 스케이트
가족II	가장 어린 자녀가 6살 이상	보다 나은 재정적 위치, 몇몇의 부인들이 일함, 광고에 대한 영향력 감소, 더 큰 사이즈의 패키지와 다양한 단위의 분량 구매	많은 양의 음식, 청소용품, 자전거, 음악레슨, 피아노
가족III	나이든 결혼 커플과 부양자녀	여전히 나은 재정적 위치, 더 많은 부인들이 일함, 몇몇의 자녀들은 일자리를 갖고 있음, 광고에 영향을 받기 힘듦, 내구재의 높은 평균 구매율	새롭고 더 세련된 가구, 자동차 여행, 불필요한 설비, 보트, 차고 서비스, 잡지
노년기가족I	더 나이든 결혼 커플, 같이 사는 자녀가 없음, 가장이 일을 함	집 소유주, 대부분 재정적 위치에 만족하고 저축함, 여행과 레크리에이션에 흥미, 선물과 기부를 함, 새로운 상품에 흥미가 없음	휴가, 사치품, 집 보수
노년기가족II	더 나이든 결혼한 커플, 같이 사는 자녀가 없음, 가장 은퇴함	수입의 중단, 집에 있음, 가장은 은퇴함	의료기구, 건강보조 의료보호 상품, 잠, 그리고 소화
독신노년기I	일을 함	수입은 여전히 좋으나 집을 팔 가능성이 큼	
독신노년기II	은퇴 함	다른 은퇴한 그룹처럼 비슷한 의료와 상품이 필요함. 수입의 중단, 간호, 보호의 특별한 요청사항을 갖고 있음	

연령과 가족생활주기의 특징과 호텔 이용행태의 관련성을 살펴보면 다음과 같다. 어린이들(child)은 새로운 자극이나, 다른 어린이들과 놀거나, 부모의 지도 및 지원이 필요한 시기로 가족과 함께 호텔을 이용하는 것이 필수적이다. 미혼성인(youth adult)은 새로운 체험, 자유로운 행동, 활동적인, 참여기회, 사회적 상호작용을 원하는 특성을 갖고 있어서 다양한 활동을 할 수 있는 호텔을 찾게 된다. 젊은 부부(young couple)의 경우에는 새로운 체험과 로맨스를 원하는 경향이

있다.

어린애가 있는 부부(young couple with baby)는 유아용 편의시설과 유아용 장비의 접근이 쉬우며 비용측면에서 경제적인 호텔을 선택하는 경향이 있다. 자녀와 함께 사는 성장가족(growing families)의 경우에는 가족할인 항공권과 가족이 함께 활동을 할 수 있는 호텔을 선택하는 경향이 있다. 자녀를 출가시킨 부부(empty nester)는 새로운 학습기회나, 수동적으로 참여할 수 있는 활동이 있는 호텔을 선택하는 경향이 있다. 마지막으로 황혼기(elderly)에 있는 소비자는 실제 행동에 참여하기보다는 관전 혹은 참관을 하거나, 다른 노인과 어울릴 수 있거나, 노인들을 위한 용이한 접근성을 갖고 있는 호텔로써 비용 측면에서 경제적인 호텔을 선택하는 경향이 있다.

(2) 직업

소비자의 직업(occupation)에 따라 호텔의 소비패턴이 달라질 수 있다. 직업은 개인의 소비생활에 영향을 미치며, 직업에 따라 찾게 되는 대표적인 호텔이 달라질 수 있다. 일반 사원들은 여관이나 모텔과 같은 정도의 시설에서 숙박하면서 패스트푸드 식당에서 식사를 해도 괜찮다고 생각할 수 있다. 기업의 중역들은 어느 정도 등급 이상의 호텔에서 숙박하면서 호텔의 레스토랑에서 식사를 하려고 할 것이다. 따라서 마케팅관리자는 자사의 호텔을 필요로 하는 직업을 찾아내어 이들을 대상으로 집중적인 마케팅을 시행해야 한다.

(3) 경제적 상황

호텔의 선택은 소비자의 경제적 상황(economic circumstances)과 밀접한 관련이 있고, 어떠한 수준의 호텔을 선택할 것인가에 영향을 준다. 경제적 상태를 나타내는 대표적인 지표는 가처분소득이다. 이것은 직업이나 축적된 부에 의해서 결정되며 가족의 구매력에 영향을 준다. 가처분소득이 불경기 때에는 줄어들면서 호텔, 레스토랑, 오락활동, 휴가비 지출을 줄이게 된다. 또 고급호텔 투숙이 줄어들고, 레스토랑 안에서도 저렴한 메뉴를 선택하며, 외식횟수가 감소되고, 쿠폰 등을 많이 활용하게 된다. 반면에 호경기 때에는 가처분소득이 증가하면서 고급호텔 투숙이 늘어나고, 레스토랑에서 고가의 메뉴들이 잘 팔리게 된다. 또 항공기 여행과 휴가비 지출도 증가하게 된다. 따라서 마케팅관리자는 이러한 경제적 상황을 면밀히 주시하고, 적절한 마케팅프로그램을 개발할 필요가 있다.

(4) 라이프스타일

라이프스타일(lifestyle)은 한 개인의 생활양식으로서 개인의 행동, 관심사, 의견 등을 표현하는 것이다. 동일한 사회계층이나 직업을 가지고 있을지라도 라이프스타일(lifestyle)은 다를 수 있다. 따라서 라이프스타일은 호텔의 선택을 다르게 하는 요인이 될 수 있다. 마케팅관리자는 자사의 호텔과 라이프스타일 집단과의 관련성을 찾아내어, 자사의 호텔과 어울리는 라이프스타일에 마케팅 노력을 집중할 필요가 있다. 다양한 형태의 라이프스타일 분류체계가 사용되나 다음과 같은 세 가지 형태의 라이프스타일 분석 방법이 일반적으로 사용되는 방법들이다.

먼저 AIO 분석은 활동(Activities), 관심사(Interests), 의견(Opinion)을 중심으로 소비자의 생활유형을 살펴 보는 것이다. AIO분석에 대한 내용은 〈표 2-2〉와 같다.

〈표 2-2〉 AIO분석의 라이프 스타일 주요 조사 항목

활 동	관심사	의 견	인구통계적 요인
일	가족	자기자신	연령
취미	가정	사회적 이슈	교육
사회적 행사	직무	정치	소득
휴가	지역사회	사업	직업
오락	레크리에이션	경제	가족규모
클럽 멤버십	패션	교육	주거
지역사회	음식물	상품	지리
쇼핑	미디어	장래	도시규모
스포츠	업적	문화	라이프스타일 단계

자료원 : Plumber, Joseph T., "The Concept and Application of Life-Style Segmentation," Journal of Marketing, January, 1974, p. 34.

다음으로 라이프스타일과 심리적 요인을 결합한 모델들이 있다. 양켈로비치, 클랜시, 슐만(Yankelovich, Clancy, and Shulman)사의 MONITOR와 VALS가 있다. 그 중에서 대표적으로 사용되는 모델이 VALS이다. 이것은 SRI International이란 회사에서 개발한 가치관과 라이프스타일 조사(Values and Lifestyle : VALS)로 불린다. 1960년대와 1970년대에 접어들면서 시장을 라이프스타일과 사이코그래픽스로 나누는 것이 유행이었는데, 이후에 사이코그래픽스와 인구통계를 함께 보는 것이 낫다는 견해가 등장하면서 연구된 방법이다. 1978년부터 2년간에 걸쳐 42개의 태도에 대한 질문과 5개의 인구통계학적인 질문에 대한 조사를 통해 VALS를 창안해 냈다. VALS는 계속 발전되면서 8개의 세분화 집단이 제시되었다(그림 2-5 참조). 이에 대한 세분화 집단의 내용을 살펴 보면 다음과 같다.

[그림 2-5] VALS 분석 체계

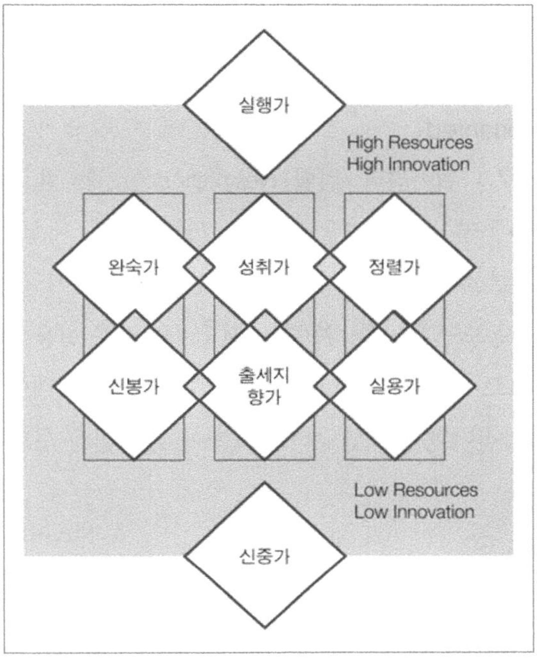

(1) 실행가(actualizers)

정교하고, 활발하고, 솔선수범하는 성공한 사람으로 대체적으로 돈 많은 소비자들의 소비행태를 보이며, 특정시장의 상품에 대한 세련된 기호를 가지고 있다.

(2) 원칙 지향형(principle Oriented)

완숙가와 신봉가로 나뉘어진다. 완숙가(fulfilleds)는 성숙하고, 만족하며, 안정적이고, 반성적이다. 상품의 내구성, 기능성과 가치를 선호하는 스타일이다. 반면에 신봉가(believers)는 보수적이고, 관습적이며, 전통적이다. 적당한 수입원이 있어 친숙한 상품과 기존의 소비상표를 선호한다. 가족과 교회, 사회 공동체, 그리고 국가가 생활의 중심이다.

(3) 신분지향형(status oriented)

성취가와 출세지향가로 나뉘어진다. 성취가(achievers)는 성공지향적, 출세지향적, 가족지향적인 사람들의 그룹이다. 그들의 동료에게 성공을 과시할 수 있는 상품을 선호한다. 그들은 정치적으로 보수적이며 권위와 현상을 존중한다. 출세지향가(strivers)는 유행에 민감하고, 남에게 자신을 확인 받으려 하고, 이 때문에 종종 자신의 자질이 억압당하는 그룹이다. 그들은 더 많은 물질적 부를 가진 사람들의 구매를 모방하며 유행상품을 선호한다.

(4) 행동지향형(action oriented)

정렬가, 실용가, 신중가로 나뉘어진다. 정렬가(experiencers)는 젊고, 생기가 넘치며, 열정적이고, 충동적이다. 또 매사에 열심이며, 충동적이다. 그들은 의복, 패스트푸드, 음악, 영화, 그리고 비디오에 수입의 상당부분을 쓴다. 실용가(makers)는 실용적인 자급자족형이고, 전통적이며, 가족지향적이다. 그들은 각종도구, 다용도 차량, 낚시도구와 같은 실용적이거나 기능적인 목적의 상품을 선호한다. 마지막으로 신중가(strugglers)는 중년이 지나 시대에 뒤쳐지고, 수동적이며, 위험을 싫어하고, 자신의 자질이 종종 억압당하는 그룹이다. 그들은 선호하는 브랜드에 충성하는 신중한 소비자들이다.

셋째는 로빈(Johathan Robbin)이 개발한 프리즘(PRIZM)이 있다. 이것은 미국 내 36,000개의 각 우편번호 지역 안에 속한 라이프스타일 집단의 밀도나 혼합을 알 수 있도록 지리인구통계적 변수에 기반해 분류한 시스템이다. Cohort라는 분류체계를 활용해 27개의 그룹으로 분류한다. 지리인구통계적 시스템에 대한 비판은 한 지역 안에 사는 모든 사람들은 그들의 이웃과 같다고 가정하는 것이 문제로 제기된다. 어떤 이웃들은 개인적인 특성을 볼 때 더 확실하게 설명할 수 있을 뿐만 아니라 같은 지역에 사는 이웃이 모두 다 같은 것은 아니기 때문이다.

(5) 개성

개성(personality)은 환경에 대해 비교적 일관성을 가지고 장기간 동안 지속적인 반응을 나타내는 개인의 독특한 특징이다. 개성의 특징은 일관성이 있으며, 개인간에 차이가 있고, 상황에 따라 변할 수 있으며, 하나가 아닌 다양한 차원을 가지고 있다. 개성은 자기확신, 사회적응성, 방어성, 적응성, 공격성 등으로 표현된다. 개성은 특정 호텔이나 기업을 선택하는 소비자행동을 분석하는데 유용하다. 소비자의 개성에 따라 호텔의 형태, 교통수단, 목적지, 계절별 선호도에 차이를 보이기 때문이다. 예를 들어 자동차여행자는 여행을 하지 않은 사람에 비해 더욱 사교적이며 자신감이 넘친다. 반면에 기차여행자는 상대적으로 수동적이며 의존적인 성격 특성을 가지고 있다(박시사, 2005).

(6) 자아개념

자아개념(self-concept)은 다른 말로 자아이미지(self-image)라고도 하며, 자신에 대해서 가지고 있는 자화상을 말한다. 자신에 대한 자화상은 (1) 실제로 자신을 어떻게 보는가에 관련된 실제적 자아(actual self-concept), (2) 자기 자신을 어떻게 보길 원하는가에 관련된 이상적 자아(ideal self-concept), (3) 다른 사람이 실제로 자신을 어떻게 보는가에 관련된 실제적, 사회적 자아(actual and social self-concept), (4) 다른 사람이 자신을 어떻게 보길 원하는가에 관련된 이상적, 사회적 자아(ideal and social self-concept)로 나뉜다. 자아개념은 상품구매와 직접적인 관련이 있다. 소비자들은 상품에 대한 각각의 이미지를 가지고 있으며, 각 상품의 이미지에 상품을 구매하는 소비자의 이미지를 통합시키려는 경향을 보이기 때문이다. 이에 따라 소비자들은 자신의 자아개념이나 자아이미지와 어울리는 호텔이나 기업을 선택하려고 하는 경향이 있다. 마케팅관리자는 표적고객의 자아개념과 어울리는 호텔이나 기업의 이미지를 만들어 내도록 노력해야 한다.

3.2 심리적 요인

소비자의 구매의사결정 과정에 영향을 미치는 심리적 요인으로 동기, 지각, 학습, 태도 등을 들 수 있다.

(1) 동기

소비자의 호텔수요는 소비자의 필요(needs)와 욕구(wants)에 달려있다. 소비자들의 다양한 욕구는 충분한 강도를 가지고 있을 때 그 욕구를 충족시키게 하는 동기(motive)로서 역할을 할 수 있다. 동기 요인에 대해서 다양한 학자들이 제시하고 있다. 이 중 대표적인 동기 이론이 매슬로우의 욕구단계설이다.

[그림 2-6] 매슬로우의 욕구단계

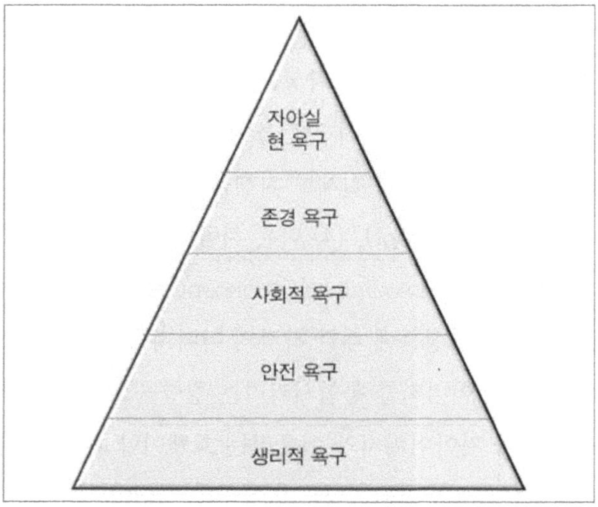

매슬로우(Maslow)는 [그림 2-6]에서 보듯이 인간의 욕구에는 5단계가 있다고 제시했다. 먼저 생리적 욕구는 의, 식, 주에 관련된 욕구로서 가장 기본적이며 중요한 욕구이다. 다음 단계는 안전의 욕구로서 신체적인 보호를 위해 안전한 곳이나 안전한 사람들과 같이 지내려고 하는 욕구이다. 세 번째 단계는 사회적 욕구로서 타인에 대한 사랑과 애정을 받고 싶어 하는 욕구이다. 네 번째 단계는 존경 욕구로서 존경, 개인적인 업적 달성에 관한 욕구이다. 마지막 단계는 자아실현의 욕구이다. 창조성, 자아개발, 새로운 아이디어나 도전 등을 추구하면서 자신의 이상을 달성하고자 하는 욕구를 말한다. 매슬로우는 욕구단계가 하위수준의 단계가 만족되었을 때 다음 단계로 이동해 가는 욕구의 단계설을 주장했지만, 현실적으로는 이러한 단계 이동이 잘 맞는 것이 아니다. 이에 대해 분과 컬츠(Bun and Kurtz)는 욕구단계설을 마치 사다리 모양처럼 생각할 수 있고, 욕구가 상승만 하는 것이 아니라 욕구가 내려 올 수도 있다고 주장했다.

(2) 지각

소비자는 충분한 동기가 유발되면 행동에 옮기게 된다. 이 때 개인의 행동은 지각(perception)의 영향을 받게 된다. 같은 내용에 대하여 동기가 부여되고 같은 상황에 처해 있는 소비자들도 다른 행동을 취하게 되는데, 이는 각자가 같은 상황을 다르게 지각하기 때문이다. 이와 관련해 소비자의 지각에 영향을 미치는 요소는 세 가지로 구분될 수 있다. 먼저 자극에 관련된 요소로는 자극의 크기와 강도, 색과 움직임, 음향, 형태와 구성, 정보의 양 등이다. 다음으로 개인적 요소로는 지적 수준, 성격, 과거의 경험, 가치관, 동기, 기대치, 관심사, 사회계층 등이다. 마지막으로 상황적 요소와 관련해서는 장소, 시간, 온도, 혼잡합 등이다(박시사, 2005). 이와 관련해 전체적인 지각의 과정을 보면 (그림 2-7)과 같다.

[그림 2-7] 지각의 과정

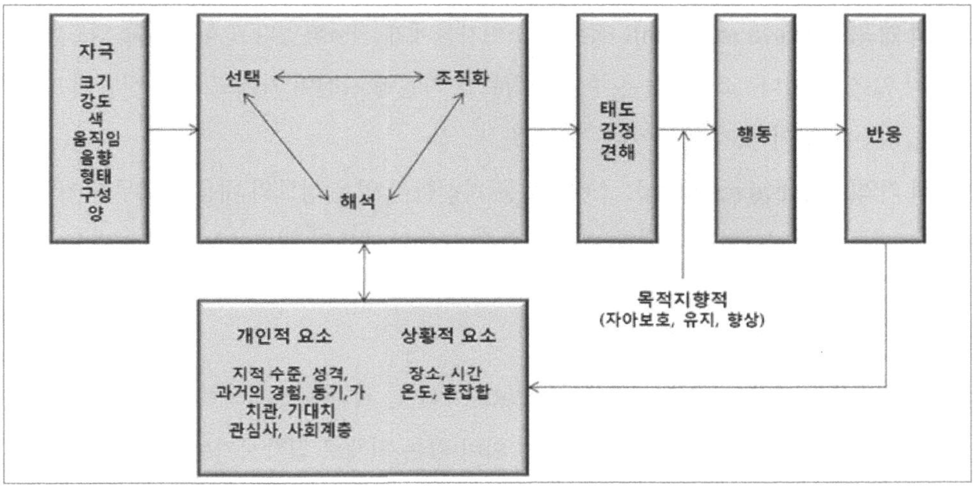

자료원: 신우성, 호텔관광마케팅, 기문사, 2006, p. 125의 내용을 수정 인용함

먼저 지각은 선택, 조직화, 해석 과정에서 차이가 발생할 수 있다(신우성, 2006). 먼저 지각적 선택과 관련된 세 가지 과정을 살펴보면 다음과 같다.

[그림 2-8] 선택적 지각의 차이

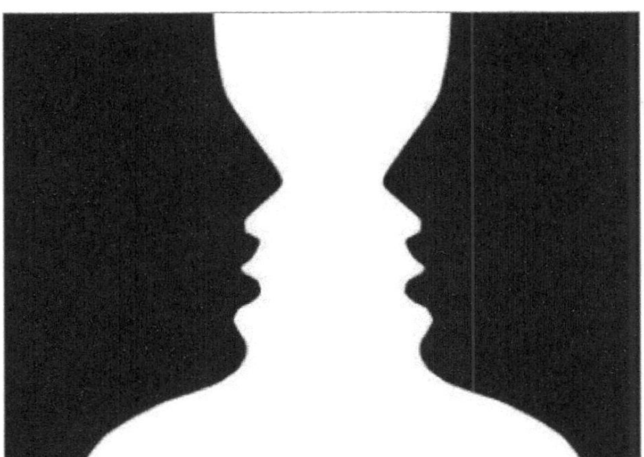

- **선택적 주의(selective attention)**: 소비자들은 매일 방대한 양의 자극들에 노출되어 있기 때문에 모든 자극들에 대하여 주의를 기울일 수 없다. (그림 2-8)에서 보듯이 관찰자가 어는 곳에 주의를 하느냐에 따라서 다른 모양을 보게 된다. 소비자들은 대부분의 정보에 대하여 선택적으로 주의를 기울이기 때문에 어떤 호텔을 선택할 의사가 없는 소비자들에게는 정보가 인식되지 않을 수가 있다. 또한 선택의사가 있는 소비자에도 인식이 되지 않을 수 있다.
- **선택적 왜곡(selective retention)**: 정보가 소비자들에게 전달되었다고 하더라도 의도대로 전달되지 않을 수 있다. 소비자들은 주어진 정보를 기존에 자신이 가지고 있는 신념에 따라 왜곡시키려는 경향이 있기 때문이다.
- **선택적 기억(selective retention)**: 소비자들은 자신들이 얻은 정보의 내용을 모두다 기억하지 못하고 대부분은 잊어버리게 된다. 소비자들은 그들의 태도와 신념에 맞는 정보만을 기억하는 경향이 있기 때문이다.

다음으로 지각적 조직화(perceptual organization)이다. 지각적 조직화란 여러 정보원으로부터 마케팅 자극을 잘 이해하고 반응할 수 있도록 의미 있는 전체로 집합시키는 것을 말한다. 이것은 자극의 물리적 특성, 개인의 경험과 능력에 따른 다른 심리 상태에 의하여 여러 의미 있는 형태로 통합되어 인식된다.

- **지각적 범주화(perceptual categorization)**: 개별적인 감각결과를 이미 기억속에 저장되어 있는 정보 항목들과 관련시켜 일반화하거나 차별화 하는 일이다. 마케팅 자극을 논리적인 범주로 배치하여 소비자로 하여금 이미 알고 있는 정보를 신속하고 효율적으로 처리하며 새로운 정보를 인식하게 하는데 도움을 준다.
- **지각적 통합(perceptual integration)**: 지각적 통합은 자극이 조직화된 전체로서 조직하는 과정으로 정보처를 간소화하고 자극에 대해 체계적인 의미를 부여하게 된다. 마케팅에 있어서 지각적 통합은 소비자가 상표특성, 가격수준, 유통경로, 기업의 경영방침에 관한 자신의 여러 가지 신념을 통합하여 상표, 제품 또는 기업에 대한 이미지를 형성하게 된다.

마지막으로 지각적 해석이다. 지각적 해석은 지각하는 사람이 자신의 개인적 성향과 경험에 비추어 어떠한 것을 기대하고 있으며, 그가 부여할 수 있는 의미는 무엇이며, 지각시점에서 그의 동기와 관심이 무엇인가를 두고 이루어진다. 어떤 자극은 잘 보이지 않거나 노출시간이 너무 짧아서 소비자가 그 자극을 자신의 욕구, 관심, 기대를 충족시켜주는 방식으로 해석하려고 할 수 있다. 소비자의 해석이 현실과 밀접한가 하는 것은 자극의 명확성, 소비자의 과거경험, 지각시점에서 동기 및 관심 등에 따라 달라진다.

이러한 과정을 통해 지각이 일어나는데, 지각에는 곡해(distortion) 현상이 발생한다. 이러한 지각적 곡해는 '잘못된 믿음(myth)' 로 나타난다.

(3) 학습

학습(learning)은 경험이나 경험의 해석을 통해서 일어나는 행동의 변화를 말한다. 호텔의 이용은 소비자의 학습된 행동으로 나타난다. 소비자들은 소비자가 속하거나 경험하는 문화, 하위문화, 사회계층, 가족, 친구, 제도, 경험, 광고, 방송 매체 등을 통해서 학습이 일어난다. 이들을 통해서 일어난 학습은 소비자의 가치관, 태도, 취향, 선호도, 느낌, 상품특성, 브랜드특성, 상징, 의미 등에 영향을 미친다. 결국 어떻게 학습을 하느냐에 따라 소비자의 구매의사결정에 직, 간접적인 영향을 주게 된다.

학습이 일어나는 주요 요소는 크게 동기, 단서, 반응, 강화라는 네 가지로 나뉜다. 먼저 동기(motive)는 각 개인이 특정 반응이 일어나도록 하는 추진력이다. 단서(clue)는 동기에 대해 방향성을 갖도록 하는 자극 요소를 말한다. 반응(response)은 소비자에게 자극 상황에 대해 반작용으로 나타나는 것인데 정신적 또는 육체적 활동의 변화로 나타난다. 마지막으로 강화(reinforce)는 반응을 한 후 유사한 상황에서 반응이 다시 발생할 가능성을 증가시킨다.

학습된 행동의 유형은 물리적 학습(physical learning), 상징적 학습(symbolic learning), 정서적 학습(affective learning), 문제해결학습(problem solving learning)으로 나뉘어 진다. 이것은 조건화, 모델링, 일반화 과정을 통해서 진행된다.

소비자에게 보이는 지역의 문화나 호텔 이미지는 학습된 행동의 표출이라고 볼 수 있다. 그렇기 때문에 소비자들이 선택하는 적절한 호텔로서 이미지를 구축하고자 한다면 긍정적인 학습을 할 수 있도록 긍정적인 자극을 지속적으로 제공해야 한다.

(4) 태도

태도(attitudes)는 '한 개인이 어떤 대상에 대한 비교적 지속적이며 일관성 있는 평가, 감정, 경향들' 을 말한다. 태도의 특징은 대상(objects)이 있으며, 방향성(direction)과 정도(degree)와 강도(intensity)를 가지고 있으며, 구조(structure)가 있고, 학습(learning)이 된다. 태도에 영향을 줄 수 있는 요인들은 (1) 가족, 동류집단, 문화나 하위문화 같은 집단, (2) 존경하는 친구, 신뢰하는 친척, 전문가, 의견선도자와 같은 영향력 있는 타인, (3) 욕구, 선택적 지각, 성격과 같은 개인적 경험이다.

태도에 대한 전통적 견해는 태도가 인지적 요소, 감정적 요소, 행동적 요소로 가지고 있다고 본다. 인지적 요소(cognitive component)는 대상에 대해 가지고 있는 신념(belief) 또는 지식(knowledge)으로서 대상에 대한 구체적인 속성이나 좋은 것 또는 나쁜 것과 같은 특성에 대한 소비자의 인식을 말한다. 예를 들어 '리츠칼튼 호텔은 편리하다' 와 같은 신념이나 지식을 말한다. 감정적 요소(affective component)는 대상의 감정(feeling)으로서 태도의 감정적인 측면 평가인 좋음과 나쁨, 미워함과 사랑함, 긍정적인 태도나 부정적인 태도를 말한다. 예를 들어 '나는 리츠칼튼 호텔을 좋아한다' 와 같은 감정을 말한다. 마지막으로 행동적 요소(behavior component)는 대상에 대한 행동성향(behavior tendency)으로서 구매와 같은 구체적인 행동으로 옮기려고 하는 성향을 말한다. 예를 들어 '나는 리츠칼튼 호텔을 이용하겠다' 와 같은 행동표현을 말한다.

앞에서도 살펴보았듯이 태도는 선천적인 것이 아니라 학습이 되는 것이다. 따라서 태도는 일단 형성되면 바꾸기 힘들다는 점이 마케팅전략을 구사하기에 어렵게 하는 점이다. 그렇기 때문에 기업은 자사호텔에 대한 태도를 바꾸기 위해 노력하기 보다는 일단 형성된 태도에 적합한 호텔의 상품과 서비스를 제공하는 것을 고려해 보아야 한다.

3.3 사회적 요인

사회적 요인(social factors)은 준거집단, 가족, 그리고 사회적 역할과 지위가 있다.

(1) 준거집단

준거집단(reference group)은 개인의 태도나 행동에 직접 또는 간접적인 영향력을 갖는 집단을 말한다. 이는 크게 개인의 소속여부에 따라 회원집단과 비회원집단으로 나뉜다. 회원집단은 개인에게 직접적인 영향력을 갖는 집단으로 회원 간 접촉 빈도에 따라 1차 집단과 2차 집단으로 나뉜다. 이러한 집단에는 가족, 친구, 동료들과 같이 계속적인 접촉이 이루어지는 1차 집단이 있고, 종교적 집단, 동호회, 노동조합으로 공식적이나 접촉이 빈번하지 않은 2차적 집단이 있다. 비회원집단에는 열망집단과 회피집단이 있다. 열망집단은 현재 회원으로 가입되어 있지 않으나 소속되고 싫어하는 집단이며, 회피집단은 그 집단의 가치나 행동이 맞지 않아 소속을 꺼리고 있는 집단이다.

마케팅관리자는 자신의 표적고객에 맞는 준거집단을 찾아내려고 노력해야 한다. 준거집단은 소속구성원들에게 새로운 행동이나 라이프스타일을 접할 수 있도록 할뿐만 아니라 태도나 자아개념에 영향을 미친다. 따라서 소비자의 호텔 선택에도 영향을 미친다.

특별히 준거집단의 영향력이 큰 경우에는 준거집단 내의 의견선도자(opinion leader)를 찾아내는 것이 필요하다. 의견선도자들은 특별한 지식이나 성격 등을 가지고 있기 때문에 다른 사람들에게 영향력을 미칠 수 있는 사람들이다. 의견선도자는 모든 계층에 퍼져 있으며 어떤 호텔에 대하여 의견선도자일지라도 다른 어떤 호텔들에 대해서는 추종자가 되기도 한다.

(2) 가족

가족(family)은 혈연 또는 결혼이나 입양을 통해 2명 이상의 개인들로 형성된 집단을 말한다. 가족에는 핵가족과 확대가족이 있다. 핵가족(nuclear family)은 부부 또는 부부와 그들의 미혼 자녀 만으로 이루어지는 가족을 말한다. 오늘날의 보편적인 형태라고 볼 수 있다. 확대가족(extended family)은 형제자매 및 그들의 배우자, 그들의 자녀, 그리고 부모와 기혼자녀들과 같이 가까운 친척들로 구성된 가족들이다. 확대가족은 모계 확대가족과 부계 확대가족이 있다. 확대의 유형에 따라 단계적 확대가족으로 직계가족과 전체적 확대가족으로 나뉘어 진다. 과거의 농경사회나 유목사회에서 주로 유행했던 가족형태이다.

가족은 구매자의 행동에 결정을 주는 가장 영향력 있는 1차 집단이다. 가족은 소비자의 구매행동 단위이며, 가족 안에서 설정된 소비규범을 따라 소비가 일어난다. 가족여행은 선진국일수록 일반화된 형태이며, 호텔 소비자시장에서 중요한 비중을 차지하고 있다. 상품구매와 관련해서 가족의 구성원들은 정보수집자, 영향력 행사자, 의사결정자, 구매자, 이용자로서 역할을 담당한다. 이러한 역할은 각 사람이 나누어 담당할 수도 있고, 한 사람이 여러 가지 역할을 담당할 수도 있다. 따라서 마케팅관리자들은 호텔의 선택에 있어 부모와 자녀들의 역할과 영향력을 연구해야 한다. 요즘에는 아버지보다는 어머니의 영향력이 더 커지는 상황으로 바뀌고 있다.

(3) 역할과 지위

소비자는 자신이 소속한 집단의 역할과 지위가 있다. 역할(role)이란 주위의 사람들이 무엇인가를 해 주기를 기대하는 활동을 말한다. 호텔의 선택과 호텔 내에서 레스토랑의 선택, 참가하는 행사 등에 직접적인 영향을 미칠 수 있다. 역할은 주변상황에 따라서도 달라질 수 있다. 국내에서 비즈니스 미팅에 참가했는가 아니면 해외에서 휴가목적으로 호텔을 이용했는가에 따라 다른 행동을 보인다.

지위(status)는 사회가 그 역할에 부여하는 일반적인 존경의 정도를 반영하고 있는 개념이다. 사업가들은 고급호텔을 이용할 것이다. 만약 자신이 원하는 고급호텔의 객실이나 레스토랑을 이용할 수 없다면 때로는 당황해 할 수도 있다. 역할과 지위를 고려하여 호텔을 선택하는 경향이 있기 때문에 마케팅관리자는 이를 기억해야 한다.

3.4 문화적 요인

문화적 요인은 소비자행동에 광범위한 영향을 미치는 요인이다. 주요한 요인으로는 문화, 하위문화, 사회계층을 들 수 있다.

(1) 문화

사람은 자라면서 가족이나 주요 제도를 통하여 가치, 인지, 선호, 행위 등을 습득하는 사회화 과정을 거치게 된다. 문화(culture)는 인간에게 행동에 대한 가이드라인을 제시한다. 즉, 사람의 욕구와 행동을 유발하는 근본적인 조건으로 영향을 미친다. 실제로 대부분의 행동은 문화와 밀접한 관련이 있다. 그렇지만 문화는 장기적으로 변화가 된다. 마케팅관리자는 이러한 문화의 변화에 주목할 필요가 있다. 문화의 추세가 변화면 그에 맞는 적절한 호텔 개념을 개발해야 하기 때문이다. 요즘 시대의 주요 문화 추세는 핵가족화, 독신자의 증가, 해외 여행, 인터넷 활성화, 여성의 사회진출, 한류 문화, 웰빙 문화 등이다.

그 나라의 문화적인 요인에 따라 소비자들의 행동이 영향을 받을 수 있다. 여러 국가의 문화적 차이를 살펴보면 다음과 같다(Kotler 외, 2010).

- **독일** : 특히 시간관념이 강하다. 만일 독일가정에 초대되는 경우는 포장되지 않은 꽃을 안주인에게 선물하는 것이 좋다. 소개를 받을 경우에는 먼저 여자에게 인사하고, 그들이 손을 내밀 때까지 기다린 후에 손을 내밀어야 한다.
- **영국** : 공식적인 만찬에서도 종종 토스트를 대접한다. 업무상 초대는 저녁보다는 점심 때 많

이 한다.

- **사우디아라비아** : 인사할 때 남자들끼리는 자주 키스를 하지만, 여자와는 하지 않는다. 남자들이 손을 내밀기 전에 여자들이 미리 손을 내밀어서는 안 된다. 사우디인이 다과를 제공하면 받아들여야 하며, 거절하는 경우 모욕이라고 생각한다.
- **일본** : 서비스 공급자의 친근함을 무례한 행동처럼 보며, 일방적으로 형식을 선호한다. 일본 사람들은 서비스공급자와 대화를 나누는 것보다 신속함, 즉 불친절할지라도 빠른 서비스를 선호한다.

(2) 하위문화

각 문화는 보다 작은 하위문화(subculture)로 구성되어 있다. 하위문화는 같은 상황에서 다른 정서적 반응과 신념, 가치관, 목표를 갖게 된다. 또한 관습과 의식, 규범도 같은 문화 안에서 다른 특징을 가지게 된다. 이들은 생활조건이나 지리적 위치, 중요하게 생각하는 대상물들이 다르기 때문이다. 그래서 한 나라의 문화라도 여러 개의 하위 문화가 있다. 이들은 다른 집단과는 구별된 생활양식과 소비패턴을 보인다.

하위문화를 구분할 수 있는 여러 가지 기준이 있다. 연령, 성별, 종교, 인종, 소득수준, 가족유형, 직업, 지역, 소속 지역사회 등에 따라 다르게 구분이 될 수 있다. 예를 들어 연령별로는 청소년, 젊은 성인, 중년, 노년 등과 같이 구분할 수 있으며 이들은 다른 의식과 소비패턴을 보인다. 또한 우리나라 내에서도 지역별로 다른 문화적 특색을 가지고 있다. 하위문화에 따라 호텔에 대한 선택행동도 달라질 수가 있다.

(3) 사회계층

사회계층(social class)은 구성원들이 비슷한 가치관이나 관심 그리고 행동을 보이는 비교적 동질적인 집단을 말한다. 같은 사회계층의 구성원들은 서로 비슷한 행동을 하며, 소속 집단 내에서 자신의 지위를 인식하고 있다. 이러한 사회계층은 직업, 소득, 부, 학력, 권력 등과 같은 변수들에 의해 결정된다. 인도처럼 역사가 오래된 나라에서는 사회계층이 출생과 동시에 부여된 경우도 있다. 이러한 사회는 혈통이 소득이나 교육이상의 의미를 갖게 된다.

사회계층은 상류층(upper class), 중류층(middle), 하류층(lower class)이라는 3단계로 구분된다. 이를 더 상세하게 구분하면 상류층은 최상류층(upper-upper class), 상하류층(lower-upper class), 중상층(upper-middle class)이 있으며, 중류층은 중산층(middle class)과 일반노동자층(working class)이 있고, 하류층은 빈민층(upper-lower class)과 극빈층(lower-lower class)이 있다.

사회계층에 따라 호텔, 음식, 여행, 레저활동 분야에서 뚜렷한 상품 및 상표 선호도를 보여주고 있다. 마케팅관리자는 사회계층에 대하여 많은 관심을 기울일 필요가 있다. 같은 사회계층에 속한 사람들은 유사한 호텔을 선택하는 행동을 보이기 때문이다. 사회계층에 따라 교통수단, 목적지, 여가활동 등이 달라진다. 일반적으로 상류층은 하류층보다 자신의 활동영역을 넓히기 위해 여행에 많은 관심을 보인다. 반면에 하류층은 손에 잡히는 물질과 돈에 관심이 더 많기 때문에 여행보다는 물건을 소비하거나 저축을 하는데 관심이 많다.

4. 조직구매자행동의 이해

4.1 조직구매자의 이해

기업, 사회단체, 협회, 종교단체와 같은 조직구매자들은 개인적인 소비자들과 다른 의사결정 과정을 거치게 된다. 조직구매와 관련된 주요 형태는 컨벤션(convention), 협회회의(association meetings), 기업회의(corporate meetings), SMERF가 있다. SMERF는 사회(Social), 군대(Military), 교육(Education), 종교(Religious), 우애(Fraternal) 조직이 주관하는 회의를 말한다.

미국의 마케팅협회는 하얏트나 매리어트 호텔 등에서 매년 20회 이상의 회의를 거치고 있다. 이들은 매년 3,000객실 이상을 이용하고 있다. 그들은 호텔의 객실을 이용할 뿐만 아니라 호텔의 회의실, 연회시설과 각종 시설, 기타 주변의 관광지를 방문한다. 호텔에서 진행되는 회의, 특별 이벤트, 행사들은 개인에 의해 기획되는 것이 아니라 이를 기획하는 조직에 의해 결정이 된다.

조직구매자들은 일반적으로 소비자들보다는 복잡한 의사결정과정을 거치게 된다. 자금이 많이 소요되며, 복잡한 내용들이 포함된다. 보통 1년 전에 미리 예약이 진행되는 경우가 많다. 또한 조직과 관련된 다양한 계층의 의견교환이 이루어지게 된다. 소비자 구매과정에 비해 공식적인 성격을 가지고 있으며, 전문적인 구매노력을 기울이며, 많은 사람들이 의사결정과정에 참여하고 있다.

조직구매과정은 구매자와 판매자가 밀접한 상호관계를 갖게 된다. 개인소비자들은 여행사나 호텔의 웹사이트 등을 통해서 정보를 파악하고 호텔을 선택하게 된다. 반면에 조직구매자들은 판매자인 호텔과 상담과정을 통해 진행되는 경우가 대부분이다. 이에 따라 호텔의 판매담당은 창조적이며, 구매자의 문제를 해결해 줄 수 있는 아이디어가 필요하다. 보통 문제를 해결하기 위해서 회의기획자와 다양한 형태로 의견교환이 이루어진다. 이 과정을 통해 여러 소비자가 이용할 수 있는 것과 같은 패키지 형태의 상품이 만들어지기 보다는 그 조직의 특성에 맞춘 프로그램이 구성된다.

예를 들어 라스베가스에 있는 샌드전시센터(Sands Exposition Center)의 사례를 보면 개별화된 프로그램의 특성을 볼 수 있다. 자동차부품 영업 쇼를 개최할 때는 넓은 공간이 필요하기 때문에, 이 센터는 임시로 4,000평방피트 정도의 대형 천막을 설치해서 부족한 공간을 개별적으로 준비한다. 또 참석자를 늘리기 위해 시설 뒤편에 레스토랑을 별도로 설치한다. 이러한 과정을 통해서 자동차부품 영업 쇼에 대한 개별화된 해결책을 제시하고 있다(Kotler 외, 2010).

4.2 조직구매의 참여자와 영향요인

조직구매와 관련된 조직의 의사결정 단위를 일반적으로 구매센터(buying center)라고 부른다. 구매센터는 '공통의 목표와 의사결정으로부터 발생되는 위험을 공유하면서 의사결정 과정에 참가하는 개인과 집단' 을 말한다. 구매센터의 참가자의 형태나 숫자는 다양하다. 따라서 이들 중에 의사결정자들, 그들의 결정내용, 그들의 영향력, 그들의 평가기준 등을 알고 있어야 한다. 구매센터는 다음과 같은 여섯 가지 역할을 하는 사람들로 구성된다(Kotler 외, 2010).

- **사용자(users)** : 구입된 호텔 상품이나 서비스를 현장에서 직접 사용하는 사람들이다. 이들은 구매제안을 주도하고 상품규격을 정하는데 영향을 미친다. 호텔을 이용한 후 경험이 좋이 않았다면, 다음 번에 이용하지 않도록 압력을 행사할 수 있는 참여자들이다.
- **영향력 행사자(influencers)** : 구매결정에 직접적인 영향력을 미치지만 그들 자신이 최종 결정자는 아닌 사람들이다. 이들은 호텔의 선택에 도움을 주거나 대안을 평가하는데 필요한 정보를 제공한다. 협회의 전임 회장들이나 사무국장, 배우자, 지역책임자 등이 호텔이나 회의 장소를 결정하는데 영향력을 준다.
- **의사결정자(deciders)** : 호텔의 조건이나 공급업자를 선택하는 사람을 말한다. 이들은 호텔을 선정하고 준비사항을 교섭하는 역할을 담당한다.

- **승인자(approvers)** : 의사결정자나 구매자가 제안한 행동에 권한을 부여해 주는 사람이다. 보통 조직 내의 경영자들이 이 역할을 담당한다.
- **구매자(buyers)** : 공급업자를 선정하고 구매조건에 대하여 결정할 수 있는 공식적 권한을 가지고 있는 사람을 말한다.
- **정보통제자(gatekeepers)** : 구매센터로 들어오는 각종 정보나 판매자를 통제하는 사람을 말한다. 회의기획가를 방문하는 어떤 호텔의 판매사원은 그 조직의 정보통제자인 비서를 통과해야 한다.

이와 같은 구매센터의 구성원들은 소비자들이 구매의사결정에 영향을 주는 것처럼 다양한 요인들에 의해 의사결정이 영향을 받는다. 먼저 환경적 요인으로는 경제적 환경, 전망, 자본 비용, 수요, 공급조건, 기술변화율, 정치적 환경, 경제적 환경 등에 의해 영향을 받는다. 호경기 때와는 달리 불경기에는 기업들이 여행예산을 줄이는 경향이 있다. 다음으로 조직적 요인으로서는 조직의 목표, 정책, 절차, 조직구조, 시스템 등이 영향을 미친다. 이와 관련해 의사결정자가 누구인가, 어떤 기준을 사용하는가를 파악하고 있어야 한다. 대인적 요인은 권한, 신분, 감정이입, 설득력과 관련된 요인들이다. 참가자들은 이들 요인들이 서로 차이가 있어 판매사원은 적절한 차이를 알고 유익한 정보를 그들에게 제공할 필요가 있다. 마지막으로 개인적 요인은 구매의사결정 과정에 참가하는 연령, 교육, 직위, 개성, 위험에 대한 태도 등이 대표적인 것들이다. 개인적 요인에 따라 다른 구매형태를 보이기 때문에 이에 대해 마케팅관리자는 잘 파악하고 있어야 한다.

4.3 조직의 구매의사결정 과정

조직의 구매의사결정과정은 소비자 구매의사결정과 다른 과정들을 포함되어 있다. 보통 여덟 단계를 거치는데 이를 살펴 보면 다음과 같다(Kotler 외, 2010).

- **문제의 인식** : 기업내부뿐만 아니라 외부의 자극으로부터 자극을 받음으로 생겨난다. 내부적으로는 신상품의 개발과 관련된 설명회, 종업원 훈련, 기업의 전략회의에 대한 필요성일 것이다. 외부적으로는 호텔의 상품과 서비스의 구매자가 광고를 보거나 호텔판매사원의 방문을 통해 제안을 받았을 경우이다.

- **전반적인 필요사항 기술** : 호텔의 상품과 서비스에 대한 구매의 필요성을 느낀 후에 필요한 품목의 특징과 수량에 대한 전반적인 필요성을 기술하게 된다. 교육훈련의 경우에는 식음료, 회의공간, 시청각장비, 커피브레이크, 객실 등이 포함될 것이다. 기업의 회의기획가는 회의와 관련된 필요 사항을 파악하기 위해 인사담당 중역, 훈련책임자, 그리고 회의참가자 등 다른 사람과 협력해서 필요사항을 기술하게 된다. 이 과정에서 호텔마케팅관리자는 구매자의 필요사항을 기술할 수 있도록 다양한 정보를 제공할 수 있다.
- **상품명세서 작성** : 필요한 품목의 특징과 수량에 대한 대략적인 윤곽이 결정된 다음에 구체적인 상품명세서를 작성하게 된다. 전체적인 일정과 회의실의 개수와 규모, 객실의 수, 시청각 기자재의 구체적 내역, 식음료의 준비 내용 등과 관련된 것들을 작성하게 된다. 호텔의 판매사원은 이와 관련된 자세한 정보를 가지고 있어야 하며, 구매자의 다양한 질문에 대응할 수 있어야 한다.
- **공급업자 탐색** : 구매자가 가장 적합한 호텔을 식별하기 위해 공급업자를 탐색하는 단계이다. 구매자는 공급업자를 탐색하기 위해 일반적으로 업자명부, 인터넷, 호텔 전화를 활용하게 된다. 때로는 회의기획자가 자격이 있는 호텔을 대상으로 현장을 방문하고, 명부를 작성할 수도 있다.
- **공급계획서의 제출요구** : 회의기획자가 자격 있는 공급업자인 호텔의 명단을 작성한 후에 이들로부터 견적서를 받게 된다. 호텔의 마케팅관리자는 견적서를 조사, 작성, 제출하는데 익숙해야 한다. 그 내용은 호텔의 시설과 자원 면에서 강점과 약점을 잘 포함될 수 있도록 해야 한다.
- **공급업자의 선택** : 구매센터의 구성원들이 제시된 견적서를 검토하여 공급업자를 선택하는 단계이다. 호텔의 물리적 시설, 서비스 전달 능력, 종업원들의 전문성 등을 고려한다. 구체적으로 객실, 회의실, 식음료, 계산 절차, 체크인/체크아웃, 종사원 등에 대한 내용들을 검토한다. 이 과정에서 가장 좋은 가격과 조건을 제시한 업체들과 협상을 통해 최종 공급업자를 정하게 된다.
- **주문명세서 작성** : 공급업자 선정이 끝나면 주문명세서(order-routine specification)를 작성한다. 호텔은 구매자에게 공식적인 계약서를 제공한다. 계약서에는 객실의 체크인 시간과 체크아웃 시간을 구체적으로 명시하고 식음료에 대한 최소한의 보장을 제시한다.
- **실적평가** : 구매자는 구매 후에 그 상품에 대한 실적평가를 한다. 이 단계에서 구매자는 그 상품과 서비스가 주문명세서에 적합한지 또는 다시 그 기업에게 구매할 것인지를 결정하게

된다. 호텔의 경우는 모든 것이 잘 진행되고 있는지 확인하고, 잘못된 점을 수정하도록 구매자와 사후 미팅을 갖는 것이 좋다.

토론해 볼 문제

1. 우리나라의 인구통계의 변화 추이를 찾아보고 호텔산업에 어떠한 영향을 주게 될 것인지를 토론해 보시오.
2. 한류 문화에 따른 호텔 산업의 영향을 토론해 보시오.
3. 미래의 기술적인 변화에 따른 호텔의 변화를 토론해 보시오.
4. 호텔의 선택할 때 소비자 구매의사결정 단계별로 과정을 따라가보고 이에 대한 서로의 경험을 토론해 보시오.
5. 소비자행동의 영향요인들 중에 각 요인별로 어떤 요소들이 구매의사결정과정에 영향을 주는지를 토론해 보시오.

Chapter 3

마케팅정보와 마케팅조사

1. 마케팅정보시스템의 이해
2. 마케팅조사의 이해
3. 마케팅조사의 과정
4. 자료수집의 원천과 방법

03 마케팅정보와 마케팅조사

● 학습목표

1. 마케팅정보시스템과 구성 내용에 대해서 알아본다.
2. 마케팅조사의 개념과 과정에 대해서 알아본다.
3. 자료수집의 다양한 방법에 대해서 알아본다.

1. 마케팅정보시스템의 이해

1.1 마케팅정보시스템의 개요

마케팅정보시스템(Marketing Information System)은 마케팅 의사결정자가 마케팅활동을 계획하고, 실행하며, 통제하는 일을 보다 효율적으로 수행하기 위해 좀 더 정확하고 시기 적절한 정보를 적시에 수집하여, 분류하고, 평가하고, 배분하기 위해 구성된 사람, 기구, 절차로 구성된 시스템을 말한다.

마케팅정보시스템은 마케팅관리자들의 정보에 대한 욕구를 파악하기 위해 관리자들과 상호작용을 한다. 이에 필요한 정보는 회사의 내부기록이나 마케팅 인텔리전스 정보활동과 마케팅조사 등을 통해 개발된다. 마케팅정보시스템은 정보를 유용하고, 체계적이며, 정기적으로 분석할 수 있도록 만들어 진다. 또한, 마케팅관리자들이 효율적인 의사결정을 내릴 수 있도록 적시에 적절한 형태로 정보를 배분도록 만들어진다. 따라서 마케팅정보시스템은 경영자가 필요로 하는 정보가 무엇인가, 또는 제공이 가능한 정보는 어떤 것인가에 관해 경영자가 원하는 정보를 적시에 제공할 수 있어야 한다.

오늘날과 같이 인터넷을 중심으로 한 정보화 사회에서는 경쟁호텔보다 더 좋은 정보를 획득하는 것은 시장에서 핵심적인 역량이 될 뿐만 아니라 기업의 성패와도 밀접한 관련이 있을 수가 있다. 마케팅관리자가 마케팅정보시스템을 통해 소비자에 관한 정보를 얻을 수 있을 뿐만 아니라 일상의 정보를 체계적으로 관리할 수 있기 때문이다. 이것은 더 나아가 상황과 환경의 변화에 적절한 대응을 할 수 있는 의사결정을 내릴 수 있게 한다.

1.2 마케팅정보시스템의 주요 정보

마케팅정보시스템은 마케팅 의사결정자에게 필요한 정보를 정확하게 수집하여 분석하는 역할을 한다. 마케팅정보는 기업내부 또는 외부에서 수집될 수 있다.

내부정보(internal information)는 호텔객실이나 레스토랑에서 발생하는 판매와 고객관련 정보가 될 수 있다. 이런 정보들 중에 고객정보는 호텔의 프런트오피스에서 고객이 객실을 체크인하거나 인터넷을 통해서 객실을 예약하는 경우에 수집될 수 있다. 판매관련 정보는 호텔의 각 수익센터에 설치된 판매시점관리(Point-Of-Sale : POS) 시스템을 통해 수집될 수 있다. 예를 들어 호텔의 레스토랑의 경우 주중과 주말의 시간대별 판매량 현황, 좌석회전율, 주문내용, 서버별 판매액 등의 판매정보와 고객의 성별, 연령, 지불수단, 연락처, 방문횟수, 객실 투숙기간 등과 관련된 고객정보 등을 수집할 수 있을 것이다. 호텔객실과 관련해서는 투숙률, 객실 형태별 투숙률, 예약취소율 등의 판매정보와 고객정보를 수집할 수 있을 것이다. 또한 POS 자료를 통해 연회실이나 회의실과 관련된 판매정보들도 수집을 할 수 있을 것이다. 상황에 따라서는 호텔에 투숙하고 있는 고객들을 대상으로 시장조사를 진행할 수도 있을 것이다.

외부정보(external information)는 다양한 형태로 조사되며, 여러 가지 형태로 나뉘어 질 수 있다. 거시적 환경과 관련된 정보로서 인구통계, 기술적 환경, 정치적·법적 환경, 경제적 환경, 사회·문화적 환경, 생태적 환경 등과 관련된 정보들을 수집할 수 있을 것이다. 고객에 대해서 자세히 파악하기 위해 소비자조사를 진행할 수도 있을 것이다. 소비자조사는 직접 호텔이 진행할 수도 있고, 소비자조사를 전문적으로 하는 정보수집기관들의 정보를 활용할 수도 있을 것이다. 정보수집기관들은 고객정보, 쇼핑행태, 광고에 대한 소비자반응, 소비자의 태도나 선호도 등을 정기적으로 조사해서 제공한다. 또 다른 정보수집 수단은 협회나 협회의 잡지, 여행잡지, 컨벤션이나 방문객관련 잡지, 정부에서 발행된 잡지, 인터넷 등을 활용할 수 있다. 이러한 정보를 활용할 때는 정보의 수집이 정확하게 되었는지, 활용목적에 맞는지를 먼저 검토하는 것이 필요하다.

1.3 마케팅정보시스템의 구성

마케팅정보시스템은 마케팅관리자에서 시작하여 마케팅관리자로 끝난다. 이 시스템이 원활하게 운영되기 위해서는 조직의 모든 부분이 마케팅정보시스템과 연관되어야 한다. 이것은 마케팅관리자가 필요한 정보를 평가 한 후에 다양한 자료의 출처를 통해서 정보를 개발하고 정보를 분석한 후에 다시 마케팅관리자에게 필요한 정보를 배분하는 체계를 갖는다. 이와 관련된 구성 내용을 보면 [그림 3-1]과 같다.

[그림 3-1] 마케팅정보시스템의 구성과 정보의 흐름

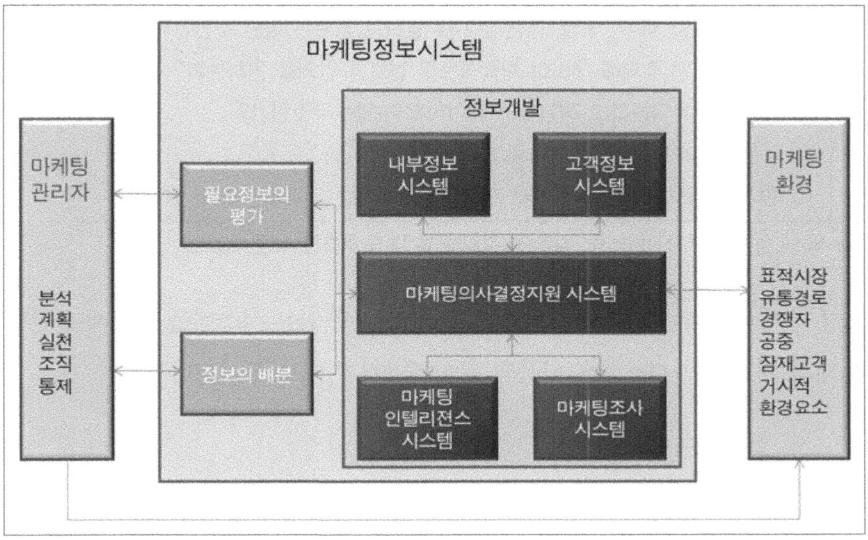

마케팅정보시스템을 구성하기 위해서는 먼저 필요한 정보를 평가해야 한다. 필요정보의 평가과정은 마케팅관리자를 포함해 경영자가 필요로 하는 정보를 제공하기 위해 정보의 세부내역을 결정하는 것이다. 이를 위해서는 정보를 필요로 하는 경영자들과 면담을 해야 한다. 면담에 필요한 주요 설문들은 〈표 3-1〉과 같다.

많은 경영자들은 매 시간마다 최신의 판매관련 정보를 필요로 할 수도 있고, 경쟁상품의 출현 예상과 그에 대한 적절한 마케팅전략 대안을 요청할 수도 있다. 상황에 따라서는 경영자가 요구하는 정보가 비용과 유용성 면에서 적절하지 않을 수도 있다. 또 너무 많은 정보를 제공함으로써 경영자가 이 모든 정보를 처리하기에는 시간이 충분하지 않을 수도 있다. 일반적으로 정보의 가치는 이용하는 방법에 따라 달라지며, 주관적이다. 정보를 수집하는 비용을 추정하는 것은 쉽지 않은 반면에 정보를 처리, 저장, 전달하는 비용은 쉽게 파악할 수 있다. 기업은 정보를 입수하는데 소요되는 비용에 대비하여 그 정보의 가치를 추정할 필요가 있다.

〈표 3-1〉 필요한 마케팅정보를 평가하기 위한 질문

정보내용	구체적 질문 내용
필요한 마케팅정보 질문	1. 당신은 정기적으로 어떠한 의사결정을 하고 있는가? 2. 당신은 이러한 의사결정을 하기 위하여 어떠한 형태의 정보를 필요로 하는가? 3. 당신이 정기적으로 어떠한 형태의 유용한 정보를 얻고 있는가? 4. 당신이 현재 얻고 있지 못한 정보로써 어떠한 형태의 정보를 얻기를 원하는가? 5. 당신이 현재 얻고 있는 정보 가운데서 실제로 필요하지 않은 정보는 어떤 것이 있는가? 6. 당신이 매일, 매주, 매월, 매년 얻기를 원하는 정보는 어떤 것인가? 7. 당신은 어떤 주제에 대하여 계속적으로 정보를 얻기를 원하는가? 8. 당신에게 유익하다고 생각되는 데이터베이스는 무엇인가? 9. 당신이 원하는 정보분석 프로그램은 무엇인가? 10. 현재의 정보시스템에 있어서 개선 가능한 점을 네 가지만 들어 달라.

자료원 : Kotler 외, 호텔·외식·관광마케팅, 김형순, 김영태 옮김, 도서출판 석정, 2010

필요정보가 파악되면 다음 단계에서는 정보를 개발할 수 있는 시스템을 구성해야 한다. 마케팅정보시스템 내의 세부적인 시스템은 다음과 같이 5가지 형태로 구성된다.

(1) 내부정보시스템

내부정보시스템(internal information system)은 마케팅 의사결정을 하는 마케팅관리자에게 필요한 기본적인 정보를 관리하는 시스템을 말한다. 기업내부에서 수집된 일상의 계획, 집행, 통제에 대한 결정을 위해 내부의 기록과 보고서를 관리한다. 내부기록정보(internal records information)는 마케팅성과를 평가하고, 마케팅문제와 기회를 확인하고 규명하는 목적으로 사용된다. 기업 회계부서의 재무제표, 매출액, 원가, 현금흐름을 기록하고 있으며, 호텔 프런트오피스에서는 객실점유율, 손님의 숫자, 총수입액, 예약불이행률(no-shows), 숙박단체의 숫자 등을 기록하고 있으며, 각 수익센터별로는 총매출액, 서비스직원별 매출액, 메뉴별 매출액, 손님의 숫자, 총수입액, 고객당 매출액 등을 기록하게 된다. 이 정보들은 상품과 서비스별, 지역별, 수익센터별, 기간별로 매출, 재고수준, 외상거래 등에 대한 정보 및 현황을 보여준다. 이를 통해 매출과 시장점유율 관리, 가격에 대한 반응, 광고와 촉진활동에 대한 매출의 효과를 파악하여 마케팅 의사결정의 최적 정보를 지원한다.

내부기록정보는 다른 정보의 원천보다 빠르고 저렴하게 수집할 수 있다. 하지만 내부정보는 다른 목적에 의해 수집된 것이므로 마케팅 의사결정을 내리기에 적절하지 않을 수도 있다. 또 관리자들이 필요한 정보량보다 너무 많기 때문에 이것을 쉽게 찾아서 효과적으로 이용할 수 있는 시스템이 필수적이다. 요즘에는 이를 위해 데이터웨어하우스(data warehouse)를 만들어 데이터를 저장하고 강력한 데이터분석 기술을 통해 데이터에서 의미 있는 패턴을 분석할 수 있는 툴을 제공함으로써, 경영자가 고객과 판매에 관련된 정보를 쉽게 접근하기 좋도록 만드는 회사들이 늘어나고 있다.

(2) 고객정보시스템

고객정보시스템(customer information system)은 고객 개개인의 인구통계적인 특성이나 라이프스타일, 고객이 추구하는 혜택 및 구매정보 등을 기준으로 마케팅을 진행할 수 있도록 하는 시스템이다. 이를 통해 고객이 자사 상품에 대한 충성도를 높이고, 고객이탈을 방지하고, 신규고객을 유치할 수 있도록 하는 목적으로 사용된다. 이렇게 축적된 정보는 데이터베이스화하여 데이터베이스마케팅(database marketing)을 가능하도록 할 뿐만 아니라 장기적으로 고객과의 관계구축을 통해 관계마케팅(relationship marketing)을 가능하게 한다.

(3) 마케팅인텔리젼스시스템

마케팅인텔리젼스시스템(marketing intelligence system)은 기업의 마케팅환경에서 발생하는 일상의 정보를 수집하기 위해 사용하는 절차와 정보원들의 집합을 말하며, 어떠한 일상정보가 필요한지를 결정한 후 환경을 조사하고 정보를 수집하여 이를 필요로 하는 마케팅 의사결정자에게 전달하는 역할을 하는 시스템을 말한다. 경쟁기업에 대한 정보는 경쟁기업에 대한 연차보고서나, 연설문, 기자회견 및 광고 등에서 경쟁자 자신이 하는 말, 기업의 간행물, 전시회 등을 통해 수집된다. 또한 신상품이나 광고전략 등의 마케팅전략을 분석하고 토론하는 것을 통해 구체화된 정보로 만든다. 산업의 전반적인 정보를 파악하기 위해 정부나 지방자치단체의 보고서나 지침, 산업활동지표, 공공보고서, 생활지표, 조사보고서 등을 수집해 체계적으로 관리한다.

(4) 마케팅조사시스템

마케팅조사시스템(marketing research system)은 당면한 마케팅 문제를 해결하기 위해 직접적인 1차 자료를 체계적으로 수집하기 위해 구성된 시스템이다. 다음 절에서 소개되는 마케팅조사를 통해 시장환경을 파악하고 이에 적절한 의사결정을 수립할 수 있도록 만들어진다.

(5) 마케팅의사결정지원시스템

마케팅의사결정지원시스템(marketing decision support system)은 마케팅관리자들이 마케팅 환경으로부터 수집된 정보를 분석하고 마케팅 의사결정과정의 결과를 예측하는데 도움이 되는 관련 자료와 보조적인 하드웨어와 소프트웨어 및 분석도구 등을 통합한 의사결정모델이다. 마케팅의사결정지원시스템은 [그림 3-2]와 같이 마케팅 자료를 받아들여 모형을 활용하거나, 통계를 산출하거나, 최적화 모형을 통해 경영자에게 필요한 의사결정을 할 수 있도록 만들어진다.

[그림 3-2] 마케팅의사결정지원시스템의 구조와 정보의 흐름

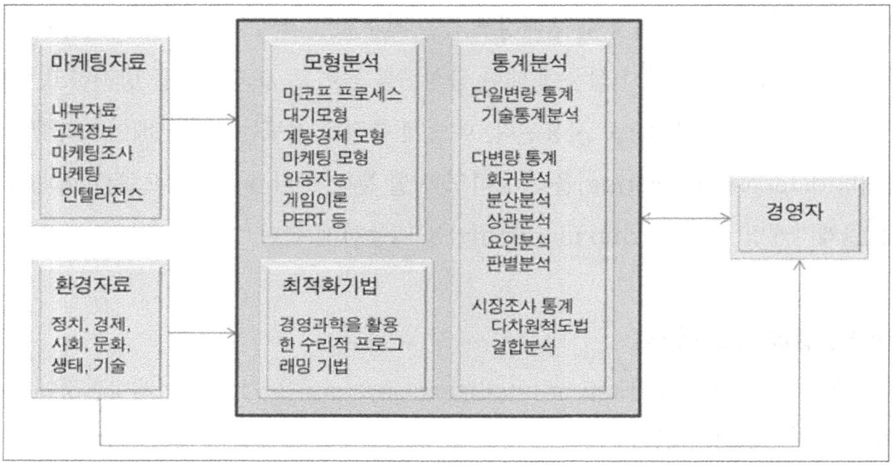

2. 마케팅조사의 이해

2.1 마케팅조사의 개념

마케팅조사(marketing research)는 마케팅 의사결정의 위험과 불확실성을 감소시키기 위해 객관적인 자료를 수집하고 분석하여 이를 의사결정자에게 유용한 정보로 가공해 제공하는 활동을 말한다. 미국 마케팅협회의(American Marketing Association : AMA)에 따르면 마케팅조사는 '정보를 통해 소비자, 고객, 대중을 마케팅관리자와 연결하는 기능' 이다. 이를 위해 기업은 여러 가지 기업이 처한 환경 하에서 기업의 마케팅전략과 마케팅믹스에 따라 나타난 자료들의 관계를 분석하여 마케팅 의사결정에 활용하게 된다. 의사결정에 유용한 정보는 의사결정자의 정보욕구에

따라 달라진다. 마케팅조사와 의사결정의 관련성을 살펴보면 [그림 3-3]과 같이 제시된다.

[그림 3-3] 마케팅조사와 마케팅 의사결정

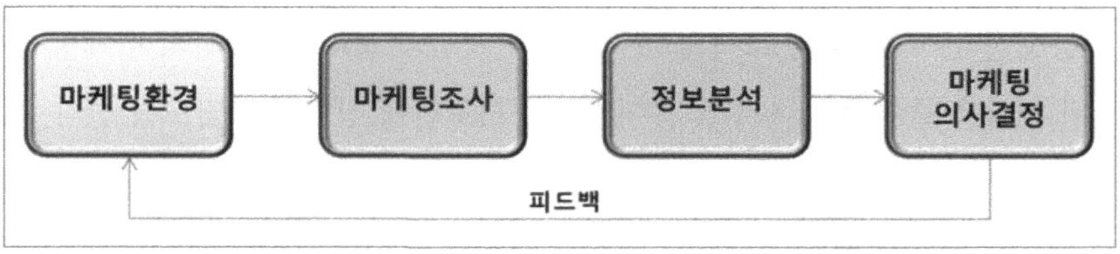

2.2 마케팅조사의 필요성

기업의 경영활동은 무수히 많은 연속적인 의사결정의 과정이다. 의사결정에는 필연적으로 정보를 필요로 한다. 이러한 정보는 의사결정자의 경험이나 직관에 근거할 수도 있고, 시장에서 객관적으로 조사한 결과에 근거할 수도 있다. 의사결정자는 어떤 마케팅 문제가 발생했을 때, 과거의 경험 혹은 기업의 데이터베이스를 기반으로 분석하고 판단하여 이에 대한 적절한 해결책이 포함된 의사결정을 진행하게 된다. 세 가지 측면에서 마케팅조사의 필요성을 살펴 볼 수 있다.

첫째, **의사결정자 입장**에서 마케팅조사의 필요성이다. 기업의 의사결정자는 의사결정에 대한 책임을 져야 하는데, 이것은 의사결정자에게 큰 부담으로 작용한다. 이러한 상황에서 마케팅조사는 체계적이고 객관적인 정보를 근거로 의사결정을 가능하게 함으로써 의사결정자로 하여금 책임에 따른 부담을 덜게 한다. 개인적인 경험이나 판단에서 오는 오차와 편견을 줄이고, 명확한 예측을 통해 불확실성을 줄여줄 수 있기 때문이다. 뿐만 아니라 의사결정자의 결정에 대한 확신을 가지고 적극적인 추진을 하는 것도 가능해진다.

둘째, **문제를 해결하는 측면**에서 마케팅조사의 필요성이다. 마케팅조사를 통해 의사결정을 하는 경우 시간과 비용이 많이 소요됨에도 불구하고 몇 가지 이점이 있다. 먼저 시장상황을 객관적으로 반영함으로써 잘못된 의사결정을 내릴 가능성을 줄일 수 있다. 다음으로 의사결정의 효율성과 효과성을 높일 수 있다. 마지막으로 과학적이고 체계적인 문제의 해결이 가능하게 된다.

셋째, **다양한 마케팅정보를 수집하는 측면**에서 마케팅조사의 필요성이다. 마케팅조사는 현재 고객에 대한 상세한 정보를 얻는데 도움이 된다. 조사를 통해 기업이 고객의 욕구를 얼마나 잘 충족시키고 있는지, 시장에서의 포지션은 잘 되어 있는지, 새롭게 발견한 표적시장은 없는지 등을 파악하는데 도움이 된다. 이를 통해 상품과 서비스에 대한 시장분석과 타당성분석, 새로운 시장에 대한 테스트마케팅이 가능해진다. 다음으로 주요 경쟁자들을 파악하고 그들의 강점과 약점을 지적할 수 있는 것이 가능해진다. 마지막으로 변화하는 환경에서 기업이 끊임없이 이러한 변화에 대응하는 것이 가능해진다. 이에 따라 조사결과는 기업과 기업의 협력업체들과의 마케팅전략을 수행하는데 지각된 위험을 줄여주고, 확신을 주게 되며, 서로간에 신뢰감을 갖도록 한다.

이러한 이점이 있음에도 불구하고 호텔산업에서는 마케팅조사를 하지 않는 경우가 많다. 그것은 의사결정은 당장 해야 함에도 불구하고 조사를 하는데 시간이 오래 걸릴 가능성이 많고, 이를 수행하기 위한 비용이 많이 들기 때문이다. 설사 조사가 이루어졌다 할 지라도 조사결과를 신뢰하지 못할 수도 있다. 경우에 따라서는 기업이 공개적으로 마케팅조사를 수행하는 경우 가까운 경쟁기업에게 중요한 정보를 제공할 수 있다는 점을 염려하기 때문에 조사를 하지 않기도 한다. 호텔은 상품의 특성상 경쟁기업이 쉽게 모방할 수 있기 때문이다. 어떤 경우에는 경영자가 마케팅조사의 가치에 관심이 없어 마케팅조사를 하지 않는 경우도 있다.

2.3 마케팅조사의 주요내용

마케팅조사가 이루어지는 대상은 시장, 상품과 서비스, 소비자, 경쟁, 환경, 트렌드로 나눠어질 수 있다. 이와 관련해 마케팅조사를 〈표 3-2〉와 같이 주요 마케팅의사결정 단계별 문제들을 해결하기 위해 진행할 수 있다.

〈표 3-2〉 마케팅문제와 마케팅조사의 주요 내용

단 계	필수 고려사항	조사에 관한 질문
계획 수립과 분석을 위한 조사	• 마케팅환경의 추세	• 마케팅 환경요소들은 기업의 목표와 성공가능성에 얼마나 영향을 미치나?
	• 시장과 지역사회의 추세	• 시장 환경과 지역사회가 기업의 성공가능성에 얼마나 도움이 되나?
	• 주요경쟁상대의 장단점	• 기업의 주요 경쟁상대는 누구이며, 그들의 장단점은 무엇인가?
	• 표적시장의 특성과 침투가능성	• 기업의 고객은 누구이며, 그들은 어떤 특성을 가지고 있나?

	• 잠재표적시장의 성격과 크기 • 시장상태의 흐름 • 지난 마케팅 계획의 평가	• 기업은 명확한 새 표적시장을 추구해야만 하는가? • 기업의 고객은 기업에 관해 어떤 이미지를 갖고 있는가? • 기업의 과거 마케팅 프로그램은 얼마나 효율적이었나?
전략적 선택을 위한 조사	• 전체 시장의 욕구와 성격 • 시장추세에 따른 세분화 • 혜택과 서비스에 따른 고객세분화 • 주어진 표적시장의 잠재력 • 포지셔닝을 위한 효율적 연구 • 각각의 표적시장을 위한 선택적인 마케팅믹스 연구	• 시장은 어떻게 세분화되어 있나? • 최근의 추세가 시장을 어떻게 세분화시켰나? • 어느 지역의 시장이 조직에 더 가능성을 주는가? • 어느 지역의 시장이 조직의 표적이 되어야 하는가? • 조직을 위한 포지셔닝 연구는 얼마나 효과적인가? • 각각의 다른 표적시장 안에서의 마케팅믹스 연구는 얼마나 효율적인가?
마케팅 믹스 결정을 위한 조사	• 판매촉진활동의 성과 • 분배믹스의 가능한 성과 • 가격의 가능한 효과 • 패키지와 프로그래밍의 효과 • 협력 및 제휴의 효과 • 서비스의 질, 교육프로그램의 효과	• 어떤 판매촉진 활동이나 행동들이 조직적으로 사용할 만한 가치와 효력이 있나? • 어떤 분배채널이 조직적으로 사용할 만한 것인가? • 어떤 가격연구가 조직적으로 사용할 만한 것인가? • 어떤 패키지와 프로그램이 조직적으로 사용할 만한 것인가? • 조직은 어떤 시장프로그램 안에서 다른 조직과 협력해야 하는가? • 어떤 서비스의 질, 교육 프로그램이 조직적으로 사용할 만한 것인가?
마케팅 계획 모니터링을 위한 조사	• 마케팅 목표를 이루기 위한 과정 • 포지셔닝 연구 과정 • 판매촉진과 다른 마케팅믹스 활동의 과정 • 고객만족의 단계변화	• 조직이 각각의 마케팅 목표를 성취할 수 있는 것처럼 보이는가? • 포지셔닝이 계획되고 실행되고 있는가? • 판매촉진과 다른 마케팅믹스 활동이 계획되고 실행되고 있는가? • 서비스 향상 프로그램이 실행되었을 때, 고객만족의 단계는 얼마나 변하는가?
평가를 위한 조사	• 마케팅 성취를 위한 성공수준	• 각각의 표적시장을 위한 목표가 어느 정도까지 달성되었는가?

자료원 : Morrisson, Alastair M., Hospitality and Travel Marketing, 호텔·관광마케팅, 김홍범 역, 2006, p. 155.

3. 마케팅조사의 과정

마케팅조사 과정은 조사문제의 제기, 조사계획, 자료수집방법 결정, 표본설계, 자료수집, 자료의 분석과 해석, 보고서의 작성과 전략도출이라는 7단계를 거친다.

3.1 조사문제의 제기

마케팅조사 과정의 첫 번째 단계는 연구해야 할 문제점과 기회를 파악하는 것이다. 마케팅 문제를 명확히 이해하였을 때, 어떠한 내용의 의사결정이 필요하고, 이러한 의사결정에는 어떠한 정보가 필요한지를 알 수 있다. 조사문제를 정의하는 것은 궁극적으로 조사방향을 결정에서부터 조사결과의 유용성에 이르기까지 조사활동 전체에 영향을 미치게 된다. 이 단계가 잘못되면 전체 조사활동이 무의미해진다. 심지어는 그릇된 정보의 제공으로 잘못된 의사결정을 내릴 수도 있다. 마케팅조사 문제의 영역에는 자사, 고객, 경쟁, 시장, 마케팅믹스 등과 관련된 분야이다.

3.2 조사계획

이 단계에서는 어떠한 종류의 조사를 실시할 것인가에 대한 것이다. 조사목표와 자료의 가용성, 조사자 자신의 경험과 친숙도, 시간 및 자원의 가용성에 따라 구체적인 조사에 대한 진행계획을 세울 수 있다. 조사계획을 세우는데 있어 고려해야 할 점은 마케팅조사를 자사 내의 마케팅부서를 통해서 실시할 것인가 아니면 외부 마케팅조사기관에 의뢰할 것인가를 결정해야 한다. 일반적으로 마케팅조사기관에 의뢰를 하는 경우 자사에서 조사하는 것보다 비용이 많이 들어가나 조사의 객관성, 신뢰성, 전문성을 확보할 수 있는 장점이 있다.

주요 조사의 수준은 탐색적 조사, 기술적 조사, 인과적 조사, 실적점검 조사로 나뉠 수 있다. 탐색적 조사(exploratory research)는 조사문제가 아직 명확하지 않을 때, 주로 사용되는 방법이다. 조사문제를 찾거나 분석대상에 대한 아이디어나 가설을 도출하기 위해 사용된다. 이것은 주로 마케팅 문제나 상황, 필요한 정보에 대한 명확한 정보가 없는 새로운 상품이나 서비스를 시장에 내놓기 전에 테스트가 필요할 때 진행이 될 수 있다. 주요 조사방법은 문헌조사, 전문가조사, 사례 조사, 표적집단 면접법이 있다.

기술적 조사(descriptive research)는 마케팅 현상의 특징이나 마케팅변수들 간의 관련성 여부를 파악하기 위해 실시된다. 즉 마케팅 의사결정에 영향을 미치는 변수들간의 상황관계 파악 및 각 변수들에 대한 상황변화에 따른 응답자의 반응을 예측하는데 활용이 된다. 조사목적이 설정되고, 관련 변수들의 관계가 어느 정도 파악이 된 상태에서 진행이 되며, 현재 가장 널리 쓰이고 있는 서베이(survey)가 여기에 해당된다. 주요 조사방법은 종단조사(시계열조사)와 횡단조사가 있다. 종단조사는 일정한 시간간격을 두고 패널(panel)을 이용하여 반복적으로 정보를 수집하는 방법이며, 횡단조사는 특정시점에 모집단으로부터 추출된 표본을 이용하여 필요한 정보를 수집하는 방법이다.

인과관계 조사(causal research)는 마케팅현상간의 인과관계를 밝히기 위해서 실시되는 조사방법이다. 보통 엄격한 실험설계를 통해 실험상황을 통제한 후 특정 변수들간의 원인과 결과관계를 파악하게 된다. 사회과학 연구에서는 인과관계를 측정하고자 하는 변수 이외의 외생 변수들의 영향을 완벽하게 통제하기 어려운 측면이 있다. 주로 학문적인 연구에 많이 쓰이는 방법이다.

실적점검 조사(performance monitoring research)는 마케팅활동을 효과적으로 통제하기 위해 필요한 마케팅성과에 대한 정보를 산출할 목적으로 수행하는 조사를 말한다. 환경변화에 대한 조사와 더불어 목표에 대비한 마케팅활동의 성과를 측정하여 마케팅 기회와 위협에 신속히 대응하기 위해서 진행된다.

3.3 자료수집방법 결정

마케팅조사 문제에 대한 정의와 조사설계가 결정된 다음에는 자료를 수집하는 방법을 결정하는 단계로 넘어간다. 자료에는 크게 1차 자료와 2차 자료가 있다. 1차 자료(primary data)는 이용 가능한 마땅한 자료가 없어 조사자가 당면한 의사결정 문제를 해결하기 위해 직접 수집해야 할 자료이다. 2차 자료(secondary data)는 다른 조사자가 다른 조사목적으로 이미 수집, 정리하여 문헌으로 제시한 자료를 말한다. 이 자료는 사내자료, 정부간행물, 연구기관 보고서, 전문조사기관에 의한 상업적 자료 등이 있다. 이에 대한 자세한 내용은 다음에 다시 설명된다.

자료수집 방법은 먼저 2차 자료를 수집하는 것이 좋다. 2차 자료는 1차 자료에 비해 수집이 용이하며, 수집 비용 및 시간을 절약할 수 있다. 하지만 자료가 조사목적에 맞지 않거나, 시기적으로 맞지 않거나, 정확하지 않을 수 있다. 각 자료의 장점과 단점을 정리해보면 〈표 3-3〉과 같다.

〈표 3-3〉 2차 자료와 1차 자료의 장점과 단점

구 분	2차 자료	1차 자료
장 점	• 저비용 • 손쉬운 획득 • 즉시 이용가능	• 응용성과 사용 편리성 • 정확성과 신뢰도 • 최신자료 수집가능
단 점	• 응용성이 없음 • 잠재적 신뢰성이 떨어짐 • 빈번히 낡고 오래된 자료가 존재함	• 고비용 • 획득이 어려움 • 즉시 이용할 수 없음

자료원 : Morrison, Alastair M., Hospitality and Tourism Marketing 호텔·관광 마케팅, 김홍범 역, 2006, p. 164.

1차 자료를 수집해야 한다면 자료수집 방법과 자료수집 도구를 결정해야 한다. 주요 자료수집 방법은 관찰조사법, 설문조사법(우편, 전화면접, 대인면접, 인터넷조사), 표적집단면접법, 실험법 등이 있다. 자료수집 도구는 관찰법의 경우 카메라와 녹음기 등과 같은 기자재를 사용하며, 그 외에는 설문지 등을 사용할 수 있다.

3.4 표본설계

1차 자료를 수집해야 한다면 자료를 수집하기 위해 표본설계를 해야 한다. 이 과정은 다음과 같은 3단계로 진행이 된다. 먼저 모집단을 정의하고 표본조사를 할 것인가 아니면 전수조사를 할 것인가에 대한 표본단위를 결정한다. 다음으로 표본조사를 할 것이라면 표본추출 방법을 결정한다. 마지막으로 표본크기를 결정한다.

- **표본단위의 결정** 마케팅조사는 모집단의 특성을 파악하기 위해서 실시한다. 모집단(population)은 마케팅조사의 대상이 될 수 있는 전체 표본을 말한다. 표본(sampling)은 모집단의 특성을 파악하기 위해 추출된 대상을 말한다. 표본단위의 결정은 조사대상자에 대한 결정으로 표본추출 대상이 되는 표적모집단(target population)을 결정하는 것이다. 일반적으로 모집단보다는 표본을 뽑아 조사를 진행하는 표본조사를 하게 된다. 전수조사를 하는 경우에는 비용과 시간이 많이 필요하며, 상황에 따라서는 전수조사가 불가능한 경우도 있기 때문이다. 또한 전수조사를 하게 되면 오히려 표본조사보다 부정확한 결과를 보여주는 경우도 있다. 표본조사를 하는 경우 모집단의 여러 가지 특성을 나타내는 모수(parameter)를 표본통계량

(statistics)으로 추론하게 된다. 이 과정에서 표본이 잘못 추출되면 여러 가지 형태의 오류(error)가 발생하기 때문에, 모집단을 잘 대표할 수 있는 표본을 추출해야 한다.

- **표본추출 방법** 표본추출방법을 결정하기 위해서는 먼저 표본프레임(sampling frame)이 있는지를 파악해야 한다. 표본프레임은 모집단에 포함된 조사대상자들의 명단이 기재된 리스트를 말한다. 표본추출방법은 확률표본추출방법과 비확률표본추출방법이 있다. 확률표본추출(probability sampling)은 표본프레임을 알고 있어 모집단 내의 각 대상이 표본에 뽑힐 확률이 얼마인지를 알 수 있는 표본추출방법이다. 비확률표본추출방법(nonprobability sampling)은 표본프레임이 없는 경우에 많이 사용되는데, 모집단 내의 각 대상이 표본에 뽑힐 확률이 얼마인지를 알 수 없을 때 사용되는 방법이다. 이 방법을 사용하면 신뢰구간을 계산할 수 없고, 추출된 표본이 모집단을 얼마나 잘 대표하는지를 알 수 없다는 단점이 있으나 마케팅조사에서는 표본프레임이 없는 경우가 많아 이 방법을 많이 사용하는 편이다. 각 표본추출방법에 대한 설명이 〈표 3-4〉에 제시되어 있다.

〈표 3-4〉 확률표본추출방법과 비확률표본추출방법의 종류

표본추출방법		내 용
확률표본추출	단순무작위표본추출 (simple random sampling)	각 표본이 동일하게 선택될 확률을 가지도록 선정된 표본프레임 안에서 각 표본단위들에 일련번호를 부여하여 난수표에 따라 선정된 번호를 무작위로 추출하는 방법이다. 모집단 내의 각 대상이 뽑힐 확률이 동일하다.
	층화표본추출 (stratified sampling)	모집단을 기준변수에 따라 서로 상이한 소집단들로 나누고, 각 소집단으로부터 표본을 단순무작위추출하는 방법이다.
	군집표본추출 (cluster sampling)	모집단을 기준변수에 따라 서로 상이한 소집단을 나누는 데까지는 층화표본추출과 같으나, 특정 소집단을 표본으로 추출하고 선택된 소집단 전체를 조사대상으로 하거나, 그 소집단의 상당부분을 표본으로 다시 추출하는 방법이다.
비확률표본추출	편의표본추출 (convenience sampling)	조사자가 자의로 편리하게 조사할 수 있는 대상들을 표본으로 추출하는 방법이다. 이 방법은 모집단의 대표성과 표본추출에 많은 문제를 안고 있다. 사용하지 않는것이 바람직하다.
	판단표본추출 (judgment random sampling)	조사목적에 가장 적합할 것으로 판단되는 특정집단을 표본으로 선정하는 방법이다.
	할당표본추출 (quota sampling)	모집단의 특성(성별, 나이, 직업 등)을 기준으로 이에 비례하여 표본을 추출함으로써 모집단의 구성원들을 대표하도록 추출하는 방법이다. 마케팅 조사에서 표본프레임이 없을 경우 가장 많이 쓰이는 표본추출 방법이다. 모집단의 대표성에 문제가 있을 수 있다.

- **표본크기의 결정** 표본이 크다고 항상 좋은 것은 아니다. 일반적으로 표본의 크기(sample size)는 조사결과의 신뢰도와 비용을 고려하여 결정하게 된다. 표본추출방법에 따라 달라지기는 하지만 표본의 크기가 클수록 조사의 신뢰도는 좋아지는 반면, 비용이 많이 들게 된다. 표본크기를 정하는 방법은 신뢰구간접근법과 가설검정접근법 두 가지가 있다. 신뢰구간접근법은 전체 모집단을 대표할 수 있는 표본의 신뢰수준과 조사자가 받아들일 수 있는 허용오차의 크기에 따라 필요한 표본수를 추정하고 결정하는 방법이다. 가설검정접근법은 조사자가 설정한 가설에 준하여 표본의 크기를 결정하는 방법이다. 상황에 따라서는 예산수준과 기업의 조사능력 등을 고려하여 모집단을 대표할 수 있는 적정한 수준으로 표본의 수를 정하기도 한다.

3.5 자료수집

자료수집방법과 표본의 크기가 결정되면, 자료를 수집하게 된다. 관찰법은 카메라나 녹음기 등을 통해서 자료를 수집하거나, 직접 관찰자가 기록을 하는 방법을 통해 자료를 수집하게 된다. 반면에 다른 자료수집방법은 일반적으로 설문지를 작성하여 조사하는 서베이 방법을 많이 활용한다. 자료 수집에서 중요한 사항은 설문지 구성과 설문을 수행하는 면접원의 선발과 교육이다.

설문조사는 설문문항의 척도와 측정방법에 따라 얻을 수 있는 정보의 양이 달라진다. 따라서 조사목적에 맞는 척도와 측정 방법을 선택해야 한다. 설문은 면접원이 조사하는 과정에서 여러 가지 바이어스(bias)가 생길 수 있다. 이를 최소화하기 위해서는 각 문항이 간결하고 명확하게 구성되어야 하며, 모호한 언어를 사용하지 않도록 해야 한다.

자료수집 과정에서 생길 수 있는 오류는 표본오류와 비표본오류로 구분된다. 표본오류(sampling error)는 모집단을 대표하는 표본을 잘못 추출함으로써 발생하는 오류로서 표본추출방법이나 과정, 그리고 표본의 크기에 의해 발생된다. 비표본오류(non-sampling error)는 전체조사과정에서 발생하는 오류 중 표본 오류를 제외한 모든 오류로서 조사 및 자료의 수집 과정에서 발생하는 관찰 또는 비관찰오류를 말한다. 관찰오류는 잘못된 설문지 또는 조사과정에서 조사자의 잘못이나 조사상황에 따라서 발생하는 조사현장의 오류와 수집된 자료를 분석하기 위하여 코딩(coding)하는 과정에서 발생하는 자료기록 및 처리상의 오류가 있다. 비관찰오류는 불포함 오류와 무응답 오류가 있다. 표본오류는 표본의 크기가 커지면서 줄어들지만 비표본오류는 반대로 커지는 관계를 가지고 있다.

3.6 자료의 분석과 해석

자료수집을 통해 수집된 자료를 분석하기 위해서는 편집, 코딩, 도표 작성, 통계분석의 과정을 진행하게 된다. 편집(editing)은 수집한 설문서를 보면서 오차와 누락, 모호성 등을 검사하는 과정이다. 수집된 자료의 판독가능성, 일관성, 완전성 등을 고려하여 사용가능한 설문지를 검토하고 선별하며 정리하는 작업을 한다. 알아보기 어려운 응답이나 일관성이 없이 무성의하게 응답한 설문지 또는 무응답 문항이 많아 완전성이 떨어지는 설문지를 분석에서 제외시킨다.

코딩(coding)은 자료를 SAS나 SPSS 같은 통계패키지나 컴퓨터 소프트웨어를 통해 분석하기 위해 응답자의 반응을 구체적인 수치값들로 나타내기 위한 규칙을 정하고 자료를 컴퓨터에 입력하는 작업이다. 보통 성별과 같이 '남', '여'로 되어 있다면, '남'은 숫자 '1'로, '여'는 숫자 '0'으로 바꾸어주는 것 같은 작업을 진행한다.

도표작성(tabulating)은 조사자가 자료를 대략적으로 검토하기 위해 분석하고자 하는 변수들의 개략적인 현황과 추세, 특이값 등을 보기 위해 기술통계분석을 진행하고 평균이나 표준편차, 중앙값, 도수분포표, 교차표(cross-tabulation) 등의 표를 작성해 보는 것이다.

통계분석(statistical analysis)은 독립변수와 종속변수의 수와 척도, 그리고 유용한 자료의 수 등을 고려하여 적절한 통계분석 방법을 정하고, 분석을 진행하는 것이다. 통계분석 방법은 단일변량 통계분석, 다변량 통계분석, 시장조사분석 등을 활용할 수 있다. 단일변량 통계분석은 한 변수에 대해서 평균, 표분편차, t-검정, 카이제곱(chi-square) 검정을 진행하는 것이다. 다변량 통계분석은 두 변수 이상의 변수들의 관계를 파악하기 위해 회귀분석, 분산분석, 상관분석, 요인분석, 판별분석 등을 진행하는 것이다. 최근에는 시장조사분석으로 다차원척도법(Multidimensional Scaling : MDS), 결합분석(conjoint analysis), 대응분석(correspondence analysis) 등의 분석 방법들도 많이 사용되고 있다.

통계분석 과정을 통해서 얻어진 결과들을 적절한 가정에 따라서 해석을 하는 과정이 마지막 단계이다. 적절한 가설에 따라서 원하는 결과나 나와 있는지, 의미있는 패턴이나 시사점이 있는지 등에 대한 분석을 진행한다.

3.7 보고서 작성과 전략도출

보고서는 조사를 통하여 얻은 정보와 이를 바탕으로 한 마케팅전략을 포함시키는 것이다. 분석결과로부터 얻은 정보를 활용하여 마케팅전략의 시사점을 도출하고 이를 효과적을 제시한다. 보고서를 작 작성하기 위해서는 분석결과에 대한 통계적 이해와 마케팅에 관한 충분한 이론과 실무적인 감각이 필요하다.

추가적으로 보고서를 받아보는 의사결정자가 이해하기 쉽고 그 결과를 용이하게 활용할 수 있도록 작성되어야 한다. 또한 보고서는 객관적으로 작성되어야 한다. 조사자는 논리적 근거와 객관적 자료를 바탕으로 보고서를 작성해야 한다. 또한 너무 많은 양의 보고서를 작성하게 되면 받아보는 사람이 부담을 느끼게 되고, 너무 적은 양의 보고서를 작성하게 되면 필요한 정보를 충분히 담지 못할 수가 있다. 많은 양의 내용이 있는 경우에는 다양한 계층의 관리자들이 활용하기 편하게 몇 개의 보고서를 나누어서 작성하는 것이 좋다.

일반적인 조사보고서의 구성요소를 보면 다음과 같다.

- 제목
- 목차
- 연구요약
- 서론
- 조사방법
- 조사결과의 분석
- 결론
- 부록 : 조사 및 설문지, 표 및 도표

4. 자료수집의 원천과 방법

4.1 2차 자료 수집의 원천

2차 자료의 수집의 원천은 크게 내부자료와 외부자료로 나뉘어 진다. 내부자료는 조직의 내부의 기록에서 얻은 자료를 말하며 외부자료는 외부조직에서 발표한 자료를 수집하는 것이다.

(1) 내부자료

내부자료(internal data)는 고객의 등록과 예약, 판매, 데이터베이스, 조사자료, 턴어웨이 등과 관련된 자료이다. 호텔은 모든 고객을 법적으로 등록해야 한다. 고객정보를 기록할 때, 개인적 정보와 판매시점(Point-Of-Sale : POS) 정보를 통해 구매한 주요 상품과 서비스정보를 기록한다. 개인적 정보는 성명, 주소, 우편번호, 팩스번호, 전화번호, 이메일, 동반자 수, 여행목적, 예약자, 고용주의 성명, 고용주의 주소, 직책이나 직위, 지불방법 등이다. 상품과 서비스정보는 호텔의 객실형태, 전화나 세탁 등과 같은 편의시설 구매, 체제기간, 체제일자, 교통수단, 상용고객 우대프로그램 회원 등에 관련된 정보를 수집할 수 있다.

이러한 정보를 통해 수익을 창출하는 객실, 식음료, 전화, 잡화점, 임대점과 호텔의 다른 수입원에 대한 판매정보를 얻을 수 있다. 또한 호텔의 객실점유율과 레스토랑점유율, 표적시장의 매출과 고객의 수 등을 파악할 수 있다. 상용고객 우대프로그램 등을 통해 개별고객의 판매량, 인구통계학적 특성, 표적시장의 매출과 고객의 수를 파악할 수 있다.

고객의 문의(comment) 내용 또한 중요한 마케팅정보가 된다. 고객문의는 전화, 우편, 팩스, 이메일, 웹사이트, 개인적인 수단을 통해 들어오게 된다. 이에 대한 기록을 통해 마케팅의 새로운 기회를 포착할 수 있다.

턴어웨이(turnaway)는 수용력이 초과되어 받아들여지는 좌절된 수요(frustrated demand) 또는 예약을 말한다. 이러한 고객은 또 다른 마케팅의 척도로서 자료를 정확히 기록해 놓으면, 나중에 조직이 수용력을 확장시키고자 할 때 유용하게 사용된다.

이들 정보들에 대한 수집과 분석을 통해 기업은 중요한 고객의 추세정보를 얻을 수 있다. 이들은 예약형태, 취소, 문의에서 예약으로 바뀌는 전환비율, 예약초과접수 상태, 성수기, 비수기 등의 가동률에 대한 과거의 추세, 계절에 따른 수익추세 등의 정보를 분석하는데 유용하다.

(2) 외부자료

외부자료(external data)와 관련된 마케팅정보는 기업의 내부와 외부의 원천을 통해 수집할 수 있다. 내부원천은 기업의 중역, 프런트데스크 직원, 서비스직원, 구매대리인, 판매원 등이다. 특히 호텔의 소유자나 경영자들은 외부정보의 중요한 수집원천이다. 이들을 통해 호텔 고객의 마케팅정보와 경쟁정보, 혁신과 신경향에 대한 정보를 수집할 수 있다. 고객의 마케팅정보의 내용은 고객의 프로필, 추세, 소비지출, 여행일수, 방문목적, 원하는 오락, 숙박, 식음료, 쇼핑 시설 등이다. 경쟁정보로는 경쟁사의 가격, 상품믹스, 확장계획, 갱신계획, 상품라인의 확대, 고객믹스, 전략의 방향성, 광고 및 판촉물 추진, 직원의 불만족 또는 만족, 가동률, 할인 등에 대한 정보이다. 혁신과 신경향에 대한 정보는 상품과 서비스에 있어서 기술적 개량, 이익관리와 같은 가격설정기술, 설비의 기술적 진보와 관련된 내용이다.

외부원천으로서 고객의 마케팅정보는 관광국, 상공회의소, 대학, 공익사업회사, 스키 리조트, 출판물, 공원관리공단, 항공회사, 크루즈 회사, 협회, 환경단체, 역사 박물관, 민간기업 등을 통해서 수집할 수 있다. 경쟁 및 혁신과 신경향에 대한 정보는 공급업자나 판매업자, 경영컨설팅회사, 여행대리점, 여행도매업자, 항공회사, 크루즈 회사, 버스회사, 철도회사, 경쟁사의 출판물, 업계 관련 출판물, 협회관련 출판물, 미팅 및 컨벤션, 경쟁사의 직원, 동업자 단체의 대표 등이다. 이들 기관들의 직원들과 접촉을 통해 정보를 수집할 수도 있고, 다양한 형태로 발행되는 정부간행물, 정기간행물 등을 통해서도 수집할 수 있다.

정보의 **상업적 원천**에서도 자료를 구입할 수가 있다. 닐슨(A. C. Nielson), 다이알로그(Dialogue), 애드트랙 온라인 데이터베이스(Adtrack on-line database), 도넬리 인구통계 데이터베이스(Donnelly demographic database), 전자옐로페이지(electronic yellow page) 등으로부터 자료를 수집할 수 있다.

4.2 1차 자료 수집의 방법

(1) 관찰법

관찰법(observation method)은 조사대상자가 행하는 행동을 조사자가 직접 또는 기계장치를 이용하여 관찰하고 정리하여 자료화하는 탐색적 조사 방법이다. 관찰을 측정할 수 있는 기계장치는 카메라, 녹음기와 같은 기본적인 형태와 안구추적장치(eye-tracking monitors), 초음파검사기(pupilometers), 심리분석기(psychogalvanometers), 음성분석기(voice pitch analysis)와 같은 전문적인 측정기기가 있다. 미국의 마케팅조사기관인 닐슨(A. C. Nielson)에서 표본으로 선택된 가정의 TV에 피플미터(People Meter)를 설치하여 가족 중에 누가, 언제, 어느 프로그램을 시청했는지 기록한 것을 통해 TV시청률을 조사하는 것이 대표적으로 활용되고 있는 방법이다.

호텔의 경우에는 회전식 자동문 같은 것을 설치하고 고객들의 반응을 측정해 본다든가, 컴퓨터

시스템에 제공되는 금전등록기, 전자기기에 대한 고객의 구매행위에 대한 반응 등을 측정하는데 활용할 수 있다.

관찰법은 비교적 정확한 자료의 수집이 가능하고, 조사대상자가 응답을 거부하거나 회피하는 사항에 대한 정보를 획득할 수 있다는 장점은 있으나 조사대상의 행동유발 동기 등 내면적인 부분은 파악하기 어렵다는 한계가 있다.

(2) 설문조사법

설문조사법(survey method)은 조사대상자들로부터 자료를 수집하는 방법으로서 설문지를 활용해 조사하는 방법이다. 마케팅조사에서 가장 널리 이용되는 방법이다. 설문지법은 응답자의 접촉방법에 따라 4가지로 구분된다.

우편조사(mail survey)는 우편으로 설문지를 발송한 후 응답내용을 반송용 봉투를 이용하여 회수함으로써 자료를 수집한다. 응답자 1인당 조사비가 적게 들며, 응답자가 조사문제에 관심이 있는 경우 설문지의 양이 길어도 응답을 한다는 점이 장점이다. 그러나 응답자가 설문을 잘 이해하지 못하는 경우에는 응답률이 낮다. 보통 응답률이 10~20% 정도로 낮다. 응답의 대표성도 낮아 신뢰성이 낮은 편이다.

전화면접(telephone interview)은 조사원이 전화를 통하여 응답자로부터 자료를 수집하는 방법이다. 전화면접에서 응답자들은 전화번호부를 이용하여 선정한다. 요즘에는 컴퓨터로 자동화된 전화면접 방법을 활용해 대표성을 높이고 있다. 전화면접은 빠른 시간 내에 저렴한 비용으로 조사를 실시할 수 있다는 장점을 가지고 있다. 반면에 전화면접은 질문내용이 어렵고 면접시간이 길어지면 응답자로부터 제대로 된 응답을 얻어내기가 힘들다.

대인면접(personal interview)은 조사원이 직접 응답자와 대면접촉을 통해 자료를 수집하는 방법으로 거리나 사무실에서 조사원들이 설문지를 통해 자료를 수집하는 방법이다. 대인면접은 응답자들이 질문내용을 잘 이해하지 못하는 경우 자세히 설명해 줄 수 있는 장점이 있고, 양질의 정보를 수집할 수 있다. 사례품 등을 통해서 응답률을 높일 수 있는 장점도 있다. 반면에 비용이 많이 들고 면접원에 따라 응답의 결과에 영향을 미칠 수 있다.

인터넷조사(internet survey)는 인터넷 홈페이지에 설문지를 만들어 놓거나, 전자메일을 통해 설문지를 발송하여 응답자들로 하여금 설문지에 응답하게 함으로써 데이터를 수집하는 방법이다. 적은 비용으로 빠른 시간 안에 조사를 마칠 수 있는 장점이 있다. 하지만 인터넷 환경에 적합한 조사 형태를 개발하는데 많은 비용이 들어간다.

(3) 표적집단면접법

표적집단면접법(focus group interview : FGI)은 조사진행자가 6~10명의 응답자들과 함께 조사목적과 관련된 내용을 대화형식으로 이끌어 가며 자연스러운 분위기에서 비교적 긴 시간 동안(보통 두 시간 정도) 진행하여 상품에 대하여 응답자들이 가지고 있는 심층적인 느낌이나 감정, 의견 등을 조사하는 방법이다. 응답자가 수가 적어서 대표성을 갖기 어려운 단점이 있다. 따라서 대표성을 갖추려면 기술적 조사나 인과적 조사를 더 진행해야 한다.

표적집단면접법은 소수의 응답자들간의 자연스러운 대화과정에서 조사목적과 관련된 유용한 정보를 얻거나 설문조사에서 기대하지 못한 결과를 발견하는 탐색적 조사로서 의미가 크다. 응답자들은 자연스러운 대화과정에서 자연스럽게 감정과 생각을 표현하기 때문에 양질의 정보를 수집할 수 있다. 우리나라 많은 기업들이 신상품 아이디어 도출, 소비자들의 상품구매 및 사용실태에 대한 전반적인 이해, 설문지 작성에 필요한 기본정보의 수집을 위해 이 방법을 많이 활용한다.

(4) 실험법

실험법(experimental method)은 실험대상을 둘 또는 여러 개의 집단으로 나눈 후 실험을 통해 인과관계를 파악하는 방법이다. 인과관계의 원인이라고 추정되는 변수를 각 집단에 따라 다르게 조작하고 그 결과가 어떻게 나타나는가를 조사하게 된다. 이를 통해 집단간 차이점을 발견하고, 인과관계를 규명하게 된다. 호텔에서는 새로운 상품과 서비스에 대해 고객의 반응이 어떻게 나타날 것인가를 알아보기 위해 다양한 형태로 활용될 수 있다. 특히, 실험조사법(central location test : CLT)은 응답자를 일정한 장소에 모이게 한 후 다양한 신상품, 광고카피 등을 제시하고 소비자반응을 조사하여 이를 상품개발이나 광고전략에 활용하도록 개발된 방법이다.

4.3 설문지 설계

우편, 전화, 대인면접, 인터넷조사 등의 서베이 기법은 보통 질문을 나열하고 대답을 적는 공간이 있는 인쇄된 형식의 설문지(questionnaire)가 필요하다. 설문지의 작성은 질문순서의 결정, 개별문항의 완성, 설문지 초안의 작성, 사전조사 및 사전분석, 최종 설문지 완성의 순서로 진행된다.

개별문항을 구성할 때 주의할 점을 보면 다음과 같다. 방언 또는 전문용어를 사용한 질문을 피해야 한다. 너무 많은 질문을 피한다. 길고 장황한 질문을 피한다. 한 문장 안에 2가지 물음을 질문해서는 안 된다. 막연하고 광범위한 질문을 해서는 안 된다. 각각의 질문들이 응답자가 말하기에 불충분한 질문을 해서는 안 된다. 개인적이고 황당한 질문을 해서는 안 된다. 답변 가능한 응답의 범위를 포함하지 않은 질문을 해서는 안 된다. 너무 당연한 질문을 해서는 안 된다.

설문의 길이는 최대한 짧게 해야 한다. 개인적인 질문은 짧게 하고, 요점만 제시해야 한다. 설문의 구성은 날짜를 표기하는 것이 좋으며, 마지막에 나이나 소득수준과 같은 개인적이고 예민한 질문을 해야 한다. 또한 인터뷰하는 이와 응답자가 어떻게 질문에 답해야 하는지에 대한 설명을 포함시켜야 한다. 가능하면, 모름이나 '아무런 의견이 없음' 을 선택사항에 항상 포함시켜야 한다.

질문의 유형은 각 질문마다 한 가지 내용만 질문해야 한다. 되도록이면 명확하게 제시할수록 좋다. 전문 용어는 피하고 뜻이 정확한 단어만을 제시해야 한다. 겹치는 답이 없이 모든 답을 제시해야 한다. 질문은 선택형 또는 자유응답형으로 할 수 있다. 선택형 질문은 양자택일형, 다지선다형, 리커트 척도, 대조형 척도, 중요도 척도, 평가 척도, 구매의도 척도가 일반적으로 사용된다. 자유응답형 질문은 완전비구조형, 단어연상형, 문장완성형, 이야기완성형, 그림 완성형, 주제이해 테스트 등이 사용된다.

본격적인 설문조사를 하기 전에 사전조사와 사전분석을 해 보는 것이 좋다. 사전조사(pre-test)는 설문지 초안을 갖고 소수의 응답자들로부터 자료를 수집해 보는 것을 말한다. 사전분석(pre-analysis)은 사전조사에서 수집된 자료를 분석해 보는 것이다. 사전조사와 사전분석을 통하여 설문지의 문제점을 파악하고 수정한 후 최종 설문지를 완성해 분석을 시작한다.

토론해 볼 문제

1. 호텔에서 고객의 정보를 수집하기 위한 고객카드의 종류들을 알아보고, 어떻게 마케팅에 활용되고 있는지를 토론해 보시오.
2. 호텔에서 마케팅조사가 진행되었던 사례를 조사해 보고 어떤 과정을 거쳐서 진행되었는지 토론해 보시오.
3. 호텔의 선택행동에 관하여 500명을 대상으로 조사하려고 한다. 어떻게 조사를 할 수 있는지 토론해 보시오.
4. 호텔의 레스토랑을 이용하는 고객의 행동을 조사하기 위해 설문조사법과 관찰법을 활용한다면 어떤 차이점들이 있는지 토론해 보시오.

Chapter 4

단계적 호텔시장의 분석

1. 시장분석의 개요
2. 시장세분화 방법
3. 표적시장의 선정
4. 포지셔닝전략 개발

04 단계적 호텔시장의 분석

● 학습목표
1. 3단계 단계적 호텔시장분석에 대해서 알아본다.
2. 시장세분화의 개념 및 기준들에 대해서 알아본다.
3. 표적시장의 선정 방법과 마케팅전략에 대해서 알아본다.
4. 포지셔닝의 개념과 경쟁우위 전략에 대해서 알아본다.

1. 단계적 호텔시장분석의 개요

호텔에서 진행하고 있는 사업의 상품군, 상품라인, 브랜드의 관점에서 구체적인 전략을 수립은 [그림 4-1]에서 제시된 것처럼 시장세분화, 표적시장 선정, 포지셔닝(Segmentation, Targeting, and Positioning : STP)의 과정을 거쳐 구체적인 마케팅믹스 실행전략을 세우게 된다.

[그림 4-1] 단계적 호텔시장의 분석

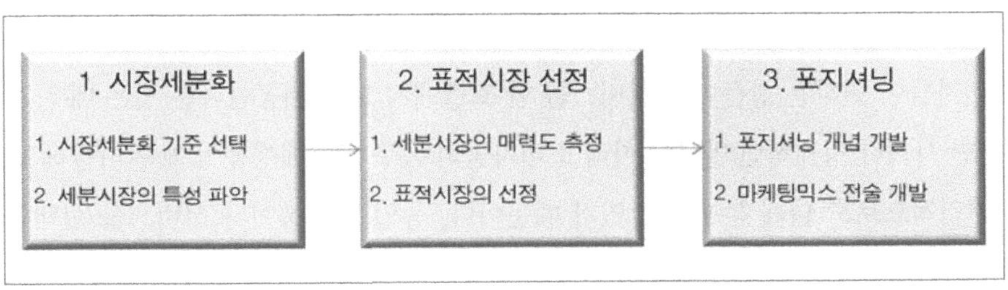

시장세분화란 적절한 경쟁의 범위와 표적시장을 선정하기 위해 유의한 세분시장(market segments)을 찾아 분류하는 것이다. 이 단계에서는 시장세분화 기준을 선택하여 세분시장을 나누고, 세분시장의 여러 가지 특성을 파악하는 과정을 거친다. 시장세분화를 통해 세분시장들이 파악되면, 세분시장 중에 표적시장 선정을 선정하게 된다.

표적시장 선정은 파악된 세분시장 중에서 기업이 구체적으로 마케팅전략을 구사할 세분시장을 선정하는 과정이다. 호텔의 입장에서 표적시장으로 선택하려는 세분시장들의 시장매력도를 측정해 본 후, 그 중에서 매력적인 시장들을 중심으로 표적시장들을 선정하는 과정을 거친다.

호텔시장 분석의 마지막 단계는 포지셔닝인데, 선정된 표적시장에서 해당 기업의 상품이나 사업단위가 경쟁적 우위를 확보할 수 있도록 마케팅믹스 전략을 세워 실행하는 것이다. 이를 위해 먼저 표적시장에서 타기업과 차별화된 적절한 포지셔닝 개념을 개발해야 한다. 다음으로 포지셔닝 개념을 구현하기 위한 구체적인 마케팅믹스 전술을 개발한다.

2. 시장세분화전략 개발

소비자는 필요, 욕구, 자원, 지리적 위치, 선호, 구매태도, 구매습관, 구매행동 등에서 서로 다른 특성을 보이는 경향이 있다. 마케팅관리자는 이런 특성들 중에서 시장을 구분해서 파악하기에 적절한 기준을 선택하고 전체 시장을 몇 개의 집단으로 나누는 과정을 거치게 된다. 이를 시장세분화(market segmentation)라고 하며, 전체시장에서 공통적인 특성을 갖고 있는 구매자 집단을 파악하게 된다. 이 과정을 통해 나누어진 각 집단을 세분시장(market segment)이라고 부른다.

2.1 시장세분화의 배경

모든 소비자들이 원하는 상품이나 서비스를 한 호텔에서 모두 제공한다는 것은 매우 힘든 일이다. 왜냐하면 사회나 경제적인 발달에 따라 소비자들의 욕구나 구매행동이 매우 다양해졌으며, 소비자들이 지역적으로도 넓게 분포되어 있기 때문이다. 동일한 상품이나 서비스를 선택하는 상황에서도 각 개인들의 선호, 자신이 처한 위치, 구매상황 등에 따라서 서로 다른 상품이나 서비스를 구매하기도 한다. 이에 따라 호텔은 처음에는 전체시장을 공략 대상으로 하는 대량마케팅전략에서 시작하여, 상품이나 서비스를 다양화하는 전략으로 발전되었으며, 최근에는 호텔이 공략할 수 있는 세분시장들 만을 집중적으로 공략하는 표적시장 마케팅으로 발전되어 왔다. 기업의 마케팅 전략의 특징에 따라 대량마케팅, 상품다양화마케팅, 표적마케팅 전략으로 부를 수 있는데 이에 대해서 살펴보면 다음과 같다.

- **대량마케팅(mass marketing) 전략** : 호텔이 모든 고객층에게 적용될 수 있는 상품을 개발하

고, 대량유통과 대량촉진 방법을 통해서 한 종류의 상품이나 서비스를 모든 소비자들에게 판매하는 방식이다. 동일한 상품이나 서비스의 판매로 상품개발 원가 및 운영과 관련한 마케팅 비용을 절감할 수 있는 장점이 있다. 그 결과로 호텔은 낮은 가격으로 상품이나 서비스를 제공하게 된다. 주로 생산지향적 마케팅개념을 하는 호텔에서 활용되는 전략이다. 생산과 마케팅에 있어 규모의 경제(economy of scale)나 경험효과(experience effect)에 근거를 둔다.

- **상품다양화마케팅(product-variety marketing) 전략** : 소비자의 특성과 욕구에 초점을 둔 시장세분화 방법에 의해 접근하기 보다는 생산자 입장에서 상품이나 서비스의 구성내용, 호텔의 질, 일정, 가격 등과 같은 속성의 차이를 보이는 2개 또는 그 이상의 상품이나 서비스를 개발하여 소비자에게 판매하는 전략이다. 소비자 입장에서는 다양한 상품이나 서비스가 제공되는 효과가 있으나 소비자가 진정으로 원하는 상품이나 서비스가 아닐 수도 있다.
- **표적마케팅(target marketing) 전략** : 호텔이 소비자의 특성과 욕구에 따른 세분시장을 파악하고 그들 중 하나 또는 복수의 시장을 선택한 뒤 각각의 시장에 적합한 상품이나 서비스 개발 및 마케팅믹스 진행을 통해 마케팅활동을 수행하는 전략이다. 따라서 각 시장에 적합한 차별적인 상품과 차별적인 마케팅전략으로 각 세분시장을 공략하게 된다.

표적시장 마케팅은 시장수요측면에서 인구증가가 둔화되고, 많은 경쟁자들이 등장하고, 고객측면에서 고객들의 욕구와 취향의 다양화되며, 시장에서 기업들간에 경쟁이 치열해지고 있는 현대 상황에서 적절한 마케팅전략이다. 하지만 호텔산업에서 시장세분화 전략이 잘 사용되지 않는 이유를 든다면 다음과 같은 것들 때문일 것이다(Morrison, 2006).

- 비세분화 접근법을 이용하는 것보다 비용이 많이 든다. 표적시장에 대해 독립적인 관심을 제공해야 하며, 다른 서비스와 가격이 제공되어야 한다. 또한 광고와 촉진전략, 유통경로도 다른 전략을 사용해야 한다.
- 시장을 세분화하기 위한 최적의 근거를 선정하기가 어렵다. 호텔마케팅관리자들은 종종 여러 세분화 기준 중에서 가장 많은 수익을 얻을 수 있는 세분화 기준들을 어떻게 선정할 것인가의 문제에 봉착한다.
- 시장을 얼마나 정교하게 또는 폭 넓게 세분화해야 하는지를 알기가 어렵다. 시장을 광범위하게 나누면, 특정 세분시장에 대한 전략을 사용할 수 없다. 반면에 너무 세분화하면 이에 대한 적절한 전략을 수립하는 것이 어렵다.

- 비실용적인 세분시장에 주력하는 경향이 있다. 어떤 세분시장은 광고나 촉진 등의 수단으로 접근할 수 없거나, 일시적으로 유행하는 세분시장일 가능성도 있다.

시장세분화를 통해 표적시장마케팅을 진행하면, 다음과 같은 장점들이 있다(Morrison, 2006).

- 마케팅비용을 보다 효과적으로 사용할 수 있다.
- 선정된 고객집단의 욕구와 필요를 보다 분명히 이해할 수 있다.
- 보다 효과적으로 포지셔닝을 할 수 있다. 표적시장의 소비자들의 마음 속에 특별하게 자리 잡을 수 있는 서비스와 마케팅믹스를 개발할 수 있다.
- 촉진수단과 방법을 보다 정확하게 선정할 수 있다. 예를 들어 광고매체, 판매촉진수단, 유통경로 등을 정확하게 선정할 수 있다.

시장세분화를 활용한 예로는 저렴한 호텔에 진출한 사례들을 통해 살펴볼 수 있다. 홀리데이 인(Holiday Inn)은 호텔이 제공하는 토털서비스를 원하지 않고, 저렴한 가격에 기본적이고 깨끗한 숙박시설을 원하는 고객이 있다는 점을 파악했다. 이에 따라 전형적인 호텔에서 불필요한 것을 빼고 표준화된 서비스를 제공하는 형태의 숙박시설을 개발시켰다. 그러한 형태의 호텔로 등장한 것이 데이즈 인(Days Inns), 수퍼 8(Super 8), 모텔 6(Motel 6)와 같은 것이다(Morrison, 2006).

2.2 세분화 단계

세분화를 진행하는 단계는 다음과 같이 3단계로 나뉠 수 있다. 세분시장이 의미가 있는 정도에 따라 세분화 과정은 1단계에서 끝이 날수도 있고, 계속해서 3단계까지 진행될 수 있다. 이에 대해서 살펴보면 다음과 같다(Morrison, 2006).

- **일단계 세분화(single-stage segmentation)** : 다음 절에 설명되는 시장세분화 기준 중에 한 가지를 선택하여 세분화를 진행하는 것을 말한다. 예를 들어 호텔이 잠재고객집단을 연령에 따라 30세 미만, 30세에서 49세, 50세 이상과 같이 구분한다던가, 호텔 방문목적을 근거로 상용여행객과 레저여행객으로 구분하는 것과 같은 것이다.

- **이단계 세분화(two-stage segmentation)** : 일단계 세분화에서 진행된 기준을 중심으로 시장에 대해서 더 자세히 이해하기 위해 추가적인 기준을 활용하는 것을 말한다. 전통적으로 호텔과 같은 숙박업체는 시장을 호텔방문 목적에 따라서 나누고 나서 표적시장을 보다 세밀하게 나타내기 위해 지리적 기준을 이용하는 이단계 세분화 방법을 활용한다.
- **다단계 세분화(multi-stage segmentation)** : 이단계 세분화를 진행한 후에 추가적으로 다른 기준을 통해 세부적인 세분화를 진행하는 것을 말한다. 예를 들어 첫 단계에서 호텔방문 목적에 따라 시장을 나눈다. 컨벤션과 회의시장을 세분시장 중의 하나로 선택했다고 보자. 다음 단계에서 대부분의 호텔은 회의 룸의 규모가 제한이 되어 있기 때문에 특정 인원수 이하의 회의를 가지는 협회나 기업을 유치함으로써 그 범위를 관련 서비스를 중심으로 더 세분화할 수 있다. 마지막 단계에서 지리적 기준을 통해 기업의 위치를 파악하는 방법을 활용할 수 있다.

2.3 시장세분화의 기준

상황에 따라서 시장세분화의 효과적인 기준이 달라질 수 있다. 따라서 호텔들은 시장을 세분화할 수 있는 다양한 변수를 기준으로 시장세분화를 할 필요가 있다. 시장세분화에 주로 사용되는 기준은 〈표 4-1〉에서 보는 것처럼 지리적 기준, 인구통계적 기준, 호텔의 방문목적 기준, 심리적 기준, 행동적 기준, 상품관련 기준 등으로 나눌 수 있다.

〈표 4-1〉 시장세분화의 기준과 변수

시장세분화 기준	변 수
지리적 기준	행정구역, 도시 규모(대, 중, 소), 주거형태, 기후 등
인구통계적 기준	연령, 성별, 소득, 직업, 교육수준, 종교, 가족 수, 가족생활주기, 인종, 국적, 사회계층 등
방문목적 기준	상용여행객, 레저여행객
심리적 기준	사회계층, 라이프스타일, 개성
행동적 기준	추구편익, 브랜드충성도, 상품이나 서비스 선택 또는 이용상황, 이용경험, 고객의 상태, 이용률, 상품이나 서비스에 대한 태도 등
상품관련 기준	상품형태

(1) 지리적 기준

지리적 기준은 소비자가 거주하고 있는 지역에 따라서 상품이나 서비스의 선호 및 선택이 다르다고 판단될 때 사용할 수 있다. 대도시, 중소도시, 지방도시 등에 따라 접하는 매체, 선호도, 선택하는 호텔이나 호텔상품이 달라질 수 있다. 호텔은 지리적으로 고객의 욕구와 선호도의 차이에 따라서 하나 또는 몇 개의 지리적 지역에서 영업활동을 하거나 또는 모든 지역에서 영업활동을 할 수 있다.

지리적 기준에 의한 세분화는 다른 세분화 방법보다 시장을 구분하는 것이 용이하다는 장점이 있다. 보편적으로 받아들여지는 지리적 영역이 있기 때문이다. 지리적 시장은 쉽게 측정이 가능하다. 그리고 지리적으로 구분된 시장에 대한 인구통계, 여행, 호텔산업과 관련된 다양한 통계를 쉽게 파악할 수 있다. 따라서 지리적 기준과 함께 이들 변수들을 활용해 유의한 시장을 구분하는 것이 좋다. 또한 지리적 구분에 의한 세분화를 할 경우 TV, 라디오, 신문, 전화번호부 등 매체 수단들이 지역을 중심으로 서비스되기 때문에 고객들에게 쉽게 접근할 수 있다는 장점이 있다.

지리적 기준을 선택할 때는 상권의 영향을 고려해야 한다. 많은 호텔, 리조트, 관광자원, 항공사, 국가, 여행목적지들이 국내뿐만 아니라 국제적인 상권을 가지고 있기 때문이다. 이러한 상권의 개념은 호텔이 고객들이 주로 방문하는 도시인 주요송출도시(feeder city)를 파악할 필요가 있다는 점을 시사한다. 호텔은 주요송출도시를 대상으로 효과적으로 접근할 수 있는 마케팅전략을 세워야 한다. 전세계적인 마케팅을 하는 호텔의 경우 주요송출도시보다 넓은 개념으로 지역(zone) 단위로 파악할 필요가 있다. 한 국가단위에서 지역은 특정한 도나 영남, 호남, 충청, 경기, 강원 같은 지역구분을 통해 파악할 수도 있다. 전 세계적으로 지역을 넓힐 경우에는 동남아시아, 유럽, 미주 등과 같이 지역적인 구분을 통해서 소비자들이 주로 방문하는 지역을 파악해 볼 수도 있다. 같은 지역에서도 주요 도시 별로 소비자들이 방문하는 곳들을 파악할 수도 있다. 미국과 같은 경우에는 지역을 파악하는데 유용하게 사용될 수 있는 기준으로 우편번호부를 사용할 수도 있다.

미국의 홀리데이 인(Holiday Inn)은 처음에는 테네시주의 멤피스에서 지역의 모텔회사로 시작하였다. 모텔 8(Motel 8)은 당초 중서부와 서부시장에서 소구하기로 하고 사우스 다펀타주의 에버딘에서 영업을 개시하였는데, 지금은 미국 전역으로 규모가 확대되었다. 하얏트호텔(Hyatt Hotel)은 호텔이 있는 지역에 따라 그 지방 요리를 제공하는 프로그램을 만들어 제공하는 서비스를 활용하고 있다(Kotler 외, 2010).

[그림 4-2] 제주하얏트호텔의 향토 음식을 제공하는 Folk Villiage

자료원 : http://www.hyattjeju.com

(2) 인구통계적 기준

인구통계적 기준은 나이, 성별, 가족구성원의 수, 가족생애주기, 소득, 직업, 교육수준, 종교, 인종, 국적, 사회계층 등의 인구통계학적 변수를 기준으로 세분화하는 방법이다. 일반적으로 소비자들의 욕구나 사용빈도들은 인구통계학적 기준들에 따라 잘 나뉘어지는 경우가 많다. 또한 인구통계학적 기준들은 다른 변수들에 비하여 측정하기가 쉽다. 따라서 시장세분화 기준으로서 많이 사용된다.

- **연령과 가족생활주기 :** 소비자들은 자신의 연령에 따라 다른 편익이나 특성을 추구한다. 또한 소비자는 부모로부터 이 세상에 태어나면서부터 한 생을 살아가게 된다. 이를 가족생활주기라고 하는데 각 단계마다 다른 상품이나 서비스를 선택할 수 있다. 젊은 층일수록 미지 세계에 대한 동경이나, 모험적인 동기, 환락이나 레크리에이션을 추구할 수 있는 환경을 가진 호텔을 선택하는 경향을 보인다. 장년층은 쇼핑이나 우인과의 친목, 전통문화의 이해, 이국적인 자연환경을 추구할 수 있는 환경을 가진 호텔을 선택하는 경향이 있다. 반면에 노년층은 보양, 종교, 이국적인 경험, 전통문화 등을 이해할 수 있는 환경을 가진 호텔을 선택하는 경향이 있다.

- **성별** : 성별에 따라 욕구나 수요변화가 두드러진 곳이 호텔이다. 미국의 경우 1970년대 까지만 해도 여성은 모든 상용여행객의 1% 미만이었다. 최근에는 여성의 비율이 40% 상회하고 있다. 호텔업계에서는 객실을 디자인할 때 점차적으로 여성을 고려사항으로 넣고 있다. 대표적인 변화가 로비의 바, 피트니스 시설, 헤어드라이어기 설치, 밝은 칼라의 객실 데커레이션 등이다. 또한 호텔은 광고모델로서 여성을 많이 등장시키고 있다(그림 4-3 참조).

[그림 4-3] 힐튼호텔의 윈터레이디 패키지 안내

자료원 : http://www.grandhitonseoul.com/

- **직업** : 직업에 따라 사용하는 상품이 다르고, 보는 매체도 다르다. 골프, 호화 상품 등은 주로 사업을 하고 있는 사람들이 필요로 하는 것이다.
- **종교** : 종교는 한 개인의 생활을 가장 많이 규제하고 있다. 종교에 따라 방문하는 지역이 달라지고, 여행의 형태가 달라질 수 있다.
- **소득** : 소득은 구매력을 나타내는 지수이다. 소비자들간에 소득차이가 있다면 중요한 세분화

기준으로서 역할을 할 수 있다. 소득은 골프클럽에서 다이렉트 메일(Direct Mail)을 통한 홍보대상을 파악하는데 유익한 기준으로 사용되고 있다. 특히 고가상품이나 서비스의 경우에는 소득에 따른 구분이 중요한 판단기준이 된다. 소득은 가격설정 전략에 영향을 미치는 중요한 변수이기 때문이다.

- **사회계층** : 표적고객이 속하는 사회계층은 상품이나 서비스 선택에 소득보다 더 큰 영향력을 발휘할 수 있다. 사회계층은 상류층, 중류층, 하류층으로 나누기도 하고 이보다 더 세분화해서 구분하기도 한다. 동일한 사회계층에 속한 사람들은 일반적으로 유사한 상품이나 서비스를 선택하는 경향이 있다. 사회계층은 교육수준, 직업, 소득 등 다양한 변수에 따라 구분이 되기 때문에 사회계층을 구분하기 쉽지 않다. 따라서 인구통계학적 변수를 활용해 사회계층을 많이 파악하는 경향이 있다. 상류층에 있는 사람들일수록 가시성이 높은 상품이나 서비스를 선택할 가능성이 있다. 소비자들은 일반적으로 사회계층에 따라 레저활동을 비롯한 호텔에 대한 선호도에 큰 차이를 보인다.

인구통계적 기준은 즉시 이용가능하고, 손쉽게 이용할 수 있다는 장점 때문에 많이 활용된다. 일반적으로 인구통계 기준은 지리적 기준과 함께 활용된다. 이를 지리인구통계 세분화(geodemographic segmentation)라고 부른다. 대표적인 특정 호텔의 우량고객에 대한 지리인구통계를 통해 구분해 본 사례를 보면 〈표 4-2〉와 같다.

〈표 4-2〉 호텔의 우량고객에 대한 지리인구통계 특성 사례

지리인구통계 특성	내 용
연 령	• 25세에서 44세
소 득	• $45,000이상
교 육	• 전문대학 학위 소지이상
직 업	• 관리직, 판매직, 마케팅, 엔지니어, 기술자, 회사 중역, 구매자, 컨설턴트
산 업	• 전자, 제약, 화학, 서비스, 제조, 출판, 은행, 금융
여 행 습 관	• 1년에 10회 이상 • 높은 항공여행 비중 • 지역내 또는 지역외 여행 • 2회 이상 레저 여행
지 역	• 교외 지역 또는 주요 도시 • 유사한 지역 센터/우편번호 • 소득수준이 높은 지리인구통계 센서스 결과

자료원 : Nykiel, Ronald A., Marketing in the Hospitality Industry, Fourth Edition, Educational Institute: American Hotel & Lodging Association, 2003, p. 18.

(3) 방문목적 기준

호텔을 방문하는 목적에 따라 소비자를 구분해 보면 상용여행객과 레저여행객으로 구분할 수 있다. 호텔의 방문목적은 숙박, 레스토랑, 여행사, 크루즈, 항공사 등에 있어서 중요한 세분화 기준으로 활용될 수 있다.

상용여행객(business traveler)은 휴가 목적이 아닌 특정한 사업상의 목적을 가지고 여행하는 소비자이다. 이들은 회의, 사업상 모임, 전시회, 무역박람회, 교육훈련 참가, 인센티브 투어 등의 세부적인 목적을 가지고 여행을 하며, 프로그램 내에 지정된 호텔을 선택하게 된다. 그들은 비즈니스를 하려고 하는 장소에 있는 가까운 곳을 선호하며, 도심이나 비즈니스가 밀집된 지역의 호텔에 투숙하면서 회의나 컨퍼런스 참가, 교육훈련 등에 참가를 하고자 한다. 상용여행객으로서 인센티브 투어는 단체 소비자로서 레저여행객의 특성을 가지고 있다. 이들은 개인적으로 비용을 부담하지 않기 때문에 비용에 크게 신경을 쓰지 않는 특징이 있다. 하지만 정부의 각부서의 여행자와 기업의 판매사원의 경우에는 여행을 많이 하기 때문에 비용과 가격을 고려하는 층이다.

레저여행객(leisure traveler)은 장단기 휴가를 맞아 여행을 하는 소비자이다. 어린이들을 포함하지 않은 여행객과 가족여행객이 대표적인 부류이다. 이들은 휴가, 건강, 스포츠, 종교, 교육, 문화 등을 경험하기 위한 목적을 가지고 관광을 하며 그 목적에 맞는 호텔을 선택하게 된다. 세부적인 목적을 더 나누어보면, 박물관 방문, 예술품 전시관 방문, 문화유산 관광, 예술활동이나 지역축제 참가, 공연예술 관람, 민족문화 관광, 스포츠 관광, 새로운 지역에 대한 모험, 농촌체험, 자연체험 등과 같은 다양한 목적을 가지고 여행을 한다. 이들은 상용여행객에 비해서 가격에 민감한 계층이다.

(4) 심리적 기준

심리적 변수로서는 라이프스타일, 개성 등의 기준을 사용한다. 심리적 기준들은 어떤 상품이나 서비스에 대한 태도와 선택에 있어 눈에 보이지 않는 인간 내면의 영향을 파악하는데 도움이 된다.

- **라이프스타일** : 라이프스타일(lifestyle)은 사회 전체 또는 그 사회의 한 구성원이 가지고 있는 독특하고 특징적인 생활양식(mode of living)이다. 사회계층, 가족, 성격, 자아개념, 개성, 가치, 신념, 태도 등의 변수들이 한 사람의 라이프스타일을 구성하는 요인들이다. 동일 하위문화, 사회계층, 직업일지라도 살아가는 라이프스타일은 다르게 나타나는 경우가 있다. 2장에서 살펴보았듯이 라이프스타일은 보통 한 사람의 활동(activities), 관심(interests), 의견(opinions)이라는 AIO 분석에 의해 조사한다. 이 이외에도 VALS(Values and

Lifestyles : 가치와 라이프스타일)이나 PRIZM 프로그램 등이 있다. 라이프스타일 조사를 통해서 사람들이 살아가고, 돈과 시간을 소비하는 양식을 파악할 수 있다. 여름철 휴가를 보내는 것도 조용한 휴가를 원하는 사람은 계곡이나 산으로 가는데 비해, 동적이며 새로운 경험을 추구하는 사람은 바다로 갈 가능성이 높다. 이러한 점은 마케팅관리자로서 커뮤니케이션 계획을 수립할 때 도움이 된다.

- **개성** : 개성은 자신의 주변 환경에 대하여 비교적 일관되고 지속적인 반응을 하는 개인의 특성이다. 마케팅관리자는 소비자의 개성을 중심으로 세분시장을 나눈 후 표적시장에 맞는 다양한 마케팅전략을 구사할 수 있다. 개성변수는 의류, 향수, 담배, 화장품, 술, 보험, 주류 등을 구분하는데 도움이 된다. 이런 점들은 소비자가 쇼핑을 할 때 어떠한 것들을 필요로 하는가를 파악하는데 도움이 된다.

(5) 행동적 기준

행동적 기준은 소비자가 어떠한 행동을 하는가를 중심으로 세분시장을 나누는 기법이다. 주요 기준으로는 추구하는 편익, 상품이나 서비스의 선택 또는 사용 상황, 이용률, 브랜드 충성도, 상품이나 서비스 이용경험, 소비자의 상태, 상품이나 서비스에 대한 태도 등을 통해 세분시장을 나누어 볼 수 있다.

- **추구하는 편익** : 소비자가 특정 상품이나 서비스의 선택으로부터 기대하는 편익을 말한다. 이를 추구하는 편익(benefits sought)이라고 한다. 미국에서 치약을 구매하는 소비자들을 대상으로 조사를 하면서 나온 개념이다. 미국에서는 소비자들이 치약을 선택할 때 추구하는 편익이 충치예방, 잇몸질환예방, 입냄새 제거, 미백효과 등으로 나누어진다는 것을 파악했다. 이렇듯 상품이나 서비스의 경우에도 추구하는 편익이 다를 수 있다. 현재까지 연구된 호텔의 혜택은 위치, 청결, 가격으로 나타났으며, 컨벤션과 회의기획자는 음식의 질과 음식 서비스를 들고 있다. 또한 동남아여행객과 유럽여행객, 미국여행객에 따라 호텔을 선택하는 편익이 달라진다. 마케팅관리자는 이렇게 추구하는 편익이 다르기 때문에 이에 따른 적절한 상품이나 서비스를 개발하거나 기존상품이나 서비스 중에서 강조할 편익을 찾아내 마케팅믹스 활동을 전개할 수 있다. 이렇게 추구하는 편익에 따라 다르게 마케팅활동을 진행하는 것을 편익세분화(benefit segmentation)라고 불린다. 〈표 4-3〉은 미국의 숙박기업의 편익세분화의 사례이다.

〈표 4-3〉 도심지 호텔의 숙박시설의 편익 구분

세분시장	전문가	1일 숙박자	회의참석자	여행객	현지인
추구편익	서비스	활동	즐거움	가치	가격
인구통계특성	30세 이상의 고소득의 기업종사자, 자주 여행하는 남자	20~40세의 중·상의 소득, 자주 여행을 하는 사람	집단에 따라 다름	20~50세의 중소득 부부, 여성, 가끔씩 여행	20~40세의 관료, 중견관리자
지리적 특성	미국 전체	미국 전체	현지, 미국 전체	현지, 미국 전체	현 지
행동 특성	성취에 바탕, 높은 자아몰입, 자주 이용자	기대에 바탕, 높은 자아몰입	비판적, 가끔 이용자	가끔 이용자, 비안정적	가끔, 중간 정도 이용자
라이프스타일	보수적	활동적	중간 계층	사회적 상위계층자	가치 지향적
중심 식·음료	호텔식당, 커피숍(조식)	룸서비스, 바, 라운지, 커피숍	연회, 바, 라운지	호텔식당, 커피숍(조식)	커피숍(중식), 호텔식당
추정 시장점유율	20%	25%	35%	10%	10%
호텔산업 전체에 대한 추정점유율	5%	40%	30%	5%	20%

자료원 : Degen, James M., "Segmentation Strategies for the 80s," Restaurant Business, October 1, 1980, p. 250.

- **상품이나 서비스의 선택 또는 사용상황 :** 소비자들은 상품이나 서비스 선택이나 사용상황에 따라 기대하는 편익이 달라질 수 있다. 즉, 개별소비자들이 어떤 상황에서 해당 호텔을 방문하는가에 따라 시장을 세분화할 수 있다. 또, 같은 호텔을 선택하더라도 누가 그 호텔을 이용할 것인가에 따라 달라질 수 있다. 예를 들어 호텔의 선택은 자녀들이 하지만 방문객들은 노부모님들이 방문하게 되는 효도상품 같은 경우는 선택자와 사용자가 다른 경우이다. 따라서 사용상황이 다르다면 다른 목적의 마케팅전략을 활용해야 한다.
- **이용률 :** 이용률은 자연스러우면서도 강력한 세분화 변수다. 어떤 소비자는 평생에 한 번 정도 이용하는 소비자가 있는가 하면, 1년에도 여러 번 호텔을 이용하는 고객이 있을 수 있다. 통계적으로는 특정 회사를 이용하는 소비자의 20%가 80% 정도의 호텔을 이용하는 것과 같은 '20:80 법칙' 이 적용될 수도 있다. 소비자들은 해당 호텔을 이용하는 이용률에 따라 다량이용자(heavy user), 보통이용자(medium user), 소량이용자(light user) 등으로 구분할 수 있다. 보통 다량이용자는 인구통계적 특성, 라이프스타일, 매체별 선호 및 선호 프로그램

등이 비슷한 특징을 가지고 있기 때문에 이러한 점을 마케팅전략에 잘 활용할 수 있다. 많은 회사에서는 이용률을 기준으로 상용고객 우대프로그램을 만들어서 활용한다. [그림 4-4]는 힐튼 호텔의 상용고객 우대프로그램인 'Hilton HHonors' 프로그램을 소개하는 웹사이트의 내용이다.

[그림 4-4] 힐튼 호텔의 상용고객 우대프로그램

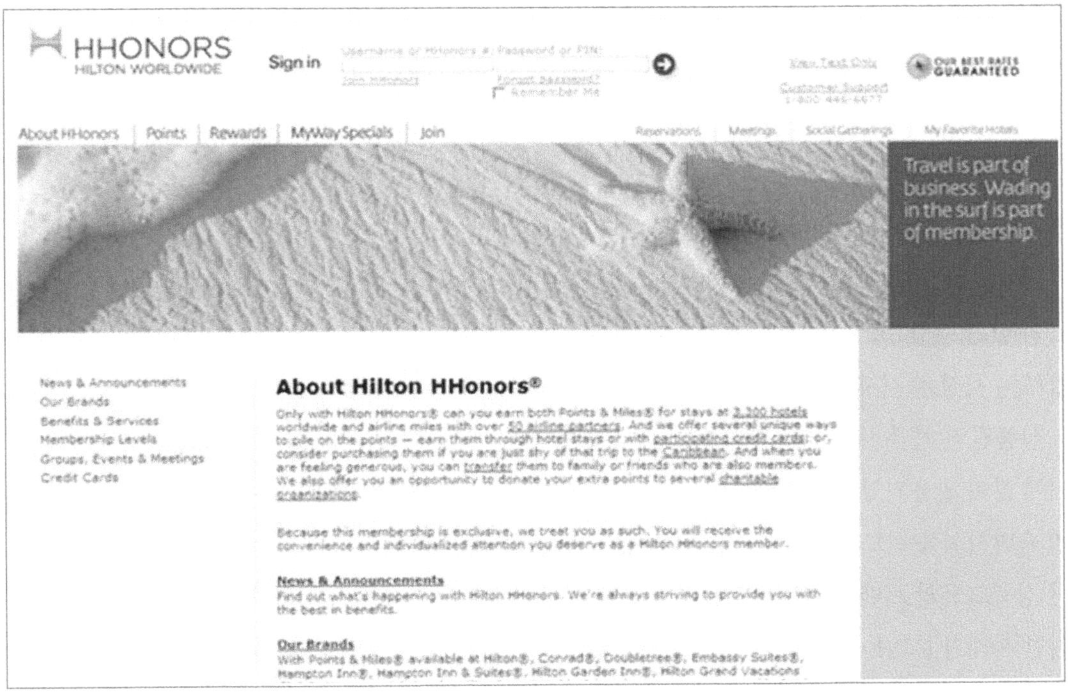

자료원 : http://www1.hilton.com

- **브랜드충성도 :** 브랜드충성도(brand loyalty)란 특정 브랜드에 대해 호의적인 태도를 가지고 있는 소비자로서 그 브랜드를 반복하여 구매하는 정도를 말한다. 여기서 말하는 브랜드라는 것은 주로 어떤 호텔을 주로 선택하는가와 관련된 것이라고 볼 수 있다. 이 경우 한 회사의 호텔만을 주로 이용하는 고객일수도 있지만, 어떤 소비자는 다양한 호텔을 번갈아 가면서 선택할 수도 있다. 일반적으로 고충성도 고객(hard-core loyal), 분할충성도 고객(split loyal), 다변 충성도 고객(shifting loyal), 비충성도 고객(switchers)으로 나눌 수 있다(Morrison, 2006). 소비자가 특정 회사에 충성도가 높은 경우 다른 호텔 브랜드로 쉽게 옮겨가지 않을 수도 있다.

- **호텔 이용경험** : 소비자들은 호텔 이용경험에 따라 다른 고객의 특성을 보일 수 있다. 예를 들어 이용경험이 전혀 없는 소비자, 과거에 이용 경험은 있지만 지금은 이용하지 않는 고객, 향후 잠재적으로 이용할 가능성이 있는 잠재고객, 처음으로 이용한 고객, 지속적으로 자사상품이나 서비스를 이용하고 있는 고객 등으로 나눌 수 있을 것이다.
- **소비자의 상태** : 소비자들을 상품이나 서비스에 대한 인지여부, 지식이나 관심의 정도, 이용의사의 강도 등에 따라 나누는 것이다.
- **호텔에 대한 태도** : 소비자들을 호텔 또는 상품이나 서비스에 대한 태도를 기준으로 나눌 수 있다. 태도를 매우 호의적, 호의적, 보통, 비호의적, 매우 비호적인 형태로 구분해 볼 수 있다. 즉 어떤 호텔에 대하여 소비자들이 가지고 있는 좋고, 싫어하는 정도로 구분하는 것이다.

(6) 상품관련 기준

상품관련 기준은 호텔산업에서 주로 사용하는 방법 중에 하나이다. 염가(budget) 호텔시장, 올스위트(all-suite) 호텔시장, 호화여행 호텔시장 등과 같이 시장별로 구분하는 방법이다. 여기서 말하는 시장은 시장이라기 보다는 호텔에서 공급하는 상품의 형태라고 볼 수 있다.

상품관련 기준 세분화는 점점 인기를 끌고 있다. 1980년대와 1990년대 북미의 숙박체인들 사이에 많이 활용되었던 세분화 기준이었다. 이것은 많은 호텔들이 하나의 이름으로 여러 다른 형태의 숙박시설을 선보이면서 시작되었다. 현재도 상품기준으로 다양한 국제적인 체인호텔들은 다양한 상품그룹의 브랜드들의 인수합병을 통해 브랜드 포트폴리오를 구성하고 있는 상황이다. 대표적인 사례가 [그림 4-5]의 아코르 호텔(Accor Hotel)의 사례이다. 〈표 4-4〉에는 호텔의 레스토랑을 포함한 음식과 관련한 상품관련 시장을 구분한 사례이다.

[그림 4-5] 아코르 호텔의 브랜드 포트폴리오

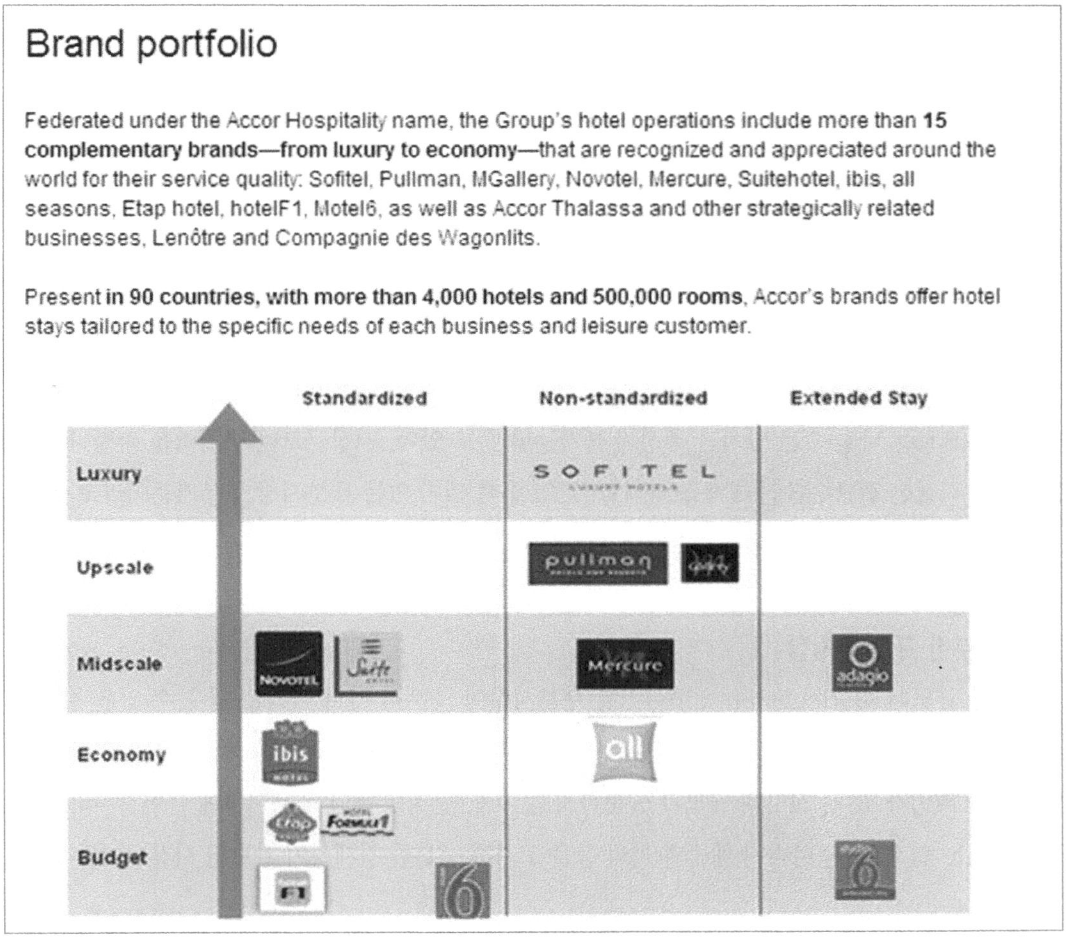

자료원 : http://www.accor.com/

〈표 4-4〉 음식 서비스 시장의 구분

세분시장	주요 상품 구분
전통적인 세분시장	• 패스트푸드, 테이크아웃, 커피숍, 가족레스토랑, 디너하우스, 클럽, 미식 레스토랑, 전문 레스토랑, 매장내 식당가
특수한 세분시장	• 항공케이터링, 기관음식서비스, 스포츠 및 오락시설, 특수연회시설, 케이터링, 계약음식 서비스, 구내매점(영화관, 회사)
숙박관련 세분시장	• 호텔 레스토랑, 지역 레스토랑, 연회, 룸 서비스, 바, 케이터링, 부페

자료원 : Nykiel, Ronald A., Marketing in the Hospitality Industry, 4th ed., Educational Institute : American Hotel & Lodging Association, 2003, p. 28.

2.4 시장세분화의 요건

앞에서 제시한 여러 기준들이 효과적인 세분시장으로서 의미를 갖추려면 다음과 같은 요건들이 충족되어야 한다.

(1) 측정가능성

측정가능성(measurability)은 시장세분화를 통해 구분된 세분시장의 규모, 세분시장에 속한 소비자들의 구매력 등과 같은 특성들이 측정 가능해야 한다는 의미이다. 어떤 경우에는 세분시장이 이론적으로는 나눌 수는 있지만 측정이 불가능할 수도 있다. 시장규모나 구매력을 측정하여 정량화하고 적절한 접근수단인 매체를 파악할 수 있을 때 의미 있는 세분시장 구분기준이라고 볼 수 있다.

(2) 충분한 규모의 시장

충분한 규모의 시장(substantiality)이란 세분시장이 충분히 커서 이익을 얻을 수 있을 정도가 되어야 한다는 의미이다. 호텔이 어떤 세분시장에 진입하여 특정한 마케팅노력을 기울일만한 크기가 되어야 의미가 있다. 시장의 규모가 충분하지 않다면, 실제로 해당 세분시장에 들어갈지라도 이익을 내기는 쉽지 않다. 따라서 매출과 이익 등을 고려해 충분한 경제성이 확보된 시장이어야 한다.

(3) 동질성

동질성(homogeneity)이란 세분시장 기준변수들로 구분한 시장들이 같은 세분시장 내에서는 특성이 동질하고, 다른 세분시장간에는 특성이 다른 것을 의미한다. 같은 세분시장내의 소비자 특성들이 동질적일 때 여러 가지 마케팅전략이 의미 있는 효과를 발휘될 수 있다.

(4) 접근가능성

접근가능성(accessibility)이란 호텔의 입장에서 세분시장의 고객들에게 접근이 가능한가의 여부이다. 측정이 가능하고 충분한 시장이 존재해도 적절한 접근수단이 없다면 무의미하다고 볼 수 있다. 접근가능성은 광고나 유통채널을 통해 세분시장에 접근가능한지, 그 시장에서 마케팅활동을 할 수 있는지, 경쟁사와 대비해 적절한 메시지전략을 구사할 수 있는지 등을 통해 생각할 수 있을 것이다. 실제로 세분시장에서 고객들이 이용하는 매체 등과 관련된 정보수집이 어려울 경우 이들을 효율적으로 접근하는 전략도 세울 수 없다.

(5) 실행가능성

실행가능성(actionability)은 세분시장을 위한 효과적인 마케팅프로그램을 개발할 수 있는가의 여부이다. 여러 개의 세분시장을 대상으로 마케팅프로그램을 개발하려는 경우에는 능력과 자원이 부족하여 실행하지 못할 수도 있다.

2.5 세분화에 영향을 미치는 최근의 시장 동향

시장세분화에 영향을 미치는 요인들은 수요와 공급측면에서 살펴 볼 수 있다. 모리슨(Morrison, 2006)은 다음과 같이 세분화에 영향을 미치는 추세들로서 수요 측면에서 6가지 추세와 공급측면에서 10가지 추세를 제시했다.

(1) 수요측면의 시장동향

- **연령구조의 변화** : 우리나라를 비롯한 선진국들은 인구구조가 고령화 추세를 보이고 있다. 여행을 할 수 있거나 호텔을 이용할 수 있는 독립성과 재정적 능력을 가진 고객이 많이 생겨난다는 측면에서 긍정적인 추세이다. 미국의 경우 베이비붐 세대가 점차적으로 노령화 되고 있고, 이들을 대상으로 한 실버 마케팅이 활성화 되고 있다. 베이붐 은퇴세대들은 경제적으로 넉넉하고, 교육수준이 높으며, 여행하고자 하는 욕망이 크고, 그들의 조상보다 건강한 것으로 나타나 호텔과 관광산업에 새로운 기회를 제공한다. 이러한 변화에 따라 많은 호텔에서 실버층을 대상으로 한 상용고객 우대프로그램을 운영하기도 한다.
- **가족구조의 변화** : 과거에는 대가족에서 핵가족으로 변화가 되어왔으나, 1990년 이후에는 마이크로 가족과 편부모 가족이 증가하고 있다. 또한 늦은 결혼, 높은 이혼율, 독거노인 및 수명연장으로 독신 시장이 급속히 확대되고 있다. 이에 따라 클럽메드(Club Med)는 리조트 업계에서 독신시장을 대상으로 상품을 개발해 판매를 하고 있다.
- **가족의 역할 및 책임의 변화** : 여성의 역할 변화가 일어나고 있다. 특별히 여성 중에서 일하는 비중이 증가하고 있다. 미국의 경우 남편 혼자 일하는 가족은 19.2% 정도이며, 18세 미만의

자식을 가진 어머니의 71.8%가 직장을 가지고 있다. 여성의 사회진출에 따라 가계의 수입의 증가하면서 여행과 외식 습관이 늘어나고 있는 추세이다. 여성 상용여행객이 1970년대에 5%미만이었으나 1993년에는 40% 이상이 되었으며, 현재도 지속적으로 증가하고 있다. 여성 상용여행객의 증가에 따라 호텔은 객실에 여분의 치마걸이, 화장품류, 헤어드라이어, 전신거울, 24시간 룸서비스 등을 시행하고 있다.

- **소수집단의 중요성 증대** : 선진국의 경우 소수 인종 및 종교집단이 인구구성측면에서 평균 이상의 성장률을 보이고 있다. 미국의 경우에는 히스패닉과 아시안이 늘어나고 있다.
- **사회·문화적 패턴 및 라이프스타일의 변화** : 선진국의 사회와 문화적 패턴에 급격한 변화가 일어나고 있다. 이에 따라 부의 수준과 교육수준을 높아지고, 일상생활의 복잡함에서 탈피하고자 하는 욕망이 증가되고 있다. 또한 전통적인 청교도윤리, 믿음, 원칙이 약화되고 있다. 시간이 갈수록 육체적 건강과 체력과 외모를 강조하고 있다. 자기발전을 위해 레저와 휴가를 이용하며, 쾌락적인 라이프스타일과 휴가를 추구하기도 한다. 여성은 사회적인 성공을 예전보다 강조하고 있다. 친자연적 경험과 라이프스타일이 인기를 얻고 있는 추세이다. 건강열풍으로 사람들은 더 많은 운동을 하며, 의식적으로 더 많은 영향을 섭취하고, 담배와 과음을 피하고 있는 추세이다. 이에 대응하기 위해 호텔의 레스토랑에서는 금연석이 설치되고 있다. 호텔과 모텔이 고객들을 위해 운동 기구 및 헬스클럽을 갖추어가고 있다. 매년 그들의 외모와 체력 수준을 향상시키려고 헬스-스파 리조트에서 휴가를 보내는 사람들이 점차로 많아지고 있다.
- **특정 여행대안의 수요증가** : 크루즈, 컨벤션 및 회의, 인센티브 투어, 전세버스(motorcoach) 여행, 카지노 도박여행, 짧은 미니 휴가와 교육 및 기술증진 휴가 등이 늘어나고 있다.

(2) 공급측면의 시장동향

- **단골고객에게 중점** : 호텔을 비롯한 항공사, 렌터카, 신용카드 회사들은 단골 상용 여행객들에게 초점을 맞추고 있다. 거의 모든 호텔체인과 항공사는 그들의 서비스를 자주 이용하는 고객들을 위한 상용고객 우대프로그램을 운영하고 있다.
- **영양과 건강욕구에 많은 관심** : 건강을 의식하는 여행객들이 증가하면서 호텔내부에서도 건강식 메뉴, 금연 객실과 좌석, 금연 구역의 설치, 헬스-스파 시설의 설치가 늘어나고 있다.
- **VIP고객과 호화여행객에 대한 마케팅을 강화** : 1970년대 후반부터 호텔, 항공사, 일부 신용카드 회사들이 VIP 상용여행객과 호화여행객의 유리한 시장잠재력을 깨닫기 시작했다. 호텔

체인과 로컬체인에서 개인 라운지, 무료 조간신문, 무료 아침식사, 업그레이드된 객실시설, 세심한 관심과 특별서비스를 고객에게 제공하는 이크제큐티브(executive) 또는 컨시어즈(concierge) 층을 도입하였다.

- **주말패키지 및 다른 미니휴가에 중점 :** 맞벌이 가족 시장이 커짐에 따라 단기간의 휴가 패키지를 제공하였다. 하얏트, 매리어트, 홀리데이 인과 같은 호텔들은 이런 패키지 광고를 대대적으로 전개하고 있다.
- **여성 상용여행객에 대한 관심 :** 여성 상용여행객의 증가로 여성들을 위한 객실과 서비스를 제공하고 있다.
- **장기체류 여행객에 중점 :** 올스위트(all-suite) 개념이 포함된 장기체류 고객들을 위한 숙박시설을 제공하고 있다.
- **다양한 가격 및 요금대안을 제시 :** 호텔은 고객유형과 숙박시기 등에 따라 인터넷을 비롯해 다양한 수단을 통해 특별요금을 제공하기 시작하고 있다.
- **보다 편리한 서비스제공 :** 편리하고 빠른 서비스를 제공하기 위해 호텔에서 익스프레스 체크인과 체크아웃 시행하고 있다. 또 티켓 배달을 통해 고객들에게 보다 편리한 서비스를 제공하고 있다.
- **보다 다양한 전통음식을 제공 :** 호텔의 레스토랑을 통해 다양한 국가의 음식과 알려지지 않은 음식까지 제공하는 추세가 늘어나고 있다.
- **독특한 여행활동을 다양하게 제공 :** 크루즈, 컨벤션과 회의, 인센티브 투어, 전세버스 여행, 카지노 도박, 교육과 기술 강화 패키지 등을 통해 변화하는 고객들의 욕구에 대응하고 있다. 소규모 회의만을 전문적으로 하는 리조트인 컨퍼런스 센터는 시장의 틈새를 확보하기 위해 생겨났다. 숙박산업의 변화는 고객욕구를 충족시키기 위해 브랜드 세분화를 시행하고 있다.

3. 표적시장의 선정

표적시장의 선정(targeting)은 호텔이 시장세분화 과정을 통해 전체시장을 여러 개의 세분시장으로 나눈 후, 세분시장을 평가하고 몇 개의 세분시장을 공략할 것인가를 결정하는 단계이다. 호텔이 선택하는 세분시장은 기업의 자원과 능력에 따라 하나가 될 수도 있고 여러 개가 될 수도 있다.

호텔이 몇 개의 세분시장을 대상으로 마케팅전략을 구사할 것인가를 살펴보기 위해서는 먼저 세분시장에 대한 평가를 진행해야 한다.

3.1 세분시장의 매력도 평가

마케팅관리자가 표적시장을 선정하는 주요 기준은 세분시장의 성장성, 시장구조, 기업의 목표와 자원을 들 수 있다.

(1) 세분시장의 성장성

현재 상황에서 호텔은 세분시장들에 대한 판매량, 예상성장률, 예상수익률을 분석해야 한다. 이를 통해 기업이 선택하려고 하는 시장이 충분한 규모와 성장률을 갖고 있는지 판단할 수 있다. 많은 경우 성장률이 높고 규모가 큰 세분시장이 매력적이기 때문에 진입하고 싶어할 것이다. 하지만 모든 기업에게 이러한 세분시장이 적절한 것은 아니다. 자원과 능력이 작은 소규모의 호텔은 이러한 세분시장을 감당할만한 자원이 부족할 가능성이 높다. 또한 기업간 경쟁이 치열할 수도 있다. 대기업일수록 규모가 큰 세분시장을 선택하는 경향이 있으며 중소기업일수록 규모가 작은 세분시장을 선택하는 경향이 있다.

(2) 시장구조

세분시장의 성장성이 어느 정도 확보되었다면, 세분시장으로서 구조적인 영향요인들을 살펴보아야 한다. 여러 요인들 중에서 가장 중요한 요인은 시장에서의 경쟁상황이다. 이것은 세분시장 내의 대체상품의 가능성을 살펴 볼 수 있는 다른 기업들의 상품이나 서비스와의 경쟁 정도나 잠재경쟁자의 시장진입 가능성, 상품이나 서비스의 패키지를 구성하는 공급업자와의 협력 정도, 자사상품이나 서비스를 구매하는 소비자 또는 유통업자와의 관계 정도를 고려해야 한다. 특별히 상품이나 서비스패키지를 구매하는 유통업자의 구매력(buying power)은 여러 가지 형태로 영향을 줄 수 있다. 구매력이 높으면 구매자로서 교섭력을 갖게 될 것이며, 가격할인이나, 더 나은 서비스를 호텔에게 요구할 수가 있다.

(3) 호텔의 목표와 자원

앞에서 살펴본 두 가지 조건이 만족되었을지라도 기업의 목표와 자원과 부합하지 않다면 그 세분시장에 들어갈 수가 없다. 이러한 측면은 환경적, 정치적, 사회적 측면에서도 고려될 수 있는데, 이 측면에서도 바람직하지 않다면 해당 세분시장에 진입하기는 어렵다.

일단 세분시장이 호텔의 목표에 부합한다면 다음은 호텔이 그 시장에서 성공할 수 있는 자사의 자원과 능력이 있는지 평가해 보아야 한다. 만약 호텔이 성공적으로 경쟁할 수 없다면 그 시장에는 참여하지 않는 것이 바람직하다. 호텔이 세분시장에서 요구하는 만큼의 자원과 능력을 가지고 있더라도 세분시장에서 경쟁적 우위를 누릴 수 없다면 세분시장에 들어가는 것은 바람직하지 않을 수도 있다.

3.2 표적시장의 마케팅전략

앞의 기준들을 통해 세분시장들 중에서 표적시장에 들어갈 만한 시장들을 평가한 후 호텔이 경쟁의 우위를 점할 수 있는 하나 이상의 세분시장을 선택하는 것을 표적시장의 선택이라고 말한다. 표적시장은 선택은 [그림 4-6]에서 보는 것처럼 크게 세 가지 방법으로 구분된다.

[그림 4-6] 표적시장의 마케팅전략

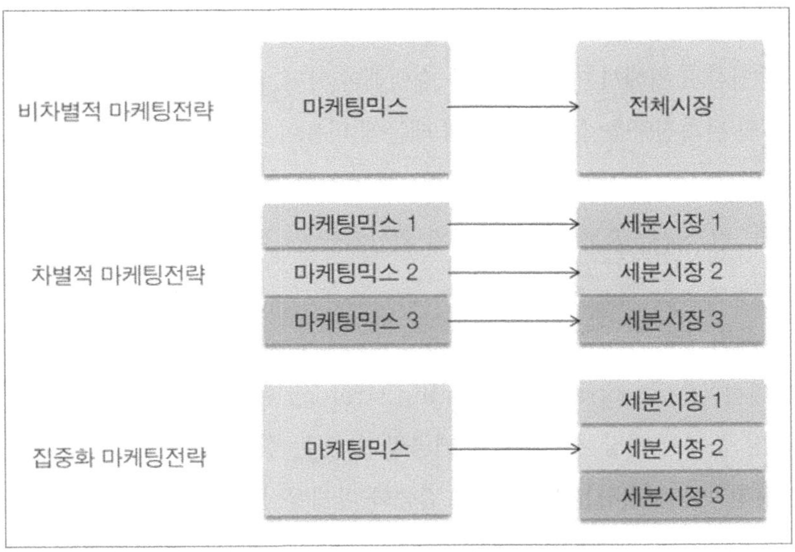

(1) 비차별적 마케팅전략

비차별적 마케팅전략(undifferentiated marketing strategy)은 세분시장의 차이를 무시하고 하나의 상품이나 서비스로 전체시장을 공략하는 전략이다. 이 전략을 구사하는 기업은 소비자들 간의 차이보다는 공통점에 관심을 두고 있다. 다수의 소비자에게 소구하기 위해서 호텔은 하나의 상품이나 **서비스**에 하나의 마케팅프로그램으로 시장을 공략한다. 기업은 대량유통과 대량촉진 방식을 채택한다. 촉진전략의 목표는 소비자들의 마음 속에 우수한 자사상품이나 서비스의 이미지를 심어주기 위해 진행된다.

비차별적 마케팅전략은 단일 촉진프로그램을 제작해서 활용하고, 마케팅조사의 필요성이 없어 비용절감의 효과를 얻을 수 있다. 하지만 대부분 성공적인 경우보다는 효과가 제한적인 경우가 많다. 왜냐하면 모든 소비자를 만족시키는 하나의 상품이나 서비스는 개발하기도 어려울 뿐만 아니라, 설사 성공했더라도 많은 기업이 뒤따라 같은 상품이나 서비스를 판매하기 시작할 것이기 때문이다. 따라서 호텔들은 이런 경쟁을 피하기 위해서라도 작더라도 차별화된 세분시장에 대해 관심을 갖는 것이 좋다.

(2) 차별적 마케팅전략

차별적 마케팅전략(differentiated marketing strategy)은 둘 이상의 세분시장을 표적으로 선정하여, 각각의 세분시장에 적합한 마케팅믹스 전략을 실행한다. 이 전략은 각 세분시장마다 고객의 욕구에 일치하는 서로 다른 마케팅믹스를 제공하게 된다. 차별적 마케팅전략은 비차별적 마케팅전략보다 더 높은 매출과 이익을 올리는 것이 가능하기 때문이다. 그러나 세분시장마다 적절한 마케팅전략을 수립하기 위해서 마케팅조사를 수행해야 하며, 세분시장에 맞는 상품이나 서비스를 개발하고, 광고 및 판촉전략을 수립해야 하기 때문에 비용이 많이 든다. 따라서 해당 호텔이 충분하게 자원을 가지고 있는 경우 적절한 방법이다. 예를 들어 국제적인 체인호텔인 하얏트 호텔, 인터컨티넨털 호텔, 리츠칼튼 호텔 등 큰 규모의 회사들은 이 전략을 쓸 수 있을 것이다.

(3) 집중화 마케팅전략

집중화 마케팅전략(concentrated marketing strategy)은 기업의 자원이 제한되어 있을 경우 여러 세분시장 중에서 가장 경쟁우위를 제공할 수 있는 한 개 또는 두 개 정도의 세분시장을 선점하여 마케팅전략을 구사하는 방법이다. 집중화 마케팅전략은 중소기업에 적합한 전략이다. 상품이나 서비스의 개발과 마케팅의 전문화를 통해 고객의 욕구를 잘 충족시킬 수 있는 장점이 있다. 또한 회사의 명확한 차별화된 이미지를 전달할 수 있는 장점이 있다. 반면에 표적시장내의 소비자들의 기호와 욕구가 변하게 되거나, 보다 강력한 경쟁자가 출현하게 되면 이에 따른 위험이 크다는 것이 단점이다.

3.3 적절한 표적시장의 선정과 관련된 고려요인

적절한 표적시장을 선정하기 위해서는 몇 가지 요인들을 고려해야 한다. 첫째, 기업의 자원을 고려해 보아야 한다. 기업의 자원이 제한적일 때는 집중화 마케팅전략을 사용하며, 기업이 자원이 충분할 때는 차별적 마케팅전략을 사용할 수 있다.

둘째, 상품이나 서비스의 다양성이다. 상품이나 서비스를 지역, 일정, 가격, 서비스 등의 측면에서 다양하게 개발할 수 있을수록 차별적 마케팅전략이나 집중화 마케팅전략을 구현할 수 있다.

셋째, 상품수명주기이다. 상품이나 서비스의 수명주기는 도입기, 성장기, 성숙기, 쇠퇴기로 이어진다. 경쟁사의 상품이나 서비스가 성숙기나 쇠퇴기에 접어들었거나 대체품이나 대체서비스가 많은 경우는 차별적 표적마케팅전략을 구사하면 안 된다.

넷째, 시장의 다양성이다. 만약 모든 소비자가 같은 취향을 지니고 있고, 같은 상품이나 서비스를 선택하려고 한다면 비차별적 마케팅전략이 적합하다.

다섯째, 경쟁자의 전략이다. 경쟁자가 비차별적 마케팅전략을 구사하고 있다면 차별적 또는 집중화 마케팅전략을 사용하여 이익을 얻을 수 있다. 경쟁사가 차별적인 마케팅전략을 구사하고 있다면, 경쟁사와 차별화되지 않은 표적시장은 경쟁력이 약해진다.

여섯째, 진입장벽이다. 법적, 제도적 진입장벽이 있지 않는 표적시장을 선택해야 한다.

4. 포지셔닝전략 개발

포지셔닝(positioning)은 소비자의 인식(mind) 속에 자사의 상품이나 서비스가 경쟁사의 상품이나 서비스와 차별적인 위치를 갖도록 인지시키는 전략을 말한다. 소비자들은 상품이나 서비스에 대해서 평소에도 많은 정보에 노출되어있는 상황이다. 소비자들은 그들이 상품이나 서비스를 선택하는 의사결정을 내릴 때마다 상품이나 서비스를 재평가할 수 없다. 따라서 의사결정을 단순화하기 위해서 소비자들은 상품이나 서비스들을 몇 개의 범주로 묶는 경향이 있다. 즉 소비자들은 상품이나 서비스, 그리고 호텔을 그들의 마음 속의 특정위치에 저장하게 된다.

대부분의 호텔은 '표적고객에게 어떻게 자사의 상품이나 서비스를 알릴 것인가?' 와 관련한 문제에 직면하고 있다. 이것은 기업이 표적시장의 고객들이 경쟁사에 대비하여 최대한의 경쟁우위를 누리기 위해 수행하려는 포지셔닝전략 차원에서 접근해야 한다. 자사상품이나 서비스의 이미지를 구축(image building)하고 경쟁회사의 상품이나 서비스로부터 자사상품이나 서비스을 차별화(differentiation)시켜야 한다.

포지셔닝전략의 전개과정은 먼저 표적시장의 경쟁상황을 파악한 후, 경쟁사 대비 자사의 경쟁적 강점을 파악하고, 적절한 경쟁우위를 선택한 후, 선택한 포지션을 전달하는 과정으로 진행된다.

4.1 표적시장의 경쟁 상황 파악

시장세분화를 통해서 매력적인 표적시장을 선택한 후 표적시장에서 자사상품이 현재 시장이 있다면 자사상품을 포함한 경쟁상품들의 포지션을 정확히 파악하는 것이 첫 번째 해야 할 일이다. 이것을 파악하는 방법이 지각도(perceptual map)이다. 지각도는 표적고객들이 중요하게 고려하는 상품의 속성 중 적어도 2~3개 이상의 속성을 축으로 하여 자사상품과 경쟁상품에 대해서 2차원 이상의 좌표에 도식으로 나타낸 것이다. 지각도는 상품의 심리적 포지셔닝을 위한 강력한 도구이며, 소비자가 상품에 대한 신념과 선호도를 기초로 형성된 상품들간의 인식을 도표로 표시한 것이다. 주로 상품들에 대한 유사성이나 선호도 데이터분석을 통해서 만들어진다. 마케팅조사의 다차원척도법(Multi-Dimensional Scaling : MDS)을 가장 많이 활용한다.

[그림 4-7]의 지각도에서 구체적으로 얻어진 결과는 다음과 같다. 먼저 자사상품이 소비자에게 어떻게 인지되고 있는지를 알 수 있다. 둘째, 경쟁상품들이 어떤 상품이고 어떻게 인지되고 있는지를 알 수 있다. 셋째, 자사상품이나 경쟁상품이 놓치고 있는 시장이 어디 있는지를 알 수 있다.

[그림 4-7] 지각도를 활용한 포지셔닝 맵

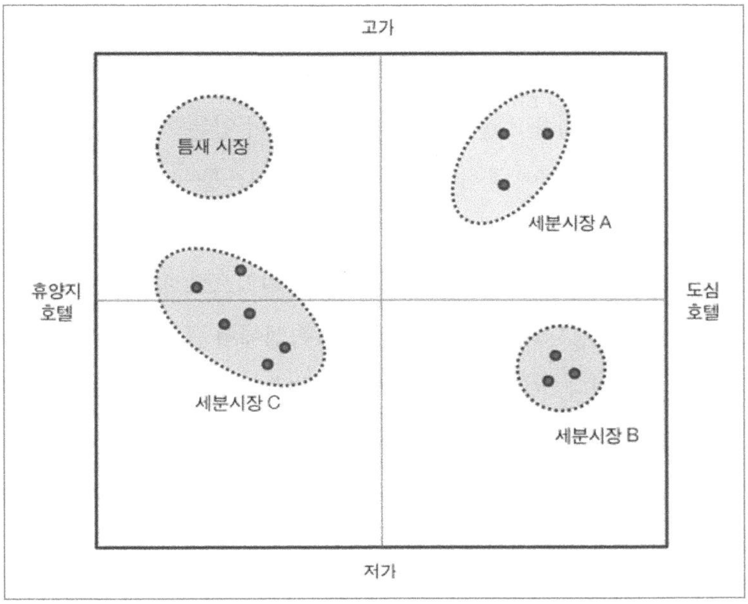

자료원 : http://development.ihg.com/?region=americas&page=brand/hi

[그림 4-7]에서 지각도상의 '세분시장 A' 는 3개 정도의 호텔이 경쟁하고 있다. 이 지역은 상대적으로 고가이면서도 도심지에 있는 호텔임을 알 수 있다. 다음으로 '세분시장 B' 는 도심지에 있는 호텔로서 3개 정도의 중저가의 호텔이 서로 경쟁하고 있다. 반면에 '세분시장 C' 는 휴양지의 호텔로서 중저가이면서도 6개 정도의 호텔들이 경쟁하고 있는 상황이다. 이 지각도에서 유의해서 볼 점은 '틈새시장(niche market)' 이라는 영역이다. 틈새시장은 현재 어떤 회사에서도 새로운 상품을 내 놓은 것이 아닌 곳을 말한다. 이 시장이 충분한 규모가 된다면, 새로운 영역의 포지셔닝으로서 휴양지에 위치한 고가 호텔을 생각해 볼 수 있을 것이다.

4.2 경쟁적 강점 파악

소비자들은 그들에게 가장 높은 가치를 가져다 줄 수 있는 상품이나 서비스를 선택하게 된다. 따라서 소비자들이 자사의 상품을 선택하도록 유도하고, 지속적인 상품이나 서비스를 선택하는 고객으로 유지시키기 위해서는 차별화된 전략이 필요하다. 호텔은 상품이나 서비스의 속성, 이미지, 이용상황, 상품이용자, 경쟁상품, 재포지셔닝 등으로 경쟁사에 대비하여 차별적인 우위를 개발할 수 있다.

상품이나 서비스속성에 의한 차별화란 자사상품의 중요한 속성을 소비자의 편익과 연결시키는 것이다. 예를 들어 동남아관광객들이 좋아하는 관광매력물이 있는 지역에 있는 호텔은 다른 지역에 있는 호텔에 비해 동남아관광객이 좋아하는 상품이나 서비스를 구성 내용으로 하는 호텔차별화 전략을 구사할 수 있을 것이다.

이미지에 의한 차별화는 상품이나 서비스의 추상적인 편익으로 차별화를 소구하는 방법이다. 상품이나 서비스의 속성이 경쟁사와 별 차이가 없거나, 속성에서 큰 차이가 많지 않은 상품이나 서비스의 경우에 적합한 방법이다. 기업들이 똑 같은 상품이나 서비스를 제공하더라도 소비자들은 호텔이미지나 브랜드이미지로 인해서 그 상품이나 서비스를 매우 다르게 인식하게 되는 경우가 많다. 그래서 호텔은 경쟁사에 비해서 차별적인 이미지를 구축하려고 노력한다. 전달하려는 이미지는 차별적인 상품의 주요 편익과 포지셔닝을 잘 표현할 수 있는 내용일수록 좋다. 심볼이나 로고는 이미지 차별화를 하고자 할 때 중요한 수단으로 사용된다. 이것들은 차별성을 강하게 전달할 수 있는 자산적 가치를 가지고 있다.

이용상황에 의한 차별화는 자사상품이 특정상황에 이용되고 있는 것과 관련을 짓는 방법이다. 이용상황을 명확하게 전달하는 측면이 있기 때문에 그러한 욕구를 갖는 소비자들을 강력히 소구하는 측면이 있다. 예를 들어 호텔에서 일본온천을 찾는 고객들에게 이와 관련된 사진과 상품이나 서비스를 보여줌으로 소비자에게 차별화된 인식을 제공해 줄 수 있다.

상품이용자의 차별화는 상품이나 서비스를 사용하는 집단이나 계층과 관련시켜 차별화하는 전략이다. 상품이용자를 통해 포지셔닝을 하는 경우 유명인을 연결하면 좋은 효과를 걷을 수 있다. 유명인의 경우 호소력이 있으며, 소비자들에게 신뢰감을 빠르게 전달할 수 있다.

경쟁상품과의 차별화는 소비자의 지각속에 자리 잡고 있는 경쟁상품과의 차이점을 강조하는 전략이다. 이미 이미지가 잘 설정된 경쟁상품과의 직접적 혹은 간접적인 비교를 통해 자사상품이나 서비스의 인지를 바꾸어주는 것이다.

재포지셔닝(repositioning)은 소비자의 기호의 변화, 강력한 경쟁상품의 진입 등으로 기존의 포지셔닝이 경쟁우위를 잃거나 기존의 포지셔닝을 변화시켜야 하는 경우이다. 소비자들의 인식 속에 자사상품에 대한 이미지가 이미 확고하게 포지셔닝이 되어 있을 경우 재포지셔닝이 어렵고, 다른 포지셔닝 차별화 기법보다 실패하기 쉬운 기법이다.

4.3 적절한 경쟁우위의 선택

여러 가지 차별화 요인 중에 자사의 경쟁적 강점을 살릴만한 차별화 포인트를 찾아냈다면 다음 단계에서는 어떤 경쟁우위 포인트를 선택하고 차별적인 포지셔닝을 구사할 것인지를 결정해야 한다. 이에 대해서 살펴보면 다음과 같다.

차별화 포인트는 일반적으로 하나에 집중하는 것이 좋다. 고객들은 하루에도 수많은 정보에 노출되어 있기 때문에 여러 가지 내용을 잘 기억하지 못한다. 따라서 하나의 편익을 사용하여 효과적으로 포지셔닝할 수 있는 차별화 포인트를 선택해야 한다. 차별화 포인트는 상품이나 서비스를 선택할 때 매우 중요하게 고려하는 내용이어야 하며, 다른 회사에 비해 경쟁우위가 있어야 한다. 만약 여러 개의 차별화 포인트를 고객에게 전달하려 한다면, 소비자들이 신뢰하지 않을 수도 있고 하나의 확실한 포지셔닝 이미지를 얻지 못할 수도 있다.

모든 차별화 포인트가 기업측면에서 효과적인 것은 아니다. 각 차별화 포인트는 고객에게 편익을 제공함과 동시에 기업의 비용을 추가로 유발할 수도 있다. 차별화 포인트는 기업의 입장에서 중요성, 차별성, 우수성, 전달성, 선점성, 가격 적절성, 수익성 등의 차원에서 가장 뛰어난 것을 선택해야 한다.

4.4 선택한 포지션의 전달

표적시장을 선택하고 기업이 나아가야 할 차별화 포인트가 확정된 다음에는 이것을 소비자에게 전달해야 한다. 표적시장의 포지셔닝은 기업의 마케팅믹스(marketing mix) 전략을 통해 진행된다. 예를 들어 앞의 지각도에서 비어 있는 시장인 휴양지 호텔의 고가의 상품이나 서비스를 개발해서 제공하는 경우를 살펴보자. 이 경우 고품격 휴양지 호텔이 합당하다는 것을 고객들에게 전달해야 한다. 이를 위해서 적절한 상품, 가격, 유통, 촉진 등의 마케팅믹스 전략을 구사해야 한다. 표적시장 내에서 자사상품의 위치를 고품격 휴양지 호텔이면서도 고가격으로 포지션하려 한다면 다음과 같은 전략들을 구사할 수 있을 것이다. 먼저 호텔의 상품이나 서비스의 내용을 고급화해야 한다. 고객이 머무는 호텔, 음식, 차량, 가이드의 서비스을 최고급으로 해야 한다. 다음으로 안정되고 신뢰할 만한 전문 유통채널을 갖춘 여행사들을 통해서 접근해야 할 것이다. 여행사들은 현재의 상품이나 서비스를 감당할만한 어느 정도 소득이 있는 사람들을 대상으로 서비스를 제공해야 한다. 이들에게 호소할 수 있는 광고 및 판촉전략을 개발하고 이들에게 노출될 수 있는 다양한 매체를 통해 메시지가 전달이 되어야 한다.

이와 관련해 전통적인 마케팅믹스 전략은 상품(product), 가격(price), 유통(place), 촉진(promotion)으로서 4P라고 불린다. 그런데, 호텔마케팅은 특별히 물리적 증거, 패키징과 프로그래밍, 파트너쉽, 프로세스, 종사원의 서비스품질 관리가 중요한 하나의 포인트로서 고려되어야 한다.

토론해 볼 문제

1. 호텔에서 얼마 전까지도 비차별적 마케팅전략을 사용하다가 요즘에서 시장세분화를 활용해 차별적 마케팅전략을 활용하고 있다. 그 이유에 대해서 토론해 보시오.
2. 모든 시장에 세분화가 가능한지에 대해서 토론해 보시오.
3. 여러 가지 세분화 기준 변수들 중에서 가장 이상적인 기준은 무엇이라고 생각하는지 토론해 보시오.
4. 표적시장을 선택하려고 했을 때 고려해야 하는 요인들에 대해서 토론해 보시오.
5. 포지셔닝에 쓰일 수 있는 경쟁적 강점들을 어떠한 것들이 있는지 구체적인 호텔을 선택해서 토론해 보시오.
6. 호텔 중에서 재포지셔닝을 통해 성공한 사례를 찾아보고 성공요인에 대해서 토론해 보시오.

Chapter 5

마케팅계획의 수립

05 마케팅계획의 수립

● 학습목표
1. 마케팅계획의 내용에 대해서 알아본다.
2. 마케팅계획을 세우기 위한 상황분석에 대해서 알아본다.
3. 마케팅실행계획의 수립, 실행, 평가에 대해서 알아본다.

1. 마케팅계획의 개요

1.1 마케팅계획이란

오늘날과 같은 경쟁적인 호텔 환경에서는 시장점유율과 이익을 늘리는 것이 특별히 중요한 시대가 되었다. 마케팅계획은 호텔이 체계적으로 마케팅을 진행하기 위해 세우는 것이다. 이것은 단순히 아이디어 만으로 되는 것이 아니다. 호텔 내에서 서로 커뮤니케이션 할 수 있는 상품, 가격, 광고, 촉진 및 홍보 전략이 마케팅계획 안에 세워져야만 한다. 마케팅조사에 기반한 마케팅계획이 세워지지 않으면 기업의 판매노력이 무의미해질 수 있다. 하지만 호텔은 기업 내외의 여러 가지 제약으로 인해 마케팅계획이 잘 세워지지 않은 경우들이 많다. 마케팅계획을 잘 세우게 되면 다음과 같은 이점이 있다(Abbey, 2003).

- 경영자가 사전에 호텔자원에 대해 생각하고 활용도를 높이는데 초점을 맞출 수 있다.
- 호텔의 판매목표에 도달하기 위한 책임과 좌표를 정하고, 노력을 통일할 수 있다.
- 문제와 장애물에 대한 인지를 할 수 있다.
- 특정한 세분시장에서 시장점유율을 늘릴 수 있는 기회를 파악하고 예전에 무시되었던 영역에 대한 새로운 기회를 포착할 수 있다.
- 잘못된 방향으로 허비되는 판매촉진과 광고를 막을 수 있다.

마케팅계획은 호텔의 수익센터별로 적절한 프로그램이 개발되어야 하며, 서로 상충되지 않고 보완적으로 수립되어야 한다. 호텔은 다양한 세분시장을 대상으로 마케팅을 하는 경우가 많기 때문에 이러한 문제는 더욱 중요하다. 마케팅계획은 최소한 3년 이상의 기간으로 세워져야 한다. 이렇게 함으로써 마케팅계획이 호텔경영의 중요한 이정표로서 역할을 할 수 있다.

1.2 마케팅계획의 수립기준

마케팅계획을 세우기 위해서는 호텔이 처한 환경에 대한 분석, 호텔시장에 대한 마케팅조사, 시장세분화, 표적시장 선정 및 포지셔닝 등에 기초하여 세워져야 한다. 마케팅계획은 호텔이 진행해야 할 실행계획으로서 다음과 같은 기준에 적합해야 한다(최태광 외, 2008).

- **사실에 기초** : 마케팅계획은 사전에 실시한 조사와 분석에 근거해야 한다. 만약 핵심적 가정이 잘못된 것에 기초하면 전체계획이 잘못될 수가 있다.
- **조직화와 조정** : 마케팅계획은 가능한 한 전문적이고 세부적이어야 한다. 이를 위해 각 담당부서와 담당자별로 조정하는 과정이 필요하다. 또한 특별업무를 책임지는 부서와 사람을 명시해야 한다.
- **프로그램화** : 마케팅계획은 모든 활동이 세심하게 연결되도록 조율되어야 한다. 계획을 실행하는 시기(timing)에 따라 세부적으로 단계적인 시간표를 가지고 있어야 한다.
- **예산책정** : 마케팅계획이 원활하게 실행되려면 면밀한 예산책정이 있어야 한다. 기업의 예산이 최종 확정되기 전이라도 실제로 여러 개의 잠정예산이 편성되어야 한다.
- **융통성** : 예견치 못한 사건은 언제나 일어날 수 있다. 목표를 분명히 달성할 수 없거나 기대하지 못했던 경쟁움직임이 있는 경우 마케팅계획은 조정하는 과정을 거쳐야 한다.
- **통제가능** : 마케팅계획을 원래 계획대로 실행하도록 하는 것은 계획을 처음 작성할 때보다 더 어렵다. 마케팅계획이 원래 계획대로 잘 실행되는지를 보기 위해서는 계획된 기간 동안 측정 가능한 목표나 측정방법을 포함하고 있어야 한다. 또한 측정과정의 책임자를 결정해야 한다.
- **일치성과 관련성** : 마케팅계획은 내부적으로 서로 상관되어 있어서 일치가 되지 않으면 안 된다.
- **명백성과 단순성** : 마케팅계획을 세운 사람만 그 계획을 이해할 수 있는 형태로 세워져서는 안 된다. 많은 사람들이 잘 이해할 수 있도록 세워져야 하며, 서로가 노력할 수 있도록 해야

성공적인 계획을 전개하는 것이 가능하다. 따라서 중복, 혼란, 오해의 소지가 생길 수 있는 요인들을 제거하는 것이 필요하다.

1.3 마케팅계획의 내용

마케팅계획은 호텔에서 진행할 수 있는 마케팅에 대한 기본계획과 실행계획을 세우는 것이다. 마케팅계획은 호텔에서 마케팅전략을 전개해 나갈 때, 기본이 되는 가정, 환경분석을 통해 나타난 사실, 마케팅조사를 통해 분석한 내용 등을 통해 이루어진다. 마케팅계획은 이와 같이 다양한 분석을 통해 마케팅목표를 세우고, 세분시장 분석에 기초한 호텔의 주요 표적시장을 선정하고, 선정된 표적시장의 포지셔닝 전략에 근거한 호텔의 마케팅전략에 기반하여 구체적인 실행내역을 서술한 보고서이다.

실행계획에는 두 가지 내용이 포함된다. 첫째는 마케팅전략을 구사하기 위해서 구체적인 마케팅예산, 각 담당자의 책임, 활동, 시간표에 대한 내용이다. 둘째는 직접 시장을 대상으로 이러한 세부적인 전략을 수행하는 과정의 통제, 측정, 평가에 대한 내용이다. 실행계획의 주요 내용을 살펴보면 다음과 같다(Coffman, 1984; 최태광 외, 2008).

- 상품분석
- 시장분석
- 경쟁분석
- 조직
- 판매 프로그램
- 정비계획
- 영업예측
- 영업부서별 예산
- 영업정책결정(결론)
- 통제 및 평가

이를 기초로 호텔의 마케팅계획 수립의 주요 진행과정을 정리해보면 [그림 5-1]과 같다.

[그림 5-1] 마케팅계획 수립의 진행과정

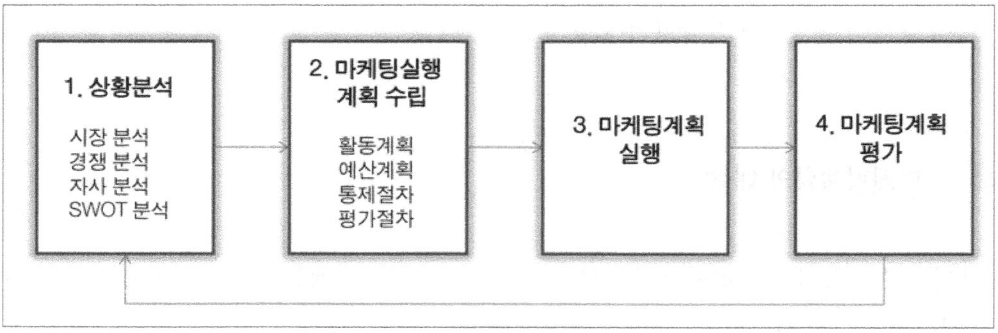

2. 상황분석

2.1 상황분석의 개요

상황분석은 마케팅계획의 가장 기초적인 분석이다. 상황분석은 마케팅 의사결정을 하기 위해 '우리는 어디에 있는가?' 에 대한 마케팅정보를 수집하는 조사과정으로 볼 수 있다. 이 단계에서 자사, 경쟁, 시장에 대한 정보를 수집하고, 기록하고, 분석한다.

상황분석은 본서의 2장과 3장에서 살펴보았던 마케팅 환경분석과 마케팅조사를 근거로 입지 및 지역사회 분석, 주요 경쟁자 분석, 시장잠재력 분석, 서비스 분석, 마케팅 포지셔닝 분석, 주요 강점·약점·기회·위협 요소에 대한 분석을 진행한다. 이들 자료를 중심으로 기업이 대상으로 하고자 하는 마케팅목표, 마케팅전략, 마케팅믹스에 대해서 검토를 하게 된다. 주요 분석은 시장분석, 경쟁분석, 자사분석과 이 분석 결과를 통해 SWOT분석을 진행한 후 전략적 사업단위 별로 구체적인 실행계획을 세우고 진행하는 과정으로 나뉘어진다.

상황분석을 하면서 얻을 수 있는 이점들을 살펴보면 다음과 같다(Morrison, 2006).

- **강점과 약점에 모두 관심** : 매년 상황분석을 통해 얻을 수 있는 가장 큰 이점은 지속적으로 조직의 강점과 약점에 관심을 기울일 수 있다는 점이다. 일상적인 작업만을 치중하다가 보면, 현상유지 차원에서 의사결정이 일어날 가능성이 높다. 특별히 상황분석을 하지 않으면 급격한 변화가 일어날 경우 대처할 적절한 방법을 파악하기가 어려워질 수 있다. 조직이 정기적으로 점검을 실시함으로써 지속적으로 안정을 유지할 수 있다.

- **장기계획을 지원 :** 상황분석을 통해 기업은 전략적 마케팅계획을 수립할 수 있게 된다. 최근 마케팅환경의 동향을 통해 현실적인 마케팅계획을 수립할 수 있다.
- **마케팅계획 수립에 도움 :** 상황분석은 마케팅실행계획을 세우는데 중요한 역할을 한다. 상황분석을 하지 않고 계획을 세우는 것은 예상치 못한 변화 요인에 쉽게 넘어질 수 있는 것과 같다. 마케팅실행계획은 조직의 강점과 기회에 근거하여 세워져야 하기 때문이다.
- **마케팅조사에 우선권 부여 :** 상황분석은 마케팅조사에 의존한다. 조사는 새로운 마케팅 기회를 조사하고 고객만족수준을 따라가며, 경쟁사의 강점과 약점을 평가하고, 과거에 수립된 마케팅계획의 효율성을 측정하기 위해 진행된다.
- **개선사항의 제공 :** 호텔의 상품을 분석함으로써, 재고, 상태, 조직의 시설과 서비스 등의 필요한 개선사항들을 제공한다. 특히 재고목록은 호텔의 컨벤션 팜플렛과 같은 보도자료와 정보 패키지 등을 준비하는데 유용하게 사용된다.

상황분석을 통해 호텔은 시장에 대한 분석과, 주요 경쟁자의 강점과 약점을 확인할 수 있다. 또한 자사분석을 통해 마케팅 환경요인들의 영향을 평가함으로써, 마케팅활동의 성공과 실패의 과거 기록을 분석해 볼 수 있다. 이를 통해 호텔은 기업의 강점과 약점, 기회와 위협 요인을 파악하고 적절한 전략을 수립할 수 있다.

2.2 시장분석

호텔의 시장분석은 전체시장에 대한 분석, 고객분석, 공급업자에 대한 분석, 중간상에 대한 분석으로 나뉘어 진행 될 수 있다. 호텔은 시장분석을 통해 호텔의 현재 위치를 확인하고, 잠재적인 기회를 파악할 수 있게 된다. 호텔 고객의 인구통계의 변화, 국가 및 지역사회의 긍정적·부정적 이벤트, 여행비용, 정부의 규제 등을 파악을 하게 된다. 이와 같은 변화들이 호텔에 주는 기회와 문제를 파악하고, 호텔의 영업에 어떤 영향을 주는지를 평가해야 한다.

(1) 전체시장

호텔의 시장분석에서 가장 중요한 부분이다. 고객이 있는 곳이 시장이기 때문이다. 먼저 호텔을 둘러싸고 있는 전체적인 시장의 현황에 대한 분석이 필요하다. 호텔의 잠재고객이 될 수 있는 지역사회의 인구통계, 소득, 고용, 경제상황, 영업현황 등에 대한 분석을 통해 시장의 규모를 파악하고, 교통 및 관광 환경의 변화와 추세, 주요 관광매력물 현황 및 변화 등에 대한 분석을 통해 호텔의 미래 시장환경의 변화에 대해 살펴보아야 한다. 이것은 지역의 교통편 현황, 주요산업, 관광협회나 상공회의소의 존재 여부, 관광매력물의 종류, 정기적인 특별 행사의 종류, 지역의 지도 등을 통해 분석한다. 금융, 산업, 상업, 종사원, 소매업, 물가, 농업, 부동산, 기타 영역 등으로 구분해 그 현황과 추이 등을 보면 좋을 것이다.

호텔객실이나 식음료 및 기대 부대시설과 관련한 개별고객의 시장규모의 크기는 사업가로서 현재와 과거의 고객, 자영업자, 구매대행소, 지점, 프랜차이즈, 예약체인, 호텔객실 판매대행소, 항공사, 버스, 철도 등의 현황자료를 통해 규모가 파악될 수 있다. 관광객은 여행사, 자동차협회, 경찰, 상공회의소, 안내소 등의 현황자료를 통해 규모를 파악할 수 있다.

단체고객이나 컨벤션, 회의실에 대한 시장의 규모는 과거와 현재의 고객, 지역주민의 규모, 기관, 국공립조합, 친목단체, 종교단체, 협회, 조합, 클럽, 여행사, 여행잡지, 이벤트 주최자, 각 회사의 지역 내의 지사, 호텔판매 대행사, 전화번호부 등에 대한 현황 자료를 통해 파악할 수 있다.

(2) 고객

호텔의 주요 고객은 회의 및 컨벤션 참가자, 레저여행객, 상용여행객으로 나뉜다. 첫째, 회의 및 컨벤션 참가자는 편안하게 회의나 컨퍼런스를 진행할 수 있는 환경, 충분한 부대시설, 커뮤니케이션 시설을 갖춘 호텔에서 회의나 컨퍼런스를 개최하기를 원하는 기업이나 협회 또는 단체의 고객들을 말한다. 이들이 참가하는 행사는 회의 일정 중 또는 일정 전후에 즐길 수 있는 관광과 엔터테인먼트 판매기회가 있는 고객들이다.

둘째, 레저여행객은 안락하고 독립적인 공간과 잘 짜인 호텔 서비스를 원하는 고객들이다. 이들은 특정한 위치에 있는 호텔이나 특정한 호텔브랜드를 선호한다. 호텔예약은 수 개월 전에 여행사나 인터넷을 통해서 진행된다. 안정성, 편리한 위치, 주변 지역의 관광 기회가 있는 호텔을 찾는 고객들이다. 가족단위로 여행도 하며, 여행비용에 민감한 고객들이다.

셋째, 상용여행객은 기업, 정부 등에서 업무상 목적으로 호텔을 이용하는 고객들이다. 그들은 그들이 소속한 기관에서 정해진 비용 내에서 호텔을 예약하고 시설을 이용하는 고객들이다. 비즈니스를 위한 여러 가지 기기를 사용할 수 있는 곳을 선호한다. 소속기관의 여행부서, 여행사, 비서 등에 의해 여행계획과 예약이 진행된다.

호텔 시장분석에서 고객분석의 주요한 내용은 투숙고객의 지리적 분포의 현황, 현재 이용고객의 세부내역, 잠재성이 높은 시장의 분석을 중심으로 경쟁력 있는 시장을 파악하는데 있다. 호텔 객실 등의 고객은 사업가, 휴가자, 관광객, 지역 방문자 등과 상공회의소, 협회본부, 클럽, 조합, 지역내의 회사, 병원, 정부관서, 군대관련 기관, 정부 등이 주요 고객들을 파악하는 기준이다.

컨벤션, 회의실 등 시장은 협회의 회의, 각종 기업회의, 항공사 등 출장요원, 대학, 여행사, 이벤트 주최와 관련된 시장규모 등을 통해 정확한 호텔의 규모를 파악해 볼 수 있다.

식·음료 부서는 호텔투숙객, 지역사회, 여행자 등이 주요 고객이며, 연회는 컨벤션, 지역협회, 클럽, 회사, 조합, 오찬, 만찬, 파티, 결혼식, 종교의식, 외부주문 등을 통해서 파악할 수 있다.

(3) 공급업자

공급업자는 호텔경영활동을 수행하는데 필요한 자원을 공급하는 개인이나 조직을 말한다. 호텔산업은 회사 내부에서 상품과 서비스가 기획이 되지만, 상품과 서비스에 대한 수요는 직접 고객이 방문했을 때 일어난다. 이 때, 호텔에서 상품과 서비스를 자체적으로 생산할 수도 있지만, 다른 기업에서 설계한 상품과 서비스를 제공받거나, 이미 만들어진 서비스를 구성해 새로운 서비스를 제공한다. 이러한 과정이 없다면 기업은 상품이나 서비스를 생산하거나 판매할 수가 없게 된다. 어떤 호텔들은 호텔 내의 레스토랑을 운영하기 위해 이름 있는 레스토랑들과 계약을 맺어 운영하기도 한다. 이와 같이 유명한 업체의 식·음료를 아웃소싱(outsourcing)하는 것은 호텔의 이미지를 강화하고 평판을 구축하는데 좋은 영향을 미친다.

호텔은 공급업자들과 협력적인 관계가 형성될 수도 있지만 때로는 대립적인 관계가 형성될 수도 있다. 공급업자가 적시에 적절한 양의 호텔이 필요로 하는 자원들을 공급해 줄 수도 있지만 그렇지 못할 때는 호텔 경영에 심각한 타격을 받게 된다. 예를 들어 아웃소싱하는 식당을 이용한 호텔의 고객이 식당의 나쁜 서비스에 대해서 불평을 할 때, 호텔이 식당을 직접 운영하지 않는다고 해서 책임이 없는 것은 아니다. "그 식당은 우리 호텔이 운영하는 것이 아닙니다" 라고 응답할 수도 없기 때문이다. 고객은 호텔 내의 식당을 보고 이용을 한 것이지 호텔에서 아웃소싱을 해서 운영하는 레스토랑인가 아닌가의 여부는 고객에게 중요한 문제가 아니기 때문이다. 따라서 기업은 공급업체를 효과적으로 선정, 관리해야 하는 노력을 기울여야 한다.

(4) 중간상

중간상(marketing intermediaries)이란 호텔의 상품과 서비스를 고객에게 전달하는 과정에서 여러 가지 촉진 기능을 담당하는 기관을 말한다. 즉 호텔의 마케팅조직과 시장 사이에서 상품과 서비스에 대한 유통을 직접적으로 지원하는 기능을 한다. 주요한 기능을 보면, 판매, 위험부담과 같은 거래기능, 호텔의 객실, 항공권 등과 같은 상품의 발권 및 전달과 같은 물적 유통기능, 금융 및 시장정보 제공 등과 같은 촉진기능을 담당한다. 이러한 기능들을 호텔이 모두 담당할 수도 있지만, 이들을 모두 수행하기에는 많은 시간과 비용이 소요되기 때문에 쉽지 않다. 반면에 중간상들은 위와 같은 기능을 전문적이면서도 더욱 경제적이고 효율적으로 수행할 수 있다. 예를 들어 제주도에 있는 관광지에서 호텔을 운영하는 기업은 수도권에 살고 있는 고객들을 대상으로 직접 상품을 설명하고 판매를 할 수 있을 것이다. 하지만 모든 수도권 지역과 소비자를 대상으로 마케팅을 수행하기에는 많은 비용과 인력이 소요된다. 그래서 수도권에 있는 중간상인 여행사 등을 통해서 상품을 판매한다면 상품개발과 제주도에 방문하는 고객에 대한 서비스에 집중함으로써 훨씬 더 효율적으로 기업을 운영할 수 있을 것이다.

최근에는 인터넷 등과 같은 새로운 기술의 발전으로 인해, 중간상을 통하지 않고도 다이렉트 마케팅(direct marketing)을 할 수 있는 수단들이 등장하고 있다. 대부분의 관광관련 사이트나 여행사, 호텔 등을 통해 직접 판매가 일어나고 있으며, 고객이 이를 통해 상품을 선택하는 경우도 점차적으로 늘고 있는 추세이다.

2.3 경쟁분석

호텔의 경쟁자는 호텔의 행동에 영향을 미칠 수는 있지만 호텔은 경쟁자를 통제하지는 못한다. 호텔산업은 그 동안 경쟁이 급속도로 치열해졌으며, 관련된 산업들의 규모도 상당히 커졌다. 이에 따라 경쟁이 더욱 심화되고 있으며, 세계적인 체인호텔들이 국내 시장에 진입하면서 경쟁도 세계화되고 있다.

호텔간 경쟁은 상호 밀접하게 관련이 있다. 예를 들어 한 호텔이 비즈니스 전용층을 제공한다면 이웃의 인근 호텔도 빠른 시일 안에 비슷한 서비스를 제공할 가능성이 높다. 경쟁에는 직접경쟁, 대체서비스경쟁, 간접경쟁으로 나뉠 수 있다. 직접경쟁은 같은 서비스 영역에서 경쟁하는 것을 말한다. 대체서비스경쟁은 휴가를 가는 대신 가족들이 집에 머물면서 다른 활동을 한다던가 레스토랑에 방문하는 것과 같이 호텔이 아닌 다른 활동 또는 레스토랑과 경쟁하는 것을 말한다. 간접경쟁은 호텔에 머물거나 여행하는 것과 상충관계(trade-off) 관계에 있는 것으로 가계의 식품비, 의료비, 보험비, 저축 등이 그 예일 것이다. 이러한 경쟁관계를 중심으로 고려대상인 경쟁관계를 파악해야 하는데 다음과 같은 기준들을 사용할 수 있을 것이다(Kotler, 2004).

- **시장점유율(share of market)** : 표적시장에 대한 경쟁사의 점유율.
- **생각점유율(share of mind)** : "이 업계에서 처음으로 생각나는 회사의 이름을 말하라"고 하면 그 대답으로 경쟁사의 이름을 말하는 고객의 비율.
- **마음점유율(share of heart)** : "어느 회사의 상품을 구매하길 선호하는지 말하라"고 하면 그 대답으로 경쟁사의 이름을 말하는 고객의 비율.

이러한 경쟁관계들을 기준으로 한 경쟁분석은 자사의 호텔과 경쟁관계 있는 호텔 또는 상품과 서비스들의 강점과 약점을 분석을 통해 자사의 경쟁력과 차별화 방법을 모색하기 위해 진행한다. 이를 위해 경쟁호텔의 표적시장이나 시장점유율을 분석하거나, 경쟁호텔의 마케팅믹스와 관련해 경쟁자가 제공하는 상품, 가격, 유통, 촉진 등에 관련된 전략을 분석하게 된다. 경쟁분석의 결과는 (1) 자사 호텔과 경쟁호텔의 고객집단의 차이, (2) 경쟁호텔의 경쟁이점, (3) 경쟁호텔의 마케팅전략 상의 약점 등으로 정리된다.

호텔산업이 성장하면서 경쟁이 치열해지고 있으며, 호텔간의 합병으로 인해 강력한 브랜드들이 등장하고 있다. 이에 따라 호텔은 고객뿐만 아니라 경쟁호텔들의 움직임에도 주시를 해야 하는 시대가 되었다. 경쟁호텔과 차별화(differentiation)된 포지션을 갖고 있을 때, 고객에게 가치가 있는 호텔이 되며, 마케팅전략의 효과가 나타나기 때문이다.

경쟁분석을 하려면 먼저 경쟁호텔을 파악해야 한다. 일반적으로 경쟁호텔은 자사의 인근 지역에서 동일하거나 비슷한 시장을 상대로 동일하거나 비슷한 상품과 서비스를 동일하거나 비슷한 가격에 제공하고 있는 호텔을 말한다.

다음으로 경쟁호텔을 대상으로 호텔에 대한 정보, 시장점유율, 마케팅과 판매전략의 현황, 포지셔닝, 강점과 약점 등을 파악하게 된다. 호텔에 대한 정보는 호텔의 크기, 시설, 위치, 영업시즌, 이용고객층, 호텔분위기, 건물의 상태, 각종 시설의 요율 등을 분석한다. 요율은 각 경쟁호텔이 고객형태별(개인, 단체, 회사, 컨벤션, 클럽, 정부 등)로 어느 정도 수준인지를 비교해야 한다. 시설에 대해서는 주방과 서비스지역, 통제와 안전, 고객의 이동경로, 식음료 시설 비율, 객실 수 대비 회의 및 연회시설, 주차장, 객실의 타입, 건축물의 특징, 데커레이션 등을 조사할 수 있을 것이다. 그 이외의 통계자료들은 현지의 컨벤션 및 관광사무국, 상공회의소, 세무서, 전화번호부, 호텔체인 명부, 여행가이드 등을 파악할 수 있다.

이 과정에서 중요한 것은 단순한 정보나 통계이상의 자료를 보아야 한다. 상황에 따라서는 경쟁 호텔을 방문해서 호텔의 상품과 서비스도 이용해 보고, 종업원들과 대화도 해 보고, 주차장의 자동차의 종류도 살펴보고, 식당에서 음식도 먹어보고, 호텔의 광고와 브로셔도 살펴보고, 호텔의 고객과 대화도 해 보아야 한다.

이러한 과정을 통해 경쟁호텔에 대해 다음과 같은 내용들을 정리해 볼 필요가 있다. (1) 위치, (2) 호텔건물을 포함한 여건, (3) 시설의 차이, (4) 요율과 수익률의 차이, (5) 고객의 차이, (6) 마케팅 관련 정책이나 서비스 등이다. [그림 5-2]는 경쟁분석의 실패사례들을 제시하고 있다.

[그림 5-2] 호텔과 호텔내의 레스토랑에 대한 경쟁분석 사례

해안 리조트 호텔

해안 리조트 호텔은 해안에 위치한 객실 300실의 리조트 호텔로서 그 지역에서 비교적 많은 투숙객을 수용할 수 있는 유일한 호텔이었다. 경영진은 호텔 비수기 전략으로 많은 자금을 들여 대규모 회의시설을 갖추고 리모델링을 하였다. 마케팅 분석을 통해 각각 75마일, 175마일 떨어져 있는 두 개의 도시를 표적시장으로 선정하였다. 25마일 내에 경쟁회사로는 홀리데이 인과 쉐라톤 그리고 몇 개의 독립호텔들이 있었다. 마케팅 노력을 이러한 숙박시설과 경쟁하는데 목적을 두고 있었으나 비수기 타개 전략은 실패하였다. 경영진은 그들이 끌어들이려고 하는 고객이 경쟁업체에 가는 고객들과 다르거나 적어도 다른 세분시장에 있다는 것을 파악하지 못했던 것이다. 즉, 이 경우 경쟁자는 회의와 연회시장을 표적으로 하는 수백마일 떨어진 곳의 비슷한 시설을 가진 다른 호텔이었다.

방콕 램 가든스(Ram Gardens) 호텔의 레스토랑

이 호텔은 공항근처에 위치하고 있었으며, 고객의 대부분은 항공사 승무원 혹인 비행기를 갈아타기 위해 단기 체류하는 사람들이었다. 이 호텔에는 만족스러운 서비스와 스테이크, 가재, 새우 등을 포함하는 다양한 메뉴가 있는 레스토랑이 있었는데 프라임 립은 매우 비싼 실버웨어(silverware)에 담겨져 나왔다. 그러나 이 레스토랑은 하루 저녁 평균 약 열두 테이블 정도고객이 있는 것에 불과했기 때문에 호텔 경영자는 가격의 하향조절과 특별한 촉진방법을 도입하기로 결정하고 노력했으나 실패하고 말았다. 그 첫 번째 이유는 항공사 승무원들은 하루의 식사 수당을 현금으로 지급받기 때문에 선택의 범위가 매우 좁다. 즉, 이런 비싼 종류의 식사를 호텔에서 하지 않으려 한다는 것이다. 두 번째 이유로는 이 호텔의 고객은 승무원외 잠시 체류하는 태국이나 아시아인들이 대부분인데, 식사선택에 있어 그들은 스테이크, 프라임 립 등 비싼 음식을 먹지 않는다는 것이다. 결국 경영자는 세분시장의 욕구를 분석하는데 완전히 실패하였으며 경쟁이 없다고 믿었기 때문에 외식산업을 운영할 좋은 기회를 잃은 것이다.

자료원 : 신우성, 호텔·관광마케팅, 기문사, 2008, pp. 109-110.

2.4 자사분석

자사분석은 '우리가 누구인가'와 관련한 분석이다. 이것은 호텔의 사업영역, 상품, 표적시장, 각 세분시장별 필요와 욕구, 기회 등에 대한 분석을 진행하는 것이다. 이를 통해 호텔의 강점과 약점, 기회와 위협 요인에 대한 보고서를 만든다.

자사분석은 단순한 체크 리스트가 아닌 수익을 발생시키는 분야와 그렇지 않은 분야를 포함해서 호텔의 외관, 회의실, 주차, 객실, 평판, 위치 등에 대한 철저한 분석이다. 자사분석은 고객의 관점에서 객실별로, 호텔의 시설별로 상세하게 진행되어야 한다. 호텔건물의 외관, 경관, 호텔의 로고, 교통흐름, 교통접근성, 눈을 끄는 매력도, 주변 환경과의 친화성, 지역의 변화, 호텔에서 필요한 변경사항 등에 대한 분석이 이루어져야 한다.

구체적으로 검토될 수 있는 요소들은 호텔의 물리적인 측면과 영업적인 측면으로 구분해 볼 수 있다. 호텔의 물리적인 측면과 관련하여 (1) 호텔의 규모로서 수용인원수, 층수, (2) 시설로서 객실수, 주차시설, 식당 등의 좌석수, 연회실, 회의실, 컨벤션, 오락 및 위락시설, (3) 호텔의 위치로서 시내중심지, 주요 관광지, 도로변, 공항, 비즈니스 중심지, (4) 호텔의 분위기, (5) 건물 및 시설 등에 대한 분석이 필요하다.

영업적인 측면과 관련해서는 (1) 성수기와 비수기, (2) 호텔의 서비스의 질, (3) 요금정책, (4) 매출에 영향을 주는 요인, (5) 점유율 및 활동 추이, (6) 고객특성 등에 대한 분석이 필요하다. 이러한 내용은 고객의 입장에서 실제 경험을 해 보면서 분석을 하는 것이 좋다.

호텔의 영업과 관련해서 점유율 및 활동 추이 분석(occupancy and activity analysis)은 3년에서 5년 정도 기간 동안 판매 기록을 분석하는 과정을 통해 과거와 현재, 그리고 잠재적인 영업 통계를 파악하는 방법이다. 객실뿐만 아니라 레스토랑, 라운지, 연회장, 회의실, 컨벤션 센터와 같은 편의시설을 포함해서 분석해야 한다. 이 방법은 특별히 성수기와 비수기를 분석하는데 유용하다. 이 과정을 통해 호텔의 수익 센터와 개선 사항을 파악할 수 있다. 추가적으로 점유율 및 활동 추이 분석과 관련하여 어느 지역에서 주로 방문하는 고객인지도 분석하는 것이 좋다. 나중에 판매 활동을 중점적으로 해야 할 도시에 대한 시사점을 제공한다.

2.5 SWOT 분석

앞에서 진행한 분석 내용을 중심으로 강점과 약점, 기회와 위협 요인들에 대한 분석을 한다. 이것을 SWOT분석이라고 부른다. SWOT 분석에서 강점(Strength)과 약점(Weakness)은 자사분석과 시장분석, 경쟁분석 등을 통해 나타난 기업 내부의 요인에 대한 평가이다. 경쟁자에 비해 우위가 있을 때는 강점이 된다. 반면에 이들 요인들이 경쟁자에 비해 열등하거나 충분하지 않을 때는 기업의 약점이 된다.

기회(Opportunity)와 위협(Threat)은 사회, 정치, 경제적인 요인 등과 같은 환경분석과 시장분석과 경쟁분석 등을 통해 나타난 기업 내부요인에 대한 평가이다. 인구통계학, 사회·문화적 변화, 경제적 변화, 정치와 법률적 변화, 기술적 변화, 생태적 변화 등 거시 환경 요인의 변화 또는 고객, 공급자, 중간상 및 경쟁자의 변화가 중요한 변화 요인이 될 수 있다. 이런 요인들이 기업에게 우호적으로 변한다면 기업에게 기회요인이 될 수 있다. 반면에 불리하게 변한다면 기업에게 위협요인이 될 수 있다.

[그림 5-3] SWOT 분석

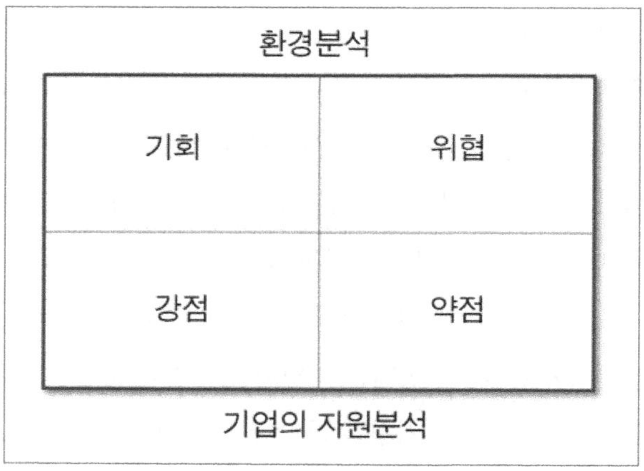

SWOT분석의 결과는 [그림 5-3]과 같이 정리된다. 호텔은 SWOT 분석에서 제시된 결과를 중심으로 강점은 살려 경쟁력은 강화하고, 약점은 보완하여 위험을 회피하거나 감소시키게 된다. 또한 외부환경으로부터 발생하는 기회를 살리고, 사업의 방향성을 제시할 뿐만 아니라 불확실한 환

경에서 나타날 수 있는 위험을 억제하거나 제거하게 된다. 호텔이 경쟁기업과 경쟁하는 표적시장을 중심으로 경쟁자와 직접 비교를 하고, 시장에서 발견된 기회 요인들을 중심으로 적절한 마케팅 믹스 전략을 수립한다. 호텔은 이를 통해 현재 기업이 진행하고 있는 사업들이 실현 가능성이 있는지, 수정할 필요가 있는지에 대해서 점검한다.

2.6 사업단위의 전략 수립

기업의 내부와 외부요인에 대한 SWOT 분석과 평가를 통해 각 기업은 기업전략을 개발하게 된다. 기업에서 세울 수 있는 전략은 기업 전체수준의 전략, 사업부 단위의 전략, 개별제품 또는 서비스수준의 전략이다. 전략을 세우기 위해서 가장 많이 사용되는 방법은 BCG 매트릭스와 GE 매트릭스를 활용한 사업포트폴리오 분석이다.

(1) BCG매트릭스

BCG 매트릭스는 1970년대 초에 보스턴컨설팅그룹(Boston Consulting Group)에 의해 개발된 기법이다. 이 기법은 성장–점유율 분석이라고도 불린다. 이 분석을 하기 위해서는 전략적 사업단위(Strategic Business Units : SBUs)의 구분이 있어야 한다. 전략적 사업단위는 '독자적인 사업계획과 경영자 및 경쟁자가 요구되는 대상으로서 전략적으로 경영되어야 할 사업단위'를 말한다.

BCG 매트릭스에서 전략적 사업단위를 구분하는 기준은 상대적 시장점유율(relative market share)과 시장성장률(market growth rate)이다. 시장성장률은 매출성장률로 대치되어 사용되기도 한다. 상대적 시장점유율은 시장 1위 기업의 점유율과 비교한 자사의 점유율을 말한다. 만약 자사가 1위 기업이라면 2위 기업의 점유율과 비교한 것이다. BCG 매트릭스는 [그림 5–4]와 같이 제시된다.

- **별(star)** : 매우 빠른 시장성장률과 높은 시장점유율에 해당하는 전략적 사업단위다. 이 사업단위는 자체사업을 통해 많은 자금을 벌어들이지만 급속히 성장하는 시장에서 수요를 유지하기 위해 지속적인 자금투자가 필요한 경우이다. 수익과 비용 측면에서 균형을 이루거나 비용이 약간 많이 들 수도 있다. 별 사업단위의 전략적 목표는 시장점유율을 유지(hold)하거나 향상(build)시키는 것이며 이를 위해서 적극적인 투자와 공격적인 마케팅전략을 구사한다.

[그림 5-4] BCG 매트릭스 도표

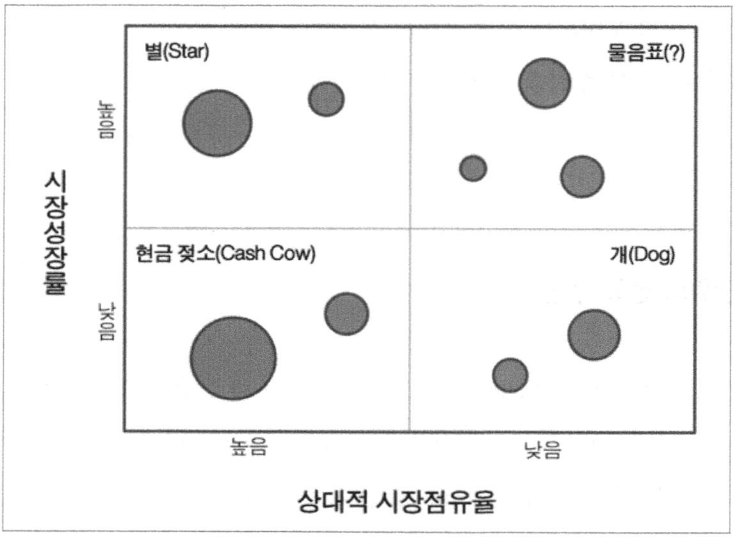

- **현금 젖소(cash cow)** : 낮은 시장성장률, 높은 시장점유율에 해당하는 전략적 사업단위다. 비교적 적은 투자로 현재의 시장점유율을 유지할 수 있으며, 대규모의 현금이 창출된다. 본 사업단위에서 창출된 현금은 다른 사업단위를 성장시키기 위해 사용된다. 현금 젖소는 보통 상품수명주기의 성숙기에 해당하기 때문에 지속적인 성장은 어렵다. 이 사업단위의 전략적 목표는 시장점유율을 방어(hold)하는 것이다.
- **개(dog)** : 낮은 시장성장률과 낮은 시장점유율을 갖는 전략적 사업단위다. 사업의 유지를 위해서는 자체적으로 현금창출이 가능한 경우도 있지만, 다른 사업단위를 도울 수 있는 정도는 아닌 경우이다. 더 이상의 성장과 수익개선을 하기 힘든 경우가 많다. 신규투자는 신중하게 검토해야 한다. 마케팅비용을 최소로 해서 잠재적인 이익을 최대화 하려는 수확(harvest) 전략이나 손실 최소화를 위한 철수(divest) 전략을 구사할 수 있다. 대체적으로 쇠퇴기에 있는 사업단위인 경우가 많으며, 경쟁자를 조기에 퇴출시켜서 시장지배력을 강화하는 전략을 수행할 수도 있다.
- **물음표(question mark)** : 문제아(problem child)로 불리는 물음표는 낮은 시장점유율이지만 높은 시장성장률을 보이는 전략적 사업단위이다. 사업단위로서 많은 현금창출은 하지 못하는 경우가 많다. 반면에 이들은 빠르게 성장하는 시장에 위치해 있기 때문에 잠재력이 있는 사업단위다. 시장에서 위치를 유지하거나 위상을 높이는 데는 많은 투자가 필요

하다. 따라서 사업단위가 전략적인 가치가 있거나 수익성이 있을 경우 지속적으로 투자를 할 필요가 있다. 그렇지 않다면 수확(harvest)이나 철수(divest) 전략을 구사할 수 있을 것이다.

(2) GE 매트릭스

GE(General Electric) 매트릭스는 BCG 매트릭스의 단점을 보완하기 위해서 제안된 방법이다. BCG 매트릭스가 쉽고 간단하지만, 사업단위에 대한 평가를 단순히 시장성장률과 시장점유율로 평가해다는 점에서 비판을 받았다. GE 매트릭스는 이를 보안하기 위해서 시장의 매력도와 기업의 경쟁적 위치를 기준으로 평가를 한다.

시장의 매력도는 시장규모의 성장률, 제조업의 이익률, 경쟁적 강도, 계절성, 규모의 경제, 주기성, 기술, 사회, 환경, 법률, 인적 영향 등의 가중치 합으로 계산된다.

기업의 경쟁적 위치는 상대적 시장점유율, 이익률, 기술적 능력, 가격과 질에 관한 계산능력, 고객과 시장에 관한 지식, 경쟁적 강점과 약점, 경영 능력 등의 가중치 합으로 계산된다.

GE 매트릭스는 평가기준 변수들을 중심으로 각 기준변수마다 고, 중, 저라는 3수준으로 구분한다. 총 9개의 영역으로 나누어 분석을 진행 한다(그림 5-5 참조). 각 영역별 적절한 전략은 위치에 따라 투자전략, 성장전략, 수확전략, 철수전략, 선택적 관리전략을 구사할 수 있다.

[그림 5-5] GE 매트릭스 전략

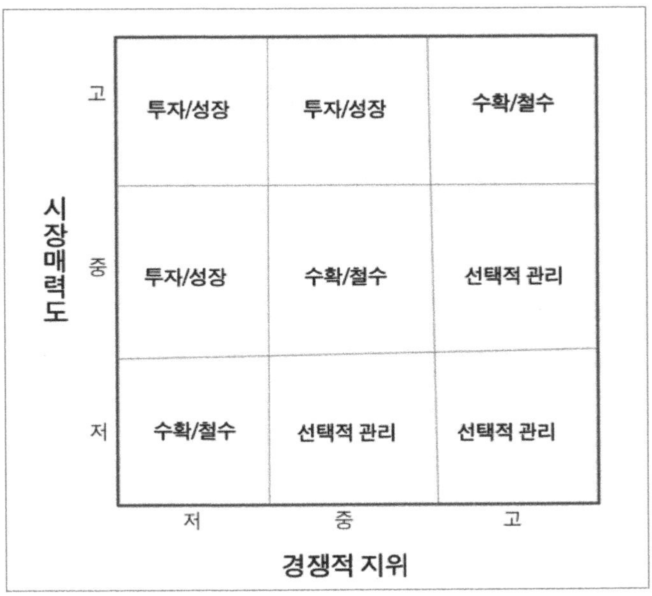

(3) 상품과 시장성장 매트릭스

사업 포트폴리오 분석은 사용하기가 쉽고, 전략방향에 대해서 명쾌하게 제시해 준다. 그리고 기업의 제한된 자원 할당을 쉽게 적용할 수 있는 방법이다. 하지만 지나치게 단순화 되어 있을 뿐만 아니라 사용되는 기준의 적절성과 기계적인 분석이라는 문제점이 있다. 그럼에도 불구하고 성장 및 투자를 선택한 사업단위에 대해서는 기업이 성장의 방향을 어떻게 할 것인가를 결정해야 한다. 이와 관련해 제안된 방법이 상품과 시장성장 매트릭스(product-market growth matrix)이다. [그림 5-6]과 같이 4개의 성장 대안을 갖고 있다.

[그림 5-6] 상품과 시장성장 매트릭스

	기존 상품	신상품
기존 시장	시장침투 전략	상품개발 전략
신시장	시장개발 전략	다각화 전략

각 대안에 전략적 시사점을 살펴보면 다음과 같다.

- **시장침투(market penetration) 전략** : 기존시장에 상품을 더 많이 판매하는 방법으로 성장을 추구하는 전략이다. 이미 익숙한 시장과 상품이어서 일반적으로 알려진 광고 또는 인적 강화 판매전략을 사용한다. 예를 들어 호텔의 상품을 다시 이용할 수 있도록 하거나, 상품 이용기간을 늘리거나, 같은 호텔의 상품이라도 새로운 이용목적을 찾아내어 고객에게 소구하는 방법을 사용할 수 있다.
- **시장개발(market development) 전략** : 기존상품을 새로운 시장에 판매함으로써 성장을 추구하는 방법이다. 새로운 위치에 호텔을 오픈하거나, 새로운 세분시장으로 진출하는 방법 등을 들 수 있다.
- **상품개발(product development) 전략** : 기존시장에서 신상품을 개발하고, 판매하여 성장을 추구하는 전략이다. 새로운 호텔의 상품과 서비스의 도입, 새로운 서비스 옵션을 부가하거나 프로그램 개발, 새로운 경험을 할 수 있는 상품이나 서비스의 개발 등을 진행할 수 있다.

● **다각화(diversification) 전략** : 기존시장과는 다른 새로운 시장에서 신상품을 개발하고, 판매하는 것을 통해 성장하고자 하는 방법이다. 상품과 시장이 모두 생소하여서 상대적으로 위험이 높은 전략이다. 예를 들어 국내에서 호텔을 운영하는 기업이 유럽시장에 새로운 호텔을 운영하는 것과 같은 경우이다. 다각화는 수익창출과 성장을 목표로 하는 것이지만, 사업집중에 의한 위험을 회피할 수 있는 장점도 가지고 있다.

(4) 경쟁우위 전략

경쟁우위(competitive advantage) 전략은 포터(Porter, 2004)에 의해 제시된 방법이다. 경쟁우위란 기업이 소비자를 위해 창출한 가치가 그것을 창출하기 위해 투입한 비용을 초과하는 경우에 발생한다. 여기서 말하는 가치란 고객이 대가를 지급하고자 원하는 것이다. 이것을 경쟁우위의 원천이라고 한다. 경쟁우위의 원천 중 하나는 경쟁자보다 저가로 제공하는 원가우위(overall cost leadership) 방법이다. 다른 원천은 고가격을 상쇄하고도 남을 만한 특유의 혜택을 제공하는 차별화 우위(differentiation) 방법이다.

포터는 신규기업의 참여 위협, 대체품의 위협, 구매자의 교섭력, 공급자의 교섭력, 기존기업들 간의 경쟁이라는 다섯 가지로 특정 산업의 수익성을 결정짓는 요인들을 제시한다. 이 다섯 가지 요인이 유리한 상태이면, 그 산업은 일단 수익성이 있다고 볼 수 있다. 포터의 경쟁우위 전략을 적용할 때 유의할 점은 경쟁우위 요인이 지속적으로 유지되는 것이 아니고 가변적이기 때문에 정기적인 분석이 필요하다는 점이다.

[그림 5-7] 포터의 본원적 전략의 유형

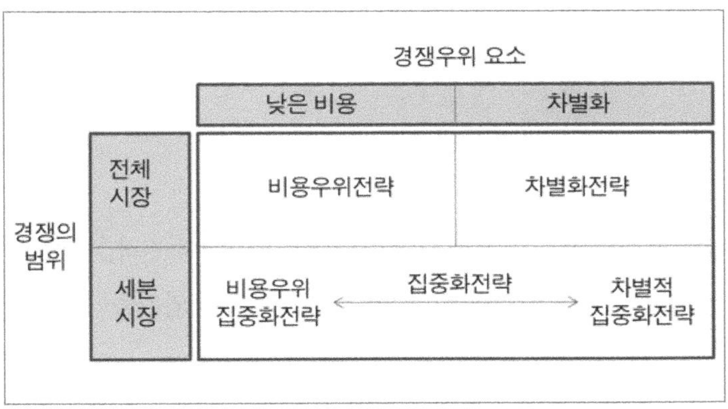

포터가 제시한 각 전략의 특성을 보면 다음과 같다(그림 5-7 참조).

- **비용우위(overall cost leadership) 전략** : 산업내에서 가장 낮은 생산비용을 실현하려고 하는 전략이다. 비용우위를 달성한 기업은 경쟁기업에 비해 낮은 시장가격을 유지하더라도 더 높은 수익을 얻을 수 있다. 이런 우위는 규모의 경제, 경험곡선 효과, 학습효과, 입지, 원재료, 산업구조 등과 같은 다양한 원천을 통해 달성될 수 있다.
- **차별화(differentiation) 전략** : 기업이 제공하는 상품을 차별화함으로써 산업전반에 걸쳐서 그 기업이 독특하다고 인식될 수 있는 특성을 창조하는 것이다. 고객들이 비싼 가격을 지불하고라도 차별화되고 가치 있는 제품을 사도록 유도한다. 차별화의 대표적인 수단들은 고객서비스, 디자인, 상표이미지, 기술, 품질, 광고 등이다.
- **집중화(concentration) 전략** : 산업내의 특정한 세분시장에 대해서 집중을 하는 전략이다. 특정 고객집단이나 제품라인의 일부분 또는 특정 지역을 집중적으로 공략하는 집중화 전략을 사용할 수 있다. 경쟁자들이 소홀히 하고 있는 한정된 시장을 비용우위나 혹은 차별화 전략을 써서 집중적으로 공략한다. 이 전략은 비용우위 집중화 전략과 차별화에 기반한 차별적 집중화 전략으로 나뉠 수 있다.

3. 실행계획의 수립

3.1 실행계획의 개요

호텔은 사업단위별로 구체적인 마케팅목표와 전략이 세워지면 이를 실현하기 위한 구체적인 마케팅믹스 실행계획이 세워져야 한다. 실행계획은 머리 속에 있는 것이어서는 안 된다. 모든 호텔 구성원이 공유하고 인지할 수 있도록 세워져야 한다. 효율적인 마케팅계획은 다음과 같은 기준들을 만족하는 것이다.

- **문서화** : 호텔의 마케팅목표, 세분시장, 표적시장, 포지셔닝 전략, 마케팅믹스전략, 구체적인 실행계획이 문서로 되어 있어야 한다. 모든 경영자와 종업원들이 참조할 수 있는 내용으로 작성되어야 한다.
- **이해가능성** : 모든 경영자와 종업원들이 실행되는 활동과 평가에 대해서 이해가 가능하도록 제시되어야 한다.

- **현실성과 도전 :** 세워진 목표와 활동은 실행이 가능한 것이어야 한다. 또한 어느 정도 도전적인 내용이 포함되어야 한다. 예를 들어 여름철 성수기에 객실 수익률을 20% 정도 증가시키는 것과 같은 목표들은 현실적이면서도 도전적인 목표가 될 수 있다. 이런 목표는 지난 해를 기준으로 세우기보다는 전체적인 환경분석에 기반을 두어야 한다.
- **구체성과 측정가능성 :** 목표와 예산 계획은 구체적인 수량으로 표현이 되어야 하며, 시간표가 정해져야 한다. 또한 시장점유율에 근거한 내용을 포함하고 있어야 한다.

3.2 마케팅믹스 계획

호텔은 실행계획을 세울 때 마케팅믹스에 대한 계획을 세워야 한다. 마케팅믹스는 4P와 관련된 내용으로서 서비스산업의 특징인 패키지, 프로그래밍, 파트너십, 서비스관리의 내용이 포함되어 있어야 한다.

마케팅믹스 계획을 세우기 전에 호텔에서 확인해야 할 내용들을 살펴보면 다음과 같다(최태광 외, 2008).

- 마케팅믹스 계획을 수립하는데 필요한 종업원은 어떤 사람인가?
- 어떤 대행회사를 추천할 것인가?
- 어떤 광고회사로 결정할 것인가?
- 어떤 지사로 결정할 것인가?
- 손익계산서를 조회하고 광고예산을 확인한다.
- 광고대상, 금액, 형태를 결정한다.
- 마케팅믹스 계획별 단계를 확인한다.

호텔에서 상품과 서비스판매를 위해 진행하는 마케팅믹스 수단은 다음과 같은 것들이 있다. 주요한 내용은 인적 판매, 광고, 다이렉트 메일, 홍보, 인터넷 등이다. 이와 관련된 내용은 다음 장부터 자세하게 설명이 된다.

3.3 활동계획의 수립

(1) 조직의 구성

조직은 호텔업무를 구체적으로 수행하는 기관이다. 마케팅계획이 원활하게 실행되려면 적절한 조직을 구성해야 한다. 조직을 구성한 후에는 새로운 임무를 수행할 사람을 준비해야 한다. 호텔의 조직구성 형태는 마케팅활동과 연관되어 구성되어야 한다. 주로 활용되는 마케팅 조직의 형태는 기능별 조직, 지역별 조직, 상품관리조직이다(최태광 외, 2004).

기능별 마케팅조직(functional marketing organization)은 가장 흔한 형태의 마케팅조직이다. 마케팅 이사를 중심으로 마케팅의 기능별 전문가로 구성된다. 즉 마케팅관리자, 광고 및 판매촉진관리자, 판매관리자, 마케팅조사관리자, 신상품관리자, 고객서비스관리자, 마케팅기획관리자, 유통관리자 등이다. 기능적 조직은 관리가 단순하지만 호텔이 성장할수록 조직의 효율성이 떨어지는 단점이 있다.

지역별 조직(geographical organization)은 지리적 라인에 따라 마케팅조직을 구성하는 것이다. 지역의 매출규모에 따라 조직이 복잡해지고 기능이 다양해질 수도 있고, 1인이 담당하는 조직이 만들어질 수도 있다.

상품관리 조직(product management organization)은 다양한 상품을 생산하는 기업에서 가지고 있는 상품이나 브랜드 관리조직을 말한다. 이 조직은 각 상품간이 특성이 다르고, 상품의 수가 많아서 다른 조직에서 담당할 수 없을 때 구성된다. 상품관리 조직에서는 상품별로 상품관리자가 감독을 담당한다.

다음으로 조직의 운영을 하는데 있어서 유의할 점은 의사결정의 중앙집권화와 분권하의 여부이다(최태광 외, 2004). 중앙집권화(centralization)는 조직의 주요한 의사결정권이 조직의 상층부에서 이루어지는 것을 말한다. 최고경영자는 하위관리자보다 의사결정을 잘 할 수 있고, 조정과 통제가 쉬우며, 지속적인 이미지의 유지가 가능하다. 또한 조직의 공통적 자원인 스텝 부서 등을 잘 활용할 수 있다. 반면에 현장부서의 의견을 반영하기가 어렵고, 최고경영자가 세부적인 업무까지 관리해야 하며, 중앙부서의 지원을 받기가 어렵다.

분권화(decentralization)는 조직 전반에 걸쳐 의사결정권이 분산되어 있는 것을 말한다. 신속한 의사결정이 가능하고, 하위관리자의 능력을 개발할 수 있다. 또한 경쟁에 효과적으로 대처할 수 있으며, 권한과 책임이 적절하게 나누어져 있다. 따라서 최고경영자는 회사 전체의 전략적인 정책과 계획을 추진하는데 전념할 수 있다. 하지만 조정과 통제가 어렵고, 조직간에 갈등이 있는 경우에는 능률이 떨어질 수 있는 단점도 있다.

호텔의 적절한 조직은 전체적인 계획, 실행, 통제가 원활하고 지속적으로 진행될 수 있도록 구성해야 한다. 이를 위해 조직을 구성하고 있는 종업원들을 지속적으로 교육하고, 훈련하고 동기부여를 하는 것이 필요하다.

(2) 세부적 활동계획 수립

호텔의 마케팅믹스계획과 조직이 구성된 다음에는 다음과 같은 활동계획들을 세워야 한다 (Morrison, 2006).

- **각각의 마케팅믹스 요소를 위한 표적시장에 따른 활동 :** 각각의 표적시장에서 기대되는 모든 활동들을 나열한다. 개별적인 마케팅믹스 요소에 대해서 개별적인 활동들을 나열하며, 시작 시기를 기준으로 직무를 수행시간 순으로 나열하는 것이 좋다.
- **활동에 대한 책임 :** 조직에서 각자가 무엇을 해야 하는가를 결정한다. 각 계획별로 주요 책임을 기술하고 시간표나 활동계획에서 각각의 책임부서를 규명한다.
- **시간표와 활동 스케줄 :** 각 활동의 시각과 마침 날짜, 어디서 활동을 수행할 것인지, 그 활동에 대한 책임자가 누구인지를 정해야 한다. 활동에 대한 스케줄은 [그림 5-8]과 같이 정한다.

[그림 5-8] 시간표와 활동 스케줄 작성

시간표와 활동 스케줄 : 판매촉진과 머천다이징
연도: 2010
페이지 : 1

활동	배정	1월	2월	3월	4월	5월	6월	7월	8월	9월	10월	11월	12월

자료원 : Morrisson, Alastair M., Hospitality and Travel Marketing, 호텔·관광마케팅, 김홍범 역, 2006, p. 255.

3.4 예산계획

예산은 마케팅믹스 요소와 부서별로 자세하게 세워져야 한다. 마케팅믹스 요소별로 얼마를 지출할 것인지에 대한 내용이 없다면 실행을 하는 과정에서 문제가 될 수 있다. 호텔조직에서 가장 어려운 의사결정이 마케팅예산을 어떻게 배정할 것인가를 결정하는 것이다. 예산은 실현 가능한 예산으로서 포괄적이면서도 조정 가능한 것이어야 한다.

예산계획에 포함되어야 할 내용들은 다음과 같은 것들이다. 첫째, 모든 비용지출 계획에 대해서 문서화되어야 한다. 둘째, 가능하면 비상자금을 사용하지 않도록 세워져야 한다. 셋째, 마케팅계획에 대해 충분히 통제가 가능한 형태로 세워져야 한다. 넷째, 각 세분시장별로 비용에 대한 재정적인 이정표가 만들어질 수 있도록 구성되어야 한다.

가장 효과적인 예산계획을 수립하는 방법은 마케팅목표를 달성하기 위한 활동별로 필요한 예산을 세워나가는 방법이다. 이 방법을 제로기준예산(zero-based budgeting)이라고 한다. 예산을 수립할 수 있는 기준들을 살펴보면 다음과 같다(Morrison, 2006).

- **과거기록에 근거한 또는 자유재량적 예산결정방법(historical or arbitrary budgeting)** : 과거의 예산을 중심으로 일정 비용을 추가하는 방법이다. 매우 간단하고 기계적인 접근방법이다. 보통 물가상승률 정도를 반영하여 책정한다. 빠르게 변화하는 호텔산업의 환경에 대응할 수 있는 예산을 세울 수 없다는 것이 단점이다.
- **경험에 의한 예산결정방법(rule-of-thumb budgeting)** : 산업평균지수를 이용하여 판매율에 따라 마케팅예산을 산정하는 방법이다. 보통 총판매액의 3.5~5%를 산정한다. 계산하기 쉬워서 흔히 사용되는 방법 중에 하나이다.
- **경쟁적 예산결정방법(competitive budgeting)** : 경쟁사가 마케팅예산을 얼마나 세우고 있는지에 대한 정보를 파악하여 이를 기준으로 자사의 예산을 산정하는 방법이다. 개별 조직의 표적시장, 마케팅믹스, 자원 그리고 시장 포지션의 차이를 무시한 방법이다.
- **목표 및 직무에 의한 방법** : 마케팅목표를 먼저 정해놓은 다음 그 목표를 달성하기 위한 단계 및 직무를 구체화하는 방법이다. 예산은 0에서 시작하는 제로기반예산 접근법을 근거로 단계 및 직무의 활동에 따라 적절한 예산을 산정한다. 이를 통해 마케팅믹스 요소와 표적시장에 지출할 비용을 산정하게 된다.

- **표적시장에 따른 예산(budget by target market)** : 각 표적시장에 얼마의 예산을 들여야 하는가의 관점에서 예산을 산정한다. 예산은 각각의 표적시장의 현재 및 앞으로의 총수익점유율에 따라 배분한다.
- **마케팅믹스 요소에 따른 예산(budget by marketing-mix element)** : 각 마케팅믹스 요소별로 예산을 배정하고, 이에 따른 효율성을 점검해 볼 수 있는 예산이다.
- **비상자금(contingency funds)** : 예기치 않은 상황에 대한 대응을 하기 위해서 확보한 예산을 말한다. 전형적으로 총예산활동 비용중 10~15%를 비상자금으로 확보해 둔다.

3.5 통제절차

마케팅계획을 통제하기 위해서는 통제절차에 대한 계획이 있어야 한다. 효과적으로 통제하기 위해서 마케팅관리자는 원하는 결과, 시간표, 책임자, 기대치의 측정을 할 수 있는 통제 절차를 개발해야 한다. 이를 통해 실제지출과 비교한 정기보고서를 통해 마케팅계획의 진행상태를 파악해 볼 수 있다. 즉, 판매규모와 수익을 측정함으로써 목표도달 과정을 감시하게 된다. 때로는 전문적인 마케팅조사도 실시해야 한다.

통제 절차는 다음과 같은 일정을 통해 진행된다(Morrison, 2006).

- **각각의 활동에 대한 예상결과** : 각각의 마케팅활동이 관련된 목표에 어떤 공헌을 하기를 기대하는가에 대한 것이다. 마케팅계획 당시에 이에 대한 명확한 절차가 수립되어야 실행하는 과정에서 혼란을 줄일 수 있다.
- **과정보고 및 측정** : 마케팅목표를 달성하기 위한 중간 결과 및 세부 목표에 대한 이정표를 세워야 한다. 각 이정표의 시점에 맞게 어떻게 결과를 측정하고, 언제 확인할 것인지, 어떻게 보고할 것인지에 대해 결정을 내려야 한다.

3.6 평가절차

효과적인 평가를 위해서는 원하는 결과와 측정방법, 성과기준, 그리고 평가를 위한 시간표 등이 필요하다. 이와 관련해 살펴보면 다음과 같다(Morrison, 2006).

- **측정** : 성공을 어떻게 측정할 것인가? 금액, 고객의 수, 또는 인지율 등 어떤 기준으로 평가할 것인가를 결정해야 한다.
- **성과** : 목표로부터 수용할 수 있는 편차와 그렇지 못한 편차가 무엇인가를 결정한다. 조직이 실제 결과의 수용 정도를 판단할 수 있기 위해서 구체적인 성과기준을 서술해야 한다.
- **평가시간표** : 마케팅계획을 보다 효율적으로 평가하기 위해서는 다음 번 상황분석과 마케팅계획에 대한 정보를 제공할 수 있도록 계획기간이 끝나기 전에 평가를 시작하는 것이 좋다. 이에 대한 시간표를 미리 정해야 한다.

4. 마케팅계획의 실행

마케팅계획이 세워진 후에는 직접 실행을 하게 된다. 마케팅계획을 실행하면서 고려해야 할 내용은 다음과 같다(Abbey, 2003; 최태광 외, 2008).

- 각 시장별 숙박수를 기록한다.
- 광고 실시전과 실시후의 식당회전율을 비교한다.
- 현지광고에 있어 가장 효과적인 매체가 무엇인가를 결정하기 위해 우편번호를 조사해 분석한다.
- 촉진기간 중 각 고객의 평균지출을 통제하여 내부상품화 캠페인을 평가한다.
- 다이렉트 메일(Direct Mail : DM)의 반응과 전화문의를 기록한다
- 쿠폰을 활용한다.
- 특정 반응기법을 활용한다.

5. 마케팅계획의 평가

전략을 실행한 후에는 전략적 마케팅계획이 경영자가 원하는 만큼의 성과를 달성했는지에 대한 평가가 필요하다. 평가결과에 따라 계획이 효과적으로 나타날 수 있지만, 수정이 필요한 경우도 있다. 이 때는 기업의 사명부터 시작해서 전체적인 마케팅계획에 대한 검토가 필요하다.

적절한 통제를 하려면 평가기준들을 고려할 필요가 있다. 평가기준이란 실제의 전략 집행결과가 계획대로 되었는지를 분석하기 위한 기준을 말한다. 일반적인 평가기준은 상품의 양, 서비스 단위, 작업시간이나 속도, 불합격품의 수량, 고객의 불평 건수 등과 같은 물리적이고 양적인 것과 비용, 수익, 투자액과 같은 금액으로도 세울 수 있다.

평가기준은 목표관리방식(Management by Objectives : MBO)에 따라 수립되면 효과적이다. 최고경영자와 종사원들에 의해 전반적인 목표가 함께 개발되고, 상사와 부하직원이 성과를 평가하는 방법이다. 종사원의 참여는 업무의 성과와 만족을 향상시키는 효과가 있다.

실제 평가기준에 따른 통제는 연간계획, 수익성, 전략적인 측면에서 살펴볼 수 있다. 첫째, **연간계획 통제**는 최고경영자나 중간관리자가 책임자가 되어 계획된 결과를 달성하였는지를 검토한다. 주로 판매분석, 시장점유율 분석, 마케팅비용 대비 판매비율, 고객의 태도를 추적하는 방법으로 진행된다. 둘째, **수익성 통제**는 마케팅통제자가 책임자가 되어 기업이 이익을 보는지, 손실을 보는 지를 검사하는 것이다. 제품별, 지역별, 세분시장별, 거래경로별, 주문 규모별 수익성을 검토한다. 셋째, **전략적 통제**는 최고경영자나 마케팅감사 담당자가 책임자가 되어 기업이 최적의 마케팅 기회를 추구하는지, 그것이 효과적인지를 검토하는 것이다.

주요 방법은 마케팅감사를 통해서 진행된다. 마케팅감사는 문제 분야와 기회를 결정하고 기업의 마케팅성과를 향상시키기 위한 활동 프로그램을 개발하기 위하여 기업 또는 사업부 단위의 마케팅환경, 목표, 전략, 활동을 체계적, 포괄적, 독립적, 주기적으로 평가하는 방법이다. **마케팅감사**는 주로 외부기관에 의해 행해지며, 기업의 거시환경과 변화추세를 분석하는 마케팅 환경감사, 목표와 전략의 적절성을 평가하는 마케팅전략감사, 마케팅조직의 수익성과 마케팅비용의 효율성을 평가하는 마케팅민감도감사, 마케팅믹스의 분석과 평가를 하는 마케팅기능감사로 나뉜다(신우성, 2008).

실제결과와 평가기준에 따른 분석과 점검을 통해 신뢰성 있고 타당성 있는 평가를 하려면 외부정보를 획득하여야 한다. 마케팅조사회사, 광고대행사, 중간상, 컨설턴트, 회계법인 등에서 정보를 수집할 수가 있다. 평가 결과에 차이가 발생했을 경우 편차의 수정이 필요하다.

여러 가지 노력에도 불구하고 목표를 달성하지 못했을 때는 다음과 같은 이유들을 고려해 볼 수 있다(Abbey, 2003; 최태광 외, 2008).

- **무책임** : 판매원이나 팀 리더가 계획이 추진되고 결과가 얻어지도록 감독하는 책임을 지지 않았다.
- **의사전달의 부재** : 판매원이나 타부서의 종업원이 마케팅계획에 대해서 알지 못하고 있다.
- **시간의 부족** : 대상시장에서 광고노력을 지시하거나 판매방문을 하는데 시간할당이 충분치 못하다.
- **권한의 부재** : 판매원들이 특수한 마케팅노력에 대한 예산을 수립할 권한이 없다.
- **소구력 부재** : 고객편의가 과대평가되거나 가격경쟁력이 없다.
- **통제력 부재** : 외부요인에 의해 마케팅계획을 하향 조정하도록 했다.
- **현실적 목표의 부재** : 고객이 살 계획이 없거나 판매목표가 너무 높으면 고객을 표적화 할 수 없게 된다.

토론해 볼 문제

1. 주변 호텔에서 마케팅계획을 세운 사례들을 찾아보고 이에 대해서 토론해 보시오.
2. 특정한 호텔을 선택해서 그 호텔의 시장분석과 경쟁분석을 해보고 이에 대해서 토론해 보시오.
3. 특정 호텔의 자사분석을 통해 SWOT 도표를 만들어보고 이에 대해 토론해 보시오.
4. 호텔의 사업단위에 대한 BCG 매트릭스 분석을 해보고 이에 대해 토론해 보시오.
5. 호텔의 마케팅계획이 실패한 사례를 찾아보고, 실패이유에 대해서 토론해 보시오.

Chapter 6

상품관리

1. 상품의 개요
2. 상품수명주기
3. 브랜드관리
4. 신상품개발

06 상품관리

● 학습목표
1. 상품의 개념과 구성에 대해서 알아본다.
2. 상품수명주기의 개념과 각 단계별 마케팅 전략에 대해서 알아본다.
3. 브랜드의 개념과 효과적인 브랜드 개발 전략에 대해서 알아본다.
4. 신상품의 개념과 개발 단계별 마케팅활동에 대해서 알아본다.

1. 상품의 개요

1.1 상품의 개념

상품(product)이란 고객의 필요(needs)와 욕구(wants)를 충족시켜줄 수 있는 것을 의미한다. 상품은 시장에서 출시되어 고객들의 관심, 소유, 사용, 또는 소비의 대상이 되는 것을 말한다. 상품은 물리적 대상물, 서비스, 사람, 장소, 조직, 아이디어 등으로 구성된다. 즉, 상품은 호텔객실과 같은 유형적인 상품, 하우스키핑, 벨맨의 안내와 같은 무형적인 서비스 등의 개념이 합쳐진 것이다. 제주 신라호텔의 객실, 발리섬에서 즐기는 패키지 여행, 현대식 컨벤션센터에서 개최되는 컨퍼런스 참가 등이 그 예이다.

제조업체에서 만든 제품들은 서비스보다는 유형적인 형태의 비중이 높으나, 호텔의 상품은 유형적인 형태보다는 정신적, 관념적, 추상적인 내용으로 구성된 무형적인 서비스가 큰 비중을 차지한다. 또 이런 서비스들을 묶어서 하나의 패키지로 서비스 되는 것이 특징이다. 무형적인 내용이 많다는 측면에서 보면, 고객이 구체적인 형태의 상품을 구매하는 것보다는 호텔의 이용경험을 통해서 느껴지는 상품의 가치와 편익을 구매한다고 볼 수 있다. 비용을 지불하고도 매력적이고 다른 곳에서 경험할 수 없는 독특한 것을 제공할 때 훨씬 상품의 가치가 높다고 볼 수 있다.

1.2 상품의 구성

일반적으로 제조업의 제품은 핵심제품, 유형제품, 확장제품이라는 세 가지 수준에서 구분해 볼 수 있다(Kotler, 1997). 호텔의 상품은 건물 외관, 설비, 가구 및 비품, 직원의 행동이나 외모, 유니폼, 게시판이나 방향표시판, 건물 외부의 사인, 고객 및 다른 대중과의 의사소통과 같은 요인들로 구성된다. 이들 구성요인들은 핵심상품, 촉진적 상품, 부가적 상품, 확대상품으로 구분될 수 있다(그림 6-1 참조).

[그림 6-1] 상품수준의 구분

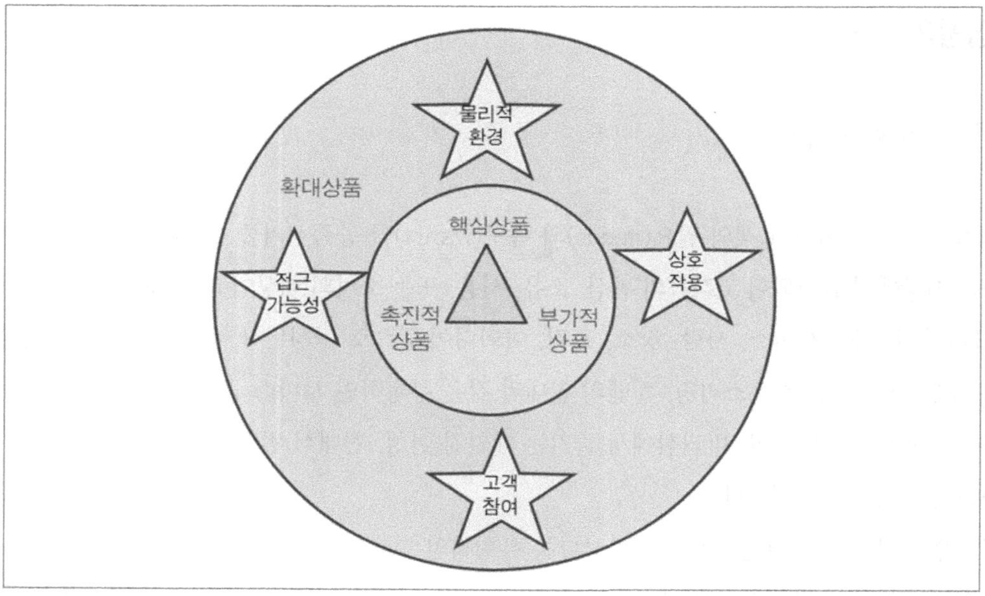

자료원 : Gonroos, C., "Developing the Service Offering-A Source of Competitive Advantage," in Add Value to Your Service, C. Surprenant, Ed., Chicago : American Marketing Assoication, 1987, p. 83.

(1) 핵심상품

핵심상품(core product)은 가장 주가 되는 상품의 근원적인 차원이다. 소비자들이 어떤 상품을 선택할 때 추구하는 편익을 의미한다. 모든 상품은 구매자의 문제를 해결해 주는 서비스의 조합이다. 이런 의미에서 마케팅 학자인 레빗(Theodor Levitt)은 "구매자는 4분의 1인치 드릴을 구매하는 것이 아니라 4분의 1인치 구멍(holes)를 사는 것이다"라는 점을 지적했다. 이것은 소비자들의 욕구를 충족시켜 줄 수 있는 가장 본질적인 요소가 무엇인가를 보여준다. 예를 들어 휴식을 얻기 위해서 리조트 호텔에 투숙하는 것, 비즈니스 업무를 보기 위해 시내의 호텔에 투숙하는 것 등과 같은 것이다.

(2) 촉진적 상품

촉진적 상품(facilitating product)은 소비자가 그 핵심상품을 사용함에 있어서 제공되지 않으면 안 될 서비스 내지 상품을 말한다. 즉 핵심서비스의 이용을 편하게 하거나 그 내용을 확장시킨 것을 말한다. 예를 들어 고급호텔에 투숙하는 경우 체크인, 체크아웃, 전화, 레스토랑, 종사원의 서비스 등이 될 것이다. 반면에 일반호텔이나 염가호텔의 경우에는 체크인, 체크아웃 서비스 정도가 될 수 있으며 다른 서비스는 추가적인 내용일 수가 있다. 마케팅관리자는 상품을 기획할 때 촉진적 상품의 내용을 잘 이해하고 있어야 한다.

(3) 부가적 상품

부가적 상품(supporting product)은 핵심상품에 가치를 부가하여 경쟁에서 차별화하기 위해 제공하는 추가적인 상품내용이다. 촉진적 상품은 핵심상품에 필요한 내용이지만 부가적 상품은 꼭 필요한 것은 아니다. 또 촉진적 상품과 부가적 상품의 구분은 때로 모호할 수도 있다. 한 세분시장에서 촉진적 상품이 다른 세분시장에서는 부가적 상품이 될 수도 있기 때문이다. 부가적 상품의 예로는 호텔에 설치된 비즈니스센터나 스파시설 같은 것을 들 수 있다.

기업에서는 경쟁사와 쉽게 비교가 되지 않은 상품을 설계할 때 부가적 상품을 고려하는 것이 좋은 전략이다. 부가적 상품은 전문적인 서비스와 함께 제공하는 것을 통해 차별화 할 수 있기 때문이다. 따라서 소비자의 기대에 부응하거나 그 이상의 것을 제공해야 한다. 올바로 계획되지 않은 채로 제공된다면 경쟁의 우위를 확보할 수 없고, 경쟁사가 쉽게 모방할 수 있는 단점이 있다.

(4) 확대상품

확대상품(augmented product)은 교통의 편의성, 분위기와 같은 물리적 환경, 서비스조직과 고객의 상호작용, 고객의 참여와 고객간의 교류이다. 이들은 핵심상품, 촉진적 상품, 부가적 상품과 합쳐져 호텔의 차별화된 확대상품을 만들어내게 된다.

핵심상품은 호텔이 사업을 하는 목적으로 존재의 이유를 제공한다. 촉진적 상품은 핵심상품을 표적시장에 공급할 때 없어서는 안 될 필수적인 요소를 제공한다. 부가적 상품은 상품에 대한 소비자의 포지션에 영향을 미친다. 이들 세 요소는 소비자가 호텔로부터 상품을 구매했을 때 받게 된다. 그러나 같은 상품을 받더라도 어떻게 받는가와 관련되어 받는 방법이 중요한데, 이것이 확대상품의 의미이다. 확대상품에는 다음과 같은 구성 요소들이 있다.

- **물리적 환경** : 물리적 환경은 다른 의미로 상품을 서비스받을 때의 분위기(atmosphere)라고 할 수 있다. 이것은 소비자가 어떤 호텔의 상품을 구매할 것인가와 관련된 선택기준으로서 구매과정에 영향을 미치기도 한다. 분위기는 감각을 통해서 평가된다. 이것은 주변환경 전체의 시각, 청각, 취각, 촉각 차원을 통해 형성된다. 분위기에 따라 주의를 환기시키기도 하며, 잠재고객에게 메시지를 전달하는 역할을 하기도하며, 상품에 대해 긍정적 또는 부정적 효과를 느낄 수 있도록 한다. 따라서 마케팅관리자는 분위기를 고려해야 한다. 즉 소비자가 구매경험을 통하여 무엇을 추구하고 있는가, 소비자가 추구하거나 경우에 따라서는 탈피하고 싶어 하는 것이 무엇인가, 감정적인 반응이 어떤가, 어떤 분위기가 소비자의 만족을 증진시키는가와 관련된 내용들을 이해하고 있어야 한다.
- **서비스조직과 고객의 상호작용** : 상품을 제공할 때 소비자는 참가, 소비, 종료 단계에서 직접 관여하게 되어 있다. **참가(joining) 단계**는 샘플의 제공을 통해 강화될 수 있다. 음식점의 경우 사진이나 견본을 입구에서 보여줌으로써 구매의사결정을 도울 수 있다. **소비(consumption) 단계**는 서비스가 직접 일어나는 단계이다. 서비스는 특성상 서비스를 제공하는 종업원과 소비자가 상호작용을 하지 않으면 안 된다. 소비자가 상품을 잘 이해하고 서로 상호작용을 원활하게 할 수 있도록 상품을 디자인해야 한다. **종료(detachment) 단계**는 소비자가 상품사용을 마치고 떠날 때를 말한다. 소비자는 호텔의 체크아웃, 공항까지 이동, 공항에서 수속과 관련한 도움이 필요할 수 있다. 이러한 과정을 사려 깊게 도와준다면 소비자는 좋은 인상을 가지고 떠날 것이다.
- **고객간의 상호작용** : 상품은 그 자체만 소비가 일어나는 것이 아니라 공동으로 일어나는 것이 대부분이다. 호텔에서 다른 소비자와의 상호작용이 일상적으로 일어나게 된다. 따라서 호텔은 소비자들이 기대하지 않은 상호작용이 일어나지 않도록 상품을 설계할 때부터 상품을 소비할 수 있는 표적고객을 신중하게 고려하여야 한다.
- **고객과의 공동생산** : 상품은 소비자를 서비스제공에 참여시킴으로써 수용력을 높이고, 고객만족을 개선할 수 있으며, 비용을 절감할 수 있다. 호텔의 경우 아침식사를 할 때, 셀프서비스를 통해 고객과 공동생산을 할 수 있도록 한다면 인건비를 들이지 않고도 조식을 제공할 수

있다.

이와 같은 기준으로 호텔 상품의 특성은 물적 자원, 인적 자원, 환경 자원으로도 나눌 수 있다. 이에 대한 상품구성을 살펴보면 [그림 6-2]와 같다.

요즘에는 핵심상품이나 촉진적, 부가적 상품은 어느 호텔이나 비슷하게 제공된다. 갈수록 차별화 되는 것은 확대상품이라고 할 수 있다. 같은 호텔을 방문하더라도 안내원의 서비스, 투숙하는 호텔의 이미지, 음식 등에서 차이를 느낀다면 이런 서비스들이 상품의 가치를 결정한다고 볼 수 있다. 이런 측면에서 하나의 상품을 파는 것이 아니라 일련의 상품과 서비스 묶음을 판매한다. 따라서 급격히 변화하는 시장일수록 핵심상품과 촉진적 상품 및 부가적 상품까지 포함하는 전체 상품믹스를 디자인하는 것이 효과적인 경쟁의 방법이다.

[그림 6-2] 호텔상품의 구성도

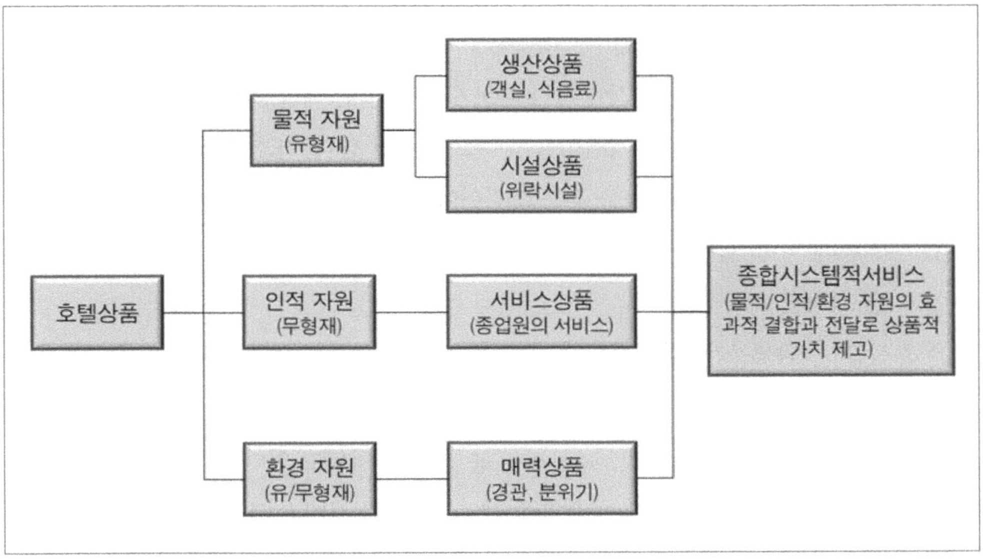

자료원 : 신강현, 강인숙, 호텔경영학 개론, 기문사, 2006, p. 117.

핵심상품은 크게 변화하지 않더라도 촉진적 상품 및 부가적 상품은 기술발전의 영향을 많이 받는다. 현재까지 컴퓨터와 정보통신 기술의 발전에 따라 다양한 형태의 새로운 상품들이 등장하고 있다. 새로운 예약시스템, 인터넷 등을 활용한 정보획득 및 제공수단의 발전 등 다양한 수단을 활용한 서비스가 발전되어 왔다.

1.3 호텔 상품의 구성

호텔의 상품은 크게 객실, 식·음료, 연회, 부대시설로 나누어 볼 수 있다.

(1) 객실

객실(room)은 호텔의 가장 중요한 수익원천으로서 '고객이 거처하거나 접대하는 장소'를 의미한다. 호텔에서는 숙박을 주 목적으로 하는 장소를 말한다. 웹스터 사전에서는 객실을 '벽에 의해 분리된 건물 내의 공간, 혹은 유사한 공간을 벽 등에 의해 분리한 공간'이라고 정의한다. 현대에 와서 객실은 단순히 벽에 의해 분리된 공간이 아닌 식·음료, 연회, 집회, 문화, 레저, 스포츠, 오락, 비즈니스 등의 기능과 인적 서비스 기능을 제공하는 공간으로서 의미를 갖는다.

호텔의 객실은 물적, 인적, 종합시스템적 서비스상품으로 구성되어 있다. 물적 차원에서 제반 시설, 식·음료, 가구 등은 유형적인 성격을 갖는다. 여기에 인적 서비스로서 다양한 서비스가 제공된다. 객실 서비스는 무형적인 것이며, 고객에게 견본을 제시하는 것이 불가능하다.

객실은 시설과 서비스, 이미지, 가격에 따라 다르게 구성된다. 객실상품에서 시설은 객실상품의 외형으로 고객의 취향에 맞는 미관, 청결성을 갖추고 있어야 한다. 또한 안전성, 편리성, 쾌적성, 고객의 사생활을 보호할 수 있는 기능을 갖추고 있어야 한다. 서비스는 객실의 이미지와 직접적인 관련이 있어야 한다. 수준 높은 서비스, 신속하고 정확한 서비스, 종업원의 개인적이면서도 친절한 서비스가 필요하다.

객실은 휴식공간, 위생공간, 수면공간, 문화공간, 비즈니스 공간으로 다목적으로 활용될 수 있다. 최근에는 객실의 침실과 휴식 공간 외에 경영자들을 위한 층(Executive Floor Service : EFL), 신속한 메시지의 전달, 금연층, 여성전용 층 등이 설치되고 있다.

객실은 일반 상품과는 달리 예약에 의해 판매되는 상품이며 서비스 상품의 특성들을 갖고 있다. 예를 들어 금일 판매되지 못하면 내일 판매할 수 없는 시간적, 공간적 제약을 받는다. 보통 판매 가능성을 높일 수 있도록 다양한 형태로 규격화 되어서 판매가 된다.

(2) 식·음료

식·음료는 음식과 음료를 의미한다. 호텔에서는 종업원을 통해 음식과 음료와 서비스를 더하여 판매를 하게 된다. 음식과 음료는 유형적이지만, 고객에게 전달되기 위해서는 종업원의 상당한 기술과 감독이 요구된다. 이것은 종업원에게 능력과 봉사 정신을 요구하는 부분이다. 식·음료는 음식, 음료라는 유형재 상품 부분, 인적 서비스라는 서비스 부분, 업장이라는 환경적 요소가 결합된다.

식·음료 부분은 객실과 함께 양대 수익원천이며, 호텔과의 경쟁에서 차별화를 가져올 수 있는 중요한 요소 중에 하나이다. 객실 상품에 비해 탄력성이 매우 높아 호텔 내에서의 중요성이 점차적으로 증가하고 있다. 미국에서는 객실 수입이 식·음료 수입보다 절대적 우위이지만 일본에서는 미국과 정 반대의 현상이 나타나고 있다.

[그림 6-3] 인터컨티넨털 호텔의 객실 내부

자료원 : http://seoul.intercontinental.com

[그림 6-4] 호텔롯데의 Peninsula 레스토랑 내부 모습

자료원 : http://www.lottehotelseoul.com

(3) 연회

연회는 사전적인 의미로 축하, 위로, 환영, 석별 등을 위하여 여러 사람이 모여 베푸는 잔치를 말한다. 호텔에서 연회의 의미는 각종 회의, 전시회, 세미나, 교육, 패션쇼 등의 의미가 포함되어 사용된다. 일반적으로 호텔의 연회는 '식·음료를 판매하기 위한 제반 시설이 완비되어 구별된 장소에서 5인 이상의 단체고객에게 식·음료와 기타 부수적인 사항을 첨가하여 행사 본연의 목적을 달성할 수 있도록 지원하는 행위' 를 말한다. 연회장(banquet room)은 다목적 기능으로 사용된다는 측면에서 펑크션 룸(function room)이라고 부르기도 한다.

연회장은 행사의 목적, 성격, 내용에 따라 다양한 형태로 구성되고 준비된다. 기능별로는 식사판매, 장소판매로 구분되며, 장소별로는 호텔내의 파티나 출장 파티로 구분된다. 목적별로는 가족모임, 회사행사, 학교행사, 정부행사, 기관 및 단체행사 등으로 나뉜다. 요리별로는 양식, 한식, 중식, 뷔페, 일식, 바비큐, 다과회, 칵테일 등으로 나뉜다. 시간별로는 아침, 점심, 저녁으로 나뉜다.

연회업무는 동시에 대량의 식·음료가 서비스되고, 예약을 통해 진행되며, 다양한 영업시간에 개최된다. 연회를 개최하는 것은 호텔을 대중에게 널리 알리는 효과를 갖게 한다. 즉, 매출을 탄력

적으로 달성할 수 있으며, 식·음료 원가가 절감되고, 다른 부분의 매출증진에 파급효과가 크며, 비수기를 극복할 수 있는 전략이다(안종기, 2000).

[그림 6-5] 제주 신라호텔의 연회장 모습

자료원 : http://www.shilla.net/kr/jeju/meeting/grand_room.jsp

(4) 부대시설

호텔의 부대시설은 소비자들이 건강한 삶과 라이프스타일의 변화에 따라 생겨난 시설들이다. 특급호텔에서는 다양한 형태의 대·소규모 연회장, 나이트 클럽, 수영장, 사우나, 헬스클럽, 카지노, 면세점 등의 부대시설이 갖추어져 있다. 이를 통해 호텔은 객실 영업의 매출증대와 재구매를 일으키는데 도움을 줄 수 있다. 이러한 부대시설은 관광객의 호텔 선정 요인들 중에서 중요한 부분을 차지하고 이다. 관광객들은 부대시설의 유무, 다양성, 편리성을 중요하게 생각한다.

[그림 6-6] W호텔의 Away Spa 시설

자료원 : http://www.wseoul.com

1.4 호텔의 상품과 서비스의 분류

상품은 크게 편의서비스, 선매서비스, 전문서비스로 구분하여 볼 수 있을 것이다. 이것은 제품 마케팅에서 편의품, 선매품, 전문품으로 구분하는 기준에 따른 것이다(이유재, 2011).

편의서비스상품(convenience services)은 소비자가 최소한의 쇼핑 노력만을 들여 구매하는 상품을 말한다. 편의서비스상품에 대해 고객들은 위험을 매우 낮게 인식한다. 예를 들어 다운타운에 있는 호텔을 자주 이용하는 고객이 호텔을 예약하는 것과 같은 경우이다. 이 경우 호텔 예약이 잘못될 가능성에 대해서는 별로 걱정하지 않는다. 또한 고객들은 탐색시간이나 비용 등을 들여 정보를 얻으려 하지 않는다. 호텔을 예약하기 위해 이곳 저곳 여행사를 둘러보거나 호텔의 품질을 점검하고 가격을 비교하거나 하지 않는다. 과거에 이용했던 호텔을 반복적으로 예약하고 이용하기 때문에 고객의 관여도가 낮다. 이러한 호텔을 예약하고자 할 때는 소비자들은 평소에 이용하는 여행사나 인터넷 사이트 또는 호텔의 예약창구를 이용한다.

선매서비스상품(shopping services)은 소비자가 원하는 상품을 선택하기 위해 경쟁 서비스와 품질, 가격 등을 비교해가며 정보를 탐색하는 등 구매노력을 들인 후에 구매하는 것을 말한다. 예를 들어 호텔을 자주 이용하지 않는 소비자가 휴양지에 있는 리조트 호텔을 예약하는 경우이다. 일반적으로 편의 서비스에 비해서 사회적으로나 심리적으로 중요한 것인 경우가 많기 때문에 소비자들은 대개 선매 서비스상품에 대해서 매우 높은 위험을 인식한다. 또한 어떤 성격을 가진 상품을 구매해야 할 지 정확히 알지 못하는 경우가 대부분이므로 적절한 구매를 하기 위해서 탐색하는 노력을 많이 기울인다. 하지만 관여도는 전문 서비스에 비해서 그리 높지 않다.

전문서비스상품(specialty services)은 상품이 가지는 차별적인 성격이나 전문적 성격 때문에 대체할만한 서비스가 존재하지 않으며 브랜드 충성도가 매우 높은 상품을 말한다. 고객들은 해당 상품을 그 상품을 파는 업체의 전체로서 파악하기도 한다. 이러한 상품들은 소비자가 인식하는 위험이 매우 크고, 구매노력을 많이 들이며, 고객이 관여하는 정도가 매우 높다. 고객들은 최상의 서비스를 얻기 위해서 적극적으로 참여하며 비교적 많은 투자를 한다. 그러므로 가격에 대해서는 비탄력적인 경우도 많다. 예를 들어 한 번도 가보지 않은 유럽 여행을 가려는 소비자의 경우를 생각해 볼 수 있다. 이 경우 유럽 여행을 전문적으로 하는 여행사를 통해 호텔을 예약하려고 할 것이다. 그리고 이와 관련된 다양한 정보를 수집할 것이다.

〈표 6-2〉 상품의 분류

상 품	인식된 위험	구매 노력	고객 관여도	예
편의서비스	낮 음	낮 음	매우 낮음	반복적으로 투숙하는 호텔 예약
선매서비스	높 음	중 간	높 음	휴양지의 리조트 호텔 예약
전문서비스	높 음	높 음	매우 높음	처음 가는유럽여행시 호텔 선택

1.5 호텔의 상품관리의 시장 동향

숙박시설로 호텔은 다양한 형태가 있다. 경유지 호텔, 리조트 호텔, 컨벤션 호텔, 컨퍼런스 호텔, 모텔, 모터 호텔, 여관 등이 있다. 이들 호텔들의 시장 동향을 살펴보면 다음과 같다(Morrison, 2006).

- **호텔의 체인화를 통한 객실 수의 대형화 :** 아직까지도 객실 수가 50개 이하인 시설이 숙박시설의 대부분의 차지하지만, 규모가 큰 숙박체인이 지배적인 형태가 되어가고 있다. 1999년

Hotels라는 잡지는 'Hotels 325'에서 총 객실 수를 근거로 Cedant, Bass, Marriott, Choice, Best Western, Accor, Starwood, Promus, Carlson, Wyndham을 세계 10대 숙박체인으로 선정했다. 이들 체인 호텔은 1998년에 십만 개 이상의 객실을 보유하고 있다.

- **브랜드 세분화의 증가** : 브랜드 세분시장에 따라 시장에 맞는 다양한 브랜드를 시장에 내 놓고 있다.
- **합병 및 조인트 마케팅(joint-marketing) 프로그램의 증가** : 1970년대부터 기업들은 보다 큰 마케팅 영향력을 행사하기 위해 기업간 합병 및 제휴를 형성하였다. 규모가 작은 숙박 체인들이 큰 체인들에게 흡수되고, 새로운 기업들이 산업에 진출하였다. 또한 조인트 마케팅 프로그램을 통하여 운송업자 및 공급업자와 네트워크 또는 상용고객 우대프로그램을 함께 실시하고 있다.
- **올스위트(all-suites) 호텔의 등장** : 모든 객실을 스위트룸으로 고안하여 기존의 숙박시설과는 차별화된 새로운 유형의 서비스 시설을 제공하고 있다.
- **상용고객 우대프로그램(frequent-guest programs)** : 1980년대 이후 상용고객 우대프로그램이 활성화 되고 있다. 이것은 고객을 규명하고, 마케팅 비용을 줄이고, 특별한 보상 서비스를 제공하면서도 체인호텔의 인지도를 높이기 위해 진행되었다.
- **특별 서비스 및 부대시설** : 새로운 서비스와 부대시설을 다양하게 제공하고 있다. 케이블 TV와 무료영화, 무료 아침식사 및 칵테일, 컴퓨터예약시스템(CRS), 컨시어지 서비스, 컴퓨터 모뎀을 위한 데이터 포트, 경영자를 위한 층(EFI)과 라운지, 익스프레스 체크인과 체크아웃, 무료신문, 헬스 클럽 및 운동시설, 건강식 메뉴, 객실 내 팩스 서비스, 조깅 코스 지도, 금연 객실 및 금연구역, 비즈니스 센터, 여성 전용시설, 원격회의시설, 화상 체크아웃, 영상 잡지 등이 그 예이다.

2. 상품수명주기

2.1 상품수명주기의 개요

상품수명주기(Product Life Cycle : PLC)란 어떤 상품의 판매량이 시간에 따라 단계별로 변하는 주기를 말한다. 이 주기는 보통 4단계로 구분한다. 이것은 도입기-성장기-성숙기-쇠퇴기이다. 모든 상품이 주기를 따르는 것은 아니다. 상황에 따라서는 상품이 등장한 후 얼마 되지 않아서 유행이 사라지는 것도 있고, 또 성장기나 성숙기가 장기적으로 지속되어 언제쯤 쇠퇴기가 시작될지를 잘 모르는 상품도 있다. 미국에서 도로변의 모텔(motel)은 도입, 급속한 성장, 감소라는 통상의 수명주기를 보여주었다. 일반적으로 상품수명주기는 경쟁적 공격과 대응에 따라 급격히 변화하는 경향이 있다.

상품수명주기는 [그림 6-7]과 같이 S-커브 형태의 모양을 갖는다. 즉 도입기 이후 서서히 성장을 하다가 어느 정도 단계가 지나면 급속히 성장하는 시기를 거친다. 그리고 성숙기에 도달하면 성장이 거의 되지 않는다. 이후 성숙기가 어느 정도 지나면 수요가 점차적으로 줄어드는 쇠퇴기를 갖게 된다.

상품관리와 마케팅전략에 상품수명주기가 중요함에도 불구하고 경영자들은 이를 잘 활용하지 않는다. 첫 번째 이유는 경영자가 상품수명주기 그 자체를 상품수명주기의 도구로 사용하지 않고 각 상품수명주기 단계의 특징을 가지고 전략상의 의사결정을 하고 있기 때문이다. 두 번째 이유는 상품수명주기 형태의 정확한 예측이 불가능하다는 점이다. 상품이 이러한 전형적인 곡선을 따라서 움직이지 않는 경우가 많기 때문이다(Kotler 외, 2010).

[그림 6-7] 상품수명주기

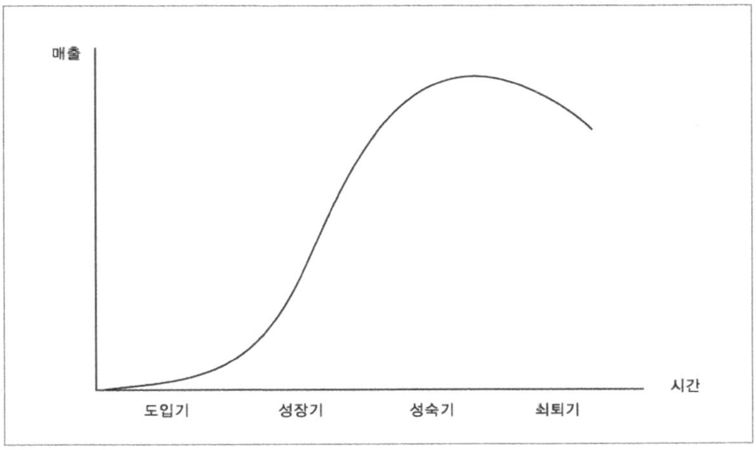

상품수명주기는 일반 제조업의 제품수명주기처럼 4단계를 거치고 있으나, 사용되는 전략은 다르다. 상품은 특성상 서비스 내용이 많이 포함되어 있기 때문이다. 특별히 서비스의 무형성, 소멸성, 비분리성, 이질성 등의 특징 때문이다. 또한 서비스는 경쟁자들에 의해 쉽게 모방이 될 수 있기 때문에 상품수명주기의 특성에는 다양한 내용이 포함될 수 있다. 이러한 내용을 전체적으로 정리해 놓은 것이 〈표 6-3〉이다.

〈표 6-3〉 상품의 수명주기별 특징 및 전략

특성 및 전략		도입기	성장기	성숙기	쇠퇴기
목표	마케팅목표	상품인지 및 구매유도	시장점유율 극대화	이익극대화	비용절감 및 브랜드 축소
상품 특성	판매량	적음	증가율이 높음	최대	급격히 감소
	비용	높음	서서히 낮아짐	계속 낮아짐	낮아짐
	마진	낮음	높아짐	점차 낮아짐	줄어 듬
	현금흐름	적자	흑자	흑자에서 줄어듬	적음
	이윤	낮음	점차 높아짐	높음	감소
시장 환경	경쟁	적거나 없음	급격한 증가	극심해짐	감소
	세분시장	잘 구분되지 않음	명확한 구분	명확한 구분	모호해짐
	시장성장속도	빠름	빠름	둔함	감소
	신규기업	진입 시작함	진입쇄도	거의 없음	거의 없음
	부실기업	거의 없음	서서히 증가	퇴출	퇴출됨
	상품 품질	단일 품질	점차 차별화됨	평준화	평준화
마케팅 믹스 전략	상품전략	기본 상품 제공	상품계열, 서비스 확대	상품의 다양화	비인기 상품 제거
	가격전략	원가에 근거함	시장침투가격	경쟁사와의 조화 및 할인	가격인하
	광고전략	상품 소개 및 인지	시장에 대한 상품인지 제고	상품차별화 및 편익 강조	고충성도 상품외 광고비 인하
	촉진전략	구매유도 목적 적극 예산 투입	수요확대 목적 예산조정	상품의 다양성을 고려한 예산 투입	최소의 예산
	유통전략	선별적 채널 개척	채널의 확대	최대 채널확대	채널의 최소화

2.2 도입기

새로운 상품이나 현존하는 상품의 새로운 형태가 처음으로 제공되는 시기이다. 일반적으로 많은 수의 신규 상품이 소비자의 선택을 받지 못하고 이 단계에서 사라지기도 한다. 도입기에는 그 상품이 존재한다는 것을 알고 있는 사람이 극소수이다. 호텔의 상품은 작은 규모로 도입된 후에 소비자에게 받아들여지면서 그 규모를 확장할 수 있는 장점이 있다. 이런 측면에서 실패에 따른 비용이 적게 든다. 이러한 전략은 시설 투자 등 투자 비용이 많이 필요한 상품에서는 구사할 수 없는 점이다.

도입기에는 경쟁자의 수가 거의 없거나 매우 적다. 하지만 호텔 상품은 경쟁자들이 상품을 쉽게 모방하거나 유사한 상품을 제공할 수 있다. 그렇기 때문에 도입기가 제조업의 제품에 비해 짧은 편이다. 성공적으로 도입이 되었을 때 빠르게 성장기로 이동해간다. 만약 도입이 실패하면 투자에 따른 위험이 크지 않기 때문에 바로 사라지게 된다.

도입기에 신규 상품을 소비자들이 수용가능한지 판단하기 위해선 현재 상품을 이용하는 소비자들이나 팸 투어(fam tour) 형태로 여행사 등 관련 담당자들이 호텔을 이용하도록 하는 것이 좋다. 이를 통해 어느 정도 타당성이 검토되면 시장에 상품을 진입시킬 수 있을 것이다.

도입기에서 중요한 전략 중의 하나는 그 산업 전체의 수요를 형성하는 것이 필요하다. 그러기 위해서 호텔은 여러 가지 판촉물을 제공하여 상품을 적극적으로 알리는 전략을 사용할 필요가 있다.

도입기의 상품을 선택하는 소비자들은 일반적으로 신상품을 사용해 보고자 하는 혁신자(innovator)층일 가능성이 높다. 그들은 신상품을 사용해보고 이에 대해 만족하면 적극적인 구전효과 창출자로서 역할을 하는 사람들이다. 그들은 그들의 경험을 주변 사람들이나 인터넷을 포함한 여러 매체에 적극적으로 소개하는 그룹이다. 소비자들은 이들의 정보를 보고 난 후에 초기 수용자(early adopter)로서 시장에 등장하기 시작한다.

2.3 성장기

성장기의 상품은 시장 규모가 급속이 성장하는 시기이다. 조금씩 시장에서 상품을 이용했던 사람들을 통해 상품에 대한 정보도 파악이 되고, 매체를 통해서나 호텔의 안내를 통해서 상품에 대한 확신을 갖기 시작하는 시기이다. 따라서 소비자에게 좋은 상품으로 알려지면서 점차적으로 시장 규모가 커지게 된다. 또한 수요가 증가하면서 점차적으로 지출보다 수입이 점차적으로 더 커지게 된다. 호텔은 규모의 경제와 더불어 가격을 조정하면서 이익의 폭을 늘려갈 수 있다. 이에 따라 다른 기업들도 시장에 진입하게 되고 경쟁이 점차적으로 증가하게 된다. 이 때 중요한 호텔의 전략은 지속적인 경쟁우위 전략을 개발하고 적극적으로 시장점유율을 확대할 수 있도록 해야 한다.

이 시기의 중요한 마케팅 전략은 시장규모를 확대하는 전략을 구사하는 것이다. 또한 지속적인 경쟁우위를 확보하기 위해서 상품의 차별화를 시도하고, 자사의 충성고객층을 늘릴 수 있도록 해야 한다. 지속적으로 급속한 성장을 유지하기 위해서는 다음과 같은 전략을 구사할 수 있다(Kotler 외, 2010).

- 상품의 품질을 개선하고, 새로운 특성과 모델의 신상품을 제공한다.
- 새로운 세분시장에 진출한다.
- 새로운 유통경로를 설정한다.
- 상품인지를 위한 광고보다 상품에 대한 확신과 구매를 위한 광고를 한다.
- 보다 많은 구매자를 유인하기 위하여 적절한 시기에 가격을 인하한다.

2.4 성숙기

성숙기에는 그 상품에 대해 모르는 소비자가 거의 없는 단계이다. 매출은 안정세를 유지하게 된다. 하지만 경쟁사들이 치열하게 경쟁을 벌이게 되면서, 상품간의 차이가 거의 없어지게 되며, 상품의 내용면에서도 표준화가 되어 별 차이가 없게 된다. 시장 또한 몇 개의 기업의 의해 적절히 분할되어 있다. 매출을 증대시키는 유일한 방법은 경쟁기업의 고객을 빼앗는 방법이다. 이러한 상황이 되면 상품의 전체이익이 감소하게 된다. 기반이 약한 호텔들은 시장에서 자연 퇴출되게 된다.

성숙기 때 치열한 경쟁에서 살아남으려면 강력한 마케팅수단이 필요하다. 하나 또는 두 개 정도의 주요 전략에 집중하고, 강력한 경쟁우위를 살릴 수 있는 것들을 고려해야만 한다. 성숙기에 가능한 전략상의 선택 대안은 (1) 신규구매자와 세분시장을 탐색하여 현재의 고객을 대상으로 사용량을 늘리거나, 보다 광범위하고 보다 성장이 빠른 세분시장에 소구하기 위해 포지셔닝을 변경시키는 방법으로 시장을 수정하거나, (2) 상품의 특징, 형태 등을 변경시킴으로써 신규구매자를 늘리거나 판매량을 늘리거나, (3) 상품의 품질 개량을 통해 내구성, 신뢰성, 신속성, 맛 등과 관련된 상품 성능을 증대시키거나, (4) 마케팅믹스의 한 가지 이상의 요소를 바꾸는 것을 전략적으로 추진할 수 있다.

2.5 쇠퇴기

쇠퇴기는 상품에 대한 수요가 줄고, 가격경쟁이 더욱 치열해지는 시기다. 이에 따라 각 기업의 매출이 줄고 이윤이 감소한다. 쇠퇴기가 나타나는 궁극적인 이유는 새로운 상품의 등장으로 수요가 점차적으로 이동해 가기 때문이다. 소비자의 수요가 감소하기 때문에 많은 기업들은 그들의 상품 포트폴리오로부터 불필요한 것을 없애야 한다. 이 때 취할 수 있는 전략으로 시장에서 철수(divest), 최대한 수익을 올리고자 하는 수확(harvest), 이윤을 내지 못하는 상품의 제거(pruning), 투자한 금액에 비해 이윤을 얻기 힘든 옵션이나 서비스내역들의 비용을 줄임으로 비용의 절감(retrenchment), 기존 상품을 다른 용도를 겨냥하거나 새로운 표적시장을 찾아서 제공하는 재활성화(rejuvenation) 방법 등을 사용할 수 있을 것이다.

시장에서 상품에 대한 매력이 상실된 경우 기존 상품은 폐기를 하고 다른 상품으로 대체해야 한다. 특히 호텔에서 운영하는 레스토랑이나 레스토랑 내의 메뉴들은 이러한 과정을 거쳐야 하는 경우가 가끔씩 발생한다. 특정한 컨셉의 레스토랑이나 메뉴는 유행을 타기 쉬우며, 상황과 환경에 따라 폐기를 해야 하는 경우가 발생한다. 상품의 폐기는 상품의 예정된 매출액과 그 매출액에 수반되는 추정비용을 체계적으로 검토한 후에 결정해야 한다. 상품이 더 이상 이익을 올릴 수 없다고 생각하는 경우 서서히 그만 두거나, 재고가 없어질 때까지 판매하거나, 즉각 폐기하는 방안을 선택할 수 있다. 그 중에서도 서서히 그만두는 것이 가장 이상적인 방법이다. 상품이 고객에게 해를 끼친다던가, 고객이 불만족을 드러내는 경우에는 즉각 폐기하는 방법을 사용할 수 있다.

체인 호텔은 상품폐기 문제가 쉽지 않은 경우가 많다. 이것은 기존 계약을 조기에 폐쇄할 수 없다든지, 지역사회의 애착 또는 부정적인 영향이 있다든지, 구매자를 찾지 못한다든지, 특별한 계약관계 등에 의해 폐기가 단기간에 어려울 수 있기 때문이다.

3. 브랜드관리

3.1 브랜드의 개념

브랜드(brand)란 상품의 컨셉트, 품질, 가치와 제시된 표시물들의 결합물이다. 즉 호텔이 상품을 소비자에게 식별시키고 다른 회사의 것과 차별화하기 위해 사용하는 브랜드네임, 로고, 슬로건, 디자인, 심볼 등을 결합한 상징물이다. 브랜드네임(brand name)은 발성될 수 있는 단어 또는 문자로 구성된 것을 말한다. 다른 말로 상표라고도 한다. 로고(logotype)는 상품의 이름을 시각적으로 표현한 것을 말한다. 심볼(symbol)은 브랜드를 추상적인 기호나 독특한 색깔이나 문자의 형태로 나타낸 것을 말한다. 또한 로고나 심볼을 이상적으로 조합한 형태를 시그나춰(signature)라고도 한다. 등록상표(trade mark)는 판매자가 상표법에 의해 특허청에 등록하여 법적인 보호를 받는 브랜드를 발한다. 등록상표에는 브랜드표식, 상표명(브랜드네임)도 포함된다.

제품마케팅에서 제품브랜드(product brand)가 가장 중요한 브랜드이듯이 호텔의 마케팅에서는 기업브랜드(company brand)가 가장 중요한 브랜드이다. 또한 브랜드는 서로 구별되고 인식되는 것이 다르기 때문이 각각 나름대로 가치를 가지게 된다.

브랜드를 활용한 마케팅은 호텔산업보다는 제조업을 중심으로 한 제품마케팅에서 주로 활용되어 왔다. 서비스업에서도 점차 그 중요성이 강조되고 있다. 이러한 노력들의 하나로 볼 수 있는 것이 각 지역을 지칭하는 슬로건으로서 브랜드들이다.

상품과 서비스상품은 브랜드를 개발하여 잘 정착시키면 일반적으로 소비자가 현재 이용하는 브랜드로서 다른 브랜드로 바꾸는 행위인 브랜드 전환(brand switching)이 적게 일어난다고 한다. 새로운 상품으로 전환하려는 경우 정보수집 비용과 상품의 신뢰문제가 일반 제조업보다 높기 때문이다. 일반 제조업의 제품은 눈으로 확인할 수 있는 것들이 있지만, 상품은 직접 경험해 보기 전에는 항상 위험이 따른다.

상품은 구체적인 형태가 없기 때문에 물리적인 증거의 한 형태로서 브랜드가 사용된다. 호텔들은 현재고객, 가망고객(prospects), 종업원 등에게 다양한 형태로 브랜드를 제공한다. 이것은 호텔의 설비, 간판, 인쇄, 방송광고, 운송용 차량, 종업원 유니폼 등에 적용될 수 있다. 여기서 제시되는 브랜드의 핵심은 기업의 이름이지만 이에 수반되는 심벌, 시각적 제공물 역시 중요한 역할을 감당한다. 이러한 과정을 통해 잘 관리된 브랜드는 호텔의 이미지를 최상으로 이끄는 도구로서 사용될 수 있다. 효과적인 브랜드는 고객에게 중요하고 차별화된 상품에 대한 정보를 전달할 수 있다. 호텔은 소비자들에게 강력한 브랜드로서 무형의 서비스를 시각화 하고 이해시킬 수 있어야 한다. 이에 따라 소비자가 품질과 신뢰성에 대한 확신을 갖게 하며, 구매의사결정을 신속하게 할 수 있도록 도와줄 수 있게 된다.

3.2 브랜드네임 전략

(1) 브랜드네임의 형태

브랜드네임은 소유권과 개발주체에 따라 여러 가지 형태로 나뉜다. 먼저 상품의 대형기획업자 브랜드(manufacturer's brand) 또는 전국 브랜드(national brand : NB)가 있다. 대형 기획업자의 브랜드는 기획업자가 브랜드네임을 개발 소유하며, 효과적인 관리를 통해 브랜드가치를 키우려고 하는 브랜드다. 대형 기획업자 브랜드를 사용하는 기업들은 대개 우량기업이며, 재무상태가 좋고 관리가 잘 되고 있는 기업들이다. 전국 시장을 대상으로 하며 대량의 소비자 유치와 대중매체를 이용한 대량광고를 한다. 따라서 브랜드네임의 지명도가 높고, 신뢰도도 높다..

다음으로 유통업자 브랜드(distributer's brand) 또는 사적 브랜드(private brand : PB)이다. 유통업자 브랜드는 중간상이 자체적으로 기획한 브랜드로서 중간 유통망이 스스로 위험을 가지면서 기획한 상품에 부착하는 브랜드다. PB 상품의 경우 직접 상품 프로그램을 기획하고 운영하기 때문에 대형기획업자 브랜드 상품에 비해 높은 이익을 확보할 수 있다. 또한 호텔의 유통망에서 PB상품을 우선적으로 알릴 수 있는 장점이 있다.

마지막으로 무브랜드(generic brand)를 사용하는 경우이다. 이러한 상품은 대형기획업자나 유통업자 브랜드에 비해 저렴한 가격과 소수로 판매하기 때문에 가격이 민감한 소비자들을 대상으로 영업활동을 할 수 있을 것이다.

(2) 브랜드네임 전략

호텔에서 운영하는 브랜드네임은 크게 4가지 형태로 전략을 세워 관리할 수 있을 것이다.

- **개별 브랜드네임 전략(individual brand strategy)** : 각각의 상품에 다른 브랜드네임을 붙이는 전략이다. 이를 통해 시장에서 각각의 상품 계열이 독자적인 포지셔닝을 갖도록 한다. 예를 들어 한 호텔에서 7개의 레스토랑이 있을 때 각각에 대해 다른 브랜드네임을 붙이는 경우이다.
- **복수 브랜드네임 전략(multiple brand strategy)** : 같은 상품계열이라도 복수의 브랜드네임을 붙이는 것을 말한다. 이를 통해 서로 다른 세분시장에 각각 다른 이미지를 형성시켜 소구할 수 있는 장점을 갖게 된다. 예를 들어 호텔을 이용하는 고객들이 연령대별로 20대, 30-40

대, 50–60대, 노년층 등으로 세분시장이 구성되어 있다고 한다면, 각각 세분시장에 적절한 브랜드네임을 개발해서 붙이는 전략이다.

- **공통 브랜드네임 전략(family brand strategy)** : 상품 계열별로 다른 브랜드네임을 붙이는 전략이다. 이 전략은 신상품의 시장도입을 용이하게 하고 기존상품과의 상호작용에 의해 시너지효과를 강화시킨다. 예를 들어 초이스호텔(Choice Hotel International)은 호텔의 등급에 따라 Econo Lodge, Rodeway Inn, Sleep Inn, Comfort Inn, Qaulity Inn, Clarion 등의 상품을 취급하고 있다. 각 상품 계열별로 다른 이름을 사용하는 전략이다.

[그림 6–8] 다양한 호텔의 브랜드들

Choice Hotels

자료원 : http://www.choicehotels.com

International Hotels Group

자료원 : http://www.ihg.com

- **브랜드확장 전략(brand extension strategy)** : 브랜드네임 전략을 통해 브랜드의 인지도가 높아진 경우 이 브랜드의 인지도를 활용해 새로 개발하는 다른 상품에 적용하는 경우이다. 이 전략은 신상품을 시장에 출시할 때 마케팅비용의 절감과 기존 상품의 후광효과(halo effect)를 볼 수 있는 장점이 있다.

(3) 브랜드자산

브랜드자산(brand equity) 개념은 1990년대부터 가장 주목을 받는 마케팅 주제로 부각했다. 브랜드자산은 브랜드에 부가된 가치를 의미한다. 잘 알려진 브랜드는 소비자에게 신뢰감을 두고 쉽게 선택되는데 반해 그렇지 못한 브랜드는 다른 상품들과 지속적으로 비교되는 경향이 있다. 또한 소비자로부터 선택이 잘 되지 않는 경향이 있다.

브랜드가치를 높이기 위해 많은 기업들은 마케팅 비용을 들여 여러 가지 판촉활동을 전개한다. 실제로 브랜드자산이 높은 경우 가격이 더 높은 상품일지라도 소비자들이 선택하는 점에서 가격 프리미엄까지 형성이 된다. 브랜드자산이 형성된 기업일수록 우호적이며, 기억하기 쉬우며, 일관된 이미지를 가지고 있기 때문이다. 이와 같은 이미지를 위해서는 장기간에 걸쳐 투자가 필요하다.

3.3 브랜드네임의 선택

어떤 브랜드네임을 선택하는가는 모든 분야의 기업의 상품의 이미지를 전달하는데 중요하다. 마찬가지로 소비자들이 무형적이고 상품 비교가 쉽지 않는 상품에 있어서도 그렇다. 강력한 브랜드파워를 가지고 있는 상품의 브랜드는 독특성, 연관성, 기억용이성, 유연성이라는 기준을 중심으로 평가해 볼 수 있다.

독특성(distinctiveness)은 브랜드가 경쟁사와는 명확하게 구분되어 있는지 여부를 의미한다. 독특성을 가지려면 구체적이며 기업의 특성을 잘 드러내는 표현이 들어가도록 해야 한다. 독특성을 드러낸다고 해서 '제일의', '최고의'와 같은 특유의 개성을 갖지 못하는 용어들은 피하는 것이 좋다. 또는 해당 상품 카테고리에서 일반적으로 사용하지 않는 단어를 활용하거나, 가공의 단어를 활용할 수도 있다.

연관성(relevance)은 브랜드가 상품의 속성이나 혜택을 잘 표현해야 한다. 예를 들어 홀리데이인(Holiday Inn)은 휴일에 투숙할 수 있는 명확한 이름이며, 모텔 6(Motel 6)나 모텔 8(Motel 8)도 자동차 여행객들이 쉽게 예약해서 투숙할 수 있는 호텔이다. 그렇다고 해서 연관성을 높이기 위해 단순한 상품의 혜택을 묘사해 놓아서는 안 된다. 문자 그대로 상품을 표현한 것은 이름의 길이를 길게 하는 단점이 있으며, 특유성을 감소시킬 수 있는 단점이 있다. 고객의 관점에서 얼마나 해당 브랜드네임이 연관성이 있는가를 평가해야 한다. 고객의 입장에서 기능이나 혜택이 쉽게 이해가 될 수 있도록 해야 한다. 또한 함축된 내용을 간접적으로 표현하는 것이 단순히 문자적으로 묘사해 낸 것 보다 더욱 고객의 기억에 오래 남아 있을 수 있다.

기억용이성(memorability)은 소비자들이 쉽게 이해할 수 있고 회상이 되어야 한다는 의미이다. 기억이 용이하려면 독특함과 간결성, 단순성을 가지고 있어야 한다. 이러한 요인들은 그래픽 로고를 통해서도 더 명확하게 전달할 수 있다. 또한 철자를 특이하게 사용함으로써 소비자들의 기억을 용이하게 할 수도 있다. 대표적으로 미국의 장난감업체인 '토이즈러스'는 'are' 대신에 'R'을 거꾸로 사용함으로써 소비자의 기억에 남게 하였다.

유연성(flexibility)은 상품의 제공물의 속성과 영역이 변화하기 쉽기 때문에 이것을 잘 반영할 수 있는 브랜드네임을 선택해야 한다. 지명, 기업이 주는 인상, 세계화 시대에 걸맞지 않은 이름 등이 그런 사례일 것이다. 예를 들어 특정 지역인 이집트나 유럽, 제주도 등과 같은 지명을 브랜드네임으로 사용한다면 다른 형태의 서비스를 하기는 쉽지 않을 것이다.

3.4 효과적인 브랜드 창출

호텔에서 효과적인 브랜드 창출을 위해서는 먼저 시장조사를 해야 한다. 브랜드 개발은 시장조사 결과에 의존하는 경우가 많다. 소비자들이 생각하는 브랜드에 대한 이미지가 중요하기 때문이다. 표적집단면접법(Focus Group Interview : FGI), 브레인스토밍(brain storming)을 사용하여 초기 브랜드에 대한 아이디어를 끄집어 낸 후, 이를 대상으로 적절한 설문조사나 현장조사를 하는 방법을 사용할 수 있을 것이다.

둘째, 현재 회사에서 주력으로 하고 있는 일을 중심으로 브랜드네임을 고려해야 한다. 완전히 새로운 것보다는 현재 하고 일을 중심으로 했을 때, 기업에서 고객에게 주는 혜택이 잘 포함된 브랜드를 선택할 가능성이 높아진다. 새로운 브랜드를 개발한다고 해도 현재 하고 있는 일과 다른 상품의 브랜드를 창출해 낸다면 여러 가지 어려움이 따를 수 있다. 상품은 서비스상품으로서 브랜드 인지를 형성하는데 막대한 비용이 들 가능성이 높기 때문이다. 새로운 분야에 들어갈 경우 브랜드 확장(brand extension)과 같은 기법을 활용하는 방법도 생각할 수 있다.

셋째, 통합적인 마케팅 전략에 브랜드를 활용하는 것이다. 상품을 취급하는 종업원들에서부터 시작해서 다양한 마케팅수단에 공통적으로 활용될 수 있는 브랜드를 창출하는 것이다. 종업원들은 직접 고객과 접촉하기 때문에 가장 효과적인 브랜드 전달 수단이 될 수 있다. 시각적이며, 활동적인 이미지를 전달할 수 있다면, 상품의 역동성을 잘 전달할 수 있을 것이다. 브랜드를 종업원들을 대상으로 공모하여 짓는 것도 좋은 방법이 될 수 있다.

4. 신상품개발

4.1 신상품의 개념

현대와 같이 호텔의 경쟁이 심화되고, 전세계적인 경쟁이 되는 상황에서 살아남기 위해서는 기존의 상품을 잘 전달해야 할 뿐만 아니라 새로운 상품을 효과적으로 개발할 필요가 있다. 기업은 두 가지 방법으로 신상품(new product)을 개발할 수 있다.

첫째는 기업 자체 또는 상품특허를 가지고 있는 다른 기업을 인수하는 방법이다. 주요 신상품을 개발하거나 도입하기 위한 비용이 상승하면서 나타난 추세이다. 많은 기업들이 새로운 것을 만들기 보다는 기존의 브랜드를 인수하거나, 라이선스 협약을 통해 다른 회사의 브랜드를 활용한다. 대표적 예들을 보면 다음과 같다. 아코르(Accor)는 모텔 6(Motel 6)를, 래드브로크(Ladbroke)는 힐튼 인터내셔널(Hilton International)을, 초이스(Choice)는 로드웨이(Road Way), 이코노 로지(Econo Lodge) 등을, 카니발(Carnival)은 홀랜드 아메리카(Holland America), 윈드스타(Wind Star), 코스타(Costa), 씨번(Seabourn) 등을, 인터컨티넨털 호텔 그룹(Intercontinental Hotels Group : IHG)은 홀리데이 인(Holiday Inn), 크라운 플라자(Crowne Plaza), 스테이브릿지 스위트(Staybridge Suites) 등을 사들였다.

둘째는 기업 또는 기업의 연구개발부서를 신설하여 신상품을 개발하는 방법이다. 신상품 개발과 관련하여 도널드 히니(Donald Heany)는 '새로움' 의 개념에 대한 6개의 범주를 중심으로 신상품 개념을 내 놓았는데, 이를 살펴보면 다음과 같다

- **주요혁신(major innovation)** : 명확히 정의되어 있지 않거나 세분시장이 확실이 구분되어 있지 않은 시장에서 새로운 개념의 상품을 내 놓은 것이다.
- **신규사업(star-up business)** : 주요 혁신과는 달리 소비자의 근본적 욕구를 충족시킬 상품이 이미 시장에 존재하지만 새로운 유형으로 대체하려는 경우이다.
- **기존 시장을 위한 신상품의 개발(new product for the currently served market)** : 호텔의 현재 고객들에게 이전에는 제공하지 않았던 상품을 제공하는 것이다
- **상품의 계열확장(product line extension)** : 현재 제공되고 있는 상품 계열에 새로운 것을 추가하거나 기존의 상품이지만 고객에게 전달하는 방법이 새로워진 것을 말한다.
- **상품의 개선(product improvement)** : 가장 일반적인 방식의 개선이다. 기존 상품의 형태를

변경하는 것이다. 핵심 또는 보조서비스 내용을 개선할 수 있다.

- **스타일 변화(style change)** : 가장 평범한 형태이다. 그러나 가시적으로는 큰 변화를 가져온다. 대표적으로 호텔의 유통망을 새로 장식하거나, 유니폼을 바꾸거나, 브랜드를 변화시키려는 것이다.

4.2 신상품개발의 성공과 실패 요인

상품은 구체적인 형태가 없고 경험을 통해서 느낄 수 있기 때문에 신상품을 개발하거나 기존 상품을 개선하고자 할 때에는 '고객의 편익' 을 중심으로 해야 한다. 즉 고객의 입장에서 어떤 것이 필요한지를 보아야 성공적인 개발을 할 수 있다. 즉, 소비자의 어려움을 덜어주고 소비자의 욕구를 충족시켜 줄 수 있는 상품을 개발해야 한다. 새로운 상품의 성공 및 실패와 관련된 주요 요인을 살펴보면 다음과 같다.

- **상품과 고객관련 요인** : 신상품이 성공하기 위해서는 먼저 소비자의 필요에 적합해야 한다. 따라서 신상품을 이용할 표적고객에게 적절한지, 소비자가 지불하는 가격에 비해 높은 효용을 제공하는 상품인지를 살펴보아야 한다. 기존의 상품과 차별화 되어야 하는데 차별화되지 못한 경우에는 실패할 가능성이 높다.
- **시장환경관련 요인** : 신상품은 성장잠재력이 높은 시장에 들어갈 때 성공 확률이 높다. 대체적으로 상품수명주기 상에서 성장기에 있는 경우일 가능성이 많다. 표적시장에 대한 분석이 부적합하여 시장에 제대로 된 신상품을 내놓지 못한 경우에는 실패할 확률이 높아진다.
- **기업내부 요인** : 신상품들 중에 기업이 제공하는 기존 상품과 기업의 이미지에 잘 부합하면서도 독특한 신상품을 시장에 진입을 시켰을 때 성공 확률이 높아진다. 또한 최고경영자의 지원, 신상품개발과 관련된 부서들 사이의 원활한 의사소통, 신상품을 성공시키려는 강력한 의지를 가진 임직원, 효과적인 신상품개발 조직 등이 있을 때 성공 가능성이 높아진다(박홍수 외, 2004). 반면에 내부적인 관심이 낮아지고 협력이 잘 안될 경우에는 실패할 가능성이 높아진다.
- **신상품개발기간 및 출시시기** : 신상품은 개발시점과 출시시기는 시장상황과 밀접한 관련이 있다. 아직 성숙되지 않은 시장에 신상품을 내놓은 경우 수요가 일어나지 않아 실패할 수 있다.

4.3 신상품개발 과정

신상품 개발 과정은 [그림 6-9]와 같은 과정을 거치게 된다.

[그림 6-9] 신상품개발 과정

- **아이디어 창출(idea generation)** : 신상품개발 과정의 첫 단계는 아이디어의 창출이다. 아이디어는 내부원천과 외부원천을 통해 창출된다. 내부원천은 각종 기업내의 부서를 말하는데, 전체 아이디어의 55%이상을 차지할 만큼 중요한 원천이다. 외부원천은 고객, 경쟁사, 유통업체나 공급업체와 같은 협력업체, 외부 조사기관, 호텔산업의 소식지, 전시회나 세미나, 공공기관 등이 될 수 있다. 고객 원천은 모든 신상품 아이디어의 28% 정도를 차지하며, 고객을 관찰하던가 의견을 수렴함으로 얻어진다. 경쟁사의 경쟁상품을 분석하여 얻는 신상품 아이디어는 전체 아이디어의 27%정도를 차지한다. 신상품 아이디어의 발상은 브레인스토밍(brainstorming) 등을 통해 진행할 수 있다. 브레인스토밍은 회사내의 모든 계층의 사람들이 모여서 자유롭게 의견을 표출하는 과정을 통해 진행된다. 이러한 과정들을 통해 몇 개의

의미 있는 아이디어를 창출하기 위해서는 수많은 아이디어를 창출하는 것이 보통이다.

- **아이디어 채택(idea screening)** : 아이디어 창출 단계에서 발굴된 여러 아이디어 중에서 개발 가능한 것을 추출하고 그 중에서 가능성 있는 아이디어를 중심으로 2-3가지 정도를 채택한다. 이 과정은 나중에 잘못 채택되었을 때 발생할 수 있는 비용을 줄일 수 있기 때문에 매우 중요하다. 상품 아이디어 평가표를 만들어 표준화된 서식으로 평가를 할 필요가 있다. 보통 이 단계에는 대략적인 목표시장, 경쟁, 시장규모에 관한 개략적 추정, 상품가격, 개발기간과 비용, 상품원가 및 투자수익 등이 고려된다.

- **상품개념개발(product concept development)** : 상품개념 개발이란 채택된 아이디어에 대해서 소비자에게 의미 있는 개념으로 전달하는 과정이다. 아이디어를 세부적인 상품개념으로 만들어 소비자에게 전체적인 그림을 제시한다. 이와 관련해 상품아이디어, 상품개념, 상품이미지라는 용어를 구분할 필요가 있다. 상품아이디어(product idea)는 기업의 경영층이 시장에 제공할 상품에 대한 계획을 하는 것이다. 상품개념(product concept)은 아이디어를 구체화하여 소비자의 언어로 상세하게 설명하는 것이다. 상품이미지(product image)는 현재 또는 잠재 상품에 대하여 소비자가 어떻게 인식하고 있는지를 의미한다. 상품개념을 개발한 메리어트의 사례가 [그림 6-10]에 제시되어 있다.

- **상품개념 테스트(product concept testing)** : 소비자를 대상으로 한 시장조사와 더불어 상품개념이 얼마나 소비자에게 호소력이 있는지를 테스트한다. 표적집단을 대상으로 테스트를 진행해야 한다. 테스트는 개념을 보여주고 소비자의 태도를 조사하는 방법과 가상의 대안들을 보여주고 선호도를 조사하는 결합분석(conjoint analysis)과 같은 통계분석을 통해서 진행할 수 있다. 메리어트는 잠재고객들에게 가상적인 상이한 특성의 조합으로 구성되는 모델을 보여주고, 바람직한 정도를 조사하는 결합분석을 통해 코트야드 모텔(Courtyard Motel)에 관한 개념을 실험하였다.

[그림 6-10] 메리어트 호텔의 신상품개념 개발 사례

1970년 말 메리어트(Marriott)는 그 당시 자사의 호텔상품에 대하여 도시 시장은 포화상태에 있다고 판단하였다. 그들은 2차적인 장소와 교외의 입지에서 잘 받아들여질 호텔 개념(hotel concept)을 필요로 하였다. 메리어트는 신상품개발을 통하여 회사의 주축사업, 다시 말하면 숙박산업에 이들의 자원을 집중시키기로 결정하였다.
이것이 일종의 상품아이디어였다. 그러나 고객은 상품아이디어를 구입하는 것이 아니고 상품 그 자체를 구입하는 것이다. 마케팅 담당자의 업무는 이 아이디어를 몇 개의 대체적인 상품개념으로 전환하여 각각의 상품이 고객에게 어느 정도로 매력적인가를 평가하고, 그 중에서 최고의 상품을 선택하는 일이다.
신상품 개념으로 매리어트는 코트야드 메리어트(Courtyard by Marriott)라는 상품을 도입하였다. 메리어트는 이 신상품개발의 관리를 위하여 사내에서 여러 분야의 인재를 선발하였다. 회사는 경쟁사와 시장에 대한 분석을 대규모로 실시하였으며 조사결과에 기초하여 다음과 같은 개념적인 틀을 개발하였다.

1. 단기 숙박객을 표적시장으로 삼는다.
2. 객실 수를 150실 이하로 한다.
3. 주택과 같은 이미지를 부각시킨다(조사를 통하여 메리어트는 기존의 호텔을 선호하지 않는 호텔이용객의 세분시장을 발견한 것이다. 이러한 고객은 가정과 유사한 환경을 좋아하였다).
4. 메리어트의 다른 호텔과의 심각한 잠식현상이 일어나지 않도록 한다.
5. 한정된 메뉴를 제공하는 레스토랑을 갖춘다.
6. 회의장소와 공공장소의 공간을 줄인다.
7. 표준화된 상품으로서 한 지역에 5개에서 8개를 개점한다.
8. 메리어트의 브랜드네임을 인지도와 후광효과(halo effect)를 위하여 반드시 사용한다. 후광 또는 우산효과란 기업 내지 브랜드네임이 다른 상품에까지 영향을 미치는 것을 의미한다. 나비스코(Nabisco)라는 이름은 오레오 쿠키부터 슈레디드 위트에 이르기까지 많은 상품에 대해서 후광효과를 발휘하고 있다.

자료원 : Kotler 외, 호텔·외식·관광마케팅, 김형순, 김영태 옮김, 도서출판 석정, 2004, pp. 275-276.

- **사업성 분석(business analysis)** : 채택된 아이디어를 중심으로 시장에 출시할 경우 시장에서 경쟁자의 파악, 시장성, 수익과 비용에 대한 분석(예상 매출액, 고정비 및 변동비의 추가, 투자 규모, 수익성 등)을 실시한다. 정확한 매출액을 추정하기 위해서는 수요예측 기법을 활용할 수 있다. 수요예측 기법을 통해 초기 판매량, 대체수요 등의 관점에서 살펴볼 필요가 있다.
- **상품개발(product development)** : 상품 개념 혹은 상품 아이디어를 유용한 상품으로 전환시키는 단계이다. 앞에서 제시되었던 상품개념을 가지고 상품의 원형(prototype)을 만든다. 상품개념 단계에서 언어적인 설명, 그림, 모형으로만 존재했던 내용을 실현 가능한 상품으로

전환시킨다. 성공적인 상품원형을 상품의 특성에 따라 개발하는 데는 시간이 많이 걸릴 수 있다.

- **마케팅전략(marketing strategy)** : 상품을 시장에 도입하기 위해 기초적인 마케팅전략을 개발한다. 처음 몇 년간의 표적시장, 계획된 상품의 포지셔닝, 매출, 시장점유율, 이익목표를 세운다. 이것이 확정되면 첫 해의 상품가격, 유통기획, 예산에 대한 계획을 세운다. 마지막으로 장기적인 판매계획, 이익목표 및 마케팅믹스 계획을 세워 전체적인 마케팅 실행 계획을 작성한다.
- **시험 마케팅(test marketing)** : 시장에 직접 시범적으로 출시를 해 보고, 여러 가지 문제점을 발견하고 수정하고, 개발한 신상품을 발전시킨다.
- **상품 출시(commercialization)** : 광고 및 판촉전략과 다양한 유통채널을 통해 개발한 상품을 직접 판매한다. 신상품의 출시시기인 타이밍, 출시범위를 전국적으로 할 것인가 아니면 특정 지역을 대상으로 할 것인가, 초기에 어느 집단을 중심으로 맞출 것인가도 중요하다. 일반적으로 고객들은 조기 수용층, 초기 대중수용층, 의견선도자 등의 집단들이 있을 것이다.

4.4 신상품의 수용과 확산

시장에 도입된 신상품은 시장에서 수용(adoption)과 확산(diffusion) 과정을 거쳐 시장에 정착이 된다.

(1) 신상품의 수용 및 확산 과정

신상품의 수용과정은 소비자가 신상품을 알게 된 시점에서 최종적으로 신상품을 선택하게 되는 과정까지 이르는 심리적 과정이다. 신상품이 시장에서 점차 수용이 되면서 확산 과정이 진행된다. 확산은 '신상품이 시간이 지남에 따라 사회에 퍼져나가는 과정'을 말한다. 소비자는 보통 여섯 단계를 거쳐 새로운 신상품을 수용할 것인가를 결정한다.

- **인지(awareness)** : 소비자가 신상품에 대하여 알게 되지만 정보는 아직 부족한 단계로 잠재고객으로 머물고 있다.
- **관심(interest)** : 신상품이 자신에게 유용한 것인지를 확인하기 위해 정보를 찾는 단계이다.

- **평가(evaluation)** : 신상품을 다른 대체안과 비교하여 이의 장단점을 판단하는 단계이다.
- **시험적 사용(trial)** : 주위의 신상품 이용경험자들이 있거나, 여행사의 판매원 등을 통해서 신상품에 대한 이해를 하는 단계이다.
- **수용(adoption)** : 소비자가 신상품을 전면적으로 받아들이는 단계이다. 즉 상품을 선택할 것을 결정하는 단계이다.
- **확인(confirmation)** : 신상품을 수용하고 난 후 자신의 결정이 옳았는지에 대한 확신을 구하는 단계이다.

이러한 과정은 상품 마케팅관리자에게 여러 가지 시사점을 제공한다. 예를 들어 새로운 호텔에서 새로운 서비스가 만들어졌다고 하자. 이 경우 소비자들은 이 서비스에 대하여 관심 단계에 있으나 아직 그 서비스에 대한 확신이 없어 구매를 망설일 수 있다. 이 때 서비스를 이용해 본 경험이 있는 사람들이 만족한 서비스를 받았다는 정보들을 입수하게 되면 그 서비스를 수용할 가능성이 높다는 것을 보여준다.

(2) 신상품 수용자의 유형

신상품 수용층은 최초 수용층, 조기 수용층, 초기 대중수용층, 후기 대중수용층, 최종 수용층으로 나뉜다.

최초 수용층(innovators)은 혁신자층이라고도 하며 신상품을 가장 먼저 받아들이는 모험적인 소비자로 전체의 약 2.5%를 차지한다. 이들을 혁신자라고 부르기도 한다. 이들은 보통 비교적 젊고, 사회적 지위가 높으며, 부유한 계층의 소비자일 가능성이 높다. 그리고 한 지역 내에서의 관계보다는 여러 집단과 폭넓은 관계를 유지하고 있는 소비자일 가능성이 높다. 이들은 다른 사람보다 정보의 획득에 민감하므로 상품에 관한 정보를 판매원과 같은 인적 정보에 의지하기보다는 광고나 인터넷과 같은 비인적 정보원을 선호하는 경향이 있다.

조기 수용층(early adopters)은 최초 수용층 다음으로 신상품을 수용하는 계층이다. 전체 소비자의 13.5% 정도를 차지한다. 이들은 최초 수용층과 달리 지역 내에서 사회적으로 긴밀한 관계를 유지하는 계층으로 사회에서 존경받고 있으며 다른 사람들이 이들의 의견에 관심을 보이는 의견선도자(opinion leader)의 역할을 하는 경우가 많다. 이들은 주로 판매원이 제공한 정보원이 의지하는 경향이 크다.

초기 대중수용층(early majority)은 전체 소비자의 34% 정도를 차지하고 있다. 이들은 매우 신중한 소비자들이다. 이들 집단은 사회적으로나 경제적으로 평균을 약간 상회하는 수준이며, 의견 선도자는 아니다. 이들은 지역사회의 모임에 적극적인 참여를 한다. 초기 대중수용층에 속하는 소비자들은 조기 수용층의 관광형태를 모방함으로써 평균보다 앞서 신상품을 이용한다.

후기 대중수용층(late majority)은 신상품에 대하여 항상 소극적인 자세를 취하는 소비자로 34% 정도를 차지한다. 이들은 의심이 많은 소비자며, 새로운 것에 대한 회의적인 시각을 갖고 있기 때문이다. 이들은 많은 사람들이 신상품을 사용하고 난 뒤 이용한다. 또한 상품을 선택할 때 경제적인 동기가 가장 많은 영향을 미치며, 주위 동료들의 분위기에 마지못해 선택하는 경우가 많다. 교육 정도, 사회적 활동범위, 경제적 능력 등에서 평균보다는 하회하는 소비자가 다수를 차지하고 있다. 이들은 광고나 판매원보다는 구전이 효과적이며, 가격할인과 같은 판촉수단에 민감하게 반응한다.

최종 수용층(laggards)은 신상품을 마지막으로 수용하는 계층으로 전체의 16% 정도 비중이다. 이들은 신상품에 대해 매우 회의적이며 보수적인 성향을 보인다. 이 계층이 신상품을 수용하였을 때는 이 상품은 이미 신상품으로서 의미가 없으며 최초 수용층은 다른 새로운 개념의 상품을 수용하려고 하는 단계이다. 이들은 전형적으로 나이가 많고 보통 사회적, 경제적으로 하위 계층이 속한 사람이 많다.

이 이외에도 신상품을 수용하지 않는 **비수용자**(nonadopter)도 상당수 있다. 신상품은 다음과 같은 경우 빨리 수용이 될 수 있을 것이다. 첫째, 지금 나와 있는 상품보다 상대적 이점(relative advantage)이 있는 경우이다. 둘째, 신상품이 소비자의 가치관과 경험에 부합하는 일치성(compatibility)이 있는 경우이다. 셋째, 신상품의 내용이 복잡성(complexity)이 높을 때일수록 수용가능성이 낮아진다. 넷째, 주변의 경험자들이 있을 때로 경험의 확인가능성이다. 확인 가능성이 높을수록 수용가능성이 높아진다.

토론해 볼 문제

1. 호텔을 선택 그 호텔의 핵심상품, 촉진적 상품, 부가적 상품, 확대상품에 대해서 파악해보고 이에 대해 서로 토의해 보시오.
2. 호텔에서 높은 품질의 서비스를 제공하기 위해서 상품 구성 요소들을 어떻게 관리하여야 하는지에 대해서 토론해 보시오.
3. 호텔을 선택해 편의서비스상품, 선매서비스상품, 전문서비스상품이 어떤 것이 있는지에 대해서 토론해 보시오.
4. 특정 호텔의 상품을 분석해 보고 상품수명주기에 어떤 단계에 있는지에 토론해 보시오.
5. 강력한 브랜드자산 가치를 가지고 있는 호텔을 선택해서 그 이유에 대해 토론해 보시오.
6. 호텔에서 제공하는 상품과 서비스의 실패 사례와 성공사례를 찾아보고 그 요인들에 대해 토론해 보시오.
7. 국내의 경쟁관계에 있는 호텔들을 선택해 그 호텔들의 신상품 개발과 관련된 노력들을 찾아보고 이에 대해 토론해 보시오.

Chapter 7
상품관리의 확장

07 상품관리의 확장

- **학습목표**
1. **패키지와 프로그래밍의 개념과 결합에 대해서 알아본다.**
2. **패키지 종류와 효과적인 관리에 대해서 알아본다.**
3. **파트너십의 개념과 종류에 대해서 알아본다.**

호텔의 상품관리의 확장은 일반 제조업과는 다른 상품의 마케팅 요소의 특성이다. 경쟁이 치열해진 시장에서 상품기획의 성공여부에 따라 기업에서 제공하는 상품의 차별성이 부각되기 때문이다. 주요 내용은 패키지, 프로그래밍, 파트너십 관리로서 호텔의 상품관리에서 매우 중요한 개념들이다.

1. 패키지의 이해

1.1 패키지의 개념

호텔상품은 구체적인 형태를 가지고 있는 것이 아닌 서비스상품으로서 특징을 가지고 있기 때문에 일반제조업의 패키지와는 약간 다른 의미로 사용된다. 호텔산업에서 패키지(package)란 [그림 7-1]에서 보는 것처럼 호텔의 여러 종류의 상품을 하나의 상품으로 매력적이고 편리한 형태로 묶어 소비자에게 단일요금에 판매하는 것을 말한다.

소비자의 입장에서 각 상품을 낱개로 구입하는 것보다 패키지 상품을 구입하게 되면 여러 가지 장점이 있다. 낱개로 구입하는 것보다 가격이 저렴해지고, 구매과정이 간단해진다. 호텔의 입장에서는 이런 편리한 점을 활용해 소비자를 설득하기가 쉽고, 구매과정까지 쉽게 연결을 시킬 수 있다. 또한 대량판매의 이점을 살려서 각 시설의 가동율을 높일 수 있고 경제적으로도 더 많은 이득을 낼 수가 있다. 이러한 측면에서 소비자와 호텔 모두에게 이익이 되는 방법이 패키지를 통한 상품 판매이다.

패키지 상품은 상호 연관되어 있거나 보완적인 관계에 있는 상품들을 묶어 놓은 상품이다. 일반적으로 호텔의 주말 패키지가 대표적인 예이다. 주말 패키지에는 호텔의 객실, 레스토랑의 식사, 쇼핑, 기타 옵션 선택권이 포함되어 있다.

[그림 7-1] Sandals 리조트의 패키지와 프로그래밍 결합 상품

자료원 : http://www.sandals.com

호텔에서 만든 패키지 상품에 대한 수요를 적절히 예측하고 판매할 수 있는 능력이 없다면 기획한 상품은 무용지물이 될 수 있다. 대부분의 소비자들은 구체적인 계획을 가지고 호텔을 홈페이지나 여행사를 방문하는 것이 아니기 때문이다. 따라서 적절한 패키지 상품에 대한 기획, 상품에 대한 설명, 설득능력을 통해 소비자가 기획된 패키지 상품을 선택하도록 유도할 수 있다.

1.2 패키지의 장점과 단점

호텔은 소비자의 특성에 따라 몇 개의 세분시장을 구분하게 된다. 그 중에서 표적시장으로 하고

자 하는 세분시장의 소비자가 이용할 가능성이 높은 상품들의 구성하여 만들어진 것이 패키지 상품이다. 만약 각 세분시장에서 소비자의 개인적인 요구사항에 맞추어 상품을 구성하는 경우, 상품의 수배 및 알선, 일정계획 등에서 개인별 차이가 있고 상품으로 구성하기도 쉽지 않은 경우가 많다. 소비자 또한 단순히 호텔에 투숙하거나 관광을 가려고 하는 욕구만 가지고 있지, 어떻게 상품을 구성하는 것이 좋을 것인가에 대한 자세한 정보를 가지고 있지 못한 경우가 많다. 따라서 표준화된 패키지 상품을 소비자에 추천하고 이를 선택하게 함으로써 소비자와 호텔 모두에게 판매과정을 단순화시킬 수 있고, 효율성을 증대시킬 수 있다. 패키지 상품의 장점과 단점을 정리해 보면 〈표 7-1〉과 같다.

〈표 7-1〉 패키지의 장점과 단점

구 분	장 점	단 점
소 비 자	• 시간과 비용의 절감 • 원스톱 쇼핑(one-stop shopping) • 호텔에서 특별대우	• 자유 시간이 부족함 • 본인의 의사와 관련 없는 일정 • 무리한 옵션에 대한 부담
호 텔	• 대량마케팅이 가능 • 상품판매와 수배가 수월함 • 규모의 경제를 추구할 수 있음 • 호텔의 판매를 극대화 가능	• 저가 및 저품질 상품의 남발

2. 프로그래밍의 이해

2.1 프로그래밍의 개념

프로그래밍(programming)은 호텔에서 유익하고 즐겁게 시설을 이용하고 관광을 할 수 있도록 특별히 기획된 행사나 활동을 말한다. 호텔 입장에서 소비자의 지출을 늘리고 패키지 상품의 매력을 높이는 목적으로 개발된다.

호텔에서 소비자는 단순히 호텔의 객실만 이용하는 것이 아니다. 객실이용 이외에도 옵션관광, 이벤트, 특수한 활동 등을 수행한다. 이들은 패키지에 포함될 수도 있지만 호텔의 계획, 소비자의 참여, 행사관계자의 진행이 필요하다는 측면에서 정적인 패키지와는 다르다. 오늘날 호텔상품의 수적인 증가로 인해 개별적인 상품의 원가가 상승하면서 과거에는 부수적이었던 이벤트나 특수한 활동들이 호텔의 수익을 창출하기 위하여 주된 서비스상품으로 자리잡고 있는 상황이다.

2.2 패키지와 프로그래밍의 결합

호텔이 패키지와 프로그램을 떼어서 생각하기가 쉽지 않다. 패키지에는 프로그래밍의 요소가 포함되어 있을 뿐만 아니라, 패키지와 프로그램은 불가분의 관계가 있기 때문이다. 예를 들어 대부분의 골프패키지에는 강습을 포함하고 있는데, 이 패키지에 제공된 강습은 리조트 등에서 마련한 특별활동이다. 상황에 따라서는 패키지와 프로그램이 서로관련 없이 진행될 수도 있다. 대표적인 것이 테마파크 등에서 진행되고 있는 퍼레이드 및 축하공연, 패스트푸드 매장에 있는 만화 주인공 같은 것들로 이들은 여행 패키지와 상관없이 진행이 된다. [그림 7-2]에는 패키지와 프로그래밍의 관계가 나타나 있다.

[그림 7-2] 패키지와 프로그래밍의 결합

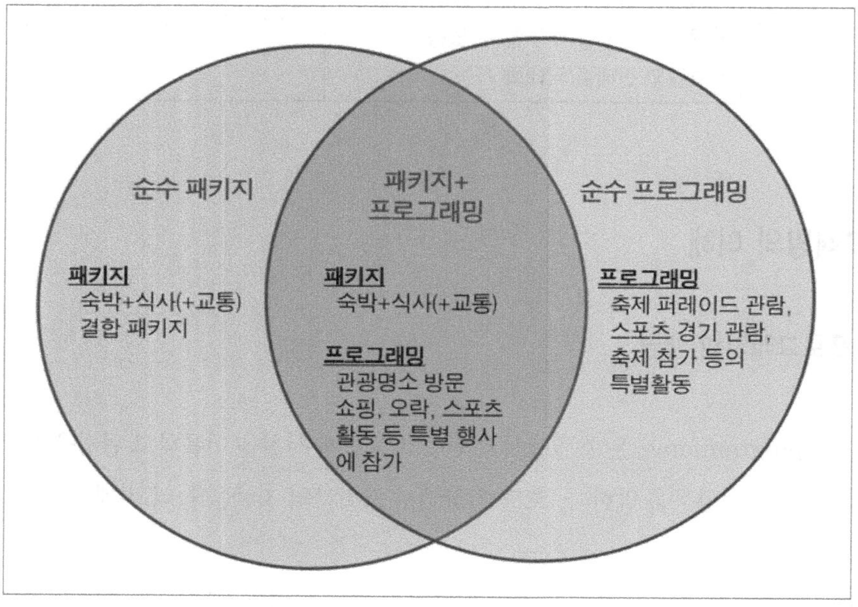

순수 패키지란 숙박, 식사 등으로 구성된 패키지 여행상품을 말한다. 상황에 따라서는 교통수단

도 포함이 될 수 있다. 관광활동이 포함되어 있지 않기 때문에 소비자가 관광활동을 스스로 찾아서 진행해야 한다. 패키지와 프로그래밍의 결합은 기본 패키지에 소비자가 활동에 참가할 수 있는 프로그래밍 내용을 참가시키는 것이다. 상품이라는 차원에서 패키지와 프로그램이 혼합된 경우이다. 마지막으로 순수 프로그래밍은 호텔의 패키지와 프로그래밍에 포함하여 판매할 수 없는 그 지역의 축제참가나 스포츠경기 관람 등을 말한다.

2.3 패키지와 프로그램 선호 이유

패키지와 프로그래밍이 결합되면 몇 가지 이점들이 있다. 먼저 호텔은 핵심서비스인 숙박, 식사 등의 수요증대와 함께 부수적인 활동을 통해 수요가 창출된다. 이러한 서비스들은 묶음가격을 통해 제공되기 때문에 소비자들이 쉽게 구매의사결정을 할 수 있는 상태가 된다. 이에 따라 소비자의 개인 소비를 더 증가시킬 수 있어 호텔의 수익을 증대시킬 수 있다. 적절한 핵심서비스와 부수적인 서비스의 결합을 통해 다양한 욕구를 가진 세분시장에 대한 접근이 가능해 지면서, 소비자를 만족시킬 수 있게 되며, 장기적으로는 재구매를 일으킬 수 있게 된다. 패키지와 프로그래밍의 결합이 성행하는 이유를 정리해 보면 〈표 7-2〉와 같다.

〈표 7-2〉 패키지와 프로그래밍 결합이 성행하는 이유

소비자 측면	호텔 측면
• 편리성 • 경제성 • 예상비용 예측 • 서비스 품질에 대한 보증 • 특정 관심사에 대한 충족 • 부가적 매력 창출	• 비수기 수익창출 • 특별한 표적시장에 대한 소구력 향상 • 새로운 표적시장의 매력 • 사업 예측의 용이성 및 효율성 향상 • 보완적인 시설, 매력물, 이벤트의 활용 • 새로운 동향에 대한 적응 • 재방문 유도 • 지출 및 체제일수의 증가 • 독특한 패키지에 대한 PR 및 홍보 • 고객만족의 증가

자료원 : Morrison, Alastair M., Hospitality and Travel Marketing 호텔·관광마케팅, 김홍범 역, 2006, p. 329를 재정리 인용

(1) 소비자 측면

패키지와 프로그래밍을 결합한 상품을 구매하는 것은 소비자를 매우 편리하게 한다. 소비자에게 편리한 여행계획, 경제적인 호텔이용, 특별한 호텔 프로그램에 대한 경험을 만끽할 수 있도록 하기 때문이다. 소비자가 얻을 수 있는 혜택을 정리해 보면 다음과 같다.

- **편리성** : 소비자입장에서 시간과 노력을 적게 들이고도 편리한 상품을 구매할 수 있게 된다. 이를 통해 소비자는 여행계획을 보다 쉽게 세울 수 있다.
- **경제성** : 개별적으로 호텔 이용계획을 세우고 필요한 상품들을 선택하는 것보다 경제적이다. 어떤 경우에는 호텔 객실만을 이용하는 요금보다 패키지 상품의 요금이 더 저렴할 수 있다. 소비자들도 저렴한 가격 때문에 패키지 상품을 찾는다. 이것이 가능한 것은 호텔은 비수기 등에 유휴시설을 활용하기 위해 패키지 상품을 개발하고, 여행 중개업자들이 패키지 여행상품을 만들 때 대량구매 할인, 비수기 할인 등을 활용하기 때문이다.
- **예상비용의 예측** : 패키지는 모든 관련 비용을 포함시켜 전체 가격을 제시하고 있다. 소비자

[그림 7-3] 인터컨티넨털 호텔의 다양한 익스피어런스 패키지 안내

자료원 : http://www.korea.intercontinental.com

들이 여행하는 기간 동안 그들이 얼마나 지출해야 하는지를 미리 알 수 있다.

- **서비스품질에 대한 보증** : 상품은 직접 보지 않고 구매하기 때문에 품질과 서비스에 대해 신뢰를 할 수 없는 경우가 있다. 패키지를 만드는 호텔의 상품기획자, 여행중개업자, 공급업자, 운송업자들은 해당 분야의 경험이 풍부하고 지식을 기반으로 한 전문가들이다. 그들은 소비자의 호텔의 패키지 상품 이용경험이 긍정적 또는 부정적 구전효과를 일으킨다는 점을 잘 알고 있기 때문에 신뢰할만하면서도 보증된 상품을 패키지로 구성한다.
- **특정 관심사에 대한 충족** : 패키지는 단순한 숙박과 식사 등의 패키지로부터 골프, 테니스, 초콜릿, 예술, 영화, 과학 등 다양한 분야의 목적에 맞는 패키지들이 구성되어 나온다. 특정한 관심영역이 포함된 패키지의 개발은 상당한 사전조사와 신중한 상품기획을 통해 구성된 것이어서 소비자의 관심을 끌만한 것들이 상품으로 제시된다(그림 7-3 참조).
- **부가적 매력창출** : 패키지에 포함된 프로그램들을 통해 소비자는 경험과 흥미를 갖게 된다. 소비자에게 새로 어필할 수 있는 다양한 영역이 포함되어 있기 때문이다. 패키지와 프로그래밍의 결합으로 항상 새롭고 소비자의 관심을 끌만한 상품이 기획되어 나오고 있다.

(2) 호텔 측면

패키지와 프로그래밍의 결합은 소비자에만 혜택이 있는 것이 아니다. 호텔과 호텔의 상품을 판매하는 여행중개업자인 여행사, 여행대리점, 인센티브 투어 기획자뿐만 아니라, 상품 공급업자인 레스토랑, 렌터카, 크루즈, 위락시설 조직과 교통업자인 항공사, 버스, 기차, 크루즈 회사 등에도 이점이 있다. 이를 살펴보면 다음과 같다.

- **비수기의 수익창출** : 비수기 동안에는 호텔, 관광지, 교통수단 모두 수요가 줄어든다. 소비자가 적은 비수기에 할인된 가격으로 패키지와 프로그래밍을 결합하여 제시하면, 소비자를 새로 유인함으로 모든 참가자들에게 추가적인 수익을 창출할 수 있다.
- **특정 표적시장에 대한 소구강화** : 패키지와 프로그래밍의 결합은 호텔이 선정한 표적시장에 진입하는 것을 촉진시킨다. 대부분의 패키지는 특정 소비자집단에 맞추어져 있기 때문이다.
- **새로운 표적시장의 매력도 증가** : 현재의 표적시장에 대한 이미지구축과 더불어 새로운 표적시장에 진입하기 위해 패키지와 프로그램을 사용할 수 있다. 기업들의 인센티브 투어나 컨벤션 등 새로운 패키지를 개발하고 이를 마케팅을 진행하여 새롭게 시장을 개척하는 것이 가능해 진다.

- **사업예측의 용이성 및 효율성 향상 :** 소비자들이 호텔을 이용하기 전에 패키지 예약과 지불을 한다. 따라서 예상 고객수를 미리 예측하고 종업원이나 다른 자원들을 보다 효율적으로 관리할 수 있다.
- **보완적인 시설, 매력물, 이벤트의 이용 :** 다양한 집단들의 소비자에게 어필할 수 있는 서비스를 제공하기 위해 보완적인 시설이나 매력물, 이벤트를 활용함으로써 소비자들의 관심을 불러 일으킬 수 있다. 경기티켓, 브로드웨이 쇼, 미술공연, 지역사회의 이벤트 참가 등을 활용한다.
- **새로운 시장 동향에 대한 적응 :** 호텔의 물리적 시설과 장비는 상당기간 고정되어 있고, 단기간 변하지 않는 특성이 있으며, 변화를 시키려면 비용이 많이 든다. 이러한 상황에서 프로그래밍의 추가를 통해 시장상황에 융통성 있게 적응을 할 수 있도록 관광 패키지를 구성할 수 있다.
- **재방문 유도 :** 패키지와 프로그래밍이 결합된 상품은 소비자의 관심을 불러일으키고 고객만족을 증가시킬 수 있다. 에버랜드와 같은 테마파크는 새로 제공하는 이벤트를 통해 다양한 프로그램을 신선하게 제공함으로써 상황과 환경에 맞는 것들을 제공한다. 이를 통해 재방문이 일어나 재구매를 유도할 수 있다.
- **지출 및 체제일수의 증가 :** 패키지와 프로그램을 결합한 상품을 구매하는 소비자들의 평균 지출금액과 체제일수를 모두 증가시키는 것이 가능하게 된다. 지역 관광시설, 이벤트참가, 퍼레이드, 라이브 쇼, 축하공연 등을 통해 소비자들의 참여를 늘리기 때문이다.
- **독특한 패키지에 대한 PR 및 홍보 :** 독특하고 창의적인 패키지는 언론매체의 기사 거리가 되기도 한다. 최근에는 사람들이 여행뿐만 아니라 건강관리, 환경보호, 스트레스 관리, 재정관리 문제 등에 관심을 갖고 있으며 이런 내용에 대한 프로그램이 포함되면 언론 매체는 이를 보도하는 경향이 있다.
- **고객만족의 증대 :** 패키지와 프로그래밍은 소비자의 욕구를 충족시킬 수 있도록 구성된다. 마케팅개념이 반영되기 때문에 고객의 만족을 증대시킬 수 있다.

2.4 패키지와 프로그래밍 결합의 역할

패지키와 프로그램은 다음과 같은 5가지의 역할을 수행한다(Morrison, 2006).

- **사업패턴과 운영을 원활하게 한다 :** 판매되지 않은 서비스상품은 소멸성으로 인해 영원히 판

매할 수 없게 된다. 패키지와 프로그래밍의 주된 역할 중의 하나는 서비스 판매의 흐름을 조절하는 것을 가능하게 한다.

- **수익성을 향상시킨다** : 패키지와 프로그래밍의 결합은 사업의 흐름을 원활하게 하여 수익성을 향상시킨다. 앞에서 살펴보았듯이 이들은 고객별 지출을 증대시키고, 체제일수를 늘리며, 새로운 상품을 개발하고, 이용빈도를 증가시키며, 재방문을 유도하고, 보다 정확한 판매예측을 통해 비즈니스의 효율성을 높이기 때문이다.
- **마케팅전략의 효과적 수립 및 실행을 지원한다** : 패키지와 프로그래밍의 결합은 특정 소비자 집단의 욕구와 기업이 제공하는 서비스가 일치하도록 하는데 매우 유용한 방법이다.
- **다른 상품과 서비스의 믹스 요소를 보완하는 역할을 한다** : 패키지와 프로그래밍의 결합은 조직의 상품과 서비스 믹스의 일부분으로서 시설, 장비와 서비스 관련 요소들을 보완해 준다. 이것은 소비자들에게 더욱 매력적으로 보일 수 있도록 하는 상품이나 선물 패키지와도 같다. 상품을 시장성이 높은 것으로 전환할 수 있게 된다.
- **연관된 환대 및 여행기업을 연결하여 더 높은 부가가치를 창출할 수 있도록 한다** : 두 가지가 결합하여 더 큰 효과를 창출하는 시너지효과를 발휘한다. 즉 개별적으로 달성하기 어려운 결과의 결합을 통해 모든 참가자들이 더 나은 결과를 얻도록 한다.

3. 패키지의 개발과 관리

3.1 패키지의 개발을 위한 준비

호텔에서 패키지의 개발하려면 호텔 자체적으로 준비가 먼저 되어 있어야 한다. 이를 위해 호텔은 외부의 모양을 디자인해야 한다. 건물의 구조가 판매촉진수단이 되는가, 장애가 되는가를 먼저 검토해야 한다. 주요 검토 내용은 다음과 같다(최태광 외, 2008).

(1) 건물에 대한 검토사항

- **사방에서 주야간에 쉽게 눈에 띄는가?** 멀리서, 1~2블록 떨어진 곳에서, 길 건너서, 옥상 비행기에서, 지나가는 자동차에서, 바로 문 밖에서 볼 때 쉽게 눈에 띄는가를 보아야 한다.
- **외부 공사 상태는 어떠한가?** 건물 전면, 창문의 틀, 문 생김새에 대해서 검토를 한다.

- **호텔의 현관은 어떠한가?** 정면 마당을 향하고 있는지 여부, 접근이 용이한지의 여부, 건물로 가는 문 쪽에 있는지의 여부, 보도나 주변에 연결되는지의 여부를 검토한다.
- **마크**
- **표지판**
- **조경은 어떠한가?** 정면 조경, 나무나 관목의 상태를 살펴본다.
- **조명은 어떠한가?** 건물 자체, 접근로, 주차장 등의 조명의 상태를 살펴본다.
- **특별 상징물이 있는가?** 기념물, 애드벌룬, 깜박등, 문 기둥, 연못 등의 상태에 대해서 살펴본다.

(2) 사람에 대한 검토사항

패키지를 구성하는데 있어 사람이 중요하다. 호텔은 사람을 통해서 서비스가 진행되기 때문이다. 소유주, 경영진, 관리자, 판매원 등의 종업원들의 합작품이어야 하며, 호텔에 종사하는 종업원이 그 중심체가 되어야 한다. 서비스를 담당하는 요원의 용모나 접객태도는 고객으로 하여금 그가 환영을 받는지에 대한 평가를 하는데 결정적 영향을 받는다. 따라서 종업원의 모집과 선발, 자질의 개발과 적응을 위한 교육훈련, 적재적소의 배치, 일할 맛이 나는 근무환경이 조성되어야 한다.

3.2 호텔패키지의 구성

패키지의 개발은 패키지와 프로그래밍이 결합된 상품을 말한다. 호텔산업에서 개발이 가능한 패키지의 범주는 개발 주체에 따라 세 가지 종류가 있다. 첫째는 호텔이 개발한 패키지이다. 이것은 호텔의 숙박과 더불어 식사 또는 각종 이벤트나 관광 프로그램을 연계하는 것이다. 다음으로 여행 중개업자가 개발한 패키지이다. 이것은 도매여행사, 인센티브 투어 기획자, 그리고 컨벤션 또는 회의 기획자를 포함한 많은 여행중개업자들이 개발한 것이다. 마지막으로 기타 형태의 패키지이다. 공급업자, 교통운송업자, 관광목적지 마케팅조직, 다양한 클럽 그리고 특정 이익집단이 개발한 패키지이다. 이 패키지는 대개 서비스공급처에서 직접 구매할 수 있으며, 인터넷이나 여행사를 통해서 구매할 수도 있다.

호텔의 패키지는 패키지 구성내용, 표적시장, 패키지 기간, 여행 수배 또는 여행목적지에 따라 분류해 볼 수 있다(Morrison, 2006; 이정학, 2009a).

(1) 패키지 구성에 따른 분류

- **올 인클루시브 패키지(all-inclusive package)** : 항공, 숙박, 교통, 식사, 레크리에이션, 엔터테인먼트 등 관광에 모든 것을 포함하는 패키지를 말한다. 이런 형태의 패키지는 호텔, 항공사, 리조트 사이트 등 관광공급업자들이 주로 제공하는 형태가 많다. 에스코트 투어 패키지와는 달리 투어컨덕터나 가이드가 없는 경우가 많다.
- **항공호텔과 숙박 패키지(airtel package)** : 항공호텔 요금과 숙박요금을 단일요금으로 묶은 패키지이다.
- **숙박과 식사 패키지(accommodation and meal package)** : 숙박요금에 식사를 포함시킨 패키지이다(그림 7-4 참조). 호텔을 중심으로 제공되는 패키지 상품이 많다. 주요한 패키지 상품의 형태는 객실과 3식을 제공하는 미국식 플랜(American Plan), 객실과 2식(조식과 석식)을 제공하는 수정된 미국식 플랜(Modified American Plan), 객실과 조식을 제공하는 컨티넨털 플랜(Continental Plan), 객실과 식사를 분리한 유러피언 플랜(European Plan) 등이 있다.

[그림 7-4] 그랜드 힐튼 서울의 패키지 상품 안내

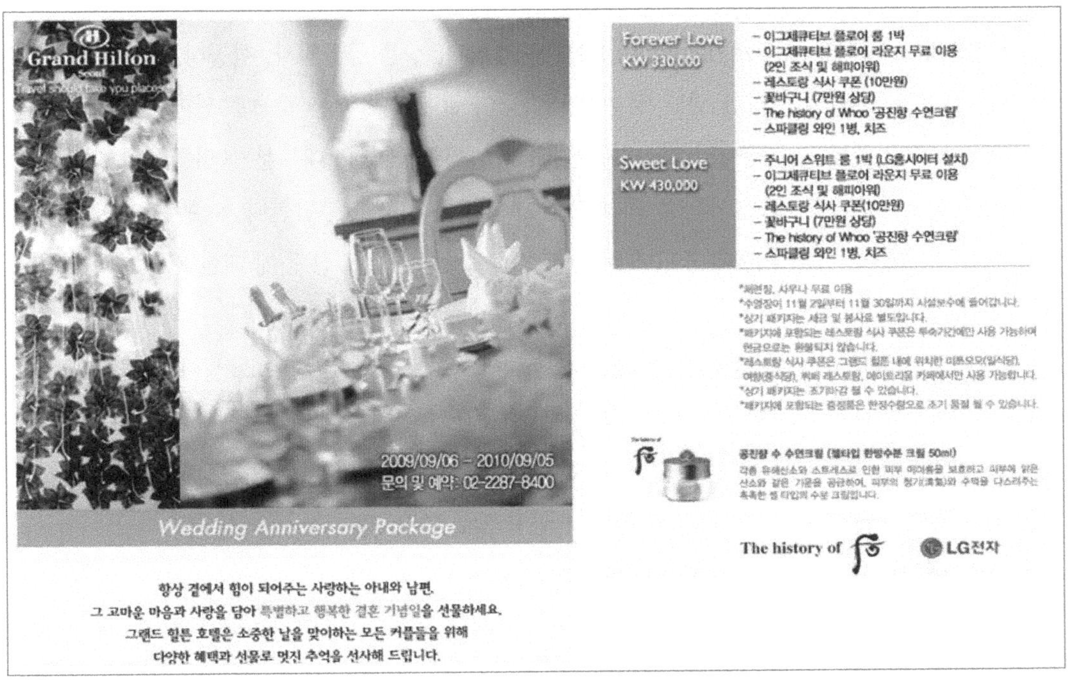

자료원 : http://www.grandhiltonseoul.com

- **이벤트 패키지(event package)** : 전 세계적으로 개최되는 이벤트, 페스티벌, 엔터테인먼트, 문화공연 등에 대한 패키지이다. 대표적으로 올림픽, 월드컵, 슈퍼 볼, 월드시리즈 등의 스포츠 행사와 브라질 리오의 카니발 축제와 같은 지역의 대규모 행사나 축하기념 행사를 대상으로 한다. 이벤트 패키지는 단순히 교통수단과 입장권만을 제공할 수도 있지만 현지 숙박 및 식사를 포함하기도 한다.
- **특별 관심사 패키지(special-interest package)** : 참가자들이 직접 참여할 수 있는 매력적인 특별활동, 프로그램 그리고 이벤트들이다. 테니스, 골프, 요트, 윈드서핑, 스쿠버다이빙, 등산 등과 같은 스포츠 강습, 미식가 요리, 와인 시음, 사진, 미술, 공예 등과 같은 다양한 취미활동, 컴퓨터, 자산관리, 문학, 외국어, 문화사, 의학 등과 같은 학습활동들이 포함된다. 보통 숙박업소가 기본적인 숙박 및 식사 패키지의 연장으로 이와 같은 활동들을 제공한다.
- **지역 매력물 또는 엔터테인먼트 패키지(tourist attractions and entertainment package)** : 일반적으로 숙박부분은 포함하지 않고 있으며, 지역소비자들을 대상으로 한 호텔의 레스토랑과 극장, 테마파크와 식사, 관광과 식사 패키지가 있다.

(2) 표적시장에 따른 분류

- **인센티브 패키지(incentive package)** : 여행중개업자, 상품 공급업자, 항공사, 관광목적지 마케팅조직을 포함한 다양한 집단 및 개별조직들이 결합하여 만든 것으로 판매원과 직원들을 대상으로 인센티브 차원에서 제공하는 패키지 여행상품이다. 대부분 올인클루시브 패키지이며 여행하는 집단 또는 개인을 위해 회사에서 모든 비용을 부담한다. 여행관련 회사나 협회 그리고 관련 업체들은 대개 판매실적, 신상품 소개, 자금 모집 등에 대한 보상으로서 이런 패키지를 제공한다.
- **국제회의 패키지(convention/meeting package)** : 국제회의나 컨퍼런스 등에 참가하고자 하는 소비자를 대상으로 항공, 숙박, 회의장 참가 등으로 구성된 패키지 상품이다. 각종 박람회 참가 프로그램들이 그 예이다. 숙박과 식사는 포함하고 있지만 지역의 관광이나 관광지입장 또는 특별이벤트나 프로그램은 포함되어 있지 않을 수도 있다.
- **친목그룹 패키지(affinity group package)** : 사회적, 종교적 또는 인종적 유대를 위해 동호회나 친목모임을 대상으로 한 패키지 상품이다. 대학동창회, 교회집단, 장애인, 소수인종, 취미클럽, 레크리에이션 클럽, 협회를 위해 개발된 패키지가 그 예들이다.
- **가족휴가 패키지(family vacation package)** : 가족의 결혼, 회갑, 생일 등 중요 행사를 개최하

기 위해 가족여행을 하는 사람들을 위한 패키지 상품이다. 에버랜드, 디즈니, 카니발을 포함한 몇몇 크루즈 회사들은 아이들을 위한 특별 프로그램을 만들어 상품으로 판매하고 있다. 호텔에서도 이런 프로그램을 만들어 판매한다.

- **허니문 패키지(honeymoon package)** : 신혼여행객을 대상으로 기획된 패키지이다.
- **비즈니스 패키지(business package)** : 기업의 상용여행객을 대상으로 기획된 패키지이다.
- **특별 관심사집단을 위한 패키지(special-interest group package)** : 특별한 취미나 관심사를 겨냥하여 직접 체험할 수 있도록 구성한 패키지 상품이다.

(3) 패키지 기간 또는 타이밍에 따른 분류

- 주중 패키지
- 주말 패키지
- 미니 휴가 패키지(주말 또는 6박 이하의 기간을 위한 패키지)
- 휴일 패키지(공휴일 또는 크리스마스, 신년, 설날, 추석, 현충일 등)
- 특별이벤트 패키지(지역축제, 박람회, 문화 행사 등)
- 계절 패키지(summer package, winter package)
- 컨벤션 전후 패키지 및 투어(컨벤션 또는 회의 시작 전, 후를 위한 패키지)
- 성수기 패키지
- 비수기 패키지
- 그 외의 특정 기간 패키지 또는 투어(예를 들면 1주 내지 2주 패키지)

(4) 여행 수배 또는 여행목적지에 따른 분류

- **개인해외여행 FIT(Foreign Independent Tour)** : 여행사나 해외여행 전문업체들이 개별 여행객들의 해외여행 기간 동안의 욕구를 충족시키기 위해 준비한 패키지이다.
- **단체투어 GIT(Group Inclusive Tour)** : 스케줄에 따라 전세항공기를 이용하여 여행하는 하나 이상의 그룹으로 구성된 올인클루시브 패키지이다.
- **전세투어(Charter Tour)** : 도매여행사, 소매여행사 또는 관련 업체들이 항공기나 다른 장비들을 전세를 내어 운영하는 여행 패키지이다.
- **관광목적지 패키지** : 경주, 제주도, 부산, 유럽, 미국, 동남아 등 관광목적지에 따라 만들어진 패키지이다.

3.3 효과적인 패키지의 개발

같은 패키지 상품이라도 다양한 형태로 개발을 할 수 있다. 패키지 상품은 상품을 구성하고 있는 운송수단, 호텔, 코스, 식사, 관광지, 가이드 등의 내용에 따라 같은 일정일지라도 가격이 천차만별로 나타날 수 있고, 소비자에 대한 만족도도 달라질 수 있다. 따라서 패키지 상품을 선택하는 표적고객에 따라서 대중적인 상품에서 고급화된 상품을 개발할 수 있다. 패키지 상품을 성공적으로 개발하기 위해서는 다음과 같은 요인들이 고려되어야 한다(Morrison, 2006; 이정학, 2009a; 정익준, 2004).

- **수요를 자극할 수 있는 요소** : 다른 기업에서 제공하는 상품에 비해 한 두 개 이상의 소비자를 끌어들일 수 있는 특색 있는 내용이 들어가는 것이 좋다.
- **가치를 제공** : 패키지 상품이 저렴하다고 해서, 소비자가 패키지 상품을 선택하는 것이 아니다. 같은 가격에서 가격대비 가치가 있는 요소가 포함되어 있어야 소비자에게 좋은 평가를 받을 것이며, 구매와 연결될 수 있다.
- **상품의 조화로운 구성** : 여러 상품이 묶여져 있는 패키지 투어는 소비자의 욕구에 부합할 뿐만 아니라 서로 조화롭게 진행이 될 수 있도록 프로그램이 기획되어야 한다.
- **체계적인 계획** : 훌륭한 패키지를 만들기 위해서는 가능한 소비자의 욕구에 맞도록 계획하여 시행해야 한다. 단조로운 일상생활을 탈피해 편안한 휴식을 취할 수 있게 하는 계획, 스포츠 활동이나 강습 또는 오락에 대한 계획을 포함해서 환영식 준비에서부터 시작해서 소비자가 방문기간 동안 최상의 즐거움을 누릴 수 있도록 계획해야 한다.
- **차별화된 혜택을 제공** : 최고의 패키지는 환대 및 여행관련 요소를 개별적으로 구입했을 경우 얻을 수 없는 혜택을 소비자들에게 제공한다. 일반 가격보다 낮은 가격이 언제나 소비자들에게 가장 매력적인 것이 될 수 없다. 유명연예인이나 주요 스포츠이벤트의 입장권, 유명작가나 역사가의 강의 또는 고급상점의 상품권 등이 매력물이 될 수 있다. 이러한 혜택은 개별소비자들이 손쉽게 이용할 수 없기 때문에 차별적인 혜택을 제공하게 된다.
- **자세한 제공 요소 설명** : 일정상에 나타나 있는 내역에 대해서 구체적인 내용을 포함시켜야 한다. 일정과 내역, 옵션, 계약금, 예약취소, 환불, 기타 추가요금 등에 대한 명확한 구분이 되어야 한다

- **수익창출** : 패키지 상품이 박리다매 형태로 개발되어 있을지라도 수익을 자극할 수 있는 요인을 포함시켜 호텔입장에서 수익을 창출할 수 있는 것이 되어야 한다.

3.4 패키지의 가격 결정

패키지의 가격은 소비자들에게 적절한 가치를 부여하고도 이를 제공하는 기업이 수익을 얻을 수 있도록 해야 한다. 패키지의 가격 결정은 다음과 같은 요소들을 고려하여 결정한다(Morrison, 2006).

- **고정비용의 산출** : 패키지를 구매하는 소비자의 수와 무관하게 고정비용은 같다. 예를 들어 특별책자의 개발 및 운송비용, 매체광고, 특정 패키지 요소에 드는 비용 등이 여기에 해당된다. 호텔의 주말패키지는 그런 면에서 정해져 있는 고정비용에 최소한의 비용만 추가하면 되는 장점이 있어 여러 가지 형태로 개발되어 판매되고 있다.
- **변동비용의 산출** : 변동비용은 패키지를 구매하는 고객의 수에 따라 직접적으로 변하는 비용이다. 호텔의 객실요금, 항공요금, 식사, 팁, 서비스 요금, 입장료, 관광투어 비용, 세금 등의 비용들이 변동된다.
- **1인당 총 패키지 비용을 계산** : 패키지를 판매할 때 총 고정비용과 고객의 수에 따라 직접적으로 변하는 1인당 총 변동비용을 기반으로 1인당 패키지 가격을 계산한다. 이는 패키지를 구매할 것으로 예상되는 소비자 수를 정확하게 추정하는 것에 기반한다. 위험요소가 적고 추천할 만한 방법은 최소한의 예상인원을 추정하거나 최상의 상황에서 약 25~30% 정도를 줄여 고려하는 것이다. 총고정비용을 예상한 소비자수로 나눈다.
- **수익을 위해 마진을 추가** : 패키지에 포함된 비용에 보통 10~30% 정도의 마진을 붙인다.
- **단일 추가 비용의 계산** : 대부분의 패키지와 투어는 2인 1실을 기본으로 하여 판매가 된다. 1인 1실을 사용하고자 하는 경우 추가 요금을 내게 한다.
- **손익분기점 계산** : 패키지 가격 결정의 마지막 단계는 손익분기점을 계산한다. 이것은 패키지를 통해 얻은 총수익과 총비용의 합이 같아지는 지점이다. 호텔산업은 손익분기점을 보통 소비자 수로 표시한다.

4. 파트너십 관리

4.1 파트너십의 개념

파트너십(partnership)은 다른 말로 전략적 제휴 또는 제휴마케팅이라고 부른다. 파트너십은 기업 상호간의 공동목적을 달성하기 위해 부분적으로 사업영역과 특정 자원을 공유하고 있는 기업간의 제휴를 통해 공동이익을 확보하여 상생하고자 하는 전략이다. 이러한 제휴는 서로가 개별적으로 마케팅을 하는 것보다 더 큰 시너지효과를 발생시킨다.

호텔은 주로 항공사, 여행사, 카드사 등과 전략적 제휴를 맺고 있다. 자원과 비용의 공유, 기술의 공유, 규모의 경제 추진, 위험분산, 생산성향상, 공동마케팅을 구축할 수 있는 경영혁신의 방법 등이 주 내용이다(이정학, 2009a; 정익준, 2004).

호텔에서 파트너십이 활성화 된 것은 기업들간에 경쟁이 날로 치열해지고 있는 상황에서 다른 제휴사의 자원을 공동 활용함으로써 마케팅비용을 절감할 수 있을 뿐만 아니라 소비자 유치의 증대를 통해 수입을 늘릴 수 있기 때문이다.

4.2 파트너십의 유형

파트너십관리를 할 수 있는 파트너는 고객간 파트너 또는 기업간 파트너 형태로 나뉠 수 있다.

- **고객과의 파트너십** : 이것은 고객과의 장기적인 파트너 관계를 유지하여 고객을 자사의 옹호자로 만드는 방법이다.
- **기업간 파트너십** : 기업간의 파트너는 두 개 이상의 기업이 파트너십을 맺고 공동마케팅을 진행하는 방법이다. 첫 번째 형태로는 호텔과 호텔이 진행하는 **동종기업간 파트너십**이 있다. 이들은 시설연계나 공유에 따른 비용절감과 공동마케팅을 진행하고자 하는 목적으로 파트너십을 형성한다. 다음으로 호텔과 항공사, 호텔과 렌터카, 호텔과 여행사처럼 관련된 기업간에 진행하는 **관련 기업간 파트너십**이 있다. 서로 상호간에 부족한 상품을 보안하고자 하는 목적으로 파트너십을 형성한다. 마지막으로 호텔과 카드사와 같이 다른 기업간에 진행하는 **이종기업간 파트너십**이 있다(그림 7-5 참조). 가장 큰 목적은 두 기업간에 고객 정보를 공유

하고 공동마케팅을 통해 수익을 증대하고자 하는 목적에서 진행된다.

[그림 7-6] 삼성카드의 파트너십을 통한 미국 5대 호텔 광고

자료원 : http://www.samsungcard.co.kr

토론해 볼 문제

1. 호텔을 선택 패키지가 어떤 것들이 있는지를 살펴보고 이를 패키지와 프로그래밍의 관점에서 토론해 보시오.
2. 특정 호텔의 파트너십에 대해서 토론해 보시오.

Chapter 8

가격관리

1. 가격의 개요
2. 가격결정 요인
3. 가결결정법
4. 가격전략
5. 가격차별화 전략

08 가격관리

● 학습목표
1. 가격의 개념과 결정요인에 대해서 알아본다.
2. 주요 가격결정법에 대해서 알아본다.
3. 주요 가격운영전략 및 가격차별화 전략에 대해서 알아본다.

1. 가격의 개요

가격(price)이란 소비자가 자신의 필요와 욕구를 충족하기 위해 상품을 선택하려 할 때 소비자가 그에 상응하는 금전적인 대가를 지불하는 것을 말한다. 가격은 시장에서의 상품에 대한 교환가치로서 특정상품을 선택함으로써 얻게 되는 혜택의 부가된 가치이다. 가격은 다른 요소들보다 소비자의 반응을 신속히 이끌어내는 중요한 요인이다. 호텔은 가격 변경을 통해 해당상품에 대한 수요를 증가시키거나 감소시킬 수 있다.

상품 개발, 유통망 구축, 광고 및 판촉활동 등과 같은 마케팅믹스 요소들은 비용(cost)을 발생시키지만, 가격은 호텔의 수익과 이익을 결정하는 유일한 요소이다. 다른 마케팅믹스 요인들은 환경변화에 즉각적으로 대처하는데 많은 시간과 노력이 필요하지만 가격은 즉각적인 대응이 가능하기 때문이다. 따라서 단기적인 마케팅전략을 구사하는데 유용한 수단으로 사용된다.

호텔의 상품은 일반상품과는 달리 수요는 탄력적이나 공급은 비탄력적인 측면이 있다. 공급이 비탄력적인 이유는 호텔에서 수용할 수 있는 객실이나 시설의 규모가 제한되어 있어 짧은 시간에 늘리거나 줄이기가 쉽기 않기 때문이다. 반면에 수요는 계절성을 띄는 경우가 많다. 즉, 성수기는 소비자가 몰리고, 비수기는 소비자가 몰리지 않는다.

가격은 상품의 다른 마케팅믹스 요소에 비해 쉽게 변화시킬 수 있고, 가장 빠른 반응을 얻을수 있는 장점이 있다. 그래서 성수기가 되어 상품에 대한 수요가 피크일 때는 수요를 감소시키기 위해서 가격을 올리기도 하며, 수요가 적은 비수기에는 가격을 극단적으로 내리는 경우도 있다. 이렇게 함으로써 성수기의 수요가 비수기로 옮겨가도록 하는 역할을 하게 된다.

호텔에서 제공하는 상품은 무형적이어서 경쟁기업간에 가격차별이 큰 편이다. 같은 지역에 있는 호텔객실의 숙박요금의 경우에도 가격차이가 많이 나는 편이다. 따라서, 가격은 소비자가 상품을 판단하는데 있어 중요한 역할을 한다. 소비자는 상품에 대한 준거가격을 부정확하게 알고 있거나 제한된 정보만을 가지고 있는 경우가 많기 때문에 제시된 가격이 의해 상품을 판단할 가능성이 많아진다. 또한 상품의 무형성으로 인해 가격을 통해 품질을 판단하는 경향이 있다. 호텔의 다양한 서비스에 대해 소비자들이 잘 파악을 하지 못하는 경우가 많기 때문이다.

가격결정과 관리는 단회적으로 진행될 수 있는 마케팅믹스 요인이 아니다. 신상품의 출시, 기존 상품의 수정, 경쟁환경의 변화, 비용구조의 변화 등이 발생하면 이에 따른 적절한 가격결정과 전략을 수립해야 한다.

2. 가격결정 요인

상품을 시장에 출시하려면 적절한 가격을 결정해야 한다. 가격결정은 다양한 요인들에 의해 영향을 받는다. 가격결정 요인은 기업 내부요인과 기업 외부요인으로 나누어진다. 기업 내부요인은 기업의 목표, 마케팅믹스, 원가, 조직으로 구성되며, 기업 외부요인은 시장과 수요, 가격민감성, 경쟁상황, 정치나 법과 같은 기타 외부환경으로 구성된다. [그림 8-1]은 가격결정과 영향요인들의 관계를 보여주고 있다.

[그림 8-1] 가격결정에 영향을 미치는 요인들

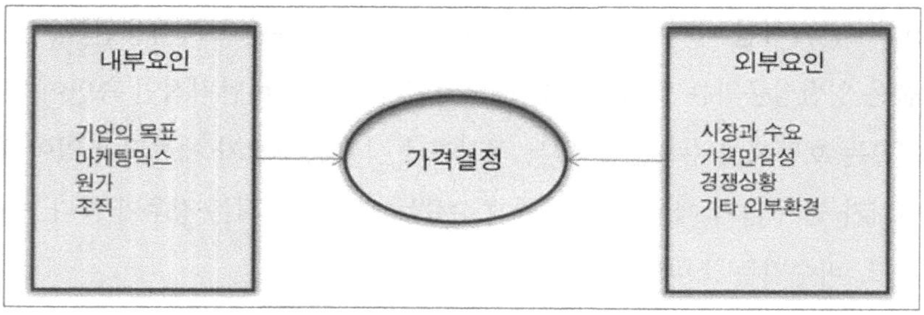

2.1 내부요인

(1) 기업의 목표

기업이 추구하는 목표와 이에 따른 마케팅 목표는 가격결정의 가이드라인을 제시한다. 기업의 목표는 시장에서 기업이 달성하려는 위치 차원에서 접근할 수 있다. 즉, 시장에서 차지하는 기업이미지 차원에서 목표를 세우는 것이다. 포시즌즈호텔(Four Seasons Hotels and Resorts)처럼 고급스러운 호텔서비스를 제공하는 기업으로서 목표를 갖고 있을 수도 있고, 모텔6(Motel 6)처럼 경제적이고 합리적인 호텔서비스를 제공하는 기업으로 시장에서 포지션을 진행할 수도 있을 것이다. 전자의 경우에는 가격보다는 서비스에 치중을 두기 때문에 고가격일 가능성이 높아진다. 반면에 후자의 경우에는 소비자가 접근할 수 있는 합리적인 가격수준에서 상품가격이 결정될 가능성이 높아진다.

기업의 목표가 명확할수록 가격결정은 용이하다. 기업이 생존, 이윤극대화, 매출극대화, 시장점유율 극대화, 상품품질의 주도권 등과 같이 구체적이고 수량적인 목표를 세운 경우에는 더 구체적인 가격결정 요인을 기업이 가지고 있다고 볼 수 있다.

- **생존(survival)** : 설비가 남아돌거나, 경쟁이 치열하거나, 시장환경이 변하거나, 소비자의 욕구가 변화되고 있는 경우에 기업은 생존의 문제를 안게 된다. 환경이 변해서 생존이 문제가 되는 경우에는 이익보다는 생존이 더 중요한 기업의 목표가 된다. 호텔산업은 경기변화에 민감한 편이다. 경기가 하강할 때는 호텔의 객실과 시설은 그대로인데 비해 객실수요가 떨어진다. 이 때 호텔은 기업을 유지할 수 있는 현금 흐름이라도 확보하기 위해 객실요금을 인하하던가, 고객을 더 유치하는 전략을 통해 상황을 극복하려고 할 것이다.
- **이윤극대화(profit maximization)** : 같은 상품이라도 기업은 가장 높은 마진을 가져 올 수 있는 프로그램을 기반으로 높은 가격을 책정하는 방법이다. 또한 가능한 한 할인정책을 쓰지 않고, 정상 가격을 유지하려고 노력한다. 이렇게 이윤극대화 전략을 사용하면 판매량은 줄어들 수가 있다.
- **매출극대화(sales maximization)** : 마진은 적더라도 대량판매를 통해 매출을 최대로 할 수 있는 가격을 결정하는 방법이다. 매출을 늘릴 수만 있다면 할인정책을 사용하는 전략을 사용하기도 한다.
- **시장점유율 극대화(market-share maximization)** : 마진이나 매출보다는 특정 세분시장에서

상품 이용자 수를 늘리려는 전략이다. 따라서 시장점유율을 극대화하려고 한다면, 더 많은 사람들이 이용할 수 있도록 하는 가격전략을 내 놓을 가능성이 있다.

- **상품품질 주도(product-quality leadership)** : 상품품질의 주도권을 갖기 위해 상품구성을 고급상품을 중심으로 구성하는 것이다. 예를 들어 리츠칼튼 호텔은 좋은 품질의 서비스를 제공하기 위해 객실당 건설단가와 객실당 인건비가 상당히 높다(그림 8-2 참조). 때로는 30만 달러 이상의 객실당 건설비가 드는 경우도 있으며, 품격이 높은 서비스를 위해 유능한 직원을 고용한다. 고객당 직원의 비율도 높게 유지하고 있다. 레스토랑의 경우에는 고품질의 음식을 제공하기 위해 신선한 부자재와 냉동식품보다는 자연식품을 사용하고, 유능한 요리사나 서버 등을 고용하게 된다.
- **기타 목표(other objectives)** : 호텔은 특별한 목표를 달성하기 위해 가격전략을 사용할 수 있다. 기업은 목적에 따라 다른 경쟁사의 시장진출을 막기 위해서 가격을 낮게 설정할 수도 있다. 시장의 안정을 위해 경쟁사와 동일 수준의 가격을 설정할 수도 있다. 상황에 따라서는 일정한 기준 이하의 소비자들이 자사의 상품을 이용할 수 없도록 가격을 높게 설정할 수도 있다.

[그림 8-2] 리츠칼튼 호텔의 프레지덴셜 스위트의 객실 내부

자료원 : http://www.ritzcarltonseoul.com/

위와 같은 전략들은 호텔의 다른 마케팅믹스 전략과 조화가 되도록 해야 한다. 호텔을 판매하는 중간 유통업자가 도매상인 경우에는 높은 할인가격에 상품을 공급해야 하므로 이윤이 낮은 반면에 많은 소비자에게 노출되는 효과가 있어서 매출을 올리는 데는 도움이 될 수 있다. 다양한 판매촉진 활동도 가격에 영향을 미치게 된다. 패키지 상품을 구성하는 경우에는 개별 상품의 가격이 낮을 수도 있다.

(2) 마케팅믹스

가격은 마케팅믹스 전략의 하나이다. 가격은 다른 마케팅믹스 전략과 연계하여 일관되고 효과적인 마케팅 프로그램으로서 효과를 발휘할 수 있도록 결정되어야 한다. 도매여행사와 같은 유통업자에게 판매하는 유통전략, 정기적인 시설의 개·보수와 같은 상품전략, 가격할인과 같은 판매촉진전략 등과 연관된 전략이 필요하다. 가격을 설정하는데 있어서 마케팅전략은 각 마케팅믹스 요소에서 추구하는 방향에 맞게 설정되어야 한다. 예를 들어 상품의 포지셔닝이 저가의 숙박시장에 있다면 이에 맞는 가격과 유통망의 선정, 판매촉진 전략을 활용해야 하고, 고급 숙박시장에 있다면 고가격의 차별화된 유통망과 가격을 포함한 판매촉진 전략을 되도록이면 사용하지 않고, 상용고객 우대프로그램 등을 활용하는 방안을 고려해야 한다.

(3) 원가

원가에 따른 가격결정은 가격의 하한선을 결정하는 요인이다. 기업이 일시적으로 경쟁사와 가격 경쟁에서 우위를 점하기 위해서, 시장점유율을 높이기 위해서, 또는 현금의 유동성을 확보하기 위해서 비용보다 낮게 상품의 가격을 책정할 수도있다. 그러나 장기적으로는 원가 이하의 상품을 판매한다면 기업의 생존에 직접적인 영향을 미치게 된다. 따라서 호텔은 상품과 관련된 직·간접 비용을 신중하게 분석할 필요가 있다.

그러나 호텔상품은 서비스상품이기 때문에 원가를 추정하는 것이 쉽지 않다. 상품은 제조기업처럼 최종 생산물인 제품으로 결정되지 않고 이를 수행하기 위한 다양한 투입요소들의 결합이기 때문이다. 그래서 단순한 원재료의 투입보다는 종업원들의 시간투입, 고객들이 느끼는 상품의 가치 등이 원가를 결정하는 더 중요한 요인이 된다. 원가를 결정하는 요인들로는 다음과 같은 것들이 있다.

- **고정비(fixed costs)**는 기업의 생산활동이나 판매활동과 관계없이 발생하는 비용이다. 고정비는 기업이 상품을 팔지 않는다고 하더라도 발생하는 건물임대료, 감가상각비, 설비, 보험

료, 담보, 자본원가, 이자, 사무직 근로자에 대한 급여, 유지 및 보수비 등이 포함될 수 있다.

- **준변동비**(semi-variable costs)는 기업의 생산활동이나 판매활동과 관계없이 일정하게 발생하는 고정비와 상품판매량에 따라 단위당 일정비율로 증가하는 변동비로 구성된다. 예를 들어 추가적인 설비증가, 초과근무, 부수적인 인원고용에 따라 지불되는 임금 또는 보수 등이다. 전형적인 준변동비는 단계적으로 발생하는 경향을 보인다.
- **변동비**(variable costs)는 기업의 생산활동이나 판매활등에 비례해서 발생하는 비용이다. 상품을 구매한 소비자의 수가 증가할 때마다 발생되는 호텔객실 이용비용, 음·식료 부대비용 등이 그 예이다. 호텔상품은 기본 프로그램을 운영하는 고정비나 준고정비성의 비용이 높고, 변동비 비중이 제조업에 비해 상대적으로 낮다.

원가에 의해서 가격을 결정할 때는 손익분기점(break-even point) 분석을 활용한다. 손익분기점은 '어느 정도 상품을 판매하는 경우, 수익과 비용이 같아지는가'에 대한 분석이다. 이것은 상품을 소비자에게 판매를 할 때, 몇 명 정도의 소비자에게 상품이 팔아야 되는지에 대한 기준을 제공해 해준다.

(4) 조직

조직 내의 고려사항은 가격결정을 조직 내에서 누가 결정해야 하는가에 관련된 문제가 중요하다. 규모가 작은 호텔에서는 최고경영자가 결정을 하는 경우가 많다. 반면에 규모가 큰 호텔은 사업부, 지역 경영책임을 맡은 총지배인 또는 판매담당 관리자, 마케팅관리자들이 결정을 하게 된다. 가격결정은 다른 부서와도 밀접한 관련이 있어서 대부분의 대규모 호텔에서는 수익관리부서(revenue management center)를 따로 설치하여 부서간 조정하는 역할을 담당한다. 수익관리부서의 역할은 수익의 원천을 개발하고 가격관리를 효율화하는 것이다. 실제로 작은 부분의 수익 개선이 소비자들의 숫자와 대비해 볼 때, 큰 영향력을 미치는 분야가 호텔이다.

2.2 외부요인

(1) 시장과 수요

상품의 수요(demand)는 가격에 따른 탄력성과 이에 따라 나타나는 수요량을 말한다. 여기서 말하는 수요량은 특정 가격을 제시했을 때, 소비자가 상품을 선택하려고 하는 양을 말한다.

가격과 수요량의 변화 관계를 수요의 가격탄력성(price elasticity of demand)이라고 한다. 이것은 가격의 변화에 대한 상품의 수요량의 변화량으로 측정된다. 일반적으로 가격이 상승하면 수요량이 감소하며, 가격이 하락하면 수요량이 증가하는 경향을 보인다. 가격변화에 따라 수요량이 감소하거나 늘어나는 양이 작을수록 수요에 대한 가격탄력성이 작게 나타난다. 반면에 변화량이 클수록 수요에 대한 가격탄력성이 크게 나타난다. 수요의 가격탄력성은 아래와 같이 표현된다.

$$\text{가격탄력성} = \frac{\text{판매량의변화율}}{\text{가격의변화율}} = \frac{\dfrac{\text{가격변경후판매량} - \text{가격변경전판매량}}{\text{가격변경전판매량}}}{\dfrac{\text{변경후가격} - \text{변경전가격}}{\text{변경전가격}}}$$

수요의 가격탄력성에 대한 평가는 −1을 기준으로 계산된 값을 평가한다. −1인 경우를 단위탄력적, −1보다 작은 경우를 탄력적, −1에서 0사이인 경우를 비탄력적이라고 한다. 단위탄력적인 경우는 가격의 변화율만큼 판매율이 변화하므로 총수익에는 변화가 없다. 탄력적일 경우에는 가격을 인하하면 총수익이 늘어나고, 가격을 인상하면 총수익이 줄어든다. 비탄력적일 경우에는 반대로 가격을 인하하면 총수익이 줄어든다.

[그림 8-3] 수요곡선과 가격탄력성

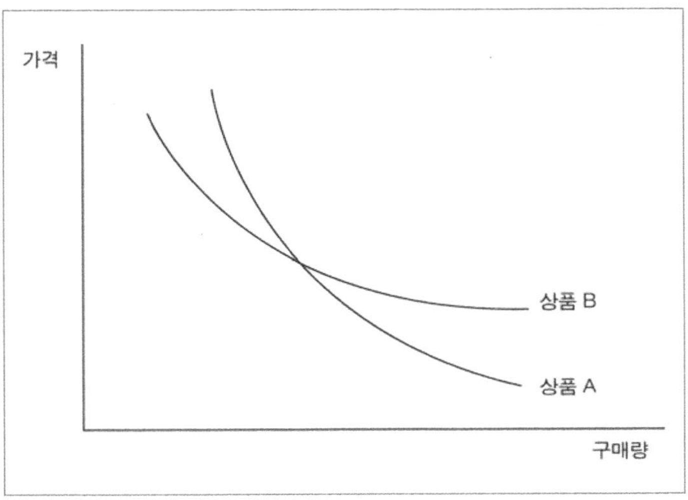

수요의 가격탄력성이 비탄력적으로 나타나는 이유는 (1) 경쟁상품이나 대체품이 없거나 소수일 때, (2) 소비자가 상품가격이 높음을 인식하지 못할때, (3) 자사상품이 경쟁상품과 비교하여 차별화된 특성을 가지고 있어 독특한 가치(unique value)가 있을때, (4) 소비자의 상품 선택습관에 대한 변화가 서서히 발생할 때, (5) 소비자들이 고가격을 고품질과 연관시켜 고가격상품을 선택하고자 할 때, (6) 다른 사람이 상품의 비용을 부담할 때와 같은 상황 가운데 나타난다. 경우에 따라서는 수요의 가격탄력성이 0이상의 양(+)의 값으로 나타날 수도있다. 이 경우는 가격이 품질의 척도로 인식되어서 소비자가 고가격의 상품을 높은 품질의 상품으로 지각할 때 발생한다. [그림 8-3]에서 보면, '상품 A'가 '상품 B' 보다는 훨씬 비탄력적이다.

수요의 가격탄력성은 호텔의 수익에 중요한 영향을 미친다. 가격변화에 따라 나타나는 수익의 증가(감소)에서손실(이익)의 감소(증가)간에 차이를 한계수익(marginal revenue)라고 한다. 특별히 이윤극대화를 하려고 목표를 세운 기업에게 있어서는 이 관계가 중요하다. 현재 기업이 판매하고 있는 수준의 가격탄력성에서 가격을 변화시킬 경우 판매량이 변화하면서 한계수익이 증가될 수도 있고 감소될 수도 있기 때문이다.

(2) 가격민감성

가격민감성(price sensitivity)에 따라 가격결정이 달라질 수 있다. 가격민감성은 독특한 가치효과, 대체재 인지효과, 사업지출효과, 최종편익효과, 총지출효과, 비용분배효과, 매몰투자효과, 가격품질효과 등이 있다(Kotler 외, 2010).

- **독특한 가치효과(unique value effect)** : 호텔에서 제공하는 상품과 서비스가 경쟁사의 그것과는 다르다고 소비자에게 지각시킴으로써 가격경쟁을 회피 할 수 있다. 호텔은 고객에 대하여 보다 많은 편익과 더 높은 가치를 제공하고 있다는 점을 제시하는 것이다.
- **대체재 인지효과(substitute awareness effect)** : 고객들이 선택할 대안이 있다는 것을 알지 못한다면, 구매행동에 아무런 영향을 미치지 않는다. 호텔 레스토랑에서 대체재 인지효과를 기초로 하여 음식요금을 높게 책정하는 경향이 있다. 한밤중에 호텔에 도착한 고객은 시내 사정을 잘 알지 못할 경우 대안을 찾지 못하기 때문에 가격이 비싸더라도 조식을 호텔에서 먹게 된다. 대체재는 개인소득의 변화에 따른 수요의 소득탄력성과 다른 상품의 가격변화에 따른 수요의 교차가격탄력성을 통해 파악할 수 있다. 수요의 소득탄력성(income elasticity of demand)은 개인소득이 변화되었을 때, 상품에 대한 수요의 변화이다. 개인소득이 증가할

때 상품은 일반적으로 수요가 증가하는 경향이 있다. 수요의 교차가격탄력성(cross elasticity of demand)은 다른 상품의 가격이 변화되었을 때 해당 상품의 수요의 변화를 말한다. 교차가격탄력성은 두 상품이 대체제인가 보완재인가를 판단하는 기준으로 사용될 수 있다. 만약 교차탄력성이 음으로 나타나면 한 상품의 수요가 증가하면 다른 상품은 수요가 감소하는 대체제이다. 반면에 교차탄력성이 양으로 나타나면 한 상품에 대한수요가 증가(감소)하면 다른 상품의 수요도 증가(감소)하는 보완재이다.

- **사업지출효과(business expenditure effect)** : 다른 사람이 계산서를 지불할 때 고객이 가격에 대해 덜 민감한 것처럼, 누가 비용을 지출하는가에 따라 가격민감성이 달라진다. 대다수 호텔에서는 숙박요금 구조결정에 있어 기업의 일일한도액(per diem rates)에 관한 정보를 활용하여 그들 호텔의 가격을 지불할 수 있는 표적시장을 대상으로 판매를 하고 있다.
- **최종편익효과(end-benefit effect)** : 상품가격이 최종편익(end benefit)의 총비용에서 큰 비율을 차지할 때 고객은 가격에 대해 더 민감해진다. 2백만원 정도 하는 해외여행을 하는 고객은 1박에 십만원 정도의 호텔에서 숙박하는 것을 쉽게 결정을 할 수 있다. 고객에게 십만원 정도의 호텔이 주는 편익은 총 여행비용에 비해 크게 느껴지지 않기 때문이다. 반면에 30만원 정도하는 국내여행을 하는 고객은 1박에 십만원 정도 하는 호텔에서 숙박하는 것을 쉽게 결정할 수 없다.
- **총지출효과(total expenditure effect)** : 상품에 대하여 많은 액수를 지출할수록 고객은 상품가격에 대해 더 민감해진다. 영업직원들을 연간 지출하는 비용이 많기 때문에 이들을 대상으로 제한된 서비스를 제공하고 비용을 절감할 수 있는 호텔에 대한 인기가 높다. 한 번의 숙박에 절감되는 비용은 작지만, 연간으로 볼 때는 많은 금액이 절약되기 때문이다.
- **비용분배효과(shared cost effect)** : 다른 누구와 함께 구매비용을 분담하는 경우에 소비자는 가격에 대하여 그렇게 민감하게 생각하지 않는다. 회의출장기간을 늘려 주말여행을 하는 것과 같은 경우에는 호텔에서 특별 휴가패키지를 제공하는 것을 쉽게 선택할 가능성이 높다. 대부분의 경우 교통비와 숙박비가 회사에서 지불할 경우가 많기 때문이다.
- **매몰투자효과(sunk investment effect)** : 현재 자기가 사용하는 상품에 투자한 구매자는 가격 때문에 상품을 바꾸지 않을 가능성이 높다. 어떤 회사가 특정 호텔에서 지속적으로 판매회의를 개최해 왔다면 과거의 거래 관계로 형성된 공유 내용들로 인해 쉽게 호텔을 바꾸지 않는다. 특별히 호텔이 서비스를 잘하고, 기업의 욕구를 잘 충족시키게 되면 매몰투자효과는 강력한 도구가 될 수 있다.
- **가격품질효과(price quality effect)** : 소비자는 가격을 품질과 동일시하는 경향이 있다. 특히

상품에 대한 사전경험이 없을 경우에 더욱 그러하다. 일반적으로 높은 가격은 누구나 지불할 수 없기 때문에 상품의 권위를 더해준다. 이러한 관계를 잘 활용하면 영국의 고급호텔인 고스포스 파크 호텔(Gosforth Park Hotel)처럼 가격을 높임으로서 고객의 이용률을 높일 수도 있다.

(3) 경쟁상황

시장의 수요가 가격의 상한선을, 원가가 가격의 하한선을 결정하게 된다. 그러나 그 사이에 경쟁자의 가격이나 기업의 가격에 대한 경쟁자의 반응에 따라서 기업의 가격결정이 영향을 받는다. 이 경우 시장 내의경쟁 기업의 수가 얼마나 되는가, 경쟁기업들의 규모나 시장점유율은 어느 정도나 되는가, 자사와 경쟁사의 원가구조는 어떠한가, 제공되는 상품의 품질이 어느 정도인가, 지금까지 가격관리를 어떻게 해 왔는가, 소비자들은 경쟁상품에 대해 어떠한 반응을 하는가에 따라 결정된다. 경쟁은 다음과 같은 세 단계로 나뉠 수 있다.

- **직접경쟁(direct competition)** : 같은 상품을 취급하는 경우에 경쟁하는 관계를 말한다. 같은 지역에 있는 호텔들이나 레스토랑 등이 직접경쟁 상품이다.
- **간접경쟁(indirect competition)** : 자사에서 제공하려는 서비스를 다른 형태로 제공하는 경우이다. 예를 들어 호텔은 펜션, 콘도 등과 간접경쟁이 일어난다.
- **소득경쟁(income competition)** : 소비자가 현재 주어진 소득으로 어떤 상품을 구매할 것인가에 관련된 영역들에서 상품들간의 경쟁이다. 소비자는 호텔에 투숙하는 대신에 외식, 교육 등을 선택할 수도 있다.

기업은 경쟁자의 상품에 대한 가격과 품질을 비교한 후 자사상품의 가격을 결정할 수 있다. 자사상품의 판매량은 경쟁사의 가격에 의해 좌우될 수 있으며, 경쟁사의 판매량도 자사의 가격에 따라 반응이 다르게 나타날 수가 있다. 특별히 서비스가 표준화가 되어 있는 상품은 경쟁이 가격을 결정하는 주요 요소로서 역할을 할 수 있다. 기업은 경쟁력에 따라서 경쟁사와 비슷한 수준으로 가격을 맞출 수도 있다. 경쟁자와 비슷한 수준으로 가격을 맞추는 것은 상품의 질이 비슷할 때 가격차이로 인한 고객의 잘못된 판단을 줄이는데 효과가 있다. 반면에 자사의 상품이 경쟁력이 있다고 판단한다면, 더 높은 가격을 책정할 수도 있다. 특별히 기업이 경쟁사에 비해 상대적인 차별화 포인트를 가지고 있다면, 높은 가격을 책정하여도 큰 문제가 되지 않을 수가 있다. 이러한 점에 대해서 고객들은 높은 가격을 지불할 의향이 있을 경우가 많기 때문이다. 차별화는 회사의 이미지, 차별화된 서비스, 시장에서 평판 등을 통해 확보될 수가 있다.

(4) 기타 외부 환경

호텔은 거시적 환경변화에 기인하는 환경적 압력에 대응해서 가격을 설정해야 한다. 상품을 개발하여 판매하는 기업은 자율적으로 가격을 설정하기도 하지만 인플레이션, 호경기, 경기후퇴, 금리 등과 같은 경제적 요인과 정부의 정책이나 법적 요인들이 영향을 미친다. 인플레이션이나 호경기 또는 금리가 낮은 경우에는 일반적으로 가격을 높게 설정을 하게 된다. 반면에 경기후퇴나 불경기, 금리가 높아지는 경우에는 가격은 낮게 설정을 하게 된다.

또 어떤 품목의 경우에는 정부의 정책이나 법적 규제로 인해 가격결정이 크게 영향을 받을 수 있다. 이런 경우 정부나 법의 규제는 가격책정에 영향을 미치는 중요한 요소로서 역할을 하게 된다. 정부의 규제는 물가관리 차원에서 가격의 동결을 요구하기도 하고, 사회적으로 바람직하지 못하다고 생각하는 상품에 대해서는 수요를 억제하기 위해 세금을 부가하거나 일정수준 이상의 가격을 유지하도록 유도하고 있다. 정부는 기업들, 유통업자들, 기업들과 유통업자들간의 가격담합(price collusion)을 법적으로도 규제하고 있다.

3. 가격결정법

호텔이 처한 환경과 상황에 따라 가격을 결정하는 방법은 원가가산기준 가격결정법, 손익분기점기준 가격결정법, 경쟁기준 가격결정법, 고객가치기준 가격결정법 등으로 나뉠 수 있다.

3.1 원가가산기준 가격결정법

원가가산기준 가격결정법(cost plus or mark-up pricing)은 단위당 원가에 단위당 희망하는 마진을 더한 금액으로 책정하는 방법이다. 즉 기업이 상품의 생산, 유통, 판매 등에 소요되는 비용을 충당할 수 있는 이상의 가격을 받으려고 하는 방법이다. 이 방법은 간단하고 계산하기 쉽기 때문에 가장 흔히 사용하는 방법이다. 앞에서 살펴보았듯이 먼저 단위당 원가에 해당하는 부분은 변동비나 준변동비 형태의 직접비(direct cost), 고정비 형태의 간접비(overhead cost)로 나누어 진다. 이것을 단위당 원가로 계산하는 것이다. 따라서 가격은 다음과 같은 형태로 결정이 된다.

$$\text{단위당 원가} = \text{단위당 직접비} + \text{단위당 간접비} = \text{단위당 직접비} + \frac{\text{간접비}}{\text{예상 판매량}}$$

$$\text{판매가격} = \frac{\text{단위당 원가}}{1 - \text{마진율}}$$

이 방법은 적용하기는 쉬우나, 몇 가지 한계점을 갖는다. 첫째는 다양한 종류의 원가를 고려하지 않거나 이들 원가가 생산 단위가 달라짐에 따라 변화한다는 사실을 반영하지 못하고 있다. 둘째는 시장의 수요가 무시되어 계산된다. 시장에서 소비자들이 기대하는 가격과 가치를 고려하지 않고 기업내부적인 요인만을 고려해 가격을 결정한다.

3.2 손익분기점기준 가격결정법

손익분기점 분석(break-even point analysis)은 주어진 직접비와 간접 비하에서 최소한의 투자비용만을 회수하는데 필요한 가격 및 매출수준을 추정하는 방법이다. 손익분기점을 분석하기 위해서는 손익분기점(break-even point)을 계산해야 한다. 손익분기점은 수익과 비용이 일치하여 순이익이 0이 되는 판매량 또는 매출액이다. 손익분기점은 다음과 같이계산된다.

$$(p - vc)b - fc = 0$$

$$b = \frac{fc}{(p - vc)}$$

p = 상품판매가격

vc = 단위당 직접비

fc = 단위당 간접비

b = 손익분기점의 판매량

손익분기점 분석은 [그림 8-4]와 같은 형태의 관계를 갖는다.

[그림 8-4] 손익분기점 분석

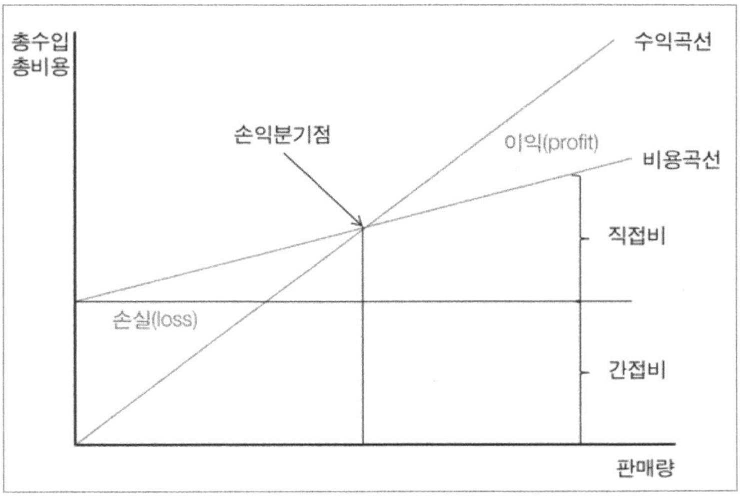

3.3 경쟁기준 가격결정법

경쟁기준 가격결정법(competition based pricing)은 호텔이 자사상품의 제공에 소요되는 비용측정이 어려운 경우이거나 시장에서 경쟁기업의 반응이 불확실한 경우에 사용될 수 있다. 기업은 주요경쟁기업의 가격을 파악한 후 그와 동일하게 가격을 정하거나, 경우에 따라서는 가격을 높거나 낮게 결정한다. 이 방법은 후발 호텔이나 상대적으로 적은 규모의 호텔이 선도적인 호텔의 가격을 따라 자사의 가격을 결정할 때 주로 일어난다.

경쟁기준 가격결정법은 경쟁자의 가격을 모방하기 때문에 호텔산업의 평균이익을 창출할 수 있게 해주며, 업체간 지나친 과당경쟁을 막을 수 있는 장점이 있다. 반면에 기업의 목표하고 있는 판매수준에 도달하지 못할 수도 있다. 호텔에서는 객실요금을 산정하기 위해서 경쟁하는 주변의 호텔을 기준으로 결정하기도 하고, 주변의 모텔, 콘도 등과 같은 가격을 비교해 결정하기도 한다. 주요한 가격전략을 살펴보면 다음과 같다.

- **모방 가격전략** : 상품의 판매가격을 업계의 평균수준에서 결정하는 전략이다. 주로 상품이 동질적이거나 차별성이 거의 없는 경우에 사용할 수 있다. 특별히 경쟁이 심한 시장에서 동질의 상품을 판매하는 호텔은 가격에 대한 어떤 결정권도 갖고 있지 못하며 수많은 소비자와 상

품 판매자들이 상호작용에 의해 형성된 단일가격이 시장에 존재하게 된다.

- **대등 가격전략** : 경쟁기업의 가격수준이나 일반적으로 통용되는 시장가격수준에 맞추어 자사의 상품가격을 결정하는 방법이다. 상품의 차별성이 거의 없어 판매자와 구매자가 시장상황을 잘 알고 있는 완전경쟁 시장인 경우에 주로 사용한다.
- **상대적 저가전략** : 경쟁기업에 비해 가격을 낮게 설정하는 전략이다. 이 전략의 단점은 소비자가격 외에는 상품의 차별성이 없는 것으로 인식할 가능성이 높다. 또한 소비자들이 가격에 지나치게 민감하게 반응할 가능성이 높아지며, 경쟁기업도 가격경쟁에 뛰어들 가능성이 높아진다.
- **상대적 고가전략** : 시장에서 형성된 가격보다 오히려 높은 가격으로 진입하는 것이다. 상품이 우수하거나, 호텔이 그 분야에 상당한 명성을 가지고 있을 때 쓸 수 있는 방법이다. 이 방법의 단점은 경기의 영향을 많이 받는다는 점이다.

3.4 고객가치기준 가격결정법

상품을 선택할 때 더 나은 가치를 추구하는 소비자가 증가하면서 등장한 방법이 고객가치기준 가격결정법(consumer based pricing)이다. 원가가산기준 가격결정법의 가격결정 출발점이 상품이라면, 고객가치기준 가격결정법은 소비자가 지각하는 가치에 따라 상품의 가격을 결정하는 방법이다.

고객가치기준으로 가격을 결정하기 위해서는 먼저, 표적시장의 소비자의 욕구와 가치에 대한 고객의 지각을 분석해야 한다. 하지만 소비자들이 생각하는 상품의 가치를 측정한다는 것은 쉬운 일은 아니다. 조사를 통해 상품에 대한 고객가치가 높게 나타났다면 가격도 높게 결정할 수 있다. 반면에 낮게 나타났다면 가격을 낮추는 방법이나 상품의 가치를 높이는 방법을 생각해 볼 수 있다. 소비자가 지각하는 가치를 높이는 방법은 같은 효용을 지닌 상품을 경쟁기업에 비해 더 저렴한 가격으로 제공하거나 경쟁기업보다 약간 높은 가격에 더 좋은 상품을 제공하는 것이다. 또는 호텔의 브랜드자산의 가치를 높이는 방법이다. 브랜드자산의 가치는 독창적인 상품, 신뢰성 있는 상품, 적절한 촉진프로그램을 통해 높아질 수 있다.

고객가치에 영향을 미치는 요인 중에 하나는 소비자가 인식하고 있는 준거가격(reference price)이다. 준거가격은 소비자에게 제시된 상품의 가격이 높고 낮음을 인식하는데 사용되는 기준 가격을 말한다. 소비자는 자주 구매했던 상품의 가격, 과거에 지불한 가격, 유사상품의 가격 등을 통해서 준거가격을 형성한다. 즉, 소비자가 과거에 경험했던 가격에 기초하여 형성되거나, 정보수집 과정에서 적절한 가격을 형성하게 되는 판단기준 가격이다.

3.5 상품의 가격결정 요소와 가격결정

상품의 생산과 공급은 호텔이 생산계획을 세우고 판매를 하지만 다양한 관련 공급업자의 영향을 받는다. 호텔의 생산계획은 여행사, 항공사, 기타 공급업자 등의 영향을 받는다. 이런 측면에서 가격은 경직성이 높고, 상품을 판매하는 협력업체의 의존성이 높다. 따라서 이러한 요소들을 고려해서 다음과 같은 원가가산기준 가격결정법을 현재까지는 많이 사용하고 있는 상황이다.

상품의 가격 = 직접비 + 간접비 + 이윤

여기서 직접비로서 숙박, 음식 등과 관련된 요금과 간접비로서 호텔의 마케팅과 일반관리비 등이 구성된다. 일반적으로 여행사는 이러한 비용에 10% 정도 수수료라는 명목으로 이윤을 붙여 판매를 한다.

3.6 가격결정의 고려 상황들

호텔이 가격결정방법들을 적용하는데 몇 가지 고려해야 할 사항들이 있다(최태광 외, 2008). 첫째, 가격결정과 관련해서 호텔은 계절성을 고려해야 한다. 계절성은 시즌 중과 시즌 후(성수기와 비수기), 주중과 주말, 예약이 많을 때와 적을 때, 예약의 비용, 특별 수요 등을 고려해야 한다. 이러한 정책을 잘못 관리하면 호텔은 판매감소가 생길 가능성이 있다. 평균객실료(average rate per occupied room)는 프런트오피스 종업원들의 판매효율성을 측정하는 기준이며, 요금구조의 가이드라인이 된다. 프런트오피스는 정상효율을 유지하려고 하면서도 최고가격의 객실을 먼저 판매하려고 노력해야 한다.

둘째, 경영자나 인적 판매를 담당하는 판매사원은 투어단체를 위한 고정요금, 컨벤션 요금, 객실, 식사, 팁, 야외 레크리에이션이나 관광티켓, 기타 특별 주말패키지, 허니문 패키지, 골프 패키지 등에 대한 가격결정권을 가지고 있다.

셋째, 회의시설 사용에 대하여 대금을 청구할 것인가도 결정해야 한다. 보통 객실을 이용하는 단체고객의 수에 따라 결정하는 것이 일반적인 사례이다. 회의실을 이용한 사람들이 대부분 호텔 내에 투숙하는 경우 회의실 사용은 무료로 하는 것이 보통이지만 예외가 있을 수도 있다.

넷째, 컨벤션과 관련된 전시회를 위하여 공공장소를 사용하는 것에 대한 요금을 청구하는 것이 보통이다. 만약 호텔이 전시를 원하는 단체에서 장소사용을 허락했다 하더라도 전시회를 개최하는 협회나 단체가 개별전시자에게 그 장소가 판매된 경우라면 호텔은 장소사용에 대해서 요금을 청구하게 된다. 그 전시가 순수한 교육적이거나 비영리적인 목적이라면 장소사용은 일반적으로 무료이다.

다섯째, 식·음료의 가격결정에 관한 문제이다. 식·음료는 외부에서 정해진 가격으로 구매가 이루어지기 때문에 마음대로 가격을 변경하기 힘든 문제가 있다. 호텔에서 구매하는 식사는 판매가격의 33%이상 초과되면 안 된다. 연회는 25%의 식사원가가 적절하다. 버리는 음식, 부패, 태우는 음식, 부족되는 구매량, 훔쳐가는 것과 기타요소를 고려해야 하기 때문이다. 노동원가는 32% 정도가 알맞다. 기타 요소는 15~20% 정도를 차지하는데, 린넨, 도기류, 유리그릇, 은제그릇, 가구, 장비 등의 요소이다. 음료의 원가는 28~30%가 되어야 하고, 노동비는 20%, 기타는 약 5%가 되어야 한다. 이론적으로 광열비와 기타 제비용전 부문이익이 45% 정도는 되어야 한다. 임차료, 중기관리비, 영선유지, 광고비 등은 부담시키지 않는다. 식사부문의 이익은 15%, 음료부문은 45%, 식·음료의 종합이익은 22% 정도 달성할 수 있도록 가격을 결정해야 한다.

여섯째, 객실부문의 경우에는 객실요금의 인하가 반드시 보다 많은 고객을 이용하는게 아니라는 점이다. 객실료를 할인해주기 전에 장기적인 전망을 해보고, 효과적으로 영업을 할 수 있도록 해야 한다.

일곱째, 경쟁자를 고려해야 한다. 호텔이 처한 지역의 경쟁자들과의 관계를 생각해서 적절한 가격을 결정할 필요가 있다. 경쟁자는 호텔뿐만 아니라 지역의 음식점, 매장들도 중요한 경쟁자가 될 수 있다.

4. 가격전략

4.1 시장진입을 위한 가격전략

새로운 상품을 개발해 시장에 진입하고자 할 때 쓸 수 있는 가격전략은 초기고가 가격전략과 시장침투 가격전략이 있다.

(1) 초기고가 가격전략

초기고가 가격전략(skimming pricing)은 새로운 상품을 시장에 내 놓을 때 신상품이 지니고 있는 편익을 수용하고자 하는 소비자층을 대상으로 가격을 높게 설정하는 정책이다. 초기고가 가격전략은 새로운 상품이 소비자들이 열망하는 명백한 특성을 갖추고 있거나, 수요의 탄력성이 매우 낮을 때 사용된다. 경쟁자의 진입이 용이하지 않거나, 기존의 상품에 비해 신상품이 지니고 있는 가치가 현저히 높을 때 사용된다. 초기에 수요가 많지 않고, 차별화된 상품을 개발 운영하는 비용이 많이 들 경우에 사용할 수 있는 방법이다. 초기에 상품 개발 및 운영에 들어가는 비용을 회수하면서도 높은 이윤을 확보할 수 있다. 이러한 가격을 수용할 수 있는 소비자 층은 혁신자(innovator)에 해당한다.

가격에 민감하지 않은 혁신소비자층의 소비가 완료되면 기업은 점차 가격을 내려 일반 소비자를 대상으로 상품을 내 놓게 된다. 일반적으로 고가격이면 고품질의 서비스가 포함된 상품일 것이라는 소비자의 기대에 부응하는 전략이다. 하지만 이를 실행하기 위해서는 충분한 수요를 창출할 만큼 시장여건이 조성되어 있는지를 검토해 보아야 한다.

(2) 시장침투 가격전략

시장침투 가격전략(market-penetration pricing)은 새로운 상품의 가격을 표적시장의 기대가격보다 상대적으로 낮게 책정하여 시장에 진입하는 전략이다. 이 전략은 시장에 신속히 새로운 상품을 침투시키고, 단기간에 매출을 올리면서 높은 시장점유율을 창출하기 위한 목적으로 진행된다. 또한 신규로 조성된 시장에 경쟁기업의 시장 진입을 억제하는 목적으로도 사용된다. 새로운 상품에 대해 대량수요가 존재하고, 수요가 탄력성이 높으며, 구모의 경제로 상당한 비용을 절감이 가능하고, 상품에 대한 치열한 경쟁이 이미 존재하거나 예상될 때 취할 수 있는 전략이다.

4.2 가격조정전략

시장에서 가격을 조정하거나 설정하는 전략으로는 패키지가격, 유인가격, 관습가격, 단수가격, 단일·변동가격, 가격층형성 가격, 상시저가와 High-low 가격, 이미지가격, 할인 및 공제가격 등이 있다.

(1) 패키지가격

패키지가격(package pricing)은 보통 묶음가격(product bundle pricing)으로 불리는 전략이다. 이는 교차판매(cross-selling)를 촉진시키기 위한 가격전략으로 관련성 있는 상품을 패키지 형태로 판매하는 방법이다. 예를 들어 호텔이 휴가 패키지를 위해서 숙박 및 식·음료, 항공료 등 교통수단, 관광 및 레저시설 입장료 등을 패키지로 판매하는 전형적인 방법이다. 패키지가격은 개별품목을 구입하는 것보다 일괄구매를 통해 저렴하게 묶어서 판매하는 방법을 사용한다. 따라서 소비자의 입장에서는 개별 품목 구매보다는 패키지 여행상품을 선택할 가능성이 높아진다. 패키지 가격설정은 개별 구성요소의 원가를 파악한 다음 총액을 계산하고, 개인당 원가를 계산한다. 여기에 적정 마진으로 10% 정도를 부가하는 방법으로 산출한다.

패키지를 구성하는 형태는 다음과 같다(이유재, 2011).

- **묶음가격(price bundling)** : 둘 또는 그 이상의 상품이나 서비스를 특별한 가격의 패키지의 형태로 소비자에게 제공하는 마케팅전략이다.
- **순수 묶음가격(pure price bundling)** : 서비스 상품의 경우 패키지로만 구매할 수 있도록 하고, 개별적으로 구매할 수 없도록 가격을 책정하는 방법이다.
- **혼합 묶음가격(mixed price bundling)** : 하나 또는 그 이상의 상품을 개별적으로도 구입할 수 있도록 하면서 패키지로도 구매할 수 있도록 가격을 책정하는 방법이다. 개개의 옵션 품목을 서로 연결하여 이용할 가능성이 상대적으로 높기 때문에 혼합 묶음가격을 많이 사용한다. 이처럼 옵션을 포함한 패키지로 상품을 구매하면 따로따로 구매할 때보다 더 저렴한 가격을 이용할 수 있는 장점이 있다.

[그림 8-5] 신라호텔의 패키지 상품들

자료원 : http://www.shilla.net

(2) 유인가격

유인가격(loss-leader pricing)은 한정수량의 상품을 매우 저렴하게 제공함으로써 잠재수요를 유인하고 수요를 증대시키는 방법이다. 이것은 식료품이나 백화점 유통에서 '미끼전략' 으로 알려져 있다. 소비자의 관심을 유인하고, 이들에게 더 나은 상품까지 구매하도록 유인하려는 목적이 있다. 유인가격으로 선정된 상품은 한 면으로는 잠재수요를 이끌어 내는 데는 도움이 되지만, 불신을 초래할 수 있는 단점도 있다.

(3) 관습가격

관습가격(customary pricing)은 소비자들이 습관적으로 상품을 오랫동안 일정금액으로 구매했기 때문에 습관화된 가격이다. 이 가격은 실제상품의 원가가 상승되었을지라도 가격이 크게 변동되지 않고 가격수준이 유지되고 있는 상태이다. 주로 껌, 라면, 아이스크림 등의 상품들에서 적용되지만, 호텔의 경우에는 각 상품 형태별로 고객들이 기대하는 가격수준이 있고, 거기에 맞게 가격대가 유지되는 경우를 생각해 볼 수 있다.

(4) 단수가격

단수가격(odd pricing)은 상품가격을 조금낮추어 가격대를 다르게 느끼게 함으로써 심리적으로 싸게 느끼도록 하는 가격전략이다. 예를 들어 호텔의 주말숙박과 식사패키지 상품의 가격이 300,000원 한다고 할 때, 1,000원을 낮추어 299,000에 내 놓는다면 고객 입장에서 더 저렴하게 느끼게 될 것이다. 단수가격 전략의 목적은 소비자들에게 상품의 가격이 정확한 계산에 의해 가장 낮게 책정되었다는 인식과 함께 소비자의 상품 선택가능성을 높일 수 있는 장점이 있다.

(5) 단일·변동 가격

단일가격(one pricing)은 가격설정 초기에 동일한 수량을 구매하는 소비자에 대해서 같은 가격을 매기는 것을 의미한다. 반면에 변동가격(flexible pricing)은 유사한 소비자가 동일한 수량을 구매할 때 상이한 가격을 매기는 것을 의미한다. 단일가격은 모든 소비자가 항상 동일한 가격으로 구매하기 때문에 호텔이 소비자를 접촉하는데 있어 신뢰를 확보할 수 있고 불만의 여지를 줄일 수 있다. 반면에 변동가격은 상품을 대량구매하는 소비자의 협상력에 따라 최종가격이 결정되는 방식이기 때문에 호텔과 대량구매하는 소비자간에 교섭력이 중요하다.

(6) 가격층 형성 가격

가격층(price lining)은 상품 가격이 옵션의 선택이나 일정 등의 조정에 따라서 20에서 40만 원대에서 변동이 된다면, 가격대를 20만원, 25만원, 30만원, 40만원 형태로 층을 만드는 것을 말한다. 가격층을 형성하는 가격을 사용하면 단일가격에 의한 판매보다 더 많이 판매하는 것이 가능하다. 이는 특정 가격층에 대한 집중적인 구매를 가능하게 하기 때문에다. 또한 가격층에 따라 가격대를 분할시켜 놓으면 소비자에게 자신에게 맞는 적당한 가격대의 상품을 촉진시키는 효과가 있어 구매를 촉진시킬 수 있다.

(7) 상시저가와 High-low 가격

상시저가(Every Day Low Price : EDLP) 가격은 주로 이마트, 월마트 같은 소매점에서 많이 사용하는 전략이다. 이 전략은 항상 낮은 가격을 유지함으로써 고객에게 저렴하게 물건을 팔고 있다는 이미지를 전달한다. 이와 같은 가격전략은 호텔에서는 잘 사용하지 않으나, 상황에 따라서는 상시저가라는 것을 명확하게 함으로써 전략적인 승부를 할 수도 있을 것이다.

High-low 가격은 상시저가의 가격의 대안으로 사용할 수 있는 방법이다. 즉 일부 상품에 대해서는 상대적으로 낮은 가격을 다른 상품에 대해서는 높은 가격을 제시하는 방법이다. 상시저가로 했을 경우 기업 전체적으로 적정마진이 확보되지 않을 수 있는데, 이 가격전략은 상품에 따라 마진이 적고 많음을 평균하면 적정한 마진 이상을 확보할 수 있다는 점이 장점이다.

(8) 이미지가격

이미지가격(image pricing)은 품격 또는 권위가격(prestige pricing)이라고 한다. 소비자들은 상품의 가격을 상품의 품질의 척도로 생각하는 경향이 있다. 따라서 고가격은 고품질과 동일하다는 생각을 갖는 것이다. 예를 들어 같은 상품이라도 가격이 비싸면 더 좋은 프로그램으로 생각할 수 있다. 이것은 상품에 대한 정보가 충분하지 않거나 또는 호텔의 이미지가 좋을 때 사용할 수 있는 전략이다. 반면에 고객이 상품에 대한 정보를 가지고 있거나 호텔의 이미지를 중요하게 생각하지 않을 경우에는 이 전략을 사용하기가 어렵다.

(9) 할인 및 공제가격

할인 및 공제(discounts and allowances) 가격은 기본 가격에서 차감해 주는 방법이다. 대표적인 방법들을 살펴보면 다음과 같다.

- **거래할인(trade discount)** : 이는 기능할인(functional discount)이라고도 한다. 상품에 대한 촉진, 판매 등의 활동을 호텔대신에 소비자가 수행했을 때 이에 대한 대가로 소비자에게 제시되는 가격에서 차감해주는 전략이다.
- **현금할인(cash discount)** : 상품을 구매할 때 일정기간 내에 외상이나 어음이 아닌 현금으로 지불했을 때 정가에서 일정액을 차감해 주는 방식이다. 어음을 할인하기 위한 이자지급분이나 외상매출 회수비용을 줄이고 유통성을 확보하기 위해 주로 사용한다.
- **계절할인(seasonal discount)** : 상품은 계절에 따라 수요변화가 심하다. 성수기 때는 정상가격 또는 가격인상을 통해서 상품을 판매하고, 비수기 때는 정상가격에서 할인하는 전략을 말한다. 다음에 소개되는 가격차별화에서 자세하게 다루어진다.
- **공제(allowances)** : 주로 중간 유통업자를 대상으로 하는 것인데, 호텔의 판매지원 프로그램에 참여하는 업체를 대상으로 가격을 할인해 주는 촉진공제(promotion allowances), 인쇄광고지에 호텔의 상품을 게재하는 것과 같은 형태로 협동광고(cooperative advertising)를 진행할 때 광고비용을 분담하는 광고공제(advertising allowances) 등이 있다.

5. 가격차별화 전략

5.1 가격차별화의 개념

가격차별화(price discrimination)는 구매자, 구매량, 구매 타이밍에 따라 가격을 달리해서 받는 것을 말한다. 호텔 상품의 경우에는 계절에 따라 수요 변동이 심하기 때문에 수요를 이동시키고자 하는 목적으로 많이 사용된다. 이유재(2011)가 제시한 가격차별화의 선행조건을 중심으로 호텔시장에 대한 가격차별화 조건을 살펴보면 다음과 같다.

- 서로 다른 세분고객들이 다른 가격에 대해 보이는 반응의 양상이 달라야 한다. 즉 차별화된 가격에 대해 구매하려는 고객이 없다면 그 가격차별화 정책은 성공할 수 없다.
- 각 세분고객은 분리될 수 있어야 하며, 그 숫자는 활용하기에 충분히 커야 한다.
- 재정거래(arbitrage transaction)에 따른 이익이 존재하지 않아야 한다. 재정거래는 소비자가 한 세분시장에서 상품을 구매하고 그것을 다른 세분시장에 가서 다시 팔 수 있을 때 나타난다. 재정거래가 있다면 소비자는 이것을 통해 한 세분시장에서 산 것을 활용해 다른 세분시장에 팔아서 이득을 취할 수 있다. 예를 들어 A라는 시장에서 호텔 투숙권을 10만원에 판매하는데, B시장에서는 11만원에 판매하는 것이 가능할 경우 A시장에서 호텔 투숙권을 구매한 소비자가 B시장에서그 호텔 투숙권을 팔 수 있다면 재정거래가 발생할 수 있다.
- 가격차별 전략을 시행하는 데 드는 원가는 이로 인해 얻어질 수 있는 수익의 증가분을 초과해서는 안 된다.
- 소비자가 차별된 가격에 대해 혼란을 느껴서는 안 된다. 특히 비싼 가격을 주고 상품을 구입한 소비자의 감정을 상하게 해서는 안 된다.
- 법적인 하자가 없어야 한다. 공정거래법에는 부당하게 거래 상대방을 차별화하여 취급하는 행위를 규제하고 있다. 다만 정당한 사유로 인한 차별화는 가능하다.

5.2 구매량에 따른 가격차별화

구매량에 따른 가격차별화를 수량할인(quantity discount)이라고 한다. 이는 소비자들의 대량

구매를 유도하기 위해 일정 규모 이상을 구매할 경우 정가에서 일정금액을 감해주는 방식이다. 할인은 구매규모(금액 또는 수량)에 기초하여 이루어진다. 비누적적 할인은 상품 1회 구매량이 일정액 이상이면 할인해 주는 방식이다. 예를 들어 한 소비자가 4개의 객실을 구매했을 때까지는 정가를 받지만 5개 이상을 구매했을 때 정가에서10%씩을 감하는 방식이다. 누적적 할인은 특정기간 동안의 총구매량을 기준으로 할인해 주는 방식이다. 누적적 할인은 기업이 소비자와 지속적인 관계를 유지하는데 도움이 된다. 즉 소비자가 호텔과 거래를 많이 하면 할수록 할인의 폭이 커지게 되기 때문이다. 대표적으로 항공사나 호텔의 마일리지 프로그램을 들 수 있다.

5.3 타이밍에 따른 가격차별화

상품은 성수기와 비수기, 주말과 주중에 따라 수요의 변화가 심한 특성을 가지고 있다. 일반적으로 성수기와 주말에는 수요가 호텔에서 공급할 수 있는 양을 초과한다. 반면에 비수기와 주중에는 호텔의 공급에 비해 수요가 절대적으로 부족한 경우가 많다. 타이밍에 따른 가격차별화는 두 가지 형태로 진행 될 수 있다.

(1) 이용시간에 따른 가격차별화

이용시간에 따른 차별화는 성수기, 비수기 또는 주말, 주중에 상품을 이용하는가에 관한 것이다. 호텔의 상품은 서비스상품으로서 생산과 동시에 소비가 일어나지 않으면 안 된다. 소비가 되지 않은 상품은 이용시간이 지나면 소멸되므로 공급능력에 맞게 수요를 탄력적으로 조정해야 한다.

이에 대한 차별화 전략으로 가격차별화를 많이 사용한다. 예를 들어 성수기에는 여행 패키지 요금, 호텔 객실, 비행기표 등을 정상가격 이상으로 받음으로 수요를 억제하는 디마케팅전략을 사용한다. 반면에 비수기에는 가격을 대폭할인함으로써 수요를 증진시키는 전략을 사용한다. 그렇게 되면 성수기에 이용하고자 하는 소비자들이 비수기나 주중으로 그들의 수요를 옮기게 된다.

실제로 소비자들에 따라서는 이용시간대에 따라 가격에 대한 민감도가 다르게 나타난다. 청소년, 노년층의 경우에는 주중기간에 해외 여행상품가격이 저렴하기 때문에 주중기간 상품을 이용한다. 다른 연령층이나 직장인들은 주말기간을 낀 여행상품의 가격이 비싸더라도 선택하려고 한다. 레스토랑의 경우에도 점심시간에 가격할인을 하면 가격에 민감한 고객들이 점심 시간대에 방문하고, 가격에 덜 민감한 고객들이 저녁 시간대에 방문하게 된다.

따라서 이용시간에 따라 가격차별화를 수행하면 상대적으로 수요가 적은 시간에는 성수기의 수요를 이동시키거나, 이전에 가격이 비싸서 이용하지 못했던 소비자를 대상으로 신규수요를 창출하는 것이 가능하다. 수요가 많은 때에는 수요를 억제함으로써 공급능력에 맞게 고객을 유치하는 것이 가능해진다.

(2) 구매시간에 따른 가격차별화

상품은 성수기와 비수기, 주말과 주중에 따라 수요변화가 크기 때문에 이를 해결하는 방안으로 등장한 것이 예약시스템을 활용해 티켓을 미리 구매하도록 하는 방법이 있다. 주로 호텔이나 항공사를 중심으로 활용되어 온 방법이다. 사전예약 또는 사전티켓 구매고객에게는 적정한 할인을 해주는 방법을 통해 고객의 수요에 대한 결정을 앞당길 수 있는 장점이 있다. 이를 통해 호텔은 수요를 확실히 보장받고, 상품을 진행하는데 필요한 자금을 미리 조달할 수 있는 이점이 있다.

예약시스템을 활용하면 소비자의 입장에서 방문시기를 선택하고 조정하는데 도움이 된다. 성수기에 예약하려는 고객에게 가능한 상품의 현황에 대한 정보를 제공하고, 비수기에 제시되는 적절한 할인가격 전략을 활용함으로 수요를 비수기로 돌리게 할 수 있다. 즉, 사전예약이 끝이 나 있는 경우에는 예약을 할 수 없기 때문에 다른 시기를 선택하도록 유도할 수 있다.

반면에 예약시스템은 예약취소로 인해 수용가능한 상품을 활용하지 못할 위험성도 존재한다. 항공사의 경우에는 실제 이용할 가능성이 낮은 고객들이 사전예약을 과다하게 하고, 비행기 출발일에 임박해서 예약 취소를 함으로써 실제로 이용하고자 하는 고객들이 티켓을 구매하지 못하는 사례가 종종 발생한다. 이러한 위험을 줄이기 위해 항공사들은 아주 저렴한 티켓을 제공해서 사전구매하게 하고, 확정된 좌석도 주지 않는 방식으로 예약전략을 활용하기도 한다.

5.4 구매자에 따른 가격차별화

소비자는 소득수준, 나이, 교육수준, 라이프스타일, 추구하는 편익 등의 변수에 따라 다른 세분시장으로 구분할 수 있다. 구매자에 따른 차별화는 이런 소비자의 특성에 따라 가격차별화를 수행하게 된다.

대표적으로 나이에 따라 어린이나 노인, 학생에게는 항공료, 관광지의 입장료를 다르게 받는 경우를 들 수 있다. 또한 직업에 따라 각종 할인혜택을 줄 수도 있다. 경우에 따라서는 회원제로 운영되는 골프장이나 콘도 등의 관광지는 회원여부에 따라 이용요금, 예약가능 여부, 예약가능 시간 등에 차이를 두고 있다. 또 단골고객이나 항공사의 마일리지처럼 상용고객 우대프로그램에 가입된 고객에게 할인혜택 등을 통해 차별적인 가격을 부과할 수 있다.

5.5 상품등급에 따른 가격차별화

상품은 동일한 프로그램 내용으로 운영이 되더라고 그 안에 있는 항공기 좌석과 같은 교통수단의 수준, 호텔의 객실수준, 식·음료수준 등에 따라 상품의 등급이 달라질 수 있다. 호텔의 경우에는 스탠다드 룸(standard room), 딜럭스 룸(delusx room), 스위트 룸(suite room) 등으로 구분해서 객실마다 차별화된 요금을 받는다.

[그림 8-6] 서울 리츠칼튼 호텔의 객실 요금표

Type		No. of Rooms	Size(㎡)	Rate(KRW)
NORMAL	Superior Delux	214	32.4	350,000
	Balcony Deluxe	21	32.4	390,000
	Corner Deluxe	18	36.4	390,000
	Parlor Suite	22	48.6	410,000
CLUB	Club Superior Deluxe	39	32.4	400,000
	Club Parlor Suite	14	48.6	460,000
	Club Balcony Parlor Suite	3	44.2	500,000
	Premier Suite	27	64.8	500,000
	Executive Suite	12	74.0	580,000
	Ritz Carlton Suite	4	74.4	1,000,000
	Presidential Suite	1	263.1	4,800,000
Total		375		

자료원 : http://www.ritzcarltonseoul.com

5.6 수율관리

(1) 수율관리의 개요

수율관리(yield management)는 1970년대 후반 항공사간에 경쟁이 심화되면서 항공산업에서 스케쥴관리를 위하여 처음으로 도입하였다. 항공 산업에서는 수율을 극대화하기 위하여 적정가격에 적정고객에게 적정좌석을 판매하는 기법으로 사용되었다. 항공사는 구입시기에 따라 정상요금, 절약형 요금, 초할인 요금과 같은 차별화된 가격 계층을 두고 있다. 이를 통해 항공사는 매출을 극대화하고, 좌석수도 채우는 것이 가능해진다.

호텔의 수율관리는 가격차별화의 응용사례이다. 호텔의 수율인 공헌이익(contribution margin)을 극대화하기 위해서 사용된다. 이것은 호텔이 실제로 부과하는 요금과 일정기간 중의 가동률에 대한 예측을 기초로 각 요금대에서 가능한 총객실수를 고려해 결정된다. 이를 통해 호텔이 객실수요를 기초로 최대의 공헌이익을 성취할 수 있게 된다. 이 개념은 특정 고객세분시장의 수요탄력성을 기초로 한 차별화된 가격전략을 통해 수입과 재고를 효율적으로 관리하기 위한 것이다. 일반적으로 상용여행객은 평일에 이용할 수 있는 객실에 대한 예약을 임박해서 진행하며, 가격에 비탄력적이다. 따라서 정상가격에 가까운 가격에도 호텔을 예약한다. 반면에 레저여행객은 가격에 민감하다. 따라서 이들을 대상으로 금, 토요일과 같은 주말에 투숙하는 조건으로 30일 전에 예약을 하는 경우 할인율을 적용하게 된다.

호텔에서 수율관리가 중요한 이유는 다음과 같다. 먼저 호텔이 보유하고 있는 객실을 매번 정상가격으로 다 채워서 판매할 수 없기 때문에 할인을 통해서 점유율의 일정부분을 사전에 확보할 필요가 있다. 다음으로 호텔의 객실은 시간이 지나면 소멸하기 때문에 할인을 하더라도 판매를 해야 한다. 그러나 무작정 할인을 하여 사전에 객실을 모두 판매하였을 경우에는 정상가격으로 객실을 구매하고자 하는 수요를 흡수하지 못함으로 문제가 발생된다. 그렇다고 정상요금만으로 고객을 채우려고 했을 때는 수요가 줄어들어 빈 객실이 많이 생긴다. 이와 같이 객실을 모두 채우고자 하는 욕구와 가능한 높은 가격으로 객실을 판매하고자 하는 욕구 사이에서 어떻게 하면 최대의 수익을 올리려고 할 것인가에 대한 방안으로 등장한 것이 수율관리이다.

(2) 수율관리의 효용성과 변수

수율관리의 효용성은 다음과 같다(이정학, 2009a).

- 가장 효과적인 가격구조를 정립할 수 있다.
- 적정예약을 예상하여 객실(좌석) 타입에 대한 수용을 결정할 수 있는 근거를 마련할 수 있다.
- 할인관리 지침을 마련할 수 있다.
- 단체할인에 대한 협상(negotiation)을 할 수 있다.
- 적절한 객실(좌석) 타입을 적절한 가격에 고객에게 제공할 수 있다.
- 현재와 잠재 영업에 있어서 더 많은 매출을 올릴 수 있다.
- 단순히 예약 받는 것보다 효과적인 판매가 되도록 예약 대리인에게 재량권을 줄 수 있다.

수율관리는 과거의 통계를 기준으로 한다. 과거의 통계자료를 근거로 수요를 예측하고 가격을 결정하게 된다. 예측에 사용되는 변수는 (1) 기상조건, (2) 정치, 사회, 경제적 이슈, (3) 스포츠 행사, 박람회, 전시회, 국제회의, 축제 등과 같은 특별 이벤트, (4) 수요자의 동향 등을 들 수 있다. 이러한 변수들을 활용해서 적절한 마케팅정보시스템을 개발해 활용할 필요가 있다(이정학, 2009a).

(3) 수율의 계산

수율과 실제 객실요금(yield rate)은 다음과 같이 계산된다.

$$\text{수율} = \frac{\text{판매된 객실수}}{\text{판매할 수 있는 객실 수}} \times \frac{\text{평균 객실 단가}}{\text{가능한 최대 객실 단가}} \times 100$$

$$\text{실제 객실 요금} = \frac{\text{판매된 객실수}}{\text{판매할 수 있는 객실 수}} \times \text{평균 객실 단가}$$

예를 들어 어떤 호텔의 객실이 400실이고, 보유하고 있는 객실 1실당 평균 요금이 20만원이라고 가정해 보자. 2011년도 영업 결과 12,500개의 객실을 판매해 객실 점유율이 86.5%였으며, 객실당 평균 요금이 15만원이었다. 이 경우 수율과 실제 객실요금(yield rate)은 다음과 같이 계산된다.

$$수율 = \frac{12,500}{400실 \times 365일} \times \frac{150,000}{200,000} \times 100 = 64.2$$

$$실제\ 객실\ 요금 = \frac{12,500}{400실 \times 365일} \times 150,000 = 128.424$$

(4) 수율의 활용

수율은 여러 가지 목적으로 호텔에서 활용할 수 있다. 먼저, 수율은 주변의 호텔과 경쟁력을 비교하는 중요한 기준으로 사용될 수 있다. 객실 점유율과 수율, 그리고 실제 객실요금을 비교함으로써 어느 호텔이 더욱 효율적인가를 조사해 볼 수 있다.

다음으로 충분한 자료를 확보하고 있는 호텔에서는 현재의 예약패턴을 가지고 투숙율을 예측할 수 있다. 만약 낮은 투숙율이 예상되면 호텔로서는 투숙율을 높이기 위해 낮은 요금을 유지하게 된다. 낮은 요금은 일정 시기 이전에 호텔 객실을 구매하게 함으로써 고객을 유치하여 초과수요를 일으킬 수 있을 것이다. 요즘에는 특정일의 투숙율을 자동적으로 계산하고 매일 매일의 가격에 대하여 제안을 해 주는 컴퓨터시스템 형태로 개발되어 활용되고 있다.

수율관리시스템이 효과적이려면 몇 가지 변수를 잘 고려해서 활용되어야 한다. 시장의 세분화 가능성, 선매 가능성, 수요의 변동, 낮은 한계 판매비용과 높은 한계 생산비용, 예약 형태에 관한 자료, 각 세분시장의 수요 형태에 대한 정보, 초과예약 정책, 가격변경 효과에 관한 지식, 호텔의 내·외부 자료에 관한 정보시스템, 세분시장별로 울타리를 칠 수 능력 등이 있어야 가능하다.

토론해 볼 문제

1. 호텔의 가격 결정에 영향을 미치는 요인들을 살펴보고 상황에 따라 어떤 요인들이 가장 영향을 미칠 수 있는지 토론해 보시오.
2. 어떤 가격결정기준을 선택하여 가격을 파악하느냐에 따라 산출된 가격이 달라질 수 있는데, 최종가격을 어떻게 결정해야 하는지 토론해 보시오.
3. 다양한 가격차별화전략의 활용 사례들을 찾아보고 토론해 보시오.
4. 호텔의 수율관리 활용 사례를 찾아보고 토론해 보시오.

Chapter 9

유통관리

1. 유통의 이해
2. 유통의 형태 및 기능
3. 중간상의 유형
4. 유통경로의 설계 및 관리

09 유통관리

- **학습목표**
1. **유통의 개념과 형태에 대해서 알아본다.**
2. **중간상의 주요 유형에 대해서 알아본다.**
3. **효율적인 유통경로의 설계 및 관리 방법에 대해서 알아본다.**

1. 유통의 개요

유통(place)은 '상품이 생산자인 호텔로부터 소비자에게 옮겨가서 구매가 일어나도록 하는 과정' 이다. 이러한 과정을 다른 말로 마케팅경로(marketing channel) 또는 유통경로(distribution channel)라고 한다. 유통은 호텔과 소비자 사이에 존재하는 인격적(객실을 이용할 권리에 대한 소유권), 장소적, 시간적 차이를 이어주는 역할을 감당하게 된다.

유통의 기능이 원활하게 이루어지기 위해 호텔과 소비자 사이에 중재하는 역할을 하는 다양한 개인이나 기업이 존재한다. 이들을 유통기관이라고 하며 보통 중간상이라고 부른다. 중간상은 상품이 호텔에서 소비자에게 전달되는 경로에서 여러 가지 활동을 하게 된다.

호텔과 소비자 사이에는 일반적으로 여행사와 같은 여행알선업체가 중간상으로 역할을 담당한다. 호텔은 소비자가 이용할 수 있는 시설을 여행사나 항공사 등과 같은 곳에 제공한다. 여행사나 항공사는 호텔로부터 공급을 받는 상품들을 받아 보통 여행패키지 형태로 구성하고 이것을 소비자에게 판매하는 역할을 담당한다.

유통의 궁극적인 목표는 5R이라는 다섯 가지 목적을 달성하는데 있다. 이는 소비자들에게 적절한 상품(right product)을, 적절한 시간(right time)에, 적절한 가격(right price)으로, 적절한 양(right quantity)을, 적절한 장소(right place)로 이동시켜 제공하는 것이다. 이것을 위해 크게 3가지의 유통활동과 관련된 흐름이 나타나게 된다. 그것은 상품에 대한 소유권이 호텔에서 소비자로 이동하는 상적 흐름으로서 상류, 객실 이용이나 호텔 패키지 서비스와 관련된 티켓, 부대시설, 장비 등의 흐름과 관련된 물적 흐름으로서 물류, 상적 흐름과 물적흐름이 원활하게 진행될 수 있도록 지원하는 정보흐름으로서 정보류 형태로 나타나게 된다.

2. 유통의 형태 및 기능

2.1 유통의 형태

호텔 상품의 유통경로는 상품의 판매시점과 소비시점이 다르다. 호텔을 방문했을 때, 호텔이 공급한 상품은 생산과 소비가 동시에 일어나는 특징을 가지고 있다. 상품의 판매를 위해서 호텔은 제공하고자 하는 서비스내역을 중심으로 패키지 형태의 상품을 구성한다. 직접적인 서비스의 생산과 소비는 소비자가 호텔을 방문하면서 일어나는 것이 특징이다. 그렇기에 일반적으로 알려진 제조업처럼 '제조업자 → 도매상 → 중간상 → 소매상 → 최종소비자'에 이르는 경로를 따르지 않는 경우가 대부분이다.

제조업의 경우에는 각 유통단계별로 전문적인 기능이 필요할수록 유통경로가 길어지게 된다. 그들은 각 중간상별로 잘 할 수 있는 유통기능만을 수행함으로 유통경로의 효율성을 높이게 된다. 그러나 호텔 상품은 제조업에 비해서 기능을 나누기가 힘들고, 실질적인 물류의 이동이 일어나지 않기 때문에 유통경로가 길지 않은 경우가 대부분이다.

호텔 상품의 판매는 직접 또는 간접적인 유통경로를 거치게 된다(그림 9-1 참조). 직접 유통경로는 호텔 예약, 렌터카 예약, 일부 개별 상품의 티켓 구입 등과 같이 공급자에서 직접 소비자로 전달되는 통로이다. 간접 유통경로는 소매여행사, 도매여행사, 기업여행 담당자, 인센티브투어 기획

[그림 9-1] 상품의 전형적인 유통경로

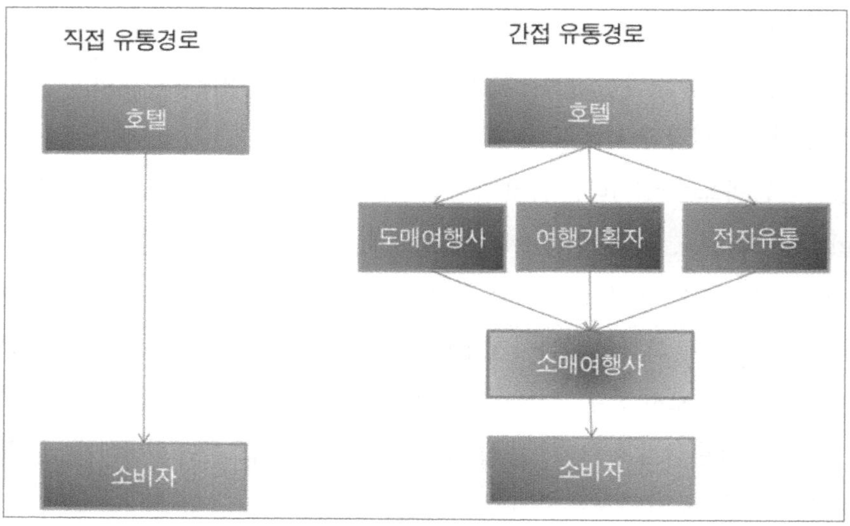

자, 컨벤션 및 회의 기획자 등을 통해서 호텔의 상품을 판매하게 된다. 보통은 도매여행사나 여행 기획자가 패키지로 구성한 상품을 소매여행사를 통해서 판매하거나 컴퓨터예약시스템(Computerized Reservation System : CRS)이나 인터넷 예약시스템을 운영하는 중간상의 전자 유통경로를 통해 판매가 되기도 하다.

(1) 직접 유통경로

직접 유통경로(direct distribution)는 호텔이 여행사와 같은 유통업체를 거치지 않고 호텔 이용에 필요한 상품을 소비자에게 직접 판매하는 경우이다. 호텔이 고객들에게 촉진, 예약, 서비스를 제공하는 데 있어 전적인 책임을 지고 진행을 한다. 주로 우편, 전화, 인터넷을 이용하며, 판매원이 방문해서 판매하기도 한다. 특별히 인터넷은 직접 유통경로 선택에 지대한 영향을 미치고 있다. 직접판매를 위한 유통경로로 인터넷으로 개설하여 판매하는 방법을 많이 사용한다. 직접 유통경로는 개별호텔에서 개설하는 경우도 있으며, 호텔체인의 웹사이트나 중앙예약시스템을 개설해 운영할 수도 있다(그림 9-2 참조).

[그림 9-2] 힐튼 호텔의 예약 홈페이지

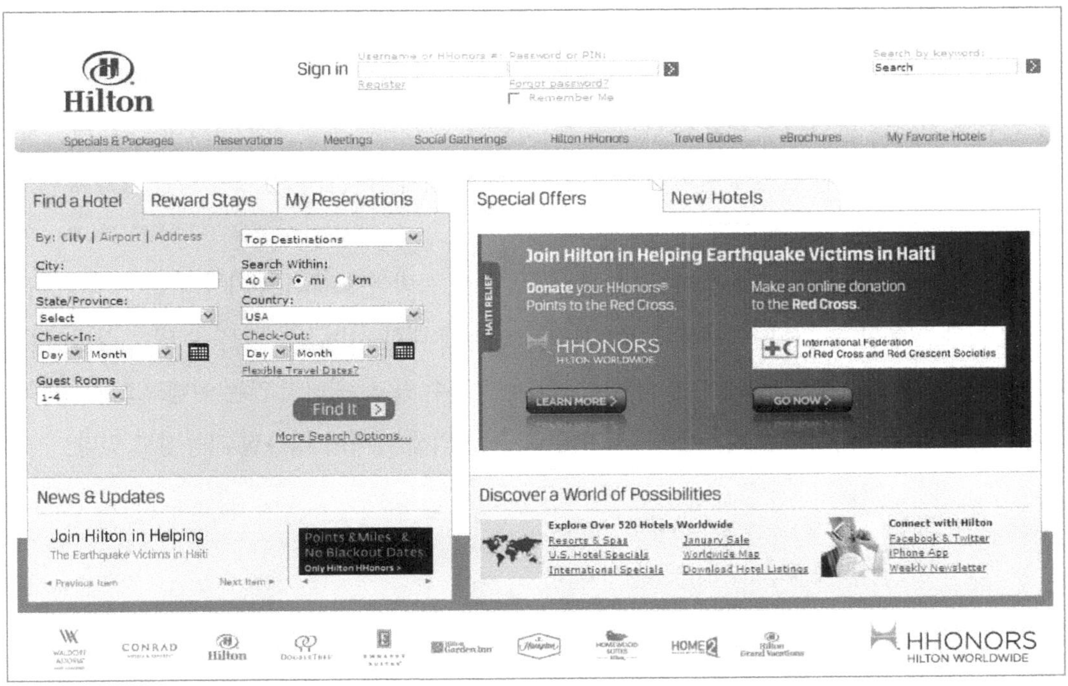

자료원 : http://www1.hilton.com

직접 유통경로는 여러 가지 측면에서 장점이 있다. 먼저 호텔 측면에서는 업무처리가 단순해지며, 수수료를 지불하지 않아도 되고, 고객과의 판매협상과 판매가격 유지에 융통성이 있고, 수요를 직접 통제하고 확인할 수 있는 장점이 있다. 반면에 소비자에게 다양한 광고와 판촉전략으로 알려야만이 소비자가 직접 유통경로를 이용할 수 있도록 유도할 수 있다.

소비자의 입장에서는 여행사를 통해서 구매하는 것보다 구매의 절차가 단순하고, 패키지 상품의 강요와 같은 여행사의 압력을 받지 않고, 여행의 일정을 자유롭게 정할 수 있는 유연성이 있다. 반면에 소비자가 적절한 상품 공급업자를 찾기 어렵고, 정보의 획득이 어려우며, 해외의 경우 언어가 원활하지 않으면 곤란을 겪을 수도 있다.

(2) 간접 유통경로

간접 유통경로는 호텔과 소비자 사이에 소매여행사, 도매여행사, 기업여행 담당자, 인센티브투어 기획자, 컨벤션이나 회의기획자 등이 상품을 유통시켜 주는 형태이다. 호텔에서 도매여행사 또는 인센티브투어 기획자나 컨벤션 또는 회의기획자 등을 통해 호텔 객실만을 직접 판매하는 방법과 도매여행사나 여행 기획가 등이 호텔과 거래해서 개발된 패키지 여행상품이나 개별상품을 소매여행사를 통해 판매하는 방법이 있다.

간접 유통경로를 거치게 되면 상품 공급업자에게는 수수료가 나가는 대신에 많은 수의 소비자와 거래를 할 수 있고, 중간상으로부터 수집된 소비자에 대한 정보를 활용할 수 있는 장점이 있다. 반면에 거래를 하면서 수수료가 나가게 되고, 중간상과 상품 공급업자 사이에 어느 쪽이 구매력(buying power)이 큰가에 따라서 다양한 조건에 맞추어 가격협상을 해야 하는 상황에 처하게 된다.

소비자의 입장에는 여행사를 통해 구매하는 경우 호텔 숙박이 포함된 패키지화 된 여행상품을 더 저렴하게 이용할 수 있고, 여행사의 안전보장과 안내에 대한 서비스를 받을 수 있는 장점이 있다. 하지만 여행사의 프로그램에 따라 여행내용이 제한될 수 있고, 원하지 않는 여행코스나 여행목적지를 돌아다녀야 하기도 하며, 여행사의 수수료 등에 의해 가격이 비싸질 가능성도 있다.

2.2 유통의 기능

(1) 중간상의 기능

상품 공급자로부터 상품을 받아소비자에게 공급하는 중간상은 크게 두 가지 기능을 하게된다. 중간상은 상품 공급업자 측면에서 보았을 때 판매대리인으로서의 역할과 소비자 측면에서 보았을 때 상품의 구매대리인으로 역할을 하게 된다. 엣젤, 월커와 스탠톤(Etzel, Walker, and Stanton, 1997)의 책에 제시되어 있는 중간상의 기능을 중심으로 호텔상품의 상황에 맞게 정리해보면 〈표 9-1〉과 같다.

〈표 9-1〉 중간상의 기능

호텔 판매대리인	소비자 구매대리인
• 시장정보의 제공 • 소비자욕구의 파악 • 상품판매의 촉진 • 다양한 관광 관련 상품 보유 • 패키지 구성을 통한 구색 갖추기 • 소비자와의 협상 • 금융기능 • 상품의 보유 • 위험부담	• 수요의 예측 • 대규모 소비자 참여 상품의 분할 • 패키지 구성을 통한 구색 갖추기 • 패키지 구성을 통한 상품 활용성 증대 • 호텔 예약권 등을 고객에게 전달 • 다양한 호텔 및 관광관련 상품정보 제공 • 금융기능 • 상품의 보증 • 위험부담

모리슨(Morrisson, 2006)은 중간상의 구체적인 역할과 혜택을 다음과 같이 8가지로 제시하고 있다.

- **대형 소매서비스 제공** : 호텔이 수만 개의 소매판매점을 가질 수가 없다. 그러므로 독립적인 체인여행 대리점이 이러한 기능을 대신 수행하여 다른 호텔관련 산업조직들에게 이익을 제공한다.
- **유통망 확장** : 모든 중개업자들의 활동을 통해 호텔은 서비스 유통경로가 많아지게 되며, 이를 통해서비스에 대한 고객의 인지도 및 예약수행능력을 높일 수 있다.
- **소비자들을 위한 여행목적지, 가격, 시설, 스케쥴, 서비스 등에 대한 전문적인 조언 제공** : 여행사

의 전문적인 조언과 추천을 고객들이 호텔을 선택하는데 영향을 미친다. 산업조직들은 종종 대리점과 긍정적인 관계를 유지함으로써 많은 수익을 얻을 수 있다.

- **기업여행 담당** : 기업 고객들은 기업 여행부서와 여행사들을 통해 호텔 선택을 비롯한 다양한 측면에서 이익을 얻는다. 이들은 상용여행객을 위한 사내조언가 역할을 하는데, 소매여행사가 레저여행객을 위한 것과 유사한 역할을 한다.
- **패키지 상품개발** : 일부 여행 중간상들은 고객들의 욕구를 충족시키기 위해 맞춤형 휴가를 개발함으로써 호텔의 서비스보다 더 매력적으로 패키지를 만드는 역할을 한다. 여행사는 종종 독립여행 패키지를 결합하여 개별 또는 단체여행객을 지원한다.
- **맞춤형 인센티브투어 제공** : 인센티브투어 기획자들은 잠재 여행객들에게 유리한 경험을 의도적으로 만들어서 기업과 그외 조직의 욕구를 충족시킨다. 그들은 패키지에 참여하는 호텔을 통해 고객의 욕구를 한층 더 충족시킬 수 있는 서비스를 계획할 수 있다.
- **컨벤션 및 회의 기획** : 컨벤션과 회의 기획자들은 그들 조직을 위한 호텔을 포함한 서비스 패키지를 기획한다. 휴가와 인센티브 패키지를 개발하는 다른 전문가들과 같이 이들 또한 조직의 욕구를 한층 더 충족시킬 수 있는 서비스를 제공한다.
- **단체여행 운영** : 특정 여행 중간상들은 가이드 서비스를 제공함으로써 여행객들의 경험을 더욱 다양화시킨다.

(2) 중간상 존립의 근거

상품 공급업자와 소비자 사이에 중간상이 개입하면 중간상 마진으로 상품의 가격이 상승하게 된다. 하지만 이런 가격 상승에도 불구하고 중간상은 상품의 유통에 꼭 필요하다. 이에 대한 근거를 살펴보면 다음과 같다.

- **총거래수 최소의 원리(principle of minimum total transactions)** : 상품 공급업자와 소비자를 연결하는 마케팅경로상에 중간상이 개입하게 되면, 거래의 총수가 감소하게 된다. 이에 따라 상품 공급업자와 소비자 사이에 실질적인 비용이 감소해 중간상의 마진보다 양쪽 당사자 모두에게 더 이익이 된다는 것이다.
- **분업의 원리** : 유통경로에서 다양하게 수행되는 기능들로 수급조절 기능, 위험부담 기능, 정보수집 기능, 패키지 구성기능 등을 상품 공급업자가 수행하게 되면 전문성이 결여되고 공급업자가 공급을 전담할 때보다 효율성이 떨어지게 된다. 따라서 중간상이 이런 기능들을 전문

적으로 전담하게 되면 상품 공급업자와 소비자 모두에게 유익이 된다.

- **변동비 우위의 원리** : 상품 공급업자는 상품공급과 관련해 시설투자, 프로그램 개발 및 유지와 관련한 고정비성의 간접비 비중이 큰데 비해서 중간상은 수요에 따른 인력운영 등 변동비성의 직접비 비중이 높다. 따라서 공급업자와 중간상의 두 부분을 조합할지라도 규모가 커지는 것에 비해서 통합효과가 별로 없거나 미약하다. 이러한 측면에서 역할을 분담하는 것이 좋다는 원리이다.

3. 중간상의 유형

호텔의 상품과 서비스를 판매할 수 있는 중간상은 소매여행사, 도매여행사, 호텔 판매대행사, 기업여행담당자, 인센티브투어 기획자, 컨벤션 및 국제회의 기획자, 전자유통을 들 수 있다. 이들 중간상들은 1990년대 들어 온라인 데이터베이스 프로그램과 인터넷의 등장으로 많은 변화를 겪고 있으며, 여행 중간상들의 역할 감소현상이 나타나고 있다. 특히 인터넷으로 전자상거래가 활성화되면서 호텔 예약을 비롯한 패키지 여행상품은 가장 인기 있는 온라인 상품으로 등장했다.

3.1 소매여행사

소매여행사(retail travel agent) 또는 여행업은 상품공급자와 소비자 사이에 있어 개별상품 또는 패키지 여행상품을 기획해서 판매하는 유통을 말한다. 여행업은 '여행자 또는 운송·숙박시설, 기타 여행에 부수되는 시설의 경영자 등을 위하여 시설 이용의 알선이나 계약체결의 처리, 여행에 관한 기타 여행의 편의를 제공하는 업' 으로 관광진흥법에서 규정하고 있다.

소매여행사는 보통 6~7명 이하의 직원으로 운영되며, 호텔의 상품이나 서비스 또는 패키지 형태로 만들어진 상품을 소비자에게 알선이나 대리 역할을 해주고 수수료(commission)를 받아 운영한다.

소매여행사에서 가장 많이 취급하는 개발상품은 항공사의 항공권이다. 그럼에도 불구하고 소매여행사는 호텔 입장에서 호텔 상품을 판매할 수 있는 고객과의 접촉통로를 늘리는 장점이 있고, 여행사 입장에서는 호텔 상품 판매를 통한 수익을 확보할 수 있다.

특별히 소매여행사가 관심을 갖고 있는 호텔에 대한 정보는 항공권 예약시스템과 호텔안내 책자를 통해서 파악할 수 있다. 호텔은 이들 소매여행사들에게 부수되는 자료와 호텔뉴스를 포함한 정보를 보내주는 것이 좋다. 이 안에는 호텔의 패키지 상품, 판매촉진 및 특별이벤트에 관한 최신 정보가 포함되어 한다. 또한 각 호텔은 팸 투어(fam tour) 형태로 그 여행사를 초청하여 호텔을 소개하는 것이 좋다.

여행사와 거래하는 호텔은 여행사의 예약을 용이하게 해야 한다. 수신자 부담의 예약 전용전화 번호, 거래시 신속한 수수료 정보 제공과 지급, 전자상거래를 통한 거래가 원활하게 이루어질 수 있도록 도움을 주는 것이 좋다.

3.2 도매여행사

도매여행사(tour wholesaler)는 관광시장을 표적으로 한 여행패키지를 만들어 제공한다. 패키지 여행에는 숙박, 운송, 관광, 식사 등이 포함되어 있다(그림 9-3 참조). 도매여행사는 패키지 여행을 개발할 때, 호텔과 계약을 체결하고 수량에 따른 할인을 받는다. 이들은 직접 소비자에게 개발한 패키지를 판매하는 경우도 있으나 대부분 이러한 패키지 상품을 받아서 소매여행사를 통해 판매를 하게 된다. 따라서 도매여행사는 소매여행사들이 수수료를 지불할지라도 독자적으로 개발하는 패키지 상품보다 더 가치 있는 상품을 개발해야만 한다. 호텔은 이들의 상황에 따라 예탁금을 수령하고, 신속하게 정산하는 것이 필요하다.

도매여행사들은 대개 처음 관광이 시작되기 최소 1년 전부터 마케팅조사를 실시하여 관광과 패키지를 개발한다. 이들은 약 12~18개월 전에 호텔과 예약 및 요금 등에 대한 협상을 한 후, 관광이나 패키지 가격을 결정하고 소매여행사를 통해 유통시킬 브로셔를 준비한다. 브로셔는 도매여행사 혼자 개발할 수도 있고, 호텔 또는 다른 조직과 협력하여 개발할 수도 있다.

요즘에는 국제적인 휴양지의 증가로 도매여행사의 역할이 중요하게 부각되고 있다. 소매여행사가 모든 휴양지의 호텔을 알기 어렵기 때문이다. 대신에 그들은 도매여행사가 제공하는 정보에 의존한다. 이들이 제공하는 정보는 특급호텔, 1급 호텔, 2급 호텔, 관광호텔과 같은 다양한 호텔정보를 제공하고 있다.

항공사의 경우에도 자사의 홈페이지나 안내를 통해 여행 패키지 상품을 판매하는 경우가 많다. 이럴 경우 도매여행사로서 역할을 하게 된다.

[그림 9-3] 하나투어의 홈페이지

자료원 : http://www.hanatour.com

3.3 호텔판매대행사

호텔판매대행사(hotel representatives)는 주어진 시장지역에서 호텔객실과 서비스를 판매한다. 호텔은 자사 판매직원을 두기보다는 호텔의 판매대행원을 활용하는 쪽이 효과적인 때가 많다. 특별히 고객들이 지역적으로 멀리 떨어진 곳에 있던가, 외국인과 같이 문화적 차이로 접근이 어려운 경우에 쉽게 활용할 수 있는 것이 호텔판매대행사이다. 우리나라에 있는 호텔은 미국에 있는 호텔판매대행원을 통해 판매를 하는 것이 그곳에 회사의 판매원을 파견하는 것보다 비용이 저렴하게 들 것이다(그림 9-4 참조). 호텔판매대행사는 보통 여러 호텔의 판매대행을 맡게 되는데, 경쟁이 되는 호텔을 거래하지 않은 판매대행사들을 선택하는 것이 좋다. 이들은 수수료나 수수료에 보수가 가산된 형태로 거래를 한다.

[그림 9-4] 롯데호텔의 해외 판매대행사

OVERSEAS SALES OFFICE
롯데호텔 해외사무소

NEW YORK
뉴욕

- TOLL FREE 800-22-LOTTE
- TEL 1.201.440.1292
- FAX 1.201.440.1729
- E-MAIL lotteny@lottehotelusa.com

LOS ANGELES
로스앤젤레스

- TOLL FREE 800-24-LOTTE
- TEL 1.310.540.7010
- FAX 1.310.316.1169
- E-MAIL lottela421@hotmail.com

TOKYO
동경

- TEL 81.3.3255.2571
- FAX 81.3.3255.2575
- E-MAIL tokyo@hotel-lotte.gr.jp

OSAKA
오사카

- TEL 81.6.6263.1071
- FAX 81.6.6263.2069
- E-MAIL jnham1544@hotellotte.co.kr

오사카 (부산 사무소)

- TEL 81.6.6268.4855
- FAX 81.6.6268.4857
- E-MAIL lottebusanosaka@yahoo.co.jp

SHANGHAI
상하이

- TEL 86.21.5876.2007
- FAX 86.21.5876.1015
- E-MAIL sh.lotte@hotmail.com

자료원 : http://www.lottehotelseoul.com/

3.4 기업여행담당자

기업여행담당자(corporate travel manager)는 기업에서 여행관련 부서를 만들어 여행관련 업무를 지원하는 역할을 한다. 이들은 상용여행의 비용을 절감하고, 기업내의 여행객들에게 보다 나은 서비스를 제공하며, 기업의 구매력을 높이기 위해 기업 내에 만들어진다.

큰 기업의 경우에 기업여행담당자가 없으면, 각각의 부서나 개인들이 스스로 계획을 세우고 예약을 해야만 한다. 이것은 시간과 비용, 효율성 측면에서 문제가 있을 수 있다. 직원들이 가장 편리한 여행 스케줄과 적절한 서비스의 질 또는 가장 경제적인 요금을 선택을 하지 못할 수 있기 때문이다. 따라서 큰 기업일수록 호텔, 여행사 등과 계약을 통해 여행과 관련된 업무를 신속하게 진행하거나 직접 수행할 수 있도록 하고 있다.

3.5 인센티브투어 기획자

인센티브투어 기획자(incentive tour planners)는 가장 두드러진 성장을 보이는 영역인 인센티브투어를 기획하는 역할을 하는 담당자이다. 인센티브투어는 많은 회사들이 동기부여의 기법으로 직원들과 거래처 그 외의 목표를 충족시킨 이들을 위한 보상으로 진행되는 여행이다.

인센티브투어는 기업 내 또는 기업 외의 인센티브투어를 기획하는 전문가를 통해서 진행이 된다. 보통 전문 인센티브투어 기획자나 여행사 같은 외부 전문가들이 인센티브투어 패키지를 많이 개발한다. 이들은 기업과 직접 거래를 통해 특정 기업에 적합한 호텔, 교통, 식사, 관광 등을 포함한 맞춤형 패키지를 개발한다.

3.6 컨벤션 및 국제회의 기획자

컨벤션과 국제회의는 상용여행의 주요 부분을 차지하고 있다. 컨벤션 및 국제회의 기획자는 협회, 기업, 대규모 비영리 조직, 정부기관, 그리고 교육기관 등의 외부회의를 기획하고 조정한다. 컨벤션 및 국제회의 기획자의 주요 업무를 보면, 예산 준비, 회의 장소 및 시설 선정, 숙박·항공·지상 교통수단을 위한 단체 요금 협상, 회의 프로그램과 일정계획, 참가자 예약, 회의 세부사항 결정 및 회의 장소의 안전 확보, 엔터테인먼트 제공, 식음료 행사 기획, 인쇄물 및 시청각 보조 자료 준비, 회의장 내에서의 회의 주관 등을 수행한다.

3.7 컴퓨터예약시스템

컴퓨터예약시스템(Computerized Reservation System : CRS)은 대표적인 전자유통경로이다. 전자유통경로는 호텔이 제공하는 상품이 직접적인 인간의 접촉을 통해서가 아니라 전자매체를 통해서 전달되는 것이다. 전자유통경로는 인터넷과 같은 전자매체와 상품정보를 소개하고 거래를 진행하기 위한 처리 과정이 포함된 콘텐츠(contents)로 구성되어 있다. 이중에서 컴퓨터예약시스템은 상품 공급업자와 계약을 맺고 여행사와 소비자 사이에서 호텔의 상품을 전문적으로 중개하는 온라인(on-line) 유통업체를 말한다. 대표적인 회사로서 SABRE, Galieo(그림 9-5), Amadeus (그림 9-6), Worldspan이 있다. 요즘에는 인터넷이 발달하면서 상품 공급업자인 항공사, 기차, 고속버스, 호텔, 렌터카, 공원, 유람선 등 거의 모든 업체들이 인터넷 예약시스템을 개발하여 활용하고 있다.

[그림 9-5] 갈릴레오 예약 시스템

자료원 : http://web.galileo.co.kr

전자유통경로는 여행사 등에서 인적인 방법으로 상품을 소개하고 거래를 처리하는 것보다 표준화되고 일관성 있는 품질을 제공할 수 있다. 여행사의 지점이나 인력 같은 물리적인 자원이 필요하지 않기 때문에 7일 24시간 동안 운영이 가능하고, 더 저렴하면서도 광범위한 지역을 대상으로 영업을 할 수 있다. 고객의 입장에서도 다양한 정보와 상품에 노출되는 장점이 있어서 그 만큼 고객의 선택폭도 증가한다.

반면에 기업의 입장에서는 전자유통을 완벽하게 통제하기가 힘들며, 컴퓨터시스템의 다운과 같은 돌발적인 상황이 발생하면 고객의 불만을 가져올 수도 있다. 또한 고객이 가지고 있는 모든 문제를 사람과 직접 대면해서 해결하는 것과 같은 장점을 갖지 못한다. 요즘에는 전자유통경로와 관련하여 보안문제도 심각하게 대두되고 있다. 전자유통경로에서 거래를 하는 경우 개인정보나 신용카드 정보를 입력하게 되는데, 소비자들은 이에 대한 위험 때문에 노출을 꺼려하고 있다. 과거에 있었던 일련의 외부 정보 노출사건은 이런 점을 더욱 부각시키고 있다.

[그림 9-6] Amadeus 예약 홈페이지

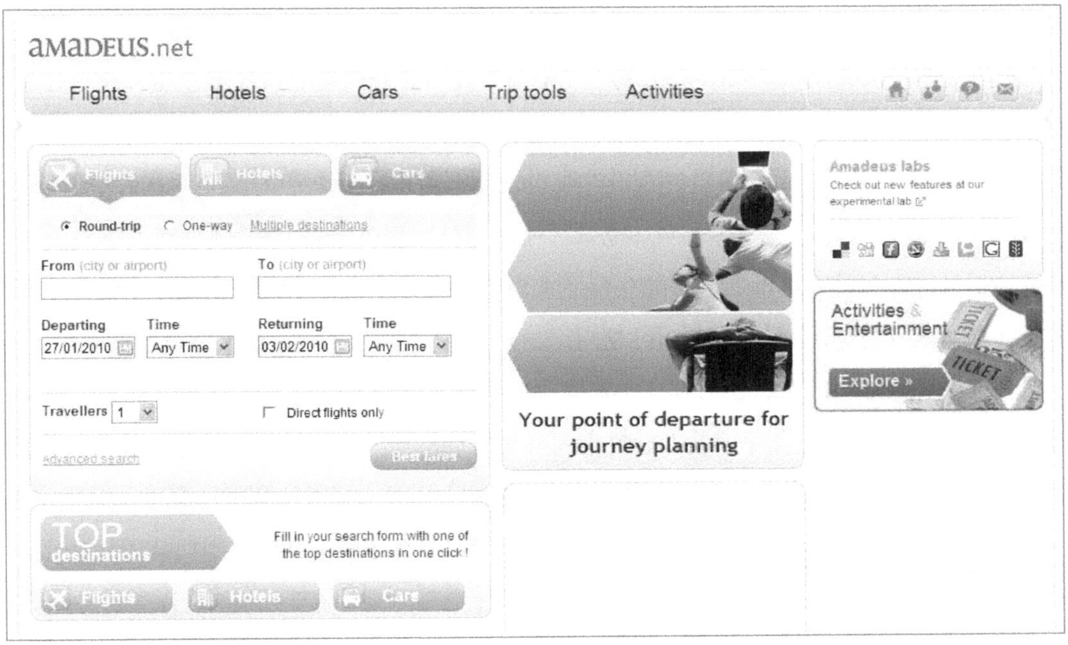

자료원 : http://www.amadeus.net

4. 유통경로의 설계 및 관리

유통경로의 설계 과정은 다음 [그림 9-7]과 같이 5단계로 구성되어 있다. 각 단계에 대한 세부적인 내용을 살펴보면 다음과 같다.

[그림 9-7] 유통경로의 설계 과정

4.1 소비자의 욕구 파악

유통경로 설계의 첫 단계는 소비자가 유통경로로부터 원하는 욕구가 무엇인가를 파악하는 것이다. 유통경로와 관련한 소비자의 욕구는 입지의 편의성, 대기시간, 상품의 다양성 차원에서 살펴볼 수 있다.

입지의 편의성(locational convenience)은 중간상들이 시장 내에 분산되어 있는 정도를 말한다. 중간상들이 시장 내에 많이 분산되어 입지가 편리해질수록 접근성이 뛰어나기 때문에 적절한 상품을 찾기 위해 돌아다니는 소비자의 여행거리와 상품 탐색비용이 감소된다. 일반적으로 중간상들은 소비자의 눈에 잘 띄는 큰 도로가나 교통요지에 위치하는 것이 좋다. 요즘에는 상품에 대한 정보를 수집하는데 인터넷을 많이 활용하기 때문에 인터넷 홈페이지에 적절한 정보를 소개하고, 구매까지 이어질 수 있도록 설계가 되어야 한다.

대기시간(waiting time)은 소비자가 상품을 주문한 후에 제공받는 데까지 걸리는 시간이다. 예를 들어 호텔 숙박 상품권을 구매한 사람이 집에서 받아보는 데까지 걸리는 시간이 짧다면 그만큼 만족도가 높아질 것이다. 또한 해외여행을 하려는 소비자들이 방문하기를 원하는 호텔을 여행사가 맞추어 줄 수 있다면 그 만큼 대기시간이 줄어들고, 여행사에서 권하는 호텔을 선택할 가능성이 높아질 것이다. 따라서 호텔은 이를 위해 상품 공급업자나 현지 여행사들과 대기시간을 줄일 수 있도록 적절한 협력체제를 구축해 놓아야 한다. 요즘에는 인터넷 예약시스템이 발달되어서 예약을 함과 동시에 숙박권을 출력해서 사용할 수 있는 곳이 늘어나고 있어, 대기시간이 큰 문제가 되지 않기도 한다.

상품의 다양성(product variety)은 제조업의 제품구색에 해당하는 용어이다. 이는 일괄구매(one-stop shopping)를 할 수 있도록 함으로써 소비자들이 정보탐색노력과 교통비를 절감할 수 있도록 하는 것을 말한다. 어느 소비자도 몇 가지 상품을 구입하기 위해서 여러 곳을 돌아다니기를 좋아하는 경우는 없다. 가능하면 한 중간상에서 원하는 상품을 모두 구매할 수 있도록 상품을 다양하게 갖추어 놓을 필요가 있다. 이것은 호텔예약, 국내 여행상품, 해외 여행상품, 항공권, 기차표, 렌터카, 여행자 보험 등 다양한 관련 상품을 갖추어 놓는 것을 의미한다.

소비자들은 위에서 언급한 다양한 욕구들을 직접 수행할 수도 있고 유통경로 구성원들이 제공하는 서비스에 대가를 지불하고 구입할 수도 있다. 만약 소비자들이 유통경로로부터 높은 수준의 서비스를 원한다면 상품 공급업자는 유통경로 구성원들의 참여로 폭넓고 다양한 서비스를 제공할 수 있도록 해야 한다. 물론 이렇게 되면 유통경로를 구축해서 운영하는 비용도 더 추가가 될 것이다. 따라서 적절한 수준에서 소비자의 유통경로를 이용하려는 욕구를 만족시켜 줄 수 있는 방법을 찾아야 할 것이다.

4.2 유통경로의 목표 및 제약조건 설정

호텔은 유통경로를 통해 기업의 목표와 더불어 소비자들이 원하는 욕구에 대한 서비스를 제공하는 그 목표가 있다. 즉, 호텔 유통경로의 설계를 통해 호텔은 기업이 생각하는 투자수익률, 시장점유율, 매출성장률과 같은 목표를 달성하고자 할 뿐만 아니라 호텔과 소비자와의 거래 횟수를 줄이면서도 거래비용의 감소를 통해 효율성을 증진시키려고 한다.

기업이 선택하는 유통경로는 기업특성, 상품특성, 시장특성, 경쟁사의 유통경로가 제약조건으로 영향을 미치게 된다. 먼저 **기업특성**으로서 기업이 충분한 자금력과 강력한 영업사원을 구비하고 있다면 이를 활용한 직접유통경로를 선택하려고 할 것이다. 이를 통해 보다 더 많은 이익과 강력한 경로의 통제가 가능하기 때문이다. 이에 반해 경영자원이 부족한 중, 소 기업들은 상품판매에 대한 통제력을 어느 정도 상실하더라도 중간상을 이용하려 할 것이다.

다음으로 **상품특성**으로 상품의 서비스 특성이 편의품, 선매품, 전문품 중에 어느 쪽에 가까운가를 보아야 한다. 편의품 형태의 서비스가 필요하다면 소비자들이 가까운 데 있는 중간상 등을 통해서 구입할 수 있도록 여러 유통망에 상품을 제공하거나 인터넷과 같은 전자유통을 고려하게 될 것이다. 선매품 형태의 서비스가 필요하다면 자사의 상품을 비교해 볼 수 있도록 다양한 형태의 상품을 취급하는 중간상이나 전자유통을 고려하게 될 것이다. 상품의 복잡성이 높아 전문품 형태의 서비스가 필요하다면 소비자들이 구매하는 과정에서 다양한 전문적인 정보와 신뢰성을 중요하게 생각할 수가 있다. 그래서 특정 분야를 전문적으로 담당하는 중간상이나 자사의 상품 만을 취급하는 대리점 형태의 유통망을 고려해 볼 수 있다. 다른 상품과 경쟁관계에 있어 대체성이 높은 경우에는 보다 많은 중간상들이 참여하는 간접 유통경로를 통할 가능성이 높아진다.

시장특성도 경로에 영향을 미치는데, 시장규모가 클수록 다양한 형태의 중간상들이 참여하는 유통경로를 선택할 가능성이 높아진다. 또 지역적으로 넓게 분산된 시장의 경우에도 유통과정에 많은 중간상들이 참여하게 된다.

마지막으로 소비자들이 비교를 통해 상품을 선택한다면 다른 **경쟁사들이 거래하는 유통망**을 이용하는 것이 유리할 수도 있고, 독점적인 자사상품만을 거래할 경우에 경쟁을 피할 수 있기 때문에 경쟁사가 이용하지 않는 유통망을 이용하는 것이 유리할 수도 있다.

4.3 유통경로의 대안확인

호텔은 앞에서 경로에 대한 목표와 제약조건들을 확인한 다음, 주요한 유통경로 대안을 확인해야 한다. 주요 경로에 대한 대안들은 경로의 길이(직접 유통경로와 간접 유통경로)와 중간상의 유형, 중간상의 수, 경로구성원에게 부여될 책임 등을 기반으로 확인하게 된다.

이 과정에서 고려할 내용이 경로에서 얼마나 많은 소비자들에게 접근이 가능하도록 할 것인가를 고려해야 한다. 이것을 시장커버리지(market coverage)라고 부른다. 이것은 크게 집약적 유통, 전속적 유통, 선택적 유통으로 나뉜다.

- **집약적 유통**(intensive distribution) : 가능한 한 많은 유통망들로 하여금 자사의 상품을 취급하도록 하는 전략이다. 이 전략은 편의품 형태의 서비스가 필요한 상품으로서 소비자들이 쉽게 자사상품을 알리고 접근할 수 있게 하고 대량판매가 일어나도록 하는 장점이 있으나, 마진이 낮아지고 각 유통망의 주문들이 소량으로 들어오게 되며, 유통망을 통제하기 힘들다는 점이 단점이다.
- **전속적 유통**(exclusive distribution) : 각 판매지역별로 하나 혹은 극소수의 중간상에게 자사상품의 유통을 전담하도록 독점권을 주는 전략이다. 지역 내에서 자사상품을 취급하는 여행사가 하나이기 때문에 소비자가 정보탐색을 위해 기꺼이 쇼핑하려는 전문품 형태의 서비스가 필요한 상품에 적절한 유통이다.
- **선택적 유통**(selective distribution) : 집약적 유통과 전속적 유통의 중간에 해당되는 전략이다. 판매지역별로 자사상품을 취급하고자 하는 중간상들 중에서 자격을 갖춘 하나 이상의 소수의 중간상들에게 판매를 허용하는 유통전략의 형태이다. 이 전략은 구매이전에 비교평가를 하게 되는 선매품 형태의 서비스가 필요한 상품에 적절한 전략이다.

또한 경로대안을 확인하려는 호텔은 경로구성원의 거래조건과 이들이 부담해야 할 책임을 고려해 보아야 한다. 호텔과 경로구성원의 가격정책, 판매조건, 판매지역의 범위, 각자가 수행해야 할 경로서비스 등에 대한 확인이 필요하다.

이러한 과정을 통해서 관광 유통경로로 선택할 수 있는 대안들을 다음과 같은 것들이 있다.

(1) 간접 유통경로

호텔이 활용할 수 있는 대표적인 간접 유통경로는 프란차이징 형태가 있다.

- **프랜차이징(franchising)의 개념** : 상품의 판매에 서비스에 대한 특권(franchise)을 가지고 있는 프랜차이즈 본부(franchiser)에서 시장확대를 위해 체인을 구성하고 여기에 가입하는 프랜차이즈 가맹점(franchisee)들과 일정한 계약을 맺고 특정 지역에서 판매를 독점할 수 있는 권한을 주는 방식이다. 보통 브랜드, 표준화된 상품 및 서비스, 판매기술, 마케팅 노하우 등을 전수해 주고 일정한 로열티(royalty), 보증금, 가입금을 포함한 대금을 받는다. 이 방식은 호텔의 간판을 달고 영업을 하기 때문에 알려진 호텔의 명성을 활용하면서도 경영상의 독립을 유지할 수 있다. 또한 본사의 광고와 상품제공은 호텔 체인으로서 자체 패키지 상품개발 능력이 부족한 한계점을 극복할 수 있다. 그리고 도매여행사가 가진 규모의 경제의 이점을 살릴 수 있으므로 저렴한 가격으로 상품 공급업자들로부터 상품을 제공받아서 커미션 형태로 수익을 올릴 수 있다.
- **프랜차이징의 종류** : 먼저 **브랜드네임 프랜차이징**(trade-name franchising)은 주로 구체적인 상품이 있는 경우에 많이 사용하는 방식이다. 가맹점이 프랜차이즈 본부가 등록한 상표명을 판매하는 형태이다. 다음으로 **사업형태 프랜차이징**(business format franchising)은 프랜차이징 본부가 상품과 서비스 등록상표, 운영방식, 지속적인 경영지도 등 사업에 필요한 모든 요소를 가맹점에게 제공하는 형태이며, 이에 대한 대가로 가입금과 보증금을 받는 형식이다. 마지막으로 **전환 프랜차이징**(conversion franchising)은 독립적으로 운영되던 점포를 프랜차이즈 시스템에 끌어들여 형성된 형태를 말한다. 대체로 시장이 성숙하고 경쟁이 치열한 경우 독립점포들은 프랜차이즈 본부의 상표가 가지고 있는 명성이나 고객확보능력, 강력한 구매력이나 고도의 운영기술에 의한 비용절감 등의 장점을 활용할 수 있다.

(2) 직접 유통경로

호텔이 활용할 수 있는 직접 유통경로는 판매사원을 활용해 판매하는 방법, 신문 광고와 같은 매체를 활용하는 방법, 인터넷과 같은 전자유통을 활용하는 방법이 있다.

- **판매사원** : 학교, 사회, 문화, 경제, 정치, 체육, 의학, 협회, 학회 등의 친목 단체에게 판매하는 경로이다. 이들 단체는 정기적으로 빈번한 모임을 갖고 있으며 구매할 때마다 상품의

규모가 큰 것이 특징이다. 판매사원을 통해 지속적인 유대관계를 형성하는 것이 중요한 전략이다.

- **매체** : 패키지 상품 등을 신문매체와 같은 매체를 통해 판매하는 방식이다. 호텔의 상품이 무형적인데다, 제조업의 제품처럼 유통업체에 전달되어 진열되어 있지 않아 소비자가 확인이 불가능하기 때문에 이용하는 방법이다. 신문매체는 호텔입장에서 자사의 상품에 대한 정보를 자세히 전달할 수 있고, 신문 매체의 광고 커버리지를 이용할 수 있는 장점이 있다.
- **전자유통** : 일반적으로 인터넷을 통한 유통경로를 활용하는 방식이다(그림 9-8 참조). 이를 전자상거래라고도 한다. 인터넷은 시간과 공간의 제약이 없으며, 상품 공급업자나 소비자 모두에게 장점이 있는 유통경로이다. 상품 공급업자는 동영상을 포함한 자세한 정보를 제공할 수 있을 뿐만 아니라 가격전략을 포함한 다양한 마케팅전략을 구현하는 것이 가능해진다. 고객의 입장에서도 풍부하게 제공되는 정보와 다양한 상품의 비교, 그리고 저렴한 가격으로 구매할 수 있다는 장점이 전자유통경로를 이용할 수 있도록 한다.

[그림 9-8] 미국 Travelocity.com의 전자유통 홈페이지

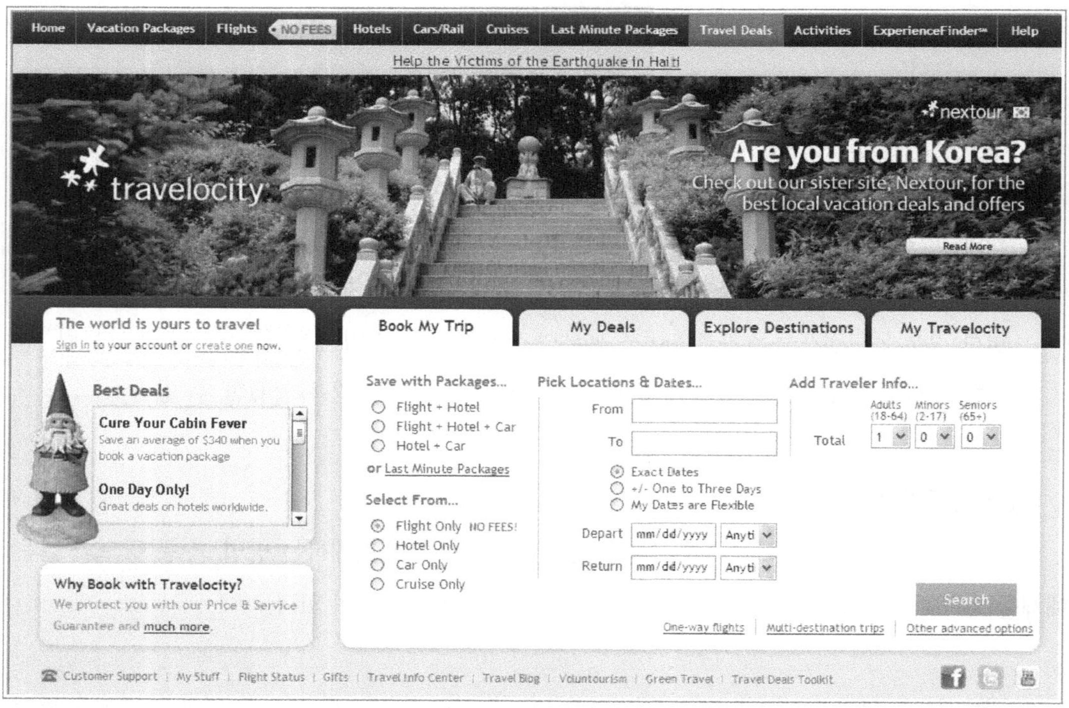

자료원 : http//www.travelocity.com

4.4 유통경로의 대안평가

(1) 유통경로 대안의 선택

유통경로의 대안에 대한 평가는 경제성, 통제력, 적응성을 기준으로 평가할 수 있다. 먼저 각 유통경로 대안의 **경제성**(economic criteria)은 경로를 선택하므로 얻을 수 있는 수익과 비용간의 관계를 통해 평가한다. 직접 유통경로는 상품 판매로 인한 마진은 높지만 간접비나 인건비의 비중이 높아지는데 비해, 간접 유통경로는 상품 판매로 인한 마진이 낮은 대신에 이런 비용들이 줄어들 수 있다.

다음으로 경로대안의 **통제력**(control criteria)이다. 각 경로대안의 마케팅 활동을 어느 정도 통제할 수 있는지를 살펴보는 것이다. 일반적으로 간접 유통경로는 직접 유통경로보다 경로 활동의 통제가 어렵다. 따라서 호텔은 각 공급업자와 일정한 커미션 관계를 조정하고, 소비자에 대한 서비스 조건에 대하여 사전에 협력이 필요하다.

마지막으로 경로대안의 **환경적응성 정도**(adaptive criteria)이다. 경로구성원들이 유통환경 변화에 공동으로 대처하려는 적극적 노력이 있는가에 대한 것이다. 경로구성원들이 거래 활동에 대해 몰입이 될수록 환경변화에 잘 대처할 수 있다. 반면에 중간상과 계약에 의해 거래관계가 형성된 경우 계약기간이 끝날 때까지 환경변화에 적응하기 어려울 수도 있다.

(2) 유통경로 구성원의 선택

이와 같은 기준들에 의해 적절한 유통경로 대안을 선택한 경우 호텔의 마케팅 담당자는 경로의 구성원으로 포함될 개별 중간상을 선택하는 과정을 거치게 된다. 보다 나은 중간상을 선택하기 위해서는 중간상의 신용능력, 명성, 영업사원의 규모와 질, 판매능력, 취급하는 다른 상품들의 수와 특성, 기존고객, 수익성과 성장잠재력, 입지 등을 고려해 볼 수 있다. 신용능력과 명성은 가장 중요한 평가기준이며, 영업사원의 질과 판매능력은 적극적으로 중간상을 통해 상품을 판매하려는 공급업자에게 중요한 기준이 된다. 또한 경쟁사의 상품을 취급하는 경우에는 상황에 따라서는 자사상품을 판매하기에 불리할 상황이 전개될 수가 있고, 기존고객이 자사상품과 일치하는 경우일수록 좋은 조건이다. 마지막으로 고려할 요인으로 수익성이나 성장잠재력, 입지 등도 미래를 위해 고려해야 할 평가 기준들이다.

4.5 유통경로의 관리

(1) 중간상에 대한 동기부여

호텔 공급업자는 선택된 중간상들이 자사상품 판매에 최선을 다할 수 있도록 동기부여를 지속적으로 할 필요가 있다. 중간상의 협력을 얻기 위해서는 긍정적인 동기부여 수단과 부정적인 동기부여 수단을 적절히 사용한다. 긍정적인 동기부여수단으로는 높은 마진, 특별 가격할인, 프리미엄 제공, 협동광고지원금, 디스플레이 지원금 등을 활용한다. 부정적인 동기부여수단으로는 마진의 삭감, 상품 최종확인(confirmation)의 지체, 거래관계의 종식 등을 활용할 수 있다. 이와 더불어 호텔은 공동으로 상품과 관련한 목표, 전략, 판매원 교육, 광고 및 판촉활동을 계획하고 실행하는 장기적인 협력관계(long-term partnership)를 유지해 나가는 것도 좋은 방법이다.

(2) 중간상에 대한 평가

호텔은 정기적으로 중간상의 경로구성원에 대한 성과를 평가해야 한다. 이는 판매할당량, 기업의 판촉노력에 대한 협조, 고객에 대한 서비스, 비수기 때나 수요가 많지 않은 상품에 대한 판매노력, 고객의 불평불만의 처리 등과 같은 성과 기준들을 개발하여 평가할 수 있다. 이에 따라 높은 성과를 보인 중간상에 대해서는 보상하고, 실적이 나쁜중간상에 대해서 지원책을 강구하거나 계약을 해지하고 새로운 중간상으로 대체해야 한다.

(3) 경로갈등에 대한 관리

유통경로는 여러 구성원들이 함께 하는 시스템이다. 경로구성원들이 서로 협력해서 하나의 목표를 달성하고자 노력하면, 좋은 관계가 유지되고 판매효율성도 높아진다. 그런데 상황에 따라서는 경로구성원들간에 갈등관계가 발생할 수도 있다. 경로구성원들이 자신의 파워를 발휘한다든가 자신의 영향력을 키우려고 하는 경우도 있고, 비협력적인 관계로 나갈 수도 있다. 갈등은 바람직하지 못한 결과를 가져오는 역기능이 있으나 상황에 따라서는 갈등이 경로 구성원들 간의 관계를 발전시키고 성과를 높이는 순기능을 하기도 한다. 일반적으로 알려진 경로갈등(channel conflict)의 원천은 크게 수평적 갈등과 수직적 갈등으로 나뉜다.

수평적 갈등(horizontal conflict)은 유통경로상의 동일한 단계에 있는 중간상들로서 둘 이상의 소매상들이나 둘 이상의 도매상들간에 발생하는 갈등이다. 주로 같은 상품을 서로 상대방의 지역에 판매하려고 하면서 생기는 갈등이 많다. 이를 영역 불일치(domain dissensus)라고 한다.

수직적 갈등(vertical conflict)은 유통경로상의 서로 다른 단계에 있는 구성원들로서 상품 공급업자와 도매상간, 도매상과 소매상간에 발생하는 갈등이다. 경로구성원들이 추구하는 목표 불일치(goal incompatibility), 생각하는 기대가 각기 다른 형태로 나타나는 지각 불일치(perceptual difference), 불충분한 커뮤니케이션 등에 의해 발생된다.

경로갈등이 발생했을 경우 다음과 같은 해결책을 사용해 볼 수 있다(이동휘 외, 2005). **초조직적 방법**(supra-organizational method)은 갈등해결을 위해 갈등 당사자 쌍방의 개별적인 목표가 아닌 상위 목표를 재설정하거나 제3자를 통한 알선(mediation)이나 중재(arbitration)를 이용하는 방법이다. 초조직적인 방법은 경로 구성원간에 어느 정도 공존의식과 일체감이 형성된 경우에 효과적이다. 중재는 알선과 달리 제3자가 내리는 결정을 갈등 당사자 쌍방이 의무적으로 수용하도록 하는 갈등해결 방법이다.

상호침투(interpenetration)는 경로구성원들이 호선이나 인력교환 등을 통해 갈등당사자 쌍방과의 상호작용을 증가시킴으로써 갈등을 해결하는 방법이다. 호선은 경로의사결정에 갈등 당사자 쌍방이 자신 혹은 자신의 대표를 선임하여 참여하는 방법과 어느 일방의 의사결정에 갈등 상대방이 자문위원회 등을 통해 간접적으로 참여하는 방법이 있다.

경계인(boundary personnel)은 사람을 파견하여 갈등을 해결하는 방법이다. 일종의 외교술로서 산업, 상품에 대한 지식이나 경영기법을 가지고 있는 전문인을 경계인으로 선출한다.

협상(bargaining)과 **교섭**(negotiation)은 의존도가 낮은 유통경로 형태에서 갈등해결을 위해 가장 보편적으로 활용되는 기법이다. 갈등해결에 있어 힘의 행사만으로는 갈등이 해결하기 어려울 것이므로 힘의 행사와 함께 양보도 하면서 합의점에 이르도록 하는 방법이다.

토론해 볼 문제

1. 호텔에서 중간상을 활용하는 이유에 대해서 사례를 찾아보고 토론해 보시오.
2. 최근 인터넷 판매의 급성장으로 경로구성원들의 갈등이 커지고 있다. 경로갈등의 원인과 이의 해소 방안에 대해 토론해 보시오.
3. 컴퓨터의 도입이 호텔의 유통관리에 미친 영향을 토론해 보시오.
4. 호텔을 선택해 어떤 유통경로를 활용하는지를 찾아보고 왜 그 유통경로를 활용하는지 토론해 보시오.

Chapter 10

마케팅 커뮤니케이션

10 마케팅 커뮤니케이션

● 학습목표

1. 마케팅커뮤니케이션에 대한 개념, 종류, 관리과정에 대해서 알아본다.
2. 광고의 개념, 유형, 관리과정에 대해서 알아본다.
3. 판매촉진의 개념, 수단, 인터넷 판매촉진에 대해서 알아본다.
4. PR의 개념, 종류와 수단, 관리과정에 대해서 알아본다.

1. 마케팅 커뮤니케이션의 개요

1.1 마케팅 커뮤니케이션의 개념

호텔은 좋은 상품을 개발하고 매력적인 가격을 결정하여, 적절한 유통경로를 통해서 상품을 고객인 소비자에게 전달해야 한다. 이를 위해서 기업은 현재고객뿐만 아니라 잠재고객과 끊임없이 정보를 주고 받는 의사소통 과정을 거쳐야 한다. 마케팅 커뮤니케이션(marketing communication)은 전통적으로 촉진(promotion)이라고 불려왔다. 마케팅 커뮤니케이션은 '호텔이 상품을 소비자들이 구매하도록 할 목적으로 상품에 대한 정보를 소비자들에게 제공하거나 소비자들을 설득할 목적으로 진행하는 호텔의 모든 마케팅 노력'이라고 할 수 있다. 이런 의미에서 마케팅 커뮤니케이션의 목적을 3가지로 정리해 볼 수 있다. 즉 상품에 대한 정보를 제공하는 **정보제공**(information providing) 목적, 상품에 대한 호의적인 태도를 가지고 설득하는 호의적인 **태도 설득**(persuasion) 목적, 최종적으로 소비자의 행동에 영향을 주어 구매를 이끌어내는 **영향력행사**(influence) 목적이다.

호텔산업처럼 다양한 업체들이 경쟁하는 상황에서는 마케팅 커뮤니케이션 활동은 필수적이다. 아무리 우수한 상품이 있을지라도 소비자가 그 사실을 알 수 없다면 구매가 발생되지 않기 때문이다. 이것은 기존고객뿐만 아니라 잠재고객에게도 필요하다. 이들에게 상품이 언제, 어디서 이용이 가능하며, 제공하는 상품이 어떤 혜택이 있는가, 어떻게 구입하고 이용해야 하는가를 알려야 한다. 이렇게 함으로써 경쟁상품에 비해 자사상품을 구입함으로써 어떠한 만족과 효용을 얻을 수 있는지를 설득하게 된다. 이런 측면에서 호텔은 자신과 관련된 모든 정보를 소비자와 그들을 둘러싼

마케팅환경에 전달하려고 한다. 즉, 마케팅 커뮤니케이션의 본질은 정보전달 또는 의사소통이라고 할 수 있다. 촉진이라는 용어 대신에 마케팅 커뮤니케이션이라고 점차 불리기 시작하는 이유기도 하다.

1.2 마케팅 커뮤니케이션의 종류

호텔이 일반적으로 이용할 수 있는 마케팅 커뮤니케이션 수단은 오프라인(off-line) 매체와 온라인(on-line) 매체로 나누어 볼 수 있다. 오프라인 매체는 광고, 판매촉진, 홍보, 인적 판매, 물리적 환경, 옥외광고, 옐로우 페이지, 브로셔, 전단광고, 텔레마케팅, 다이렉트 메일 등이 있다. 온라인 매체는 배너광고, 바이러스 마케팅, 시리얼 마케팅, 삽입형 광고, 검색엔진, 대화방, SNS, 이메일마케팅, 개별화된 웹사이트를 들 수 있다. 이 외에도 구매시점전시, 파트너십 형태의 제휴 프로그램, 마일리지 형태의 로열티 프로그램도 있으며 이들은 온라인과 오프라인 형태가 섞여 있어서 구분이 모호하다. 온라인과 오프라인 그리고 대중에게 동일한 메시지를 제공하는가 아니면 개인별로 개별적인 메시지를 제공하는가에 따라 각 커뮤니케이션 수단의 유형을 살펴보면 [그림 10-1]과 같다.

[그림 10-1] 마케팅 커뮤니케이션의 유형

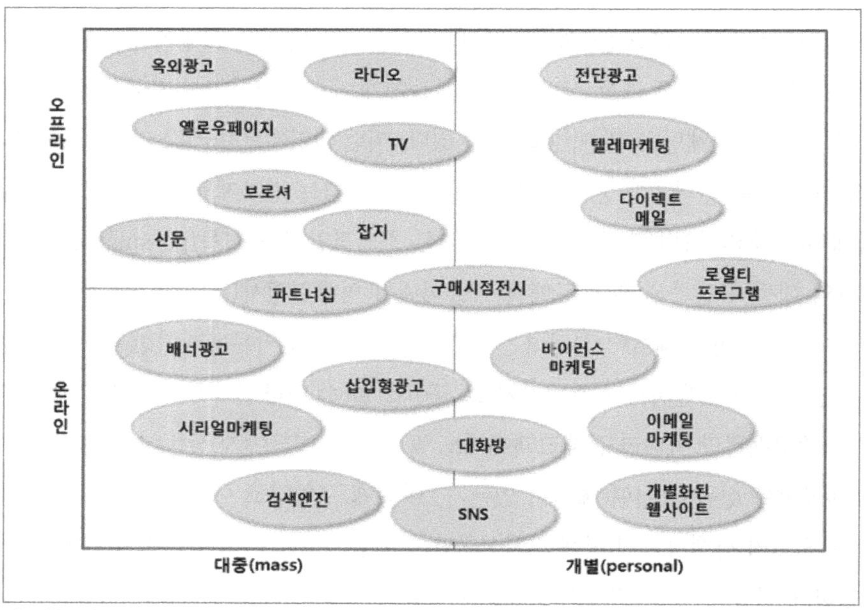

자료원: 박명호 외, 인터넷 마케팅, 명경사, 2005, p. 229에서 수정 인용

대표적인 형태의 마케팅 커뮤니케이션 수단들의 차이점을 간단히 살펴보면 다음과 같다.

광고(advertising)은 상품을 소개하는 광고를 제작하고, 기업이 광고비를 부담하여, 광고매체를 통해 소비자에게 알리는 것을 말한다. 주요 광고매체로서 전통적인 4대 매체인 TV, 신문, 잡지, 라디오와 옥외광고 등이 있다.

판매촉진(sales promotion)은 상품의 구매를 촉진하기 위한 단기적인 동기부여 수단을 말한다. 주요 수단으로는 구매시점전시(point-of-sale purchase displays : POP), 가격할인, 쿠폰 등이 있다.

PR 또는 **공중관계**(public relations)는 호텔이 자사의 이미지를 제고한다든지, 자사에 대한 호의적인 평판을 얻거나 비호적인 평판을 제거 내지 완화시키려는 커뮤니케이션 활동을 벌이는 것을 통해 호텔과 직·간접적으로 관련이 있는 여러 유형의 집단들과의 좋은 관계를 유지하는 것을 말한다.

인적 판매(personal selling)는 상품의 판매를 목적으로 하는 기존 또는 잠재 고객에 대한 판매제시(sales presentation) 또는 대화 등을 통해 진행하는 개인적인 커뮤니케이션을 말한다. 주로 판매 프레젠테이션이 사용되지만 박람회, 업종별 전시회(trade show) 등의 행사도 활용한다.

1.3 인터넷 마케팅 커뮤니케이션의 이해

(1) 인터넷 마케팅 커뮤니케이션의 개념

인터넷은 전세계를 연결하는 네트워크 망이다. 호텔은 무형의 상품을 판매하는 기업으로서 인터넷의 영향이 다른 산업분야보다 중요한 편이다. 인터넷은 전세계적인 시장을 상대로 영업이 가능할 뿐만 아니라 잠재시장을 개척하는 역할로서 큰 기능을 하고 있다. 인터넷 마케팅 커뮤니케이션 수단은 지난 10여 년간 새로운 커뮤니케이션 수단으로 급격히 성장해 왔다. 예전에 오프라인 중심으로 진행되었던 일들이 상당부분 온라인으로 진행되었다. 요즘 대부분의 호텔들은 항공권, 렌터카, 호텔, 음식점, 여행패키지 예약을 인터넷으로 진행하고 있다. 과거에 호텔과 여행사와 같은 중간상을 통해서 진행되던 판매업무가 인터넷이라는 매체를 통해 소비자와 직접 접촉하는 수단으로 바뀌고 있다.

인터넷 마케팅 커뮤니케이션이란 소비자에게 전달하고자 하는 상품, 서비스, 가치, 브랜드뿐만 아니라 기업 자체에 대한 PR을 인터넷을 통해 효과적으로 진행하는 활동을 말한다. 오프라인 매체인 광고, 인적 판매, 판매촉진, 홍보, 스폰서십 등의 상당 부분이 온라인 상으로 대체되고 있다.

(2) 인터넷 마케팅 커뮤니케이션의 특징

인터넷은 7일 24시간 동안 운영이 되는 쌍방향 의사소통(two-way communication) 수단이다. 인터넷 커뮤니케이션은 쌍방향성, 개별성, 정보교환의 유연성이라는 주요 특징을 가지고 있다.

쌍방향성은 전통매체인 TV나 신문 등은 정보가 일방적으로 제공되는 특징과는 달리 정보제공자와 수용자간의 쌍방향 커뮤니케이션이 가능하다는 특징이다. 호텔은 인터넷에서 소비자들과 커뮤니케이션을 상시로 할 수 있다. 많은 기업들이 인터넷을 소비자들의 의견을 접수하거나 불만사항을 처리하는데 사용하고 있다. 또 소비자에 관한 다양한 소비자 정보를 수집한다. 인터넷은 기업이 제공하는 상품에 대한 즉각적인 반응을 알 수 있고, 소비자 입장에서는 상품에 대한 정보를 구체적으로 제공 받을 수 있다.

개별성은 전통매체가 가진 채널이나 공간의 제약을 극복하고, 인터넷을 통해 고객정보를 기준으로 개별화된 웹사이트의 디자인만으로도 무수히 많은 채널의 다양한 정보를 원하는 고객에게 제공하는 것이 가능하다는 의미이다. 또한 인터넷은 이메일과 웹사이트 이용시 남아 있는 웹로그 정보를 통해 고객 개인별 차별화된 마케팅이 가능하다. 이 과정을 통해 수집된 고객정보는 소비자 개개인에 대한 일 대 일 마케팅을 위한 기본 자료로 활용되어 데이터베이스마케팅을 기반으로 한 관계마케팅을 진행할 수 있게 한다.

정보교환의 유연성은 인터넷이 시간적, 공간적, 양적, 내용적인 면에 제한을 두지 않고 무제한적인 정보의 교환과 상품의 거래가 가능하다는 의미이다. 정보내용도 신속하게 수정이 가능하고, 즉각적인 갱신이 가능하다. 인터넷 정보를 제작할 때 음성, 동영상, 가상현실 등 다양한 멀티미디어적 요소를 활용할 수 있다. 전체적으로 보아 표적 소비자에게 인터넷을 통해 보다 많은 정보를 무제한적으로, 보다 신속하게, 저렴한 비용으로 전달하는 것이 가능하다.

〈표 10-1〉은 이러한 특징들을 바탕으로 인터넷과 기존 커뮤니케이션 수단들에 대해 비교한 내용을 보여 주고 있다.

〈표 10-1〉 인터넷과 기존 커뮤니케이션 수단의 비교

구 분	인터넷	전파매체 (TV/라디오)	인쇄매체 (신문, 잡지)
커뮤니케이션 형태	양방향적	일방적	일방적
수용자의 태도	능동적	매우 수동적	수동적
도달 범위	좁음	매우 넓음	넓음
고객 선택성	높음	낮음	적정수준
정보제공 능력	매우 높음	매우 낮음	낮음
정보갱신 능력	매우 높음	매우 낮음	낮음
비용	낮음	매우 높음	낮음
발전 가능성	성장기	성숙기	쇠퇴기

자료원 : 이문규 외, 인터넷 마케팅, 법문사, 2004, p. 296에서 수정 인용

1.4 통합적 마케팅 커뮤니케이션의 이해

(1) 통합적 마케팅 커뮤니케이션의 배경

1990년대 이후 호텔에서 사용할 수 있는 개별적인 마케팅 커뮤니케이션 수단의 효과만을 살펴보는 시대에서 광고, 인적 판매, 판매촉진, PR, 인터넷 등의 모든 커뮤니케이션 수단들을 통합적으로 그 효과를 계획하고, 실행하는 시대로 바뀌고 있다. 이를 통합적 마케팅 커뮤니케이션(Integrated Marketing Communication : IMC)이라고 말한다(장대련, 한민희, 2001). IMC가 중요하게 부각된 것은 마케팅환경의 변화가 큰 역할을 하고 있다. IMC가 대두되 배경을 살펴보면 다음과 같다.

첫째, 광고 이외의 마케팅 커뮤니케이션 활동의 중요성이 커졌다. 과거의 마케팅 커뮤니케이션의 의미는 광고가 전부였다고 할 정도로 그 비중이 컸다. 최근에는 매체의 종류가 많아져서 커뮤니케이션이 한층 복잡한 과업으로 대두되었다. 요즘은 판매촉진, 이벤트 기획, 인적 판매, 홍보, 다이렉트 메일(direct mail), 구매시점 진열(POP) 광고, 인터넷 광고, 전자상거래 등의 중요성이 커지고 있다.

둘째, 매체시장이 세분화되고 있다. 기존의 전통적인 매체인 TV, 라디오, 신문, 잡지에서 케이

블 TV, 인터넷, 휴대폰을 포함한 모바일 환경으로 바뀌고 있다. 일방적 매체에서 쌍방향매체로서 점차 매체특성이 바뀌고 있다.

셋째, 세분화된 소비자 층이 등장하고 있다. 과거에는 연령대와 같은 기준들이 중심이었으나, 젊은 층 가운데서도 서로 추구하는 혜택이 다를 만큼 다양한 층으로 나누어지고 있다. 중요성이 크지 않았던 나홀로 가구, 실버세대, 여성취업자 등이 시장의 중요 세력으로 등장하고 있다. 이에 따라 과거의 광고와 같은 대중적인 매체보다는 세분화된 층에 접근할 수 있는 매체를 활용할 필요성이 점차 커지고 있다. 판매촉진, 직접판매, 온라인 광고, 이메일, SNS 등을 통해 이들에게만 전달할 수 있는 마케팅 커뮤니케이션을 활용하고 있는 추세이다.

넷째, 다이렉트 마케팅과 같은 수단들이 등장했다. 이 수단들의 특징은 소비자의 반응을 즉각적이고, 쉽게 알아낼 수 있다는 점이다. 그 중에서 대표적인 것이 데이터베이스마케팅의 도입이다. 소비자의 정보수집과 관리가 쉬워지면서 수집된 정보를 활용해서 마케팅을 진행하는 데이터베이스마케팅이 점차 활성화 되고 있다. 소비자 정보인 데이터베이스의 축적에 따라 표적고객을 선별하고 표적고객만을 대상으로 한 마케팅이 가능하게 된 것이다. 이에 따라 기업은 소비자와 개별적인 관계형성을 통해 다이렉트 메일, 이메일 등을 보내고 고객의 반응에 따라 다양한 마케팅전략을 구사하고 있는 추세이다.

IMC는 이러한 마케팅환경의 변화에 따라 생겨난 것이다. 호텔에서 통합적인 관리를 위해 기업이 보내는 정보를 받아들이고 처리하는 소비자의 입장에서 상품, 가격, 유통, 마케팅 커뮤니케이션에 대한 믹스전략과 더불어 마케팅커뮤니케이션 믹스의 전반적인 통합전략을 수립해야 한다. 과거에 개별적으로 각 부분에서만 효과를 보았던 관점에서 전체적인 효과를 보는 시각으로 바뀐 것이다. 이것은 기업의 개별 마케팅믹스 전략과 더불어 일관성 있고, 명확한 마케팅 개념이 전달될 수 있도록 통합적인 전개를 진행하고 있다는 점을 보여준다. 특별히 제한된 예산에서 마케팅커뮤니케이션과 관련된 각 수단들이 가장 효과적으로 영향력이 나타날 수 있도록 하는데 중점을 둔다.

(2) 통합적 마케팅 커뮤니케이션의 정의

1989년 미국광고협회에서 발표한 IMC의 구체적인 정의는 '광고, 다이렉트 마케팅, 판매촉진, PR 등과 같은 다양한 커뮤니케이션 수단들의 전략적인 역할을 비교하고, 명료성과 일관성을 높여 최대의 커뮤니케이션 효과를 제공하기 위해 이들 다양한 수단들을 통합하는 총괄적 계획의 부가가치를 인식하는 마케팅 커뮤니케이션의 개념' 이라고 제시했다.

이 정의에서 보면 IMC는 광고, 다이렉트 마케팅, 인적 판매, 판매촉진, PR, 이벤트, 구매시점 광고 등 다양한 커뮤니케이션을 통합해 일관된 기업의 아이덴티티(identity)를 소비자에게 전달할 수 있도록 진행하는 것이다. IMC를 효율적으로 진행하려면 각 커뮤니케이션 수단들의 일치성과 보완성의 특성을 잘 활용해야 한다(장대련, 한민희, 2001). **일치성(consistency)**은 각 커뮤니케이션 수단들이 모순적인 메시지를 전달해서는 안 된다는 것이다. 반면에 **보완성(complementarity)**은 각 커뮤니케이션 수단들이 상호 부족한 부분을 보충할 수 있어야 한다는 의미이다.

개별적인 마케팅 커뮤니케이션 수단은 도달범위나 비용, 장점과 단점이 서로 차이가 있다. 따라서 개별적인 마케팅 커뮤니케이션 수단만을 활용하는 경우 비용이 많이 들거나 목표달성이 어려울 때, IMC는 각 마케팅 커뮤니케이션 수단을 여러 가지 형태로 결합하는 커뮤니케이션 믹스전략을 통하여 일정한 판매수준을 달성할 수가 있다. 간단한 커뮤니케이션 믹스로 활용되는 것 중에 대표적인 것이 인포머셜(informercial)이다. 이것은 광고와 PR을 합쳐 놓은 형태이다. 주로 TV 시청자가 적은 시간대에 관광지와 광고상품을 함께 편성하여 시청자의 주의를 끌 만한 정보를 호텔이 제공하는 형태로 흥미진진한 이야기를 소개하는 것이다.

IMC를 진행하게 되면 다음과 같은 장점들이 있다. 호텔은 IMC를 통해 상품에 대한 인지도의 증가뿐만 아니라 태도를 강화시키고 구매까지 연결될 수 있는 소비자의 행동에 영향을 줄 수 있다. 또한 모든 소비자접촉수단을 효과적이면서도 가장 조화롭게 활용할 수 있다. 각 매체의 장단점을 활용하고, 하나의 목소리를 내는 통합적 마케팅 커뮤니케이션 믹스 전략의 수립을 통해 전체적인 시너지효과를 달성할 수가 있다. 이것은 더 나아가 고객과의 장기적이면서도 협력적인 관계를 구축하는 것을 가능하게 한다.

(3) 통합적 마케팅 커뮤니케이션 전략의 전개

호텔이 통합적 마케팅 커뮤니케이션 전략을 구사하기 위해서는 다음 같은 요소들을 고려해 보아야 한다.

- **상품과 시장의 형태** : 각 커뮤니케이션의 수단의 중요성은 소비자와 시장에 따라 다르다. 직접 소비자를 대상으로 하는 경우에는 광고와 판매촉진을 많이 활용하고 인적 판매는 거의 활용하지 않게 된다. 하지만 상용고객을 대상으로 하는 경우에는 인적 판매에 더 집중을 하게 된다. 인적 판매는 비용이 많이 들면서 위험부담이 큰 상품과 소수의 대규모 판매자로 이루어진 시장인 회의, 컨벤션, 컨퍼런스 같은 시장에 많이 활용된다. 인적 판매는 고객이 요

구하는 것을 적절하게 조합하여 패키지 상품으로 제공할 수 있는 유능한 판매사원을 통해 진행된다.

- **푸시 대 풀 전략** : 푸시 전략(push strategy)은 상품을 최종 소비자인 소비자에게 유통경로를 통해서 밀어내는 전략이다. 마케팅 활동을 주로 경로구성원인 중간상을 통해서 진행을 하게 된다. 호텔, 렌터카, 상품 개발업자, 도매여행사 같은 경우에 더 높은 수수료나 인센티브, 협력 광고나 판촉활동을 통해 진행하게 된다. 풀 전략(pull strategy)은 최종 소비자가 여행사나 호텔의 홈페이지를 방문하여 구매가 일어나도록 끌어드리는 마케팅 전략이다. 따라서 소비자를 대상으로 한 광고나 촉진활동을 통해 호텔의 다케팅 활동을 진행하게 된다.
- **구매준비단계** : 최종소비자인 소비자가 상품을 구매하는데 어떤 단계에 있는가에 따라 커뮤니케이션 수단이 달라진다. 소비자가 인지와 지식으로 구성된 인지적 단계에 있다면 광고와 PR, 판매사원의 방문이 효과적인 수단이 된다. 호감, 선호, 확신으로 구성된 감성적 단계는 인적 판매의 영향이 강하며, 광고와 더불어 진행하면 인적 판매의 신뢰도를 높일 수 있다. 마지막으로 구매가 일어날 수 있는 행동적 단계는 판매를 위한 방문이나 판매촉진 수단의 효과가 크다.
- **상품수명주기단계** : 도입기에는 광고와 PR이 인지도를 높이는데 효과적이며, 판매촉진은 초기에 상품을 사용해 볼 수 있도록 하는데 도움을 줄 수 있다. 성장기에는 상품의 거래를 늘리기 위해 광고와 PR을 지속적으로 진행하고 인적 판매를 통한 판매 확장을 할 수 있다. 이 단계에서는 인센티브 판매촉진 방법 등은 효과가 떨어지기 때문에 줄일 수 있다. 성숙기에는 광고와 연관된 판매촉진이 중요하게 부각된다. 광고는 지속적으로 브랜드를 기억시키도록 유지하는데 도움이 된다. 쇠퇴기에는 광고는 기억수준에서만 유지되고 PR은 제외되며, 판매사원은 상품에 대하여 최소한의 주의만 하는 단계이다. 하지만 이 단계에서도 판매촉진은 지속적으로 활용할 수 있다.

2. 마케팅 커뮤니케이션의 과정

마케팅 커뮤니케이션 과정은 [그림 10-2]와 같이 6개의 과정으로 진행될 수 있다. 이 과정은 먼저 표적청중을 결정하고 적절한 마케팅 커뮤니케이션 디자인을 선택하고 실행을 한 다음 그 효과의 평가에 따라 피드백(feedback)하는 것으로 상황에 따라 다시 표적청중의 결정하는 단계를 거치는 순환과정이라고 볼 수 있다.

[그림 10-2] 마케팅 커뮤니케이션 과정

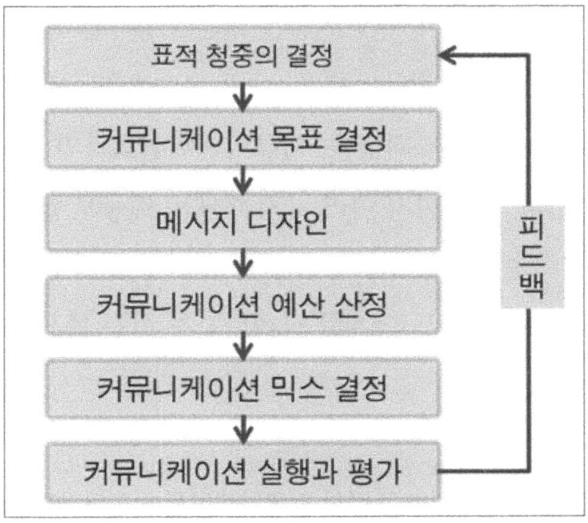

2.1 표적청중의 결정

표적청중(target audience)은 마케팅 커뮤니케이션 메시지의 대상이 되는 소비자를 말한다. 표적청중은 현재의 이용자, 직접 구매의사결정자, 구매의사결정에 영향을 미칠 수 있는 영향력 있는 개인, 집단, 특별관계자, 일반대중 등이다. 직접 구매의사결정자는 잠재적 구매자나 현재의 사용자를 말한다. 상품 구매의사결정에 영향을 미칠 수 있는 사람들은 몇 가지 형태로 구분될 수 있다. 특정 상품의 구매를 제안하는 제안자(initiator), 상품의 정보를 수집하는 단계에서 여러 가지 형태로 정보제공에 영향력을 미치는 자(influencer), 최종적으로 구매를 결정하는 결정자(decider), 그 상품을 직접 구입하려 가는 구매자(buyer), 구매 후 그 상품을 이용하는 이용자(user)로 나뉜다.

마케팅 커뮤니케이션 관리자가 표적청중을 어떻게 파악하느냐는 매우 중요한 것이다. 표적청중에 따라서 메시지의 내용, 전달매체, 전달시기 등이 달라지기 때문이다. 표적청중은 앞에서 살펴보았던 시장세분화, 표적시장의 선정방법을 통해 파악할 수 있다.

2.2 커뮤니케이션 목표의 결정

표적청중을 선정한 후 다음 단계에서 해야할 일은 커뮤니케이션 목표를 결정하는 것이다. 상품은 처음 시장에 출시한 후 소비자들에게 알려지고, 이에 대한 호감도가 형성된 다음에 구매가 이루어지는 과정을 거치게 된다. 이러한 과정을 커뮤니케이션효과의 계층모형(the hierarchy-of-effects model)이라고 한다. 현재까지 여러 가지 형태의 계층모형들이 제시되었다. 가장 간단한 모형은 [그림 10-3]에서 보는 것처럼 인지적 단계, 감정적 단계, 행동적 단계라는 3단계로 보는 것이다. 커뮤니케이션의 목표가 어느 단계를 달성하고자 하는 목표인가에 따라 다른 커뮤니케이션 전략이 수립될 수 있다.

[그림 10-3] 구매와 관련한 커뮤니케이션 하이어라키 모형

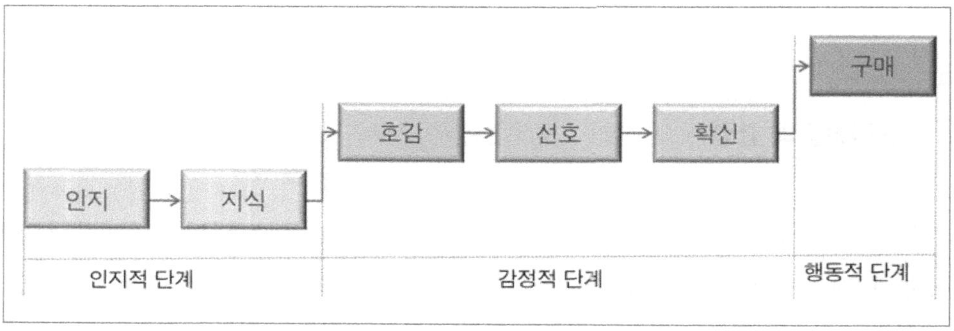

(1) 인지적 단계

인지적 단계는 인지와 지식을 형성하는 과정이다. **인지**(awareness)는 표적청중이 회사명이나 상품을 얼마나 알고 있는가, 어떻게 알고 있는가에 대한 것이다. 신상품과 같이 표적청중이 전혀 모르고 있는 경우도 있으며, 단지 이름만 알고 있는 경우도 있으며, 어느 정도 정보를 알고 있거나, 전문가 수준으로 매우 잘 알고 있을 수도 있다. 만약 표적청중이 잘 알고 있지 못하다면 상품을 소비자에게 인지시키기 위한 마케팅 커뮤니케이션의 목표를 제일 먼저 세워야 한다.

다음으로 어느 정도 상품이나 회사명을 인지한 단계에서 상품을 더 잘 알 수 있도록 **지식**(knowledge)을 전달해야 한다. 표적청중이 단순히 회사명이나 상품은 알고 있으나 그 이상의 내용을 잘 모르는 경우에는 이것을 알리기 위해 노력해야 한다. 호텔에서 제공하는 상품의 특징을 알

림으로 소비자에게 지식을 전달해 줄 수 있다.

(2) 감정적 단계

감정적 단계는 상품에 대해 호감, 선호, 확신을 갖는 것이다. **호감**(liking)은 표적청중들이 상품이나 회사에 대한 지식이 있다고 할 때, 상품에 대해서 느끼고 있는 감정적인 상태이다. 다른 의미로 상품 또는 회사에 대해 갖는 태도(attitude)라고 볼 수 있다. 소비자에 따라서 그 상품을 매우 좋아할 수도 있고, 싫어할 수도 있고, 별다른 감정이 없을 수도 있다. 따라서 마케팅 커뮤니케이션 관리자는 소비자의 호감도를 측정하여 호감도가 낮을 때에는 호감도를 높이기 위한 적합한 의사전달 프로그램을 개발해야 한다. 특별히 소비자들이 상품이나 회사에 비호적인 평가를 갖고 있다면 왜 이들이 비호적인 감정을 갖게 되었는지를 파악하고 이를 개선시키는데 마케팅 커뮤니케이션 목표를 세워야 할 것이다. 현재 상태의 호의적인 호감도, 즉 태도를 유지하거나 제고시킬 수 있도록 해야 한다.

다음으로 상품에 대한 호감이 형성되면 선호가 만들어진다. **선호**(preference)는 다른 상품에 비해 자사의 상품을 선호하는가에 대한 것이다. 상황에 따라서 소비자는 자사의 상품에 호의적이기는 하지만 타회사의 상품에 비해 선호하지 않을수 있다. 이러한 경우에 마케팅 커뮤니케이션 관리자는 상품의 가치와 특성에 대한 내용을 소비자에게 잘 전달하여 선호도를 높일 수 있도록 해야 한다.

상품에 선호도가 형성된 소비자는 구매에 대한 **확신**(conviction)을 어느 정도 느끼는가를 파악해야 한다. 선호가 형성된 고객을 대상으로 마케팅 커뮤니케이션 관리자는 표적청중들이 상품을 구매할 때 좋은 결과를 가져올 것이라는 믿음을 전달해야 한다. 이것은 호텔 이용을 했을 때 제공되는 서비스가 신뢰성이 높으며, 좋은 경험을 하게 될 것이라는 것을 전달하여야 한다.

(3) 행동적 단계

행동적 단계는 **구매**(purchase)가 일어나도록 하는 것이다. 앞 단계서 소비자가 구매에 대한 확신을 가진 고객들이 즉시 구매를 하도록 하는 전략들이다. 상황에 따라서 가격할인, 경품제공등과 같은 즉각적인 커뮤니케이션 수단을 최대한 활용할 수 있을 것이다.

2.3 메시지 디자인

표적청중을 대상으로 마케팅 커뮤니케이션 목표를 결정한 한 다음 효과적인 메시지를 디자인해야 한다. 효과적인 메시지는 주의(attention)를 끌 수 있고, 흥미(interest)를 유발하며, 욕구(desire)를 자극하고, 행동(action)을 이끌어 낼 수 있는 것이 되어야 한다. 일반적으로 이것을 아이다(AIDA) 모델이라고 한다. 메시지를디자인할 때는 무엇을 주장할 것인가(메시지의 내용), 그것을 어떻게 논리적으로 설명할 것인가(메시지의 구조), 그리고 그것을 어떻게 하면 상징적으로 전달할 것인가(메시지의 형태), 누가 제공할 것인가(메시지의 제공자)를 고민해야 한다.

(1) 메시지의 내용

메시지의 내용(message content)은 마케팅 커뮤니케이션 관리자가 효과적인 메시지를 디자인하기 위해 무엇을 말할 것인가 이다. 어떤 형태의 소구(appeal)를 할 것인가, 어떤 아이디어를 메시지에 넣을 것인가, 독특한 판매제안(unique selling proposition)을 어떻게 구성할 것인가에 대한 것들이다. 이들은 표적시장에서 어떠한 포지셔닝을 할 것인가와 관련되어 있다. 이성적 소구, 감성적 소구, 도덕적 소구, 유모 소구, 애국심 소구, 성적 소구 등 여러 가지 형태의 소구방법이 있다. 이에 대해서는 광고를 설명하는 절에서 자세히 다룬다.

(2) 메시지의 구조

메시지의 구조(message structure)는 3가지 정도를 결정하는 것이다. 첫째, 결론(conclusion)을 제시할 것인가 아니면 청중에게 맡겨둘 것인가에 대한 것이다. 초기 연구들은 결론을 제시하는 것이 좋을 것이라고 제시되었으나, 요즘은 조건에 따라 그 효과가 다른 것으로 제시되고 있다.

둘째, 메시지 주장의 측면(message sideness)인데, 자신의 상품의 장점만 이야기하는 일면적(one-sideness) 주장과 단점도 같이 이야기하는 양면적(two-sided) 주장이 있다. 단점을 제시하는 것은 단점을 제시할 때 손실보다도 신뢰성이 더 높아진다고 볼 때 가능하다.

셋째, 메시지 제시의 순서(order of presentation)로 강한 주장이 담긴 내용을 처음에 제시할 것인가 아니면 마지막에 제시할 것인가에 대한 것이다. 초기효과(primacy effect)와 최근효과(recency effect)를 고려해 볼 경우, 일면적 측면의 주장의 경우에는 제시의 순서를 초반부에 하는 것이 효과적이고, 양면적 주장의 경우에는 초반부에 단점을 제시하고 후반부에 장점을 제시하는 것이 효과적이다. 또한 상품에 관한 지식이 없는 경우에는 초반에 강하게 자신의 상품의 강점을 제시하고, 어느 정도 상품에 관한지식이 있는 경우에는 초반부에 비교하는 내용을 제시하고 후반부에 강한 제시를 하는 것이 효과적이다.

이 이외에도 주장(argument)의 수, 주장들간의 관계도 고려해야 하는 요인들이다.

(3) 메시지의 형태

메시지의 전달할 때 소비자의 주의를 끌 수 있는 강한 형태(format)의 광고내용을 제작해야 한다. 또한 메시지의 원천이 신뢰성과 매력도를 갖도록 해야 한다. 신뢰성은 메시지 전달자가 그 메시지를 전달할 때 전문적이고, 진실하다고 생각할수록 높아진다. 매력도는 광고 캐릭터가 얼마나 호감을 받고 있는가, 얼마나 표적청중과 비슷한가, 얼마나 낯이 익은가와 관련이 있다. 사회적으로 유명인을 광고모델로 활용하는 것도 좋은 주의(attention) 수단이 될 수 있다.

매체별 제작특성도 고려해야 한다. 인쇄매체는 표제, 광고문안, 삽화(illustration), 색상 등을 고려해야 한다. 즉, 눈에 띄는 그림과 표제, 특이한 구성의 광고, 메시지의 크기나 위치, 색상, 모양 등을 차별적으로 사용한다. 라디오는 독특한 대사, 음향, 목소리를 활용한다. TV는 이 외에도 광고모델의 행동, 표정, 의상, 머리모양 등도 고려해야 한다.

(4) 메시지의 제공자

같은 메시지라 할지라도 매력적인 제공자(attractive sources)로부터 전달되는 메시지가 보다 높은 주목과 상기효과를 갖게 된다. 매력적인 제공자는 주로 유명인사일 경우가 많다. 유명인사는 그들이 주된 상품의 속성을 체험했다고 보여질 때 효과적이다. 유명인사를 신뢰할만한 경우 효과가 더 크게 나타난다. 하지만 유명인사를 메시지 제공자로 사용할 경우에는 몇 가지 한계점이 있다. 그들은 기업의 미디어 제작 참여 요청을 거절하거나 너무 바빠서 기업이 진행하는 행사에 참가하기가 어려운 상황이 있을 수 있다. 또 생존 인물이므로 사회적으로 문제를 일으키는 경우가 생겨서 진행하는 광고에 치명적인 영향을 줄 수도 있다.

2.4 커뮤니케이션 예산 산정

메시지 디자인이 끝이 난 후, 커뮤니케이션 믹스를 결정하고 실행하기 위해서는 예산을 산정해야 한다. 커뮤니케이션 예산은 기업의 모든 예산과 연관되어 있다. 예산은 경제적이고 효율적으로 결정되어야 한다. 또한 다음 단계에서 살펴 보는커뮤니케이션 믹스와도 관련을 지어 산정되어야 한다. 전체 커뮤니케이션 예산이 결정되고, 각 매체별 커뮤니케이션의 실행시기, 수행기간, 다른 마케팅믹스 요소와 관련성을 살펴보면서 커뮤니케이션 예산을 최종 산정한다. 예산은 다음과 같은 방법들로 정할 수 있다.

매출액 비례법(percentage-of-sales rule)은 기업들이 가장 많이 사용하는 예산책정법이다. 이 방법은 현재 또는 예상되는 매출액의 일정비율이나 상품 판매가격의 일정비율을 촉진예산으로 산정한다. 경쟁사도 같은 방법을 사용하기 때문에 어느 정도 커뮤니케이션 차원에서 경쟁사에 뒤떨어지지 않고 안정성을 확보할 수 있다.

가용예산 활용법('All You Can Afford' rule)은 다수의 기업들이 사용하는 방법으로 회사에서 충당가능한 수준의 커뮤니케이션 예산을 책정하는 방법이다. 이 방법은 제한된 자금을 가지고 있는 기업에서 커뮤니케이션 믹스에 지나치게 많은 비용을 배분하지 않으려는 의도로 사용된다. 매출액이 고려되지 않기 때문에 매출에 대한 효과가 전혀 반영되지 않는다.

경쟁자 기준법(competitive parity rule)은 자사의 커뮤니케이션 예산을 경쟁사들의 촉진예산에 맞추는 방법으로 호텔산업 평균에 근거하여 촉진예산을 세우는 방법이다. 따라서 경쟁사들과 상황이 다른 경우에는 비합리적인 방법이다. 시장환경 변화에 대응하지 못하고 호텔산업 전체적으로 과대 또는 과소 예산이 책정될 수 있다.

목표 및 과업 기준법(objective and task rule)은 가장 논리적인 커뮤니케이션 예산의 산정방법이다. 커뮤니케이션을 통해 자사가 얻고자 하는 목표에 따라 예산을 산정한다. 커뮤니케이션의 목표를 정의하고, 선정한 목표를 달성하기 위해 수행해야 할 과업을 결정하고, 이를 수행하기 위한 예산을 산정하는 과정을 거친다. 비용과 커뮤니케이션과의 성과와의 관계를 잘 예측해야만 적용이 가능하다.

2.5 커뮤니케이션 믹스의 결정

메시지가 디자인되고, 전체적인 커뮤니케이션 예산이 확정된 다음에 호텔은 메시지를 어떤 매체를 통해 구체적으로 얼마만큼, 어떤 시기에 전달할 것인지를 결정한다. 매체별로 기대되는 효과가 다르기 때문에 적절한 선택이 필요하다. 대표적인 커뮤니케이션 믹스에 대한 구분은 광고, 인적 판매, 판매촉진, PR(Public Relations), 인터넷 미디어 등이 있다. 이를 인적 매체와 비인적 매체로 구분해 살펴보면 다음과 같다.

(1) 인적 매체

인적 매체(personal media)는 사람 대 사람(들)의 형태로 의사소통을 진행하는 방법이다. 일대 일로 직접 만나서 상품을 소개하는 방법, 강의 형태로 청중들을 모아서 설명하는 방법, 텔레마케팅(telemarketing)처럼 전화를 통해 진행하는 방법을 이용한다. 현장판매, 방문판매, 설명회 등을 활용할 수 있다. 판매촉진 활동과 관련하여 팸 투어(fam tour), 시음 또는 시식(식·음료의 경우)을 활용할 수 있다.

인적 매체는 소비자로부터 직접적인 반응을 얻을 수 있다. 회사의 영업사원 등을 통해 진행하면 전달자가 의사소통과정을 직접 통제할 수 있다. 반면에 주변사람들, 친구, 가족 등을 통해 구전(word-of-mouth) 형태로 전달이 되거나, 소비자보호원 등과 같은 기관을 통해 전달이 되면 통제가 잘 되지 않는다. 호텔 상품은 고가이며, 잘못 선택할 때 위험이 높게 지각되는 상품이어서 인적 매체가 효과적이다.

(2) 비인적 매체

비인적 매체는 사람 대 사람(들)의 접촉이나 피드백이 없이 메시지를 전달할 수 있는 매체, 판매촉진, 홍보, 물리적 환경, 이벤트 등이다. 인쇄 매체(print media)들로서 신문, 잡지, 다이렉트 메일 등이 있으며, 방송매체(broadcast media)로 TV, 케이블 TV, 라디오, 인터넷 방송 등이 있으며, 전시매체(display media)로서 포스터, 옥외광고, 벽보, POP 등이 있으며, 뉴미디어로서 인터넷 광고, 이메일 광고 등이 있다. 판매촉진방법으로는 할인, 쿠폰, 경품제공, 마일리지, 전시회 등이 있다. 홍보는 보도자료, 편집기사, 스폰서, 지역사회활동, 사보 등이 있다. 물리적 환경(physical environment)은 다른 말로 분위기(atmosphere)라고도 하는데 소비자의 구매욕구를 불러일으키거나 강화시킬 수 있는 매장의 분위기나 환경을 만드는 것이다. 이벤트(event)는 표적청중들에게 메시지를 전달하고자 하는 기획행사를 말한다. 경품행사, 스포츠경기 후원, 연예인 초청 행사같은 것을 들 수 있다.

이와 같은 대중매체는 소비자의 태도와 행동에 직접적인 영향을 주기도 하고, 주변 사람들에게 영향을 주는 구전을 일으키기도 한다. TV, 라디오, 잡지 등은 의견선도자들에게 영향을 많이 미치는 것으로 제시되고 있다.

마케팅 커뮤니케이션 관리자는 다양한 매체의 특성과 주어진 예산, 커뮤니케이션 믹스에 영향을 미치는 요인들을 고려하여 가장 효율적인 마케팅 커뮤니케이션 믹스를 결정해야 한다. 각 커뮤니케이션 믹스별 실행시기, 수행기간, 소요예산 등에 대한 구체적이 계획이 세워져야 한다.

먼저, 구체적인 매체의 특성을 정리해 보면 〈표 10-2〉와 같다.

〈표 10-2〉 마케팅 커뮤니케이션 수단의 비교

수 단	도달범위	비용	장 점	단 점
광 고	매우 넓음	보통	신속하며 메시지 통제 가능	효과 측정이 어렵고, 제공할 수 있는 정보의 양이 제한됨
판매촉진	넓음	고가	인지도 향상에 도움이 되며, 효과가 빠르게 나타남	경쟁사가 쉽게 모방가능함
인적판매	개별고객	고가	정보의 양과 질이 탁월하며, 즉각적인 반응을 알 수 있음	높은 비용이 들고, 많은 사람에게 접근하는 속도가 느림.
홍 보	매우 넓음	무료	신뢰성이 높음	통제가 어렵고, 간접적인 효과
스폰서쉽	넓음	고가	신뢰성이 높음	통제가 어려우며, 높은 비용임
인터넷	넓음	저가	개인별 마케팅이 가능함	신뢰성이 떨어지고, 경쟁이 치열해 노출이 잘 안 될 수 있음

커뮤니케이션 믹스에 결정에 영향을 미치는 요인들은 첫째, 상품유형을 고려해야 한다. 호텔 상품은 서비스상품으로 일반 개인을 대상으로 판매하는 소비재 상품이다. 따라서 광고의 비중이 높으며, 판매촉진, 인적 판매, 홍보의 순으로 비용을 지출하게 된다.

둘째, 표적시장의 특성이다. 시장의 특성은 시장의 크기, 시장의 분포와 관련이 있다. 소비자로서 구매자의 수가 적거나 지역적인 분포가 좁은 상품은 주로 인적 판매를 사용한다. 반면에 구매자의 수가 많거나 지역적 분포가 넓은 상품은 다른 수단에 비해 광고가 효율적일 수 있다.

셋째, 상품의 판매를 푸시 전략으로 할 것인가 아니면 풀 전략으로 할 것인가에 관한 내용이다. 푸시(push) 전략은 호텔이 유통경로를 통하여 최종 소비자에게 상품을 '밀어 내는 것' 처럼 판매전략을 구사하는 것이다. 이 때는 인적 판매나 중간상을 위한 커뮤니케이션 활동을 강화해야 한다. 반면에 풀(pull) 전략을 사용하면 광고 등과 같은활동으로 최종 소비자인 소비자를 유통경로에 '끌어 당기는 것' 처럼 소비자가 유통경로를 방문하여 상품을 구매하도록 하는 전략이다.

넷째, 소비자의 의사결정 단계 중 어디에 영향을 미칠 것인가 이다. 인지적 단계에서는 광고나 홍보전략이 적절하며, 감정적 단계에서는 인적 판매가 일반적으로 효과적이다. 마지막 단계인 행동적 단계에서는 판매촉진, 텔레마케팅, 판매원의 방문 등이좋은 전략이다.

다섯째, 상품수명주기의 상태이다. 도입기에서는 광고와 홍보가 인지도를 높이는데 효과적이며, 판매촉진 수단들은 초기 시험구매 단계에서 유용한 방법이다. 성장기에는 광고와 홍보를 지속적으로 수행해야 하며 판매촉진의 중요성은 낮아진다. 성숙기에는 다시 판매촉진이 광고보다 더 중요한 역할을 하게 된다. 마지막으로 쇠퇴기에는 소비자들이 상품을 잊어버리지 않을 정도로만 광고를 유지하고, 홍보활동은 축소시키고, 판매촉진을 높은 수준으로 유지하는 것이 일반적으로 좋은 전략이다.

마지막으로 커뮤니케이션 믹스에 사용할 수 있는 가용예산이다. 가용예산이 많은 경우에는 광고, 판매촉진, 인적 판매등의 다양한 커뮤니케이션 수단을 활용할 수 있다. 반면에 가용예산이 많지 않은 기업은 TV, 중앙 신문 광고와 같이 비용이 많이 드는 수단은 사용하지 못하고 중간상을 대상으로 한 판매촉진, 라디오 또는 지방 신문광고, 잡지광고 등을 활용할 수 있다.

2.6 커뮤니케이션 믹스의 실행과 평가

커뮤니케이션 믹스의 결정에서 만들어진 각 매체별 실행시기, 수행기간, 소요예산을 기준으로 구체적으로 집행을 하는 단계이다. 상황과 환경에 따라 달라질 수 있으므로 마케팅 커뮤니케이션 관리자는 이에 대한 대안을 생각하고 대처할 필요가 있다. 왜냐하면 특정 상품의 판매는 상품자체의 경쟁력, 가격, 유통, 프로그램 내용, 경쟁회사의 상품, 계절, 경기의 변동 같은 요인들에 의해서도 달라질 수 있기 때문이다. 또한 매체확보 차원에서도 기업에서 계획했던 매체가 아닌 다른 매체를 확보해야 하는 상황이 발생할 수도 있다. 이러한 내용들은 커뮤니케이션 믹스의 효과를 평가하는 과정에도 직접적인 영향을 미친다.

커뮤니케이션 믹스의 실행에 따른 평가는 메시지 기억여부, 노출횟수, 회상 내용, 메시지에 대한 느낌, 메시지를 보기 전과 후의 상품에 대한 평가 등을 통해 브랜드 인지도나 선호도의 증가를 조사할 수 있다. 이에 따라 실제적으로 구매 행동으로 이어진 것도 조사한다. 인적 판매의 경우에는 각 구매자 별로나타날 수 있지만 상황에 따라서는 매출액의 증대나 시장점유율의 확대와 같은 전체적인 결과로 나타날 수 있다. 다음 번 예산을 세울 때 이 과정에서 문제가 되는 것들을 참고로 해서 표적청중의 결정부터 문제가 있는 단계의 내용을 수정해야 하는 피드백 과정을 거쳐야 한다.

3. 광고

3.1 광고의 개념

소비자들은 매일 수 많은 광고에 노출된다. 하루를 시작하면서 보고 듣게 되는 광고의 수는 사람에 따라 다르게 나타나지만 수백에서 수천 개에 이른다고 한다. 요즘에는 광고가 없는 곳이 없을 정도이다. 아침에 보는 신문광고들, 출근길에 보는 광고들, 전철이나 지하철 안의 광고들, 엘리베이터 안에서 보는 광고들, TV나 라디오 광고들, 길거리의 옥외광고나 애드벌룬들, 인터넷을 보면서 노출되는 웹 광고들 등 이루 말할 수 없을 것이다.

광고(advertising)는 '광고주가 광고비를 지불하고 상품, 서비스, 상표, 기업 또는 점포 등에 관해 소비자의 인식에 영향을 미치려고 하는 비개인적 의사전달 방법' 이다. 미국 마케팅협회는(AMA)는 광고를 '다양한 매체를 통하여 이름에 명시된 스폰서의 상품들(상품들이나 서비스들)과 아이디어들에 관한 통상적으로 유료이며 설득적인 정보의 조직적이고 체계화된 비대인적 커뮤니케이션(Advertising is the nonpersonal communication of information, usually paid for and usually persuasive in nature, about products(goods and services) or ideas by identified sponsors through various media)' 으로 정의하고 있다. 정의를 통해 알 수 있는 광고의 특성은 다음과 같다.

- 광고는 비대인적 커뮤니케이션이다.
- 광고는 광고주(스폰서)에 의해 지불되는 유료형태이다.
- 광고는 정보제공적인 특성도 있지만 설득적 특성도 있다.
- 광고의 대상은 재화와 서비스, 아이디어를 포함한다.
- 광고는 다양한 매체를 통하여 소비자에게 전달되는 것이다.

광고와 유사한 개념으로 선전, 퍼블리시티, PR 등이 있다. 이들 개념들을 살펴보면 다음과 같다.

선전(propaganda)은 넓은 의미에서 광고와 유사하지만 인간의 이성적 측면보다는 감정적 측면을 자극하기 위해 만들어진 허언이니 과장을 의미하는 경우가 많다. 선전에는 숨겨진 내용이 있으며, 주체나 메시지의 원천이 불명확하고, 이념적이며 정치적인 특징이 있다. 반면에 광고는 이념이 없고, 상업적이며, 광고주체가 명확히 드러난다.

퍼블리시티(publicity)는 홍보라는 용어로 사용되며, 기사화, 공지의 의미가 있다. 조직, 상품, 정책에 대한 정보를 대가를 지불하지 않고 대중매체를 통해 전달하는 것을 말한다. 보통 뉴스기사, 연설회, 인터뷰 형식으로 진행된다. 정보의 무료 전달과 뉴스매체의 공신력, 정보의 적정한 시기 제공에서는 장점이나, 기사내용의 통제가 불가능하고 광고에 비해 노출이 제한적이다.

PR(Public Relations)은 기업 및 조직체와 관련된 대중(public)을 대상으로 기업, 상품, 정책에 대해 우호적인 태도를 형성할 목적으로 행하는 모든 활동을 의미한다. 주요 대상으로는 현재고객, 잠재고객, 종업원, 노조, 지역사회, 주주, 금융기관, 정부 등이다. 광고가 대중매체를 대상으로 상업적인 커뮤니케이션 활동을 수행하는데 비해 PR은 좋은 이미지 형성을 목적으로 하며, 대중매체를 이용하지 않아도 된다.

3.2 광고의 기능

광고의 기능은 경제적인 측면과 사회·문화적인 측면에서 살펴볼 수 있다.

경제적인 측면에서 가격에 대한 영향과 경쟁에 대한 영향을 들 수 있다. 가격에 대한 영향은 광고를 통해 대량판매가 가능해지면서 대량생산을 통한 규모의 경제 효과가 발생하여 제조원가가 내려가 판매 가격이 내려간다는 의견과 오히려 광고비만큼 판매원가가 증가한다는 의견이 있다. 경쟁에 대한 영향은 광고가 기업간의 경쟁을 촉진시켜 고객의 편익을 증진시킨다는 의견이다. 후발 주자일수록 선발주자와 경쟁하기 위해서 여러 가지 측면에서 더 나은 상품을 시장에 출시한다고 주장한다. 반면에 소규모 기업은 광고가 힘들기 때문에 오히려 경쟁을 약화시킨다는 주장도 있다.

사회·문화적인 측면 중에 윤리적으로 광고가 건강에 해로운 담배나 술의 소비를 권장하고, 어린이의 상품 구매에 무차별적으로 영향을 미치며, 과장광고나 기만광고를 통해 소비자를 속이는 영향을 미친다는 의견이 있다. 반면에 공익광고와 같이 사회를 바람직한 면으로 이끌기도 하고, 기만광고나 과장광고 등은 법과 제도를 통해 윤리적으로 잘 통제할 수 있다는 의견이 있다. 광고가 물질주의를 주장한다는 의견도 있는데 광고가 소비자의 심리를 조작해서 필요 없는 물건까지 구매하도록 함으로써 사회적 낭비를 초래한다는 의견이 있다. 반면에 소비자를 설득하여 판매를 유도하고, 교육적·정보적 측면을 통해 좋은 정보를 소개하고 소비자에게 만족감을 가져다 준다는 의견이 있다. 이와 더불어, 광고가 언론사의 수입에 기여한다는 측면과 언론을 지배한다는 의견도 있다.

3.3 광고의 유형

아렌스(1999)는 광고를 표적수용자, 지리, 매체, 목적에 따라서 분류를 했다. 먼저 표적수용자는 소비자를 대상으로 하는 소비자 광고와 중간상이나 농업인처럼 재판매를 목적으로 하는 비즈니스 광고로 분류한다. 지리적으로는 지방(소매), 지역, 전국, 국제 광고로 구분한다. 매체에 따라서 인쇄, 방송, 옥외, 다이렉트 메일 광고로 구분한다. 목적에 따라 상품, 기업, 상업, 비상업(공익), 즉각적인 행동을 유발 목적의 행동, 상품의 이미지나 브랜드의 친숙함을 구축하려는 인식 광고로 구분한다. 이러한 여러 가지 광고의 유형중에 주요한 세 가지 형태를 구분해 보면 다음과 같다.

- **상품광고와 기업광고** 상품광고(product advertising)는 기업에서 생산하는 상품을 알리는데 초점을 두고 진행되는 광고이다. 광고의 형태에 따라 할인쿠폰, 무료쿠폰, 무료 신청권과 같은 고객의 신속한 반응을 요구하는 광고와 장기간에 걸쳐 상품을 알리고, 수요를 자극하는 광고가 있다. 기업광고(institutional advertising)는 광고주가 이미지 제고를 위해 조직에 대한 우호적인 태도를 형성하거나 산업에 대한 정보를 알리고자 하는 목적으로 진행되는 광고이다. 광고를 통해 상품을 판매하려고 하는 것은 부수적인 목적이다.
- **본원적 수요광고와 선택적 수요광고** 본원적 수요광고(primary-demand advertising)는 특정 상품 자체에 대한 수요의 자극을 목표로 한다. 한국관광공사에서 호텔 이용을 촉진하기 위해 '한국 방문의 해' 와 같은 광고를 하는 경우라고 볼 수 있다. 알려지지 않은 분야를 소비자들에게 소개하려고 하는 차원에서 진행하기도 하고, 산업에 대한 관심을 지속적으로 유지하기 위해서 진행하기도 한다. 반면에 선택적 수요광고(selective-demand advertising)는 특정의 상표나 상품에 대한 수요촉진을 목표로 한다. 여러 가지 대안적인 상품들 가운데 자사의 상표를 선택하도록 하는데 목표를 두고 진행된다. 따라서 상품의 특징이나 혜택, 경쟁적 우위를 강조한다. 경우에 따라서는 경쟁자와 그 내용을 비교하는 내용을 담은 비교광고(comparative advertising)를 통해서 더욱 차별화된 광고를 하기도 한다.
- **상업광고와 공익광고** 상업광고(commercial advertising)는 기업이 상품의 판매나 기업에 대

한 좋은 이미지 형성을 위해 진행하는 광고를 말하며, 공익광고(public advertising)는 공공의 이해나 복지를 증진할 목적으로 진행하는 광고를 말한다.

3.4 인터넷 광고의 유형

(1) 인터넷 광고의 개요

인터넷 광고는 호텔이 자신의 비용을 들여 인터넷을 이용하여 상품, 서비스, 아이디어에 관한 정보를 제공하고 구매를 유도하는 촉진활동이다. 넓은 의미의 광고는 홍보목적으로 구축한 기업의 웹사이트를 통해 기업 정보를 소개하고, 상품을 소개하며, 이벤트 프로모션을 실시하고 상거래 등의 인터넷 마케팅활동을 전개하는 것을 말한다. 좁은 의미의 인터넷 광고는 특정한 사이트에 광고용 배너를 게재하여 자신의 사이트로 링크시키거나, 검색엔진이나 다른 사이트에 자신의 사이트를 링크시키고 그 대가를 지불하는 것을 말한다.

인터넷 광고의 효시는 1994년 10월 미국의 인터넷 웹진인 Hotwired사가 AT&T의 유료 배너 광고를 자사 웹 사이트에 올린것이다. 국내에서는 1997년부터 배너광고 시작되었다. 인터넷 광고가 효과를 있으려면 적절한 크리에이티브 전략을 활용해야 한다. 크리에이티브 전략들로 인기 웹사이트의 한적한 페이지, 가능한 한 큰 사이즈, 밝은 색, 일관성 있는 색상, 간결한 표현, 행동을 촉구하는 내용, 방문을 권유하는 내용, 의문형 표현, 유머의 사용, 신뢰를 심어줄 수 있는 메시지, 애니메이션, 인센티브 제공, 꾸준한 내용갱신, 정보텍스트로 유도할 수 있는 메시지를 활용하는 방법들이 제시된다.

(2) 인터넷 광고의 유형

현재 활용되고 있는 인터넷 광고는 배너광고, 리치미디어 광고, 팝업광고, 스폰서십 광고와 이메일, 채팅, 키워드 등을 무료로 사용하게 함으로써 광고를 보게 하는 인터넷 액세스 광고 등이 있다.

배너광고(banner advertisement)는 인터넷 이용자가 많은 사이트에 장방형의 띠 형태로 메지지와 컨텐츠를 담아 보여주는 광고이다(그림 10-4 참조). 마우스를 갖다 대고 이곳을 클릭하면 광고주의 사이트로 이동하게 된다. 배너광고는 고정형, 애니메이션형, 상호작용형이 있다. 고정형 배너광고는 광고 메시지나 그림이 변화되지 않고 동일한 형태로 표현되는 광고물이다. 애니메이션 배너광고는 광고카피나 그림이 변화되면서 보여지는 광고물이다. 상호작용형 배너광고는 웹 사용자들이 배너광고를 클릭해서 광고주의 웹사이트로 이동할 필요 없이 필요한 정보들을 검색하고 구매까지 연결되도록 구성된 광고이다.

[그림 10-4] 다음(Daum)에 광고된 용평스키장 숙박권관련 배너광고

자료원 : http://www.daum.net

리치미디어 광고(rich media advertisement)는 단순한 텍스트나 그래픽, 혹은 단순하고 정적인 애니메이션을 넘어 풍부한 스테레오 사운드와 멀티미디어를 적극 활용한 광고를 말한다. 광고주의 웹사이트로 연결되는 하이퍼링크를 가지고 있다. 배너광고는 실제로 광고 클릭률이 1%도 못 미치는 것으로 나와 있는데, 이를 극복하기 위한 기법으로 등장했다. 인터넷이 제공하는 상호작용 기능과 파일 전송능력을 활용함으로써 즐거움과 정보, 상호 작용성을 제공한다.

팝업광고(pop-up advertisement)는 이용자가 어떤 웹사이트에 들어갔을 때, 혹은 다른 웹 페이지로 바뀌는 순간에 전체화면 혹은 독립된 창의 형태로 표출되는 광고이다. 팝업광고는 두 가지 형태가 있다. 인터스티셜(interstitial)은 틈새를 의미하는데, TV 프로그램의 전후에 광고가 방영되는 것처럼 웹 페이지가 바뀌는 중간에 삽입된 광고를 말한다. 수퍼스티셜(superstitial)은 인터스티셜보다 발전된 방법으로 미국의 유니캐스트(Unicast)에서 개발된 기법이다. 이용자가 홈페이지에 접속할 때 광고를 컴퓨터의 임시 기억장치에 저장해 두었다가 다른 홈페이지로 이동할 때 광고가 나타나도록 하는 방법이다.

스폰서십 광고(sponsorship advertisement)는 기업이나 브랜드가 웹사이트의 특정 컨텐츠나 이벤트를 후원하면서 기업 및 브랜드를 노출시켜 인지도와 이미지를 제고하고자 하는 광고를 말한다. 전통매체의 협찬광고와 유사한 형태이다. 스폰서십 광고는 광고 컨텐츠의 신뢰성을 유지하면서 후원하는 기업의 브랜드에 대한 광고효과를 늘릴 수 있다.

이메일 광고(e-mail advertisement)는 기업이 고객들에게 무료로 이메일을 이용할 수 있게 해주고 그 대가로 고객의 이메일 계정이나 웹 페이지에 삽입되는 광고를 말한다. 이메일 사용자들이 자신의 이메일 주소나 기타 신상정보를 제공하면 광고주는 그들이 관심을 갖고 있는 상품이나 서비스에 대한 광고를 이메일을 통해 보낼 수도 있다.

채팅 광고(chat advertisement)는 대화방, 커뮤니티 광고라고도 하며 고객이 인터넷 커뮤니티나 대화방에서 다른 고객과 대화를 나누는 동안에 제공하는 광고를 말한다. 1997년 초 American Online(AOL)에서 채팅 광고를 도입했다.

키워드 광고(keyword advertisement)는 검색 사이트에서 검색어를 입력하면 검색 결과가 나오는 화면에 관련업체의 광고가 노출되도록 하는 광고기법을 말한다.

3.5 메시지 소구 형태

광고가 자신의 주장을 소구하는 형태에 따라 다음과 같이 구분을 할 수 있다. 소구 형태는 인지도창출과 호의적 태도형성을 위한 목적으로 진행된다.

- **이성적 소구**(rational appeal)는 청중 자신이 얻고자 하는 상품의 질, 경제성, 가치, 경험 등과 관련한 편익중심으로 전달하는 것이다. 호텔에 대한 소개, 호텔에서 느낄 수 있는 경험 등을 중심으로 전달한다.
- **감성적 소구**(emotional appeal)는 감성적인 방법들을 동원해서 행동을 유발하거나, 하지 말아야 할 일들을 그만두도록 하기 위해서 부정적 또는 긍정적인 감정들을 유발할 수 있는메시지를 전달하는 것이다. 호텔의 분위기 등을 전달하는 것이 그 예일 것이다.
- **혼합형 소구**는 이성적 소구와 감성적 소구가 결합된 형태이다. 이성적 동기와 감성적 동기가 혼합된 상태에서 소비자들이 상품에 대한 의사결정을 하기 때문에 광고의 메시지에도 이런 내용들이 혼합되어 표현된다.

- **도덕적 소구**(moral appeal)는 청중들로 하여금 어떻게 하는 것이 옳은지를 생각하도록 하는 것이다. 공익성에 가까운 내용을 전달하는 공익광고에 이런 내용들이 들어갈 것이다.
- **유머 소구**(humor appeal)는 광고를 재미있게 만들어 광고에 대한 주목률을 높이고 광고에 노출되는 시간 동안 재미로 인해 반박주장을 할 기회를 제공하지 않는 효과가 있는 소구 형태이다. 최근 들어 사용하는 사례가 늘어가고 있다.
- **공포 소구**(fear appeal)는 표적청중이 메시지가 주장하는 내용을 따르지 않을 때 겪을 수 있는 부정적인 상황을 두려움이나 공포심 등을 이용하여 소구하는 형태이다. 주로 공익광고에서 많이 사용하는 경향이 있다.
- **성적 소구**(sex appeal)는 향수, 내의 등의 광고에서 주로 사용하는 형태로 인간의 근본적인 욕구인 성에 대한 관심을 상품과 관련시킨 소구이다.
- **애국심 소구**(patriotism appeal)는 소비자에게 애국심을 유발시켜 국산상품에 호의적인 태도를 형성하고 국산상품을 애용하도록 하는 목적으로 제작된 소구이다.
- **희소성 소구**(scarcity appeal)는 소수만이 그 상품을 소유할 수 있다는 주장으로 표적청중을 설득하려는 소구 방법이다. 상품은 한 번에 이용할 수 있는 소비자가 제한되어 있기 때문에 희소성 소구를 활용하는 사례들도 있다.

3.6 광고관리 과정

광고관리 과정은 표적청중의 결정, 광고목표의 설정, 광고예산 산정, 광고카피 작성, 광고매체 선정, 광고효과 측정이라는 단계를 거쳐서 진행된다.

(1) 표적청중의 결정

표적청중은 누구를 대상으로 광고를 할 것인가에 관한 문제이다. 표적청중의 결정은 상품의 특성이나 역사, 자사 및 경쟁사와 소비자에 대한 조사를 통해 진행된다. 표적청중이 명확하면 구매자의 특성에 맞춘 광고를 할 수 있다. 명확한 표적청중의 선정은 광고캠페인의 유형과 성공을 결정하는 중요한 요소이다.

(2) 광고목표의 설정

광고목표는 표적시장, 상품의 포지셔닝, 마케팅믹스와 연관되어 진행되어야 한다. 광고목표는 크게 세 가지로 나누어 볼 수 있다.

정보전달적 광고(informative advertising)는 신상품을 시장에 소개할 때 주로 사용되는 방법이다. 이 광고는 신상품에 인지도를 형성하고, 기본적인 수요를 구축하려는 목적으로 진행된다. 이 이외에도 기존 상품의 새로운 용도를 제안하거나, 상품의 기능을 설명하거나, 여러 가지 변경상황이나 정정상황을 알리고자 한다.

설득적 광고(persuasive advertising)는 기업이 경쟁이 심화되면서 선택적 수요를 구축하고자 하는 목적으로 진행된다. 구체적으로 상표선호도를 구축하고, 자사브랜드로 브랜드전환을 유도하고, 상품속성들에 대한 구매자의 지각을 변화시키며, 구매자들의 구매를 설득하고자 하는 것이다.

상기 광고(reminder advertising)는 성숙기에 있는 상품에 대하여 효과적인 광고전략으로 소비자를 설득하기 보다는 상품을 소비자의 기억 속에서 사라지지 않게 하기 위해서 사용한다. 구체적으로 상품을 구입할 수 있는 장소를 알리고 비수기 동안 소비자들에게 상품을 기억할 수 있게 하며, 자사상품을 소비자의 머릿속에 제일 먼저 기억하도록 하도록 하는 것이다.

(3) 광고예산 산정

전체 커뮤니케이션 예산이 산정되고 나서, 구체적인 광고예산을 결정하는 것이다. 광고예산을 산정하는데 영향을 줄 수 있는 변수들을 고려해 산정한다. 먼저 상품수명주기 상에서 신상품일수록 광고예산을 많이 배정해야 한다. 또한 높은 시장점유율을 가지고 있거나, 시장점유율을 높이고자 하는 상품일수록 광고예산이 많이 배정해야 한다. 그리고 경쟁이 치열할수록, 광고빈도가 많을수록, 상품을 차별적으로 인식을 시키고자 할수록 광고예산이 많이 배정해야 한다.

(4) 광고카피 작성

광고효과를 내려면 단순히 많은 광고비를 투자해야 하기도 하지만, 적절한 광고카피 내용으로 구성된 광고에 대해 광고비를 투자하는 것이 더 효율적이다. 적절한 광고카피라는 것은 소비자의 주의를 끌 수 있는 광고를 말한다. 요즘과 같이 매체당 광고비가 증가하고 있는 상황에서는 더 중요하다고 볼 수 있다. 적절한 광고카피는 먼저 좋은 카피 아이디어를 창출하고, 그 중에서 카피를 평가하고 선택한 후에 카피를 제작하는 체계적이고 과학적인 방법을 선택해야 한다. 이 과정에서 메시지의 소구점, 메시지의 구조, 메시지의 표현방법, 메시지의 전달자 등과 관련된 것들을 고려해야 한다.

(5) 광고매체 선정

제작된 카피를 가지고 가장 효과적인 매체를 선정해서 광고를 집행해야 광고효과가 가장 높게 나타난다고 볼 수 있다. 적절한 광고매체는 다음과 같은 기준들에 의해 선정될 수 있다.

먼저 도달률, 빈도, 매체 영향도에 대한 결정이다. 도달률(reach)은 일정기간 동안에 광고에 노출된 표적소비자의 비율을 말하며, 빈도(frequency)는 표적시장의 소비자들이 평균적으로 몇 회 정도 노출되었는가를 말한다. 매체 영향도(impact)는 매체를 통한 메시지 노출의 질적인 가치로서 소리와 화면 등이 있을수록 높은 영향력을 갖는다. 도달률, 빈도, 높은 매체 영향도를 원할수록 더 많은 광고비가 들어가게 된다.

다음으로 주된 매체 유형을 선정하는 것이다. 각 매체별로 도달률과 빈도, 매체영향도를 바탕으로 적절한 매체 유형을 선택한다. 주요 매체는 신문, TV, 라디오, 잡지, 인터넷, 옥외광고, 다이렉트 메일 등이 있다. 이들에 대한 표적소비자의 매체습관, 상품의 특성, 메시지의 형태, 비용 등을 고려해서 매체를 선정한다. 〈표 10-3〉은 주요 광고매체의 특성을 요약한 것이다.

〈표 10-3〉 주요 광고매체의 특성

구 분	장 점	단 점
신문	유연성, 편의성, 지방시장의 충분한 커버리지, 광범위한 수용성, 높은 신뢰성	주의 환기력이 약하다, 복사품질이 낮다, 회람되는 일이 적다.
TV	광경·소리·움직임의 결함, 감각에 대한 소구, 강력한 주의 환기, 높은 도달률	절대비용이 높다, CM 혼잡이 심하다, 순간적 노출, 시청자 선택의 곤란
라디오	대중대상, 지리적 선택, 인구통계학적 선택이 용이, 저비용	소리에 의한 제시로 한정, 텔레비전보다 주의 환기 낮음, 가격체계가 표준화 되어 있지 않음, 순간 노출
잡지	지리적 선택, 인구통계학적 선택이 용이, 신뢰성, 위신, 제작품질이 높다, 표현형식으로서 수명이 길다, 회람되는 일이 많다.	광고 공간 구입의 리드타임이 길다, 발행부수의 일부가 버려진다. 페이지 지정이 곤란하다.
다이렉트 메일	대상선택 가능, 유연성, 광고와 경합이 없다,	상대적으로 비용이 높다. 불필요한 우편물이 많다,
옥외광고	유연성, 반복하여 눈에 띄는 일이 많다, 저비용, 경쟁이 적다.	청중을 선별하지 못한다, 창조성에 한계가 있다.
웹사이트	높은 선별성, 상호 작용성, 상대적 저비용	노출이 제한됨.
이메일	대상을 선택할 수 있다, 개인화가 가능하다, 저비용.	허가를 얻어해야 한다, 연락된 메시지가 아니면 스팸 메일로 간주한다.

자료원 : Cohen, Robert J., ""Ad Gains Could Exceed 6% This Year,"" Advertising Age, May 3, 1993, p. 4에 추가함.

세 번째로 매체수단(media vehicle)을 선정하는 것이다. TV를 선정했다면 구체적인 프로그램, 잡지를 선정했다면 잡지 이름을 정하는 것이다. 이것은 청중이 누구인가, 청중이 이 프로그램이나 잡지에 얼마나 주의하는가를 고려해 선정한다.

마지막으로 매체타이밍을 결정해야 한다. 광고를 연간으로 진행할 경우 어떤 스케줄로 진행할 것인가에 관한 것으로 일년 내내 거의 같은 수준으로 광고를 하는 평균전략(even strategy)을 선택할 수도 있고, 어느 기간에 집중적으로 광고의 양을 줄었다 늘였다 하는 펄스전략(pulse strategy)를 사용할 수도 있다.

(6) 광고효과의 측정

광고효과의 측정은 광고를 통해 상품의 인지도제고, 소비자들의 태도변화, 매출증대 등의 목표가 달성되었는가를 측정하는 것이다. 이것은 커뮤니케이션 효과와 판매효과에 대한 측정으로 진행된다.

커뮤니케이션 효과의 측정은 먼저 카피 테스팅(copy testing)을 통해 광고가 표적청중들에게 얼마나 의사전달을 제대로 하고 있는가를 테스팅하는 방법이다. 광고메시지가 소비자에게 전달되기 전과 후를 측정할 수 있다. 광고 이전에는 직접평가, 포트폴리오 테스트, 실험실 테스트 등의 방법 등을 통해 진행된다. 광고 이후에는 회상테스트(recall test), 재인테스트(recognition test) 등을 통해 진행된다.

판매효과의 측정은 직접적인 판매효과를 측정하는 방법인데, 측정이 쉽지 않다. 이것은 광고 이외에도 경제상황이나 가격의 변화, 환경의 변화 등의 영향을 받기 때문이다. 과거의 광고비 지출과 매출의 관계, 광고실험 등을 통해 측정해 볼 수 있다.

3.7 호텔 광고의 실제

(1) 광고매체별 특성

호텔이 광고를 진행하기 위해서 광고에 대한 반응이 나타날 세분시장을 정한 후 그들을 대상으로 광고를 하게 된다. 주요 매체별 특성을 살펴보면 다음과 같다(최태광 외, 2008).

신문광고는 광고를 게재하는데 특별한 매력이 있다. 신문광고는 특정 지리적 위치를 대상으로 광고를 진행할 수 있다. 사업가를 대상으로는 뉴스섹션 첫 페이지, 여성고객, 신혼부부는 여성란 또는 그 근처에 게재를 한다. 미국의 뉴욕타임스와 시카고 트리뷴에는 일요판에 여행섹션이 있다. 이 섹션에는 여행관련 기사나 수많은 호텔광고들이 지역별로 게재가 된다. 여행을 계획하는 사람들은 호텔광고를 검토하기 위해 이 여행섹션을 읽으며 심지어 아주 작은 광고까지도 주의를 기울인다. 이와 같이 한국의 신문들도 주중 또는 주말에 여행관련 기사를 소개하게 된다. 여행관련 기사 섹션을 잘 활용해 광고를 할 수 있을 것이다.

잡지는 보다 분명한 계층의 사람들을 겨냥한다. 미국의 포춘지는 대기업가계층, 리더스다이제스트는 일반계층을 독자로 하고 있다. 타임지나 뉴스위크지는 기업체 간부와 전문가들을 겨냥하고 있다. 한국의 경우에도 경제나 시사분야의 주간지나 월간지 등이 기업체 간부나 전문가들을 겨냥하고 있다.

업계지는 특정기업이나 전문가들이 읽는 것이다. 의사들에게만 배포되는 간행물이 있고 백화점 고객들만을 위한 것도 있다. 또 컨벤션을 개최하는 협회나 기타 기구의 임원들을 위한 업계지가 있다. 대한항공의 모닝캄과 같은 항공사 업계전문지도 효과있는 잡지 수단이다. 이러한 간행물에 특별 서비스를 인센티브로 준비하여 호텔 광고를 하면 효과가 있다.

그 이외에도 지역의 전화번호부를 포함한 명부 등도 활용할 수 있다.

(2) 호텔광고가 갖추어야 할 기본요소

호텔광고가 갖추어야 할 기본요소를 살펴보면 다음과 같다(최태광 외, 2008; Coffman, 1984).

- 눈을 끄는 소구가 있어야 한다. 광고의 일반적인 패턴은 놀랍도록 흥미가 있어서 다른 광고보다는 눈에 띄어 독자들이 머물며 읽을 수 있는 것이어야 한다.
- 독자에게 이익을 주어야 한다. 광고의 문안은 독자들에게 광고되는 상품이나 서비스를 구매함으로써 이익을 얻거나 저축할 수 있음을 지적하고 있어야 한다.
- 입증하는 것이어야 한다. 광고의 이야기는 제품에 대한 주장을 입증하는 사실을 포함하고 있어야 한다. 이 사실 입증은 추천, 보증, 사업성공이나 특별판매 프로그램에 대한 공공반응 등과 같은 사실의 형태 등이다.
- 설득내용이 있어야 한다. 광고문안은 판매상품이 제공하는 이익을 독자들에게 설득해야 한다. 독자들에게 광고메시지에 대한 반응을 요구하지 않은 채 그저 말하거나 입증만을 제시해서는 안 된다.
- 독자들에게 구매할 것을 요구해야 한다. 가능하면 어디서든지 광고는 특별주문이나 예약을

요구해야 한다.

- 응답체계를 갖추어야 한다. 전화번호, 연락주소, 그리고 적절하다면 개인의 이름까지 적어 놓아야 한다.

광고를 할 경우 다음과 같은 점을 유의하라고 라이드(Reid, 1983)가 제시하고 있다(최태광 외, 2008).

- 모든 광고는 한정된 역할이 있고, 이루려고 하는 분명한 목적이 있다. 그것은 개업을 알린다던가, 예약을 바란다던가, 새로운 가격정책에 주의를 환기시킨다던가 하는 것이다. 단순 광고나 연속광고에 있어 첫 단계가 계획되기 전 목표를 분명히 해 두는 것이 좋다.
- 광고는 모양이나 메시지의 단순성을 가져야 한다. 복잡한 레이아웃은 매력이 없으며 한 광고에 많은 메시지를 넣는 것은 독자를 혼란시킬 염려가 있다. 광고의 레이아웃은 깨끗하고 산뜻하면 할수록 더 좋다.
- 하나의 판매 강점만을 강조해야 한다. 목표가 되는 한 가지 판매 강점을 주장해야 한다. 이와 같은 원칙들은 호텔의 고객시장을 면밀히 분석해서 결정하지 않으면 아무런 의미도 없게 된다.

(3) 주요 광고형태별 특성

식당광고는 대부분이 현지인을 대상으로 하며 신문광고가 가장 좋은 매체이다. 일반적으로 식사중심광고, 음료중심광고, 연회중심광고, 오락중심광고 등이 있다.

소지면 광고는 식당이나 모텔 또는 호텔이 신문잡지의 소지면 광고를 지속적으로 그리고 자주 게재하는 경우가 많다. 대규모 광고를 주기적으로 실시하는 것보다 이전의 상품분석이나 시장분석을 통해서 얻는 결과를 볼 때 광고를 게재하는 건전한 정책이 될 수 있다. 대지면 광고가 효과적이기는 하나 소지면 광고는 반복성, 아이디어의 단순성, 흥미가 있는 표제, 단순성, 디자인의 단순성, 광고 프레임의 사용, 최고의 일러스트레이션, 단순한 슬로건, 두 단 정도의 독특한 형태 사용, 읽기 쉬운 내용, 특수 페이지의 맨 위층에 광고 위치를 통해 효과적으로 만들 수 있다.

라디오와 텔레비전 광고는 다양한 프로그램을 통해 시청자에게 접근할 수 있으며, 모든 연령, 모든 계층에 소구할 수 있는 장점을 가지고 있고, 쉽게 받아들이는 장점이 있다. 라디오 광고는 저렴한 편이지만, 텔레비전 광고는 비용이 비싸기 때문에 적절한 홍보전략을 통해 호텔이 소개되도록 하는 방법도 좋다.

도로변의 간판, 호텔의 간판, 터미널의 간판, 자동차 카드, 옥외광고 등도 광고로 활용한다. 도로변의 간판은 포스터 부착, 도색광고, 전기표지판 등을 활용한다. 간판이나 옥외광고는 교통량이 많은 지점에 가시성이 좋도록 설치해야 하며, 간결하고 짧은 광고문으로 단순한 디자인과 밝은 색상, 조명을 설치해야 한다.

식·음료 산업은 유리진열대를 잘 활용하는 것이 좋다. 새롭고 흥미롭고, 전문적으로 보이게 하면서도 집중하고자 하는 포인트를 강조하는 내용을 깨끗한 환경에서 제공해야 한다.

4. 판매촉진

4.1 판매촉진의 개념

판매촉진(sales promotion)은 상품의 단기적인 판매증진을 위하여 유통업자, 판매원, 소비자 등에게 여러 가지 인센티브를 제공하는 것을 말한다. 판매촉진은 광고와 같은 다른 촉진수단들과 함께 사용되기도 한다. 즉 인센티브를 통하여 유통업제, 판매원에게 동기를 부여하거나 고객에게 직접적인 구매를 하기 위한 수단이다.

최근에 들어와서 판매촉진이 중요하게 부각되는 이유는 결과가 즉시적이고, 경쟁사들이 많이 활용하고 있으며, 구매자들이 인센티브를 요구하는 특성 때문이다. 이런 측면에서 판매촉진은 다른 마케팅 수단의 보완책으로 활용될 수 있으며, 소비자의 상품 구매시기를 앞당겨서 현금 흐름의 속도를 빠르게 하는 기능을 가지고 있다.

판매촉진의 긍정적인 효과는 단기적으로 소비자에게 시간압박을 주어 빠른 구매를 유도하고, 자사상품에 대한 주목을 높일 수 있으며, 경쟁상품 이용고객의 브랜드전환을 유도할 수 있는 장점이 있다. 반면에 상표에 대한 장기적인 애호도를 감소시키며, 가격에 대한 민감성을 초래하고, 상품품질에 대한 이미지를 실추시킬 수 있는 단점이 있다.

판매촉진을 실시하기 위해서는 상품의 계절성, 상품의 진입시기, 광고의 전달시기를 고려한 실시 시기와 기간을 결정해야 한다. 그리고 기존의 상품을 이용하는 사람들에게 피해가 업도록 적절한 발표 시기를 잡아야 한다. 너무 일찍 발표하면 정상적으로 사고자 하는 소비자를 기다리게 하는 효과가 있다. 마지막으로 실시횟수를 너무 자주 하는 것은 바람직하지 않다. 상품품질에 대한 기대를 낮출 수 있고, 소비자가 판매촉진이 실시될 때까지 기다리게 하는 효과가 나타날 수 있다.

4.2 판매촉진 수단

판매촉진 수단은 소비자, 중간상, 판매원을 대상으로 하는 방법으로 나눌 수 있다. 이들에 대한 전체적인 그림을 살펴보면[그림 10-5]와 같다.

[그림 10-5] 판매촉진 수단의 분류

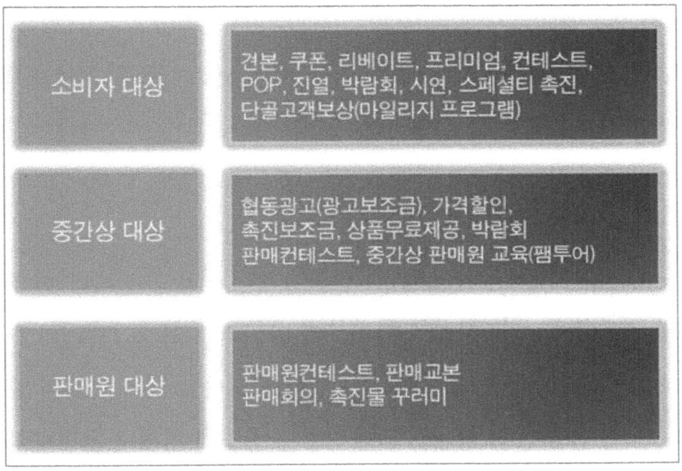

(1) 소비자를 대상으로 하는 판매촉진 수단

소비자를 대상으로 하는 판매촉진 수단에는 다음과 같은 것들이 있다.

- **견본(sample)** : 무료 또는 저렴한 가격으로 상품을 이용할 수 있도록 하는 것이다. 음식점이나 호텔에서 주는 선물 등에서 활용할 수 있을 것이다.
- **쿠폰(coupon)** : 가격할인권이나 무료이용권 등과 같이 특정한 상품을 구매할 때 일정한 혜택을 받을 수 있는 쿠폰을 제공하는 것이다.
- **리베이트(rebate)** : 다른 말로 현금반환(refund)라고 하는데, 일정기간 구매한 금액을 기준으로 일정비율을 현금으로 돌려주는 방식이다.
- **프리미엄(premium)** : 경품 및 사은품과 같이 특정상품의 구매에 대한 감사의 뜻으로 제공되

는 증정품이다.

- **컨테스트**(contest) : 소비자들이 행운이나 추가적인 노력을 통해서 상품, 현금, 여행권 등을 취득할 수 있는 기회를 제공하는 것이다.
- POP(point of purchase) : 점포 내에 들어선 소비자에 대한 설득을 목적으로 하는 촉진물로서 모빌, 배너, 포스터, 가격 카드 등을 말한다.
- **진열**(display) : 관광업체가 소매상의 진열대를 통해 고객의 시선을 유도하고 판매기회를 획득하기 위한 목적으로 행하는 활동이다.
- **박람회**(trade show) : 박람회 또는 전시회는 상품의 공급업자, 중간상, 소비자가 모이는 일정한 장소에 주로 공급업자나 여행사가 자사의 상품을 출품, 전시함으로써 판매 및 상품정보의 전달을 한다.
- **시연**(trial) : 식·음료의 경우 무료시식회 등을 통해 실제로 상품을 맛보게 함으로써 소비자의 구매 욕구를 환기시키고 구매를 설명하는 것이다.
- **스페셜티(specialty) 촉진** : 광고주의 이름, 메시지, 로고 등이 인쇄된 소형상품을 이용한 촉진이다. 달력, 개업기념 볼펜, 라이터 등이 그 예이다.
- **단골고객보상**(customer compensation) : 단골고객의 이용도에 따라 현금이나 다른 형태의 보상을 제공하는 것이다. 대표적으로 항공사의 마일리지 프로그램이나 상용고객 우대프로그램(frequent flyer program)을 들 수 있다. 이 제도는 호텔의 수익의 일부를 고객에게 포인트, 적립금, 쿠폰, 현금 등의 형태로 되돌려주는 방법에 의해서 고객과의 장기적인 관계를 구축하는데 사용된다.

(2) 중간상을 대상으로 한 판매촉진 수단

다음은 호텔의 상품을 취급하는 중간상, 주로 소매여행사를 대상으로 하는 판매촉진 수단들이다.

- **협동광고**(cooperative advertising) : 기업들 간의 공동광고를 말한다. 상품 공급업자와 유통업자간 협동광고에 공급업자가 광고비의 전액이나 일부를 보조해 주는 것이다.
- **가격할인**(discount) : 중간상의 거래량, 거래액, 현금 지불 등에 대한 대가로 일정액의 할인을 제공하는 것이다.
- **촉진보조금**(trade allowance) : 자사의 상품에 대해 더 많은 관심과 판매를 유도하기 위해 직

접적으로 제공되는 현금을 말한다.

- **상품의 무료제공(free goods)** : 일정량 이상을 구매하는 중간상들에게 추가적인 상품이나 선물을 제공하는 것으로 푸시머니(push-money)라고도 한다.
- **박람회(trade show)** : 박람회 또는 전시회는 상품 공급업자가 주로 산업 내의 주요 중간상을 대상으로 자사의 상품을 보여주고 실연하기 위해 사용되는 한정적인 촉진 방법이다.
- **판매 컨테스트(trade contest)** : 일정기간 동안 높은 판매액을 기록한 중간상에게 상품이나 현금 등의 보상을 제공하는 방법이다. 단기적으로 가장 강력한 촉진 방법이다.
- **중간상 판매원교육** : 상품 공급업자가 중간상들을 고용한 판매원들에게 교육을 실시함으로써 중간상과의 우호적인 관계를 형성하고, 더 나아가서 판매원들에게 자사상품에 대한 애착심을 갖도록 유도하는 방법이다. 호텔에서 진행하고 있는 팸투어(fam tour : Familiarization Tour : 시찰초대여행)가 이런 형태이다. 팸투어는 상품을 직접 판매하는 중간상 직원을 초대하여 자사의 상품을 설명하고 접대하여 친밀감을 느끼게 만드는 일종의 상품설명회 및 접대성의 여행을 말한다. 비용은 대부분 무료이나 저렴하게 실비만 받는 경우도 있다.

(3) 판매원을 대상으로 하는 판매촉진 수단

다음은 판매원을 대상으로 하는 판매촉진 수단들이다.

- **판매원 컨테스트(sales contest)** : 자사 판매원들의 판매증진을 목적으로 일정기간 동안에 목표를 달성하거나 상위에 오른 판매원들에게 상을 주는 방법이다.
- **판매교본(sales manual)** : 판매원의 활동을 돕기 위하여 호텔의 정책이나 상품, 그리고 판매기법에 관한 정보를 제공하는 것으로 자사의 판매원을 대상으로 한다.
- **판매회의(sales meeting)** : 판매원의 동기부여와 교육을 목적으로 이루어지는 판매원의 모임을 말하는 것으로 주로 판매원 교육의 형태를 취한다.
- **촉진물 꾸러미(sales packet)** : 전단, 다이렉트 메일, 명함, 실연도구, 팜플렛, 카탈로그, 고객카드, 견본품, 모형 등을 판매원들에게 제공함으로써 효율적인 촉진이 이루어지도록 하는 방법이다.

4.3 인터넷 판매촉진의 이해

(1) 인터넷 판매촉진의 개요

인터넷에서 판매촉진은 소비자의 즉각적인 사이트 방문이나 사이트에서 판매되는 상품의 구매를 유도하기 위해 다양한 인센티브를 제공하는 활동이다. 인터넷에서 판매촉진이 활동이 강화되는 원인을 살펴보면 다음과 같다. 첫째, 인터넷 상의 호텔의 경쟁심화가 판매촉진의 중요성을 증대시키고 있다. 새로운 상품과 서비스, 판매촉진 아이디어를 통해 고객을 유인하고자 하는 노력이 활발하게 진행되고 있다. 둘째, 경쟁 호텔들간에 인터넷으로 제공되는 상품의 내용과 서비스의 표준화로 인해 소비자의 가격에 대한 민감도가 증가되었다. 호텔들이 웹사이트에서 제공하는 상품이나 서비스, 컨텐츠 등의 차별화가 낮아지면서 가격 할인이나 경품 등의 추가적인 인센티브를 제공하는 판매촉진을 더욱 자주 활용하고 있다. 셋째, 호텔이 광고혼잡현상(advertising cluster)을 인식하고 광고를 대체할 수 있는 방안으로 소비자의 주의를 끌기 위해서 진행되고 있다.

(2) 인터넷 판매촉진의 종류

판매촉진의 도구는 샘플(견본), 쿠폰, 가격할인, 리베이트, 보너스 팩, 사은품, 경연과 추첨, 이벤트 등은 기존의 판매촉진 수단에서 활용되어 왔던 방법이며, 추가적으로 인터넷을 통해서는 공동마케팅, 체험 마케팅, 바이러스 마케팅, 커뮤니티 마케팅이 활용되고 있다. 인터넷 판매촉진 도구로 사용되는 것을 살펴보면 다음과 같다.

- **샘플(sample)** : 소비자들로 하여금 시험구매를 유도하기 위해 무료로 제공하는 견본이다.
- **쿠폰(coupon)** : 구매되는 상품에 적용될 할인액과 할인조건 및 유효기간 등을 명시한 작은 쪽지증서이다. 인터넷에서 사이버 쿠폰을 제공하고 있으며, 소비자들이 언제든지 인터넷에 접속하여 마우스를 몇 번 클릭함으로써 쿠폰을 얻을 수 있다. 요즘에는 쿠폰만을 전문적으로 제공하는 사이트도 생겨났다.
- **가격할인(price-off deal)** : 상품가격을 일시적으로 인하시키는 형태의 촉진도구이다.
- **리베이트(rebate)** : 상품을 구매한 소비자가 구매를 증명하는 영수증 등을 호텔에게 보내면 호텔이 구매가격의 일정액을 돌려주는 것을 말한다.
- **보너스 팩(bonus pack)** : 정상가격에서 제공할 수 있는 것보다 많은 상품의 내역이나 추가적

인 혜택을 제공하는 것이다.

- **사은품(premium)** : 상품 구매시 무료로 제공되는 일종의 선물이다.
- **경연(contest)과 추첨(sweepstake)** : 모든 소비자에게 소정의 상금이나 상품을 제공하는 방법이다. 경연은 어느 정도 소비자의 노력과 지식이 요구되나 추첨은 온전히 운에 의해 해결되는 것이 차이점이다. 보통 배너광고 등에 숨겨진 정보에 관한 힌트를 제공하고, 소비자가 이 힌트를 기억했다가 맞추면 상금을 주는 방식을 사용한다.
- **이벤트(event)** : 호텔이 특정 이벤트를 주선하고 지원하는 것이다. 요즘 온라인을 통한 이벤트가 관심을 끌고 있는데, 많은 사람들이 모일 수 있는 행사나 프로그램 등을 주선하여 관심을 끌고 있다.
- **공동마케팅(co-marketing)** : 제휴촉진(tie-in promotion)이라고도 하며 둘 이상의 기업이 협동하여 판매를 강화하기 위해 벌이는 활동이다. 이는 파트너십의 형태로 많이 사용되는 방법이다. 상이한 두 회사의 웹사이트에 공동으로 광고를 하고 소비자가 다른 사이트를 통하여 자사의 사이트에 접속이 되면 그에 대한 추천비용을 다른 사이트에 지불하는 형태도 사용된다.
- **체험마케팅(experiential marketing)** : 소비자에게 즐거운 체험을 안겨줌으로써 상품이나 서비스의 판매를 촉진하고자 하는 방법이다. 멀티미디어, 동영상, 애니메이션 등을 활용해 인터넷 쇼핑몰을 감각적이고 감성적으로 꾸미고, 오락적인 요소를 충분히 가미하여 소비자가 즐거운 마음으로 쇼핑을 즐기게 하는 것이다.
- **바이러스 마케팅(virus marketing)** : 컴퓨터의 바이러스처럼 퍼져 나가는 소비자의 구전효과를 활용하는 방법이다. 구전활동이 활발한 계층에 대하여 신상품을 먼저 소개하고 인센티브를 제공함으로써 그들이 다른 사람들에게 신상품을 추천할 수 있도록 하는 방법을 사용한다. 추천마케팅(referral marketing), MGM(Members-Get-Members) 프로그램과도 비슷한 방법이다.
- **커뮤니티 마케팅(community marketing)** : 클럽 마케팅이라고도 하며 기업이 소비자 커뮤니티를 구축하고 지원함으로써 그들의 사회적 네트워크를 활용하여 상품을 판매하는 것이다. 회원간에 관광정보를 서로 교환할 수 있는 사이트를 개설하는 방법들을 활용한다.
- **소셜 커머스(social commerce)**: 페이스북, 트위터 등 SNS를 통해 이루어지는 전자상거래의 일종으로 2005년 11월 야후를 통해 처음 사용되면서 확산되기 시작했다. 소셜 쇼핑(social shopping)은 특정 제품이나 서비스에 일정 참가자 이상이 구매 신청을 하면 가격을 할인(보통 50% 정도)해주는 비지니스 모델로, 2008년 10월 미국 시카고에 설립된 온라인 할인 쿠폰

업체 그루폰(Groupon)이 처음 만들어 성공을 거두었다. 소매업체에 크게 이익이 되지 않으나 광고수단이 없는 소규모 업체들이 광고 효과 때문에 활용한다. 대표적인 소셜 커머스 업체인 그루폰은 2010년 현재 세계 35개국 300여 개 도시에 진출해 있다. 국내에는 2010년 초 처음 도입되어 티켓몬스터, 쿠팡, 쿠펀지, 세일폰, 쿠폰모아 등에서 운영 중이다.

4.4 판매촉진 수단의 실행 전 검토사항

여러 가지 판매촉진 수단 중에서 호텔에게 적절한 판매촉진 수단을 선택했다면, 이 수단이 호텔이 달성하고자 하는 목표를 달성할 수 있는 적합한지를 검토해야 한다. 〈표 10-4〉에는 소비자 유형별 적합한 판매촉진의 목적과 주요 수단을 보여주고 있다. 무엇보다도 선택한 수단에서 생각하고 있는 인센티브 수단이 적당한 규모인지를 살펴보아야 한다. 많은 경우 호텔들은 사전에 검토를 하지 않거나 정확한 검토를 하지 않고 실행하다가 나중에서야 문제점을 파악하는 경우가 있다. 따라서 호텔에서는 소비자들에게 여러 가지 판매촉진 수단들에 대한 평가를 하는 방법을 사용하던가 일정 지역에서 미리 판매촉진 수단을 실시해 봄으로써 기대하는 효과가 나타나는지를 검토해 볼 필요가 있다.

〈표 10-4〉 소비자별 적합한 판매촉진의 목표와 판매촉진 수단

구 분	바람직한 결과(목표)	판매촉진 수단
자사의 충성스런 고객 (자사상품을 많이 구매하거나 항상 구매)	행동강화, 소비증가, 구매시기 조정	단골고객 보상을 위한 다양한 프로그램이나 애호 소비자를 붙잡아두기 위해 인센티브를 주는 보너스 팩, 구매에 대한 보답으로 제공된 프로그램
경쟁자의 고객 (경쟁자 상품을 많이구매하거나 항상 구매)	충성도 타파, 자사 브랜드로 전환설득	자사상품의 우수성을 소개한 견본 제공이나 상품에 관심을 불러일으키는 추첨, 컨테스트, 프리미엄 제공
브랜드전환 고객 (다양한 상품을 구매)	자사브랜드를 보다 자주 구매하도록 설득	쿠폰, 가격할인포장, 보너스 팩 등과 같이 상품의 가격을 보다 낮추는 촉진 수단이나 경쟁상품보다 더 쉽게 상품을 이용할 수 있도록 만드는데 도움을 주는 trade deals
저가격 추구 고객 (항상 가장 싼 상품 구매)	저가격 소구, 가격이 보다 덜 중요하도록 부가가치 부여	쿠폰, 가격할인 포장, 리베이트, 구매할 만한 가격으로 낮추는 trade deals

자료원 : Lamb, Charles W., et al., Marketing, 7th ed., Thomson, 2004.

4.5 판매촉진 수단의 효과측정

기업들은 판매촉진을 실행한 후 그 효과가 어떻게 나타나는지를 단순히 매출액의 증감 정도로만 파악하는 경우가 많다. 그러나 판매촉진 수단의 효과를 정확하게 측정하지 않는다면 기업에서 집행했던 판매촉진 예산이 적절하게 사용되었는지, 원하는 만큼의 효과가 나타났는지를 알 수가 없다. 이는 다음 번에 판매촉진을 실행할 때 좋은 의사결정에 대한 기초자료를 상실하는 것과 같다.

판매촉진의 효과를 측정하는 방법은 세 가지정도가 있다. 첫째, 실시 전, 실시 중, 실시 후의 판매량을 비교하는 방법을 사용하는 것이다. 일반적으로 어떤 판매촉진 수단을 실행하기 전에 비해서 시장점유율이 증가했다가 실시 후에는 실시 이전보다도 시장점유율이 떨어지는 경우가 많다. 이런 상황은 언뜻 보면 판매촉진을 실시할 때는 성공적으로 보이지만 전체적으로 보면 실패일 가능성이 높다. 왜냐하면 판매촉진 기간에 호텔이 미래의 상품에 대한 수요까지 끌어들여 소비자들이 집중적으로 자사의 상품을 구매했다는 것을 보여준 결과일 가능성이 높기 때문이다. 아니면 판매촉진의 실행으로 인해 기업의 상품에 대한 품질에 대한 인식이 저하되어 오히려 이미지가 나빠졌다는 증거일 수도 있다.

둘째, 호텔이 소비자 조사를 통해 판매촉진 결과를 평가해 볼 수도 있다. 즉 판매촉진이 소비자들에게 자사상품을 얼마나 잘 기억하게 하고, 상품의 특성을 얼마나 잘 알게 하였으며, 소비자의 의사결정에 어떻게 영향을 주었는지를 설문을 통해 평가할 수도있다.

셋째, 판매촉진 수단의 가격할인 폭, 판매촉진기간, 판매촉진 수단 등을 변화시켜 가며 매출이나 기타 소비자의 반응을 측정하는 실험적인 방법을 통해서도 판매촉진 수단의 효과를 측정해 볼 수 있다.

5. PR(Public Relations)

5.1 PR의 개념

PR은 Public Relations(공중관계)의 약자로 공중, 즉 호텔과 관련된 모든 집단과의 관계를 우호적으로 구축하기 위한 모든 노력을 지칭한다. 호텔과 관련된 공중들에는 현재 상품을 이용하고 있는 소비자 이외에도 잠재고객, 주주, 채권단, 지역주민, 언론, 정부, 시민단체 등 기업환경을 구성하는 모든 집단이 해당된다.

PR은 홍보(Publicity)보다 훨씬 넓은 개념이다. 홍보는 비용을 들이지 않고 기업이나 상품을 매체의 기사나 뉴스로 소비자에게 알리는 것만을 지칭한다. 구체적으로 PR은 홍보활동 이외에도 기업의 대언론관계 활동, 기업에 대한 이해를 돕기 위한 사내·외적 커뮤니케이션, 국회의원들의 입법활동이나 정부관료들의 규제에 직접적 또는 간접적으로 영향을 미치기 위한 합법적인 설득활동, 경영층에게 사회적 이슈나 회사 이미지에 관하여 조언을 하는 일 등을 모두 포함한다.

광고나 판매촉진과 비교해 볼 때, 상품에 대한 직접적이고 상업적인 메시지를 제공하는 것과는 달리 PR은 기업이나 상품에 대한 우호적인 이미지를 개발 및 유지시키려는 비상업적인 메시지를 전달하는 방법이다. 즉 PR은 기업과 관련된 공중들을 대상으로 기업에 대한 호의적이지 못한 소문, 이야기, 사건, 사고 등을 줄이거나 공포가 되지 않게 함으로써 기업의 호의적인 이미지를 개발하고 유지하기 위한 전략적인 기업의 접근방법이다.

PR은 광고에 비해 여러 가지 측면에서 장점이 있다. 광고에 비해 저렴하거나 거의 비용이 들지 않으며, 상업적이지 않은 메시지를 제공하기 때문에 소비자들에게 거부감이 많지 않다. 따라서 기업내의 PR 부서는 회사 내에서 중요한 역할과 위치를 차지하고 있다. 기업에 따라서는 전문적인 PR 프로그램을 개발하고, 외부 협력업체와 협력을 통해서 체계적으로 전개하고 있다. PR의 가장 큰 단점은 광고 등과 같은 다른 커뮤니케이션 수단에 비해 효과측정이 어렵고, 그 결과가 장기간에 걸쳐 나타난다는 점일 것이다.

5.2 PR의 종류와 수단

최근에는 PR을 마케팅 차원에서 접근하면서 마케팅 PR로서 홍보나 마케팅기법들이 개발되어 활용되고 있다. 마케팅 PR은 PR의 전략과 전술을 활용하여 커뮤니케이션을 촉진시키는 방법이다. 이것은 소비자와 기업 그리고 상품간의 바람직한 관계를 만들어 가는 것이다. 최근에는 기업들이 예술활동을 후원하거나 개최하는 형태로 문화마케팅 활동을 많이 수행하고 있다. 몇 가지 주요한 PR 수단을 살펴보면 다음과 같다.

- **홍보(publicity)** : 언론사에서 뉴스 가치가 있는 사항을 무료 형식으로 매체에 소개하면서 자연스럽게 기업의 이미지나 상품을 알리는 효과를 얻게 하는 방법이다. 홍보의 소재는 유명인사들의 방문, 신상품개발, 새로운 서비스개발, 사회복지 및 봉사활동, 할인, 전시회, 사내캠페인, 표어 및 심벌의 소개, 기업문화, 노사관계, 각종 수상 등의 내용이 다루어질 수 있다.
- **스폰서십(sponsorship)** : 기업이 유명 스포츠스타나 팀 또는 지역의 문화행사팀과 같은 개인이나 기업에게 직접적으로 돈, 사람, 장비 등을 제공하는 것을 말한다. 자사의 브랜드 이미지를 상승시켜 매출을 증대시키는 목적이 있다.
- **PPL(Product Placement)** : 특정한 영화나 TV 드라마 또는 프로그램에 자사의 장소나 상품 등을 제공하여 대중에게 노출시키는 것이다. 이것은 일반적으로 기업이 물품이나 비용을 지불하기 때문에 대가성이 있는 PR 수단이다. 이 방법은 소비자들의 무의식 속에 자사의 상품을 소개하는 것이어서 간접광고라고도 한다.

구체적인 주요 세부적인 방법들을 살펴보면 〈표 10-5〉와 같다.

〈표 10-5〉 마케팅 PR의 종류와 방법

종 류	구체적 방법
간행물	특정 표적집단을 대상으로 기업이 배포하는 연간 기업보고서, 브로셔, 논문집, 시청각 자료, 기업의 사보, 잡지 등
특별행사	기자회견, 세미나, 견학, 전시회, 시연회, 기념회, 운동경기 등을 시행 또는지원함으로써 표적고객에게 도달하고자 함
뉴스기사	다양한 형태의 기사나 시청각자료를 각 매체 특성에 맞도록 제공함으로써 뉴스화시킴
연설	최고경영자나 기업 내 전문가에 의한 상품 홍보 연설
공공서비스활동	지역공동체의 관심사에 대한 지원 또는기부를 통한 기업 및 상품이미지를 향상시킴
기업주체성매체	대중들이 즉각적으로 인식할 수 있는 시각적 매체(유니폼, 건물외벽, 기업의 보고서 양식, 브로셔 등) 확보

자료원 : Kotler, Philip, Marketing Management-The Millennium Edition, Prentice-Hall, 1999.

우리나라 기업들은 효과적인 PR을 위해서 언론관계, 조직문화 형성, 고객만족 캠페인, 이미지관리, 사보제작 등과 같은 PR 활동을 주로 해왔다. 초일류 기업으로 성장하기 위해서는 이러한 PR 전략을 전면적으로 수정해야 한다. 경쟁력 향상을 추구하는 기업들의 PR 전략 및 프로그램에 대한 예가 〈표 10-6〉에 제시되어 있다.

〈표 10-6〉 효과적인 PR 전략과 프로그램

구 분	PR 전략들	PR 프로그램의 예
공 중 별 관 리 전 략	언론관계	보도자료 배포, 대변인 성명, 기자회견, 기자간담회, 언론인 회동
	소비자관계	소비자 불만처리, 마케팅 PR, 소비자대상 이벤트
	지역주민관계	지역사회에의 기여, 주민과의 갈등해결, 공장이나 처리장 신설시 지역주민 동의 획득을 위한 제반 활동
	사원관계	사보발행, 사내방송, 사내교육, 각종 의견수렴제도
	정부관계	로비, 여론관리, 퍼블릭 어페어즈
	주주관계	회사설명회, 연례보고서 작성
	그 외 공중관계	사회단체, 환경단체, 은행, 회원, 교사 및 학생, 원료공급업자, 대리점 등과의 효과적인 커뮤니케이션을 위한 프로그램
상 황 별 관 리 전 략	문제관리	성차별 예방, 문제진단, 종업원 불만처리
	위기관리	언론센터 설치, 피해대책센터 운영
	명성관리	이미지 제고, PI, CI
	홍보(좁은 의미)	팜플렛 제작 배포, 뉴스자료 배포
	캠페인	기금모금, 산불예방 캠페인
	국제 PR	국가이미지 제고, 현지화 작업

자료원 : 윤희중, 신호창, PR전략론, 도서출판 책과 길, 2000, pp. 18-19

5.3 인터넷 PR의 이해

(1) 인터넷 PR의 개요

인터넷 PR은 호텔이 인터넷을 통해 그들과 관계된 모든 이해관계자들인 고객, 내부종업원, 협력업체, 주주, 정보, 민간운동단체와 정보의 공시 및 협력관계를 구축해 우호적인 이미지를 형성하려고 하는것을 말한다. 기업은 인터넷 상의 홈페이지를 개설하고 소비자 및 대중들에게 회사의 소식을 직접 전달하는 방법을 사용하고 있다. 잘 진행되고 있는 PR 캠페인은 웹사이트로 청중을 끌어들이는데 가장 효과정인 수단 중에 하나이다. 언론매체에 게재된 호텔의 기사는 신뢰도를 높이는데 광고나 다른 커뮤니케이션 수단보다 효과적이기 때문이다.

(2) 인터넷 PR의 종류

인터넷 PR은 다음과 같은 형태로 진행된다.

- **뉴스공지(press release)** : 언론매체에 기사거리를 제공하는 활동을 말한다. 제공된 정보가 기사화되면 그 내용에 노출된 소비자는 호텔이나 상품에 높은 신뢰도를 갖게 된다. 기업은 기사화 될만한 것이나 기사화 된 것을 웹사이트에 게재하여 소비자들이 볼 수 있도록 하고있다.
- **회견정보 제공** : 기업이 기자회견을 통해 알렸던 획기적인 신상품이나 신기술 개발, 기업의 인수나 합병, 전략적 제휴같은 주요 사건 등을 웹사이트에 게재해 알리는 것이다.
- **다양한 링크 활용** : 검색엔진이나 디렉토리와 같은 곳들에 자사의 웹사이트로 링크를 할 수 있도록 알리는 것이다. 쿨사이트, 추천사이트, 시상사이트 기능을 활용하면 좋다. 쿨 사이트(cool site)는 디자인이 뛰어나고 정보가 풍부하며 흥미로워 한 번 정도 방문해 볼 수 있는 사이트를 말한다. 시상 사이트는 각 분야별로 뛰어난 웹사이트를 발표하는 사이트를 말한다.
- **웹진(webzine)** : 인터넷 상에 존재하는 잡지 형태의 온라인 매거진이다. 웹상에서 주기적으로 주제를 가지고 새로운 기사를 제공하여 잡지처럼 활용할 수 있도록 하는 것이다.
- **온라인 커뮤니티의 활용** : 회원들의 관심영역을 담은 컨텐츠를 기업이 제공하고 회원들을 방문하도록 하는 온라인 커뮤니티를 개설하고 여기에 직·간접적인 홍보를 하는 것이다. 주로 메일링리스트와 뉴스그룹 등을 활용한다. 메일링리스트(mailing list)는 특정 주제에 관심 있는 사람들이 이메일을 통하여 토론을 할 수 있도록 하는 네트워크로서 이들이 메일링리스트에 등록을 하면 이메일을 통해서 다른 사람들이 제공한 글을 중재자를 공유하여 제공하는 방식을 말한다. 뉴스그룹(newsgroup)은 메일링 리스트와 마찬가지로 특정 주제에 대하여 관심이 있는 사람들이 주로 참여하여 게시판 형식의 글을 볼 수 있도록 만들어 놓은 사이트를 말한다. 요즘에는 페이스북(facebook), 트위터(twitter)라는 서비스를 통해 회원간에 정보를 교환하는 활동이 급속히 활성화 되고 있다.
- **온라인 고객서비스** : 소비자들에게 이메일이나 게시판 등으로 구성된 고객센터 등의 기능을 통해서 고객의 질문과 답을 제공하는 것이다. 요즘에는 온라인 채팅까지 가능한 사이트들이 생겨나고 있다. 실시간 채팅, 자동화된 이메일, 이메일 응대, VOIP(Voice Over Internet Protocol) 등의 기능들을 활용한다.
- **온라인과 오프라인의 공동 PR** : 온라인이나 오프라인에서 기획된 PR 프로그램을 양쪽 모두

에서 동시에 진행하는 방법이다. 기업의 인지도제고 및 호의적인 태도형성에 도움이 될 수 있다.

5.4 PR의 관리 과정

효과적인 PR을 관리하는 과정은 다음과 같은 단계를 통해 진행된다.

(1) PR 목표의 설정

PR의 첫 번째 단계는 PR의 목표를 선정하는 것이다. PR담당자는 PR을 통해 궁극적으로 기업이 얻고자 하는 것이 무엇인가를 상세하게 결정해야 한다. PR의 목적으로 자사상품에 대한 인지도제고, 정보제공, 신뢰도제고, 유통업자및 판매조직의 판매활동의 지원, 그리고 광고비용의 절감 등을 생각해 볼 수 있다. 이와 관련된 내용들을 주요 일간지나 잡지, TV와 같은 방송의 뉴스거리, 주요 인터넷 포털 사이트의 정보제공거리로 가치 있게 만들어서 제공한다.

(2) PR의 메시지 및 전달수단의 선택

목표가 결정되면 다음단계로 메시지가 될 만한 이야깃거리를 찾아내야 한다. 여러 가지 측면에서 뉴스거리가 될만한 것들을 회사 내에서 찾아내어 가치가 있는 정보를 제공할 수 있는 이야깃거리로 만들어 언론매체에 제공한다. 뉴스거리로 충분하지 않은 경우에는 뉴스로서 가치가 있는 행사를 주최하거나 후원을 하는 방법을 생각해 볼 수 있다. 예를 들어 스포츠행사를 주최하거나, 문화행사를 후원하는 것 등을 생각해 볼 수 있다. 다음으로 이야깃거리가 만들어지면 메시지가 전달될 PR 수단들 중에 적절한 수단을 선정하고 구체적인 실행 계획과 스케줄을 구성한다.

(3) PR 계획의 실행

PR 전달수단에 대한 프로그램 계획이 수립되면, 구체적인 실행계획과 스케줄에 따라 PR을 실행한다. 이 과정에서 PR은 기술적으로 실행에 옮겨야 한다. 화제가 될만한 것이 아니면, 대부분의 경우에는 별로 중요하지 않은 이야기들이기 때문에 언론에서는 이런 이야기를 다룰 필요성을 느끼지 못한다. 따라서 매체 담당자들과도 평소에 친분관계를 유지하고, 호의적인 관계를 유지하는 것이 좋다.

(4) PR의 효과측정

PR의 효과를 측정하는 것은 광고의 효과를 측정하는 것보다 더 어렵다. PR이 다른 커뮤니케이션 수단들과 함께 사용되는 것이 보통이고, 그 결과가 직접적으로 보이지 않기 때문이다. 가장 손쉬운 방법은 자사의 상품이 매체에 노출된 횟수를 측정하는 것이다. 하지만 이 방법은 소비자가 어느 정도 노출됐는지를 직접 측정하는 방법이 아니어서 만족할만한 측정방법은 아니다. 가능하면 PR 캠페인 결과에 따라서 상품이나 기업에 대한 소비자들의 인지도, 지식, 태도가 어떻게 변화가 되었는가를 측정하는 것이 좋다.

토론해 볼 문제

1. 호텔의 통합적 마케팅 커뮤니케이션 대상 매체들을 찾아보고 상호 관련성을 토론해 보시오.
2. 구매와 관련한 커뮤니케이션 하이어라키 모형에서 어떠한 마케팅 수단을 사용하여 소비자의 구매를 도울 수 있는지 토론해 보시오.
3. 매체선택을 할 때 인적 매체와 비인적 매체가 있는데 호텔 상품과 서비스별로 어떤 경로가 더 효율적인지를 토론해 보시오.
4. 마케팅 커뮤니케이션 예산을 정하는 방법들의 장, 단점에 대해서 토론해 보시오.
5. 20여개 객실 규모의 소규모 호텔을 창업하려는 경우 어떠한 마케팅 커뮤니케이션 수단이 적절한지를 토론해 보시오.
6. 광고의 목표가 될 수 있는 것들이 어떤 것들이 있으며, 어떠한 상황에서 그러한 목표가 적절한지를 토론해 보시오.
7. 판매촉진과 광고가 어떻게 다른지에 대해서 토론해 보시오.
8. PR이 광고나 판매촉진과 구별되는 점은 어떤 점인가?

Chapter 11

인적 판매

1. 인적 판매의 개요
2. 판매사원의 관리
3. 방문판매
4. 전화판매
5. 다이렉트 마케팅

11 인적 판매

● 학습목표
1. 인적 판매의 개요, 형태에 대해서 알아본다.
2. 판매사원의 역할과 관리과정에 대해서 알아본다.
3. 방문판매의 개요, 진행과정에 대해서 알아본다.
4. 전화판매의 개요, 전화예절에 대해서 알아본다.
5. 다이렉트마케팅의 개요, 실행과정, 다이렉트 메일의 활용에 대해서 알아본다.

1. 인적 판매의 개요

1.1 인적 판매의 개념

인적 판매(personal selling)란 판매사원과 고객이 대면접촉 방법을 통하여 자사의 상품을 구매하도록 설득하는 일련의 커뮤니케이션 활동이다. 인적 판매는 다른 커뮤니케이션 수단에 비해 전달할 수 있는 정보의 양, 상황에 적합한 설득, 구매로 연결할 수 있는 측면에서 가장 강력한 수단이다. 미국에서 판매되는 소비재의 경우 회사의 인적 판매를 통해 판매가 이루어지는 비율이 55% 이상이며, 중개상, 전화판매, 컴퓨터를 이용한 판매, 카탈로그 판매를 합친 것보다 높다.

기업이나 협회 등의 단체고객은 구매의사결정과정이 복잡하고 구매과정에 결정적인 역할을 하는 의사결정권자나 자격이 있는 구매자를 확인하기가 쉽지 않다. 인적 판매는 이와 같은 중요한 정보를 판매사원의 방문판매를 통해서 또는 판매 대행기관의 문의를 통해서 효과적으로 파악할 수 있는 장점이 있다. 또한 인적 판매를 통해 기업과 단체의 영향력이 있는 인사, 컨벤션 기획자 또는 여행사를 상대로 촉진역할을 수행할 수 있는 가장 효과적인 수단으로 활용될 수 있다.

상품의 경우 고객에게 경험해보지 못한 호텔에 대한 정보제공, 설득, 구매 후 호텔 이용이 일어나기까지 지속적인 서비스가 필요하기 때문에 인적 판매가 효율적인 판매 수단이 될 수 있다. 따라서 판매사원은 고객들에게 자사상품의 경쟁적 장점을 효과적으로 설명할 수 있는 준비가 되어 있어야 하며, 경쟁사의 판매활동과 신상품 도입 등에 대한 자세한 정보를 파악하고 있어야 한다.

이 같은 과정을 통해서 구매현장에서 고객의 구매가능성을 높이고 구매액도 증가시킬 수 있다. 호텔을 예약할 때 보다 높은 등급의 객실을 판매할 수도 있고, 레스토랑에서 보다 비싼 메뉴 품목을 판매할 수도 있고, 여행사에서 항공예약을 포함해서 호텔과 렌터카를 예약하게 할 수도 있다. 또한 핵심고객들과의 인간적인 관계를 유지할 수 있다. 이를 통해 판매사원이나 예약담당자들은 대중매체를 통해서 효과적인 판매가 불가능한 것들을 개별고객의 접촉을 통해 판매활동을 진행할 수 있게 된다.

1.2 인적 판매를 활용하는 이유

광고의 경우 상품이나 서비스에 관심이 없는 소비자에게도 노출되나, 인적 판매는 구매할 가능성이 높은 잠재고객을 설득하기 쉽기 때문에 상품을 구매로 연결시킬 확률이 높다. 이를 통해 호텔은 매출을 창출시킬 수 있다. 또한 고객과 만나는 과정에서 판매사원을 통해 기업의 이미지가 전달될 뿐만 아니라 기업에 대한 홍보를 하게 된다. 상품을 판대할 때 인적 판매가 유리한 이유를 살펴보면 다음과 같다.

- 중간상을 방문하는 고객이 특정 지역을 중심으로 집중되어 있다.
- 호텔의 상품은 가격이 높고, 자세한 설명이 필요하다.
- 개별 고객의 필요에 부합하도록 상품의 설계가 필요하다.
- 충분한 광고캠페인을 지속적으로 수행하기에는 자금여력이 충분하지 않다.
- 고객은 상품에 대한 구매의사결정을 할 때 양질의 정보를 필요로 한다.
- 고객이 상품을 최종 구매의사결정을 하려고 할 때, 구매행위에 대한 고객의 불안 및 위험에 대한 지각 문제를 해소하는 것이 필요하다.
- 호텔별로 비슷한 상품이 많고, 서로 경쟁이 되는 상황에서 판매사원의 직접권유에 따라 고객의 의사결정이 영향을 많이 받는다.
- 인적 판매를 통해 거래가 이루어진 고객에 대해 판매사원은 사후관리를 통해 장기적인 유대관계를 형성함으로써 고객의 재구매를 지속적으로 유도할 수 있다.
- 인적 판매는 중간상인 도매여행사, 소매여행사, 상품기획가 등 영향력 있는 사람들에게 가장 효과적인 커뮤니케이션 방법이다.

1.3 인적 판매의 형태

인적 판매를 담당하는 판매사원을 구분해 보면 다음과 같다. 회사의 규모에 따라 한 가지 역할을 한 사람이 담당할 수도 있고, 모든 역할을 한 사람이 담당할 수도 있다.

- **주문 유도자(order getters)** : 판매사원의 기본적인 역할인 잠재고객의 주문을 유도하여 판매를 성사시키는 것을 담당하는 역할을 하는 판매사원이다. 이들을 창의적 판매사원이라고도 한다. 판매를 성사시키기 위해서는 잠재고객의 욕구를 파악하여 그들이 필요로 하는 정보를 제공해야 한다. 따라서 주문 유도자는 신규고객을 유치하기 위해 많은 시간을 투자하며, 과거의 구매경험이 있었던 고객을 대상으로 주문을 유도하는 경우가 많다.
- **주문 담당자(order takers)** : 주문 담당자는 재구매의 유도가 목적인 판매사원이다. 고객과의 지속적인 관계형성을 통해 고객과의 장기적이며 호의적인 관계를 형성하고 필요할 때 재구매가 일어나도록 유도한다.
- **보조 판매사원(support personnel)** : 판매기능은 담당하고 있지만 주로 잠재고객의 선정, 고객에 대한 교육, 구매의도의 형성, 판매 후 서비스 제공 등 보조적인 역할을 수행하는 판매사원이다.

판매사원을 중심으로 진행되는 인적 판매의 형태는 크게 내부판매, 현장판매, 전화판매로 나뉠 수 있다. 먼저 내부판매(inside sales)는 고객이 호텔에 투숙하고 있거나 매장의 방문을 통해 판매사원에게 오는 경우이다. 여행사를 직접 방문하거나, 전화를 통히 문의를 함으로써 판매가 일어난다. 다음으로 현장판매는 판매사원이 고객에게 접근하는 대인 방문판매의 형태이다. 마지막으로 텔레마케팅과 같은 방법을 활용한 전화판매(telephone sales)가 있다.

1.4 인적 판매의 장점과 단점

인적 판매의 주요 장점을 살펴보면 다음과 같다.

- 광고 등의 다른 커뮤니케이션 수단에 비해 개인적이고 직접적인 접촉을 통해 많은 양의 정보를 전달할 수 있고, 판매 상황에 대한 유연성이 높다.
- 잠재고객으로 파악된 고객들에게 집중이 가능해서 판매노력의 낭비를 줄일 수 있다. 반면에 광고는 고객이 될 수 없는 사람들에게도 전달되기 때문에 낭비적일 수 있다.
- 실제로 판매를 발생시킨다. 광고는 주의를 유발하고, 정보를 제시하고, 욕구를 환기시켜 주기는 하지만 판매에 대한 강력한 영향력을 가지고 있지 못하다.

인적 판매의 주요 단점을 살펴보면 다음과 같다.

- 판매사원의 개발과 활동비용이 많이 발생하기 때문에 매우 높은 비용을 발생시킨다.
- 자질 있는 판매사원을 확보하기가 쉽지 않다.

2. 판매사원의 관리

2.1 판매사원관리의 개요

인적 판매에 가장 중요한 역할을 하는 사람은 판매사원이다. 판매사원은 다양한 역할을 하게 된다. 첫째, 정보원으로서 역할을 수행한다. 고객에게 정보를 제공함과 동시에 고객으로부터 정보를 입수한다. 둘째, 교육자의 역할을 한다. 고객만족을 위한 영업활동 과정의 새로운 기법이나 서비스 또는 경영효율화를 위한 새로운 서비스가 등장할 때에 고객에게 정보를 제공하고 설명을 한다. 셋째, 이익관리자로서 역할을 한다. 고객의 상품주문을 받아 판매하는 기능만 하는 것이 아니라 상품의 판매행위가 이루어졌을 경우 발생하는 이익을 고려하여 이익을 극대화할 수 있는 방법으로 영업관리를 하게 된다. 넷째, 기획자의 역할을 한다. 호텔 기업 내의 영업장에 관한 영업을 전적으로 서비스를 제공하는 종업원에 달려있다. 영업을 잘 할 수 있도록 다양한 아이디어를 창출하여 판매를 진행하는 역할을 수행한다. 다섯째, 컨설턴트의 역할을 한다. 고객에게 상품이나 서비스에 대한 정보를 제공하여 고객을 설득하고 문제가 발생했을 경우 문제해결을 위한 자문 역할을 수행한다. 여섯째, 의사결정자의 역할을 한다. 고객의 불만이나 상품의 문제를 파악하고 신속한 처리를 위한 의사결정자로서 역할을 한다. 일곱째, 기업홍보의 역할을 한다. 고객과 의사소통을 하는 과정에서 호텔을 알리고, 고객과의 긍정적인 관계를 유지한다. 여덟째, 품질관리자의 역할을 한다. 고객의 욕구에 따라 자사상품을 적절하게 제시하고 최적의 상품에 대한 부가가치를 극대화할 수 있도록 서비스상품의 품질관리를 담당한다. 아홉째, 설득자의 역할을 한다. 고객을 설득하여 구매력을 증진시키고, 소비행동을 바꿀 수 있도록 설득하고, 고객의 불만을 줄이기 위해 노력한다. 열째, 서비스 제공자의 역할을 한다. 상품의 판매 이외에도 부가적으로 서비스를 제공하여 상품 자체와 부가적 상품을 포함하는 패키지 상품을 판매한다(이희천, 한진수, 2006).

이와 같은 역할을 하는 유능한 판매사원을 선발하고, 유지하는 것이 인적 판매의 성공에 결정적인 역할을 한다.

2.2 판매사원의 관리과정

판매사원의 관리과정은 모집, 선발, 교육훈련, 배치, 동기화, 평가 및 사후관리 등으로 구성된다(최태광 외, 2008).

(1) 모집

판매사원을 모집하려면 먼저 선발 기준을 정해야 한다. 선발기준은 기업의 판매사원의 목표, 판매사원의 전략, 판매사원의 구조, 판매사원의 규모 및 급여 등에 따라 결정이 된다. 판매사원 모집은 구인광고, 학교추천, 취업알선기관, 현행 판매사원의 추천 등의 방법을 활용할 수 있다.

(2) 선발

기업은 다양한 판매사원 모집경로를 통해서 충분한 판매사원 후보를 모집한 후에 가장 훌륭한 판매사원을 선발해야 한다. 선발절차는 단순한 비공식 면접을 통해 선발할 수도 있으며, 각종 검사 및 인터뷰를 진행하는 공식적인 과정을 거칠 수도 있다. 지원자의 개인적인 특성, 추천인, 과거의 경력, 면접자의 견해를 통해 판매사원을 선발한다.

판매사원이 갖추어야 할 기본 사항은 다음과 같다. 첫째, 지적 능력이 필요하다. 고객의 거래가치를 이해하고 판매체결을 유도하기 위한 설득을 하기 위해 사고능력, 결단력, 실천능력, 협력이 필요하다. 둘째, 지식이 필요하다. 다른 분야에 종사하는 고객들에게 숙박과 음식분야를 소개하려면 호텔의 사업, 상품, 판매서비스에 대한 전문적인 지식이 필요하다. 셋째, 기획력이 필요하다. 판매 프로그램을 지속적으로 유지하기 위해서는 앞을 내다볼 수 있는 계획을 세우고 실천해야 한다. 넷째, 홍보능력이 필요하다. 다른 사람과의 유대, 사람들과의 좋은 관계를 유지할 수 있는 사회성과 긍정적인 마인드가 필요하다. 다섯째, 상식이 필요하다. 이익이 되지 않는 거래나 필요치 않을 때 오는 거래를 거절할 수 있어야 한다. 전체적으로 판매사원은 예절, 신체적 조건, 외모, 상품에 대한 지식, 근무의욕, 인격 등의 측면에서 잘 갖추어진 사람을 선발해야 한다.

(3) 교육훈련

호텔의 환경에 따라 상황이 다르기 때문에 선발된 판매사원은 적절한 교육훈련을 진행할 필요가 있다. 판매사원의 교육훈련은 다양한 목적을 가지고 진행된다. 첫째, 회사에 대해서 알게 만들고 확인할 수 있도록 교육훈련을 진행한다. 기업의 역사와 목표, 조직체계, 주요 간부, 재무구조 및 시설, 주요 상품 및 매출액 등에 대해서 설명한다. 둘째, 회사의 상품에 대해서 교육을 한다. 판매사원들이 상품의 제조과정과 사용할 때의 주요 기능 등에 대한 교육훈련을 진행한다. 셋째, 고객들의 특성과 경쟁자들의 특성에 대해서 교육훈련을 진행한다. 고객들의 특성과 그들의 욕구, 구매동기, 구매습관에 대한 교육을 진행하고, 자사와 경쟁자의 전략과 정책들에 대해서 교육을 한다. 넷째, 효과적인 판매제시 방법에 대한 교육훈련을 진행한다. 세일즈맨의 정신과 판매기법 등에 대해서 교육훈련을 실시하고 회사는 각 상품별 주요 특징을 요약설명하고 판매메시지에 대한 훈련을 한다. 다섯째, 실제 판매상의 절차와 책임사항에 대해서 알도록 교육훈련을 진행한다. 현재고객과 잠재고객 간의 시간배분방법, 비용계산방법, 보고서 준비방법, 판매경로의 효율적 계획방법에 대해 가르쳐야 한다.

(4) 배치

교육훈련을 받은 판매사원은 실제 현장에 배치가 된다. 판매사원이 맡게 되는 판매구역 안에서 훈련의 과제를 감독의 감독하에서 실제 현장에서 실습을 하게 된다. 감독은 판매사원에게 지속적이면서도 자연스러운 관심을 갖고 판매사원의 현장 판매활동이 진행될 수 있도록 해야 한다.

(5) 동기화

동기화는 판매사원들이 판매현장에서 일을 잘 할 수 있도록 진행하는 과정이다. 호텔은 판매량, 이익잠재력, 성장가능성 등에 따라 고객을 등급으로 구분하고, 등급에 따라 적절한 방문횟수를 정한다. 방문을 통해 판매로 연결될 수 있도록 해야 한다. 또한 판매사원은 새로운 고객을 찾는데 시간을 보내야 한다. 신규고객을 지속적으로 발굴함으로써 판매가 유지될 수 있다.

판매사원에게 시간을 효율적으로 사용하도록 해야 한다. 연간 방문계획을 세우고, 매월 어떤 고객을 방문할 것인가에 대해서 계획을 세운다. 판매사원의 시간은 판매보다는 출장여행, 식사와 휴식, 대기, 판매, 관리, 보고서 작성 등의 형태로 대부분의 시간을 보내게 된다. 실제 판매와 관련된 시간을 많이 보낼 수 있도록 시간 관리를 하게 하는 것이 필요하다. 경영진은 조직의 분위기, 판매할당, 다양한 인센티브 등을 통해 판매사원의 시간 관리를 판매에 집중할 수 있도록 하고 이를 통해 사기와 실적을 올릴 수 있다.

(6) 평가 및 사후관리

판매사원의 평가를 통해서 적절한 보상을 하는 것은 사기를 올릴 수 있는 방법이며, 적절한 사후관리를 통해 판매사원의 판매능력이 향상될 수 있도록 해야 한다. 판매사원의 평가를 하기 위해서는 명백한 기준, 정확한 정보수집을 기준으로 성공과 실패에 대한 판단을 해야 한다. 이것은 판매량, 고객관리 차원에서 판매사원간의 비교, 과거실적과의 비교와 같은 양적인 달성 정도에 대한 측정과 판매사원들의 상품지식, 성격, 외모, 언변, 기질 등과 같은 질적인 측정을 활용할 수 있다.

3. 방문판매

3.1 방문판매의 개요

방문판매를 세일즈 콜(sales call)이라고 한다. 방문판매는 새로운 시장을 개척하고, 거래처를 관리하는 역할을 담당한다. 방문판매를 담당하는 판매사원은 거래처를 관리하여 경쟁사로 이탈되는 비즈니스를 방지하고 경쟁사의 거래처를 자사의 거래처로 유인하는 역할을 통해 새로운 시장을 개발하게 된다.

판매사원의 거래처관리는 제공받은 서비스에 대한 의견수렴, 거래처의 내부조직 숙지, 거래처의 영업현황 파악, 새로운 상품의 소개, 비즈니스를 위한 관계개선, 경쟁사의 정보수집, 시장정보수집 역할을 하는 것이 주요한 내용이다. 새로운 시장개발과 관련해서는 시장정보의 수집, 경쟁사의 정보수집, 호텔 상품 및 서비스의 소개, 새로운 거래처의 확보, 종업원의 사기앙양과 같은 역할을 하는 것이 주요한 내용이다(이희천, 한진수, 2006).

3.2 방문판매와 고객의 관계

방문판매를 통해 기업과 고객의 지속적인 관계를 유지함으로써 발전시킬 수 있는 관계는 다음과 같이 7단계로 나뉠 수 있다.

- **잠재고객(suspects)** : 잠재고객은 판매의 대상이 될 수 있는 고객이다. 이들은 장기간에 걸쳐 기업의 소중한 동반고객으로 발전할 수 있는 고객들이다.
- **예상고객(prospects)** : 구매능력은 있지만 정보가 없고 구매동기가 구체화 되어 있지 않은 고객이다. 이들에게 방문판매를 통해 정보를 제공하면 거래가 이루어질 수 있는 고객들이다.
- **가망고객(qualified prospects)** : 구매동기가 구체화되어 호텔에게 스스로 문의하거나 정보를 요청하는 고객이다. 이들은 적절한 방문판매를 통해 구매까지 연결될 가능성이 높은 고객이다.
- **신규고객(first-time customer)** : 첫 번째 상품의 구매가 이루어진 가망고객이다.
- **단골고객(clients)** : 재구매가 일어난 고객들이다.
- **옹호고객(advocates)** : 특정 기업의 상품에 만족하여 주변에 구전을 하는 고객들이다.
- **동반고객(partner)** : 고객이 기업에 제안을 하기도 하고, 기업이 신상품 개발시 의견을 구할 수 있는 고객이다. 이들은 기업과 상호이익을 위해 서로 동반자적인 관계를 유지하는 고객이다.

3.3 방문판매의 진행과정

방문판매의 과정은 크게 3단계로 구분해 볼 수 있다. 이는 준비 단계, 설득 단계, 판매 후 서비스 단계이다. 세부적으로는 7단계로 나뉜다. 각 단계별 목표와 활동을 정리해 보면 〈표 11-1〉과 같다.

(1) 예상고객 찾기

예상고객(prospecting)은 판매할 가능성이 있는 유망한 고객을 찾는 단계이다. 호텔을 이용할 필요성이 있는 사람과 호텔이 제시하는 조건을 수요할 능력을 가진 사람을 말하며 이런 사람을 방문해야 방문판매가 성공할 가능성이 높아진다.

〈표 11-1〉 방문판매 과정 요약

단 계		목 표	주요 활동
준비	예상고객 찾기	적절한 고객을 예측한다.	고객정보를 수집해 예상고객들의 특징을 분석하고 발견한다.
	사전준비	판매제시를 보다 효과적으로 하기 위해 고객에 대한 추가적 정보를 얻는다.	고객, 다른 판매사원, 신문, 개인적 관찰 등을 통해 정보를 얻는다.
	접근	예측한 고객의 주의를 끌고 판매설득을 시작한다.	판매사원은 자신의 소개와 아울러 회사와 상품에 대한 소개를 시작한다.
설득	판매제시	고객이 상품에 대한 호감을 갖고 구매하고 싶도록 한다.	판매사원은 객관적 자료에 근거하거나 그때그때의 고객에게 맞춰서 상품을 소개한다. 상품소개를 하면서 고객에게 확신을 주도록 스토리를 전개한다.
설득	부정적 반응에 대한 대응	고객이 상품을 구매하지 않으려는 이유를 알아내고 이를 제거하도록 노력한다.	고객의 부정적 의견을 제거하고, 구매설득에 필요한 정보를 제시한다.
	구매권유	고객과 구매계약을 맺는다.	구매결정을 도와줄 수 있는 정보를 제시하고 구매행동에 불편함이 없도록 한다.
판매후 서비스	사후관리	고객의 물음에 응답하고, 고객이 겪고 있는 문제들을 해결한다.	성의를 다하는 효과적인 사후관리를 통해 고객의 만족을 증대시키고, 새로운 판매기회를 제공할 수 있게 한다.

예상고객은 판매사원 스스로 개발해야 한다. 예상고객을 개발하기 위해서는 단서가 되는 정보를 찾아내야 한다. 이러한 정보는 현재 만족한 고객에게 묻거나 새로운 예상고객을 알게 될 기회가 많은 단체에 가입하는 방법이 있다. 이를 통해 관련 업체의 명부, 마케팅 정보시스템 내의 자료, 판매기록, 소개명부, 전화번호부 등의 자료원을 활용하여 찾을 수 있다. 이들에 대해 특정 상품에 대한 욕구를 가지고 있고, 구매력이 있으며, 구매 결정권이 있는가를 평가하여 잠재고객을 찾아낸다.

중요한 예상고객 중의 한 부류는 사업규모에 관련 없이 특정 도시의 사업체 경영진의 비서직에서 근무하는 자들이다. 이들 중에서도 규칙적으로 객실을 예약하거나 회의시설을 예약하는 사람을 찾는다. 또한 많은 수의 사업가가 회의에 참석하지만 단지 몇 명만이 회의 소집 문제에 관하여 실질적인 의사결정자일 가능성이 있다. 또한 호텔판매사원이 고객을 발견할 때는 무작위 방문도

동원할 수 있다. 체계적이지 못하지만 때때로 효과가 있다(정익준, 2006). 특별히 매주에 일정한 수 이상의 고객을 방문하는 것을 지속적으로 진행해야 한다.

(2) 사전준비

사전준비(preparing)는 판매사원이 잠재고객에게 효율적으로 상품을 소개하는데 필요한 자료를 수집하고 정리하는 것이다. 먼저 판매사원은 회사와 상품에 대한 일반적인 지식과 판매관련 지식에 대한 준비를 해야 한다. 〈표 11-2〉에는 판매사원에게 필요한 지식들이 설명되어 있다.

〈표 11-2〉 판매사원에게 필요한 회사 및 판매 관련 지식

필요 지식	내 용
일반 지식	회사의 개요, 지점의 소재지와 조직, 회사의 경영방침과 사규, 업계전반에 관한 지식, 상품의 유통에 관한 지식, 일반 경제에 관한 이해
상　　품	자사의 상품구성, 자사의 주력 상품에 대한 가중 정도, 자사의 주력 상품, 주력 상품과 관련상품과의 관계, 상품의 가격과 판매관련 스토리, 상품의 스타일/디자인/사이즈/유행성, 관계법규, 상품의 사용법과 보존방법, 상품의 주요 구성 내용
고　　객	자사의 표적고객 층에 관한 지식, 표적고객의 소비성향 및 구매행동에 관한 지식, 전체적인 소비구조에 대한 지식, 고객에 제공할 제반 서비스에 관한 지식, 접객판매에 관한 지식(복장, 태도, 화제, 화술 등), 판매계획과 판매촉진에 관한 지식, 고객 명부작성 보관에 관한 지식
판매실무	각종 전표의 기재방법(주문서, 납품서, 수령서 등), 금전관리 업무, 정례업무로서 판매기록과 판매분석에 관한 지식, 상품관리의 실무
판매기술	대응의 기본자세와 방법, 언어구사 요령과 태도, 상품 설명 요령, 판매제시기법 및 고정처리 기업에 대한 지식
판매촉진	상품 진열의 기초적인 지식, POP광고, 캐치프레이즈, 전단 배포 영역과 게재 상품

회사 및 판매관련 지식을 습득할 뿐만 아니라 판매사원은 잠재고객 각각의 개성이나 욕구, 현재 이용하고 있는 상품 등에 관한 정보를 수집해야 한다. 이 단계에서 준비가 철저할수록 판매 가능성을 높일 수 있기 때문에 유능한 판매사원일수록 이 단계에서 충분한 시간과 노력을 투자한다. 잠재고객에 대한 구체적인 정보는 기존고객, 판매사원과 주변 사람들, 판매사원 자신의 상품과 다른 상품을 판매하고 있는 다른 기업의 판매사원, 이전구매기록, 신용평가, 신문, 관찰 등의 방법으로 획득할 수 있다.

이와 같은 과정을 통해서 판매사원은 판매활동을 시작하기 전에 자사의 상품에 대한 다양한 지

식을 충분히 습득하고, 경쟁사에 대한 주요 시장 및 상품에 대한 정보를 파악하고 있어야 한다. 또한 방문고객에 대한 정보도 파악한다. 방문고객을 중심으로 업종별, 지역별 기준으로 주, 월별로 방문판매 계획서를 작성하고 계획서에 따라서 방문을 한다. 예상고객을 방문하기 전에는 사전에 약속을 하는 것이 필요하다. 또한 고객을 ABC와 같은 등급으로 나누고 이에 따른 방문 횟수도 정할 필요가 있다. 상품과 관련된 각종 인쇄 홍보물을 보기 좋게 담아 넣은 세일즈 킷(sales kit)도 준비해야 한다.

세일즈 킷 안에는 호텔의 브로셔(brochure : 호텔 전반을 소개한 인쇄물), 팩트 시트(fact sheet : 호텔의 개요 및 시설을 한 장에 소개한 인쇄물), 컨벤션 및 연회 브로셔(convention and banquet brochure : 회의나 연회장의 규모, 시설 등을 상세히 소개한 인쇄물), 패키지 상품 안내서, 식·음료업장 프로모션 상품안내서, 헬스클럽 브로셔(health club brochure : 헬스클럽 시설이나 회원가입에 관한 안내가 소개된 인쇄물), 유로회원 가입안내서, 객실요금표(room tariff), 뉴스레터(new letter : 매월 또는 격월로 발행되는 호텔 소식지), 판촉물(giveaway : 명함, 필기도구, 각종 서류를 넣을 수 있는 가방) 등을 보기 좋게 포함시킨다(이정학, 2009a).

(3) 접근

접근(approaching)은 잠재고객 중에서 판매 가능성이 높은 가망고객을 처음 만나서 판매 상담을 위해 접촉하는 과정이다. 접근은 고객의 구매의도 형성에 있어서 매우 중요한 역할을 한다. 대부분의 판매사원의 첫 인상이 상품에 관한 여러 가지 태도에 큰 영향을 미치며 오랫동안 지속될 가능성이 높다. 가망고객의 경우 처음 만나는 순간 경계심, 호기심, 상품에 대한 평가, 자존심, 상품 구매시의 편익 등에 대한 평가를 하기 때문이다. 이를 위해 판매사원은 깨끗한 복장과 좋은 경청태도, 세련된 화법과 미소를 가지고 예의 바르게 고객과 접촉할 필요가 있다. 판매사원은 가능하면 자주 방문하여 가망고객과 친숙한 관계를 갖는 것이 필요하다. 접근할 때 신뢰감을 높이기 위해 가능하면 소개 받은 사람을 언급하도록 하는 것이 좋다.

보통은 접근을 할 때, 문지기 역할을 하는 비서를 만나게 되어 있다. 비서에게 자신을 효과적으로 설명해야 한다. 이와 관련해서 그 내용을 살펴보면 〈표 11-3〉과 같다.

〈표 11-3〉 비서에게 자신을 효과적으로 소개할 수 있는 기법

주요 소개 기법
• 비서에게 명함을 주어라. • 명함을 건넬 때 브로셔(brochure)도 함께 줄 것을 고려하라. 그것은 방문기회가 다시 있을 때 비서가 당신을 쉽게 기억하는데 도움이 된다. • 비서가 잘 들을 수 있도록 명확하고 적절한 높이의 목소리로 말하라. • 외모와 첫 인상을 밝게 하고 결코 우울해 보이거나 어두운 얼굴을 하지 마라. 만약 당신이 대기해야 할 상황이라면 조용히 인내심 있게 기다려라. • 우호적인 분위기를 창출하도록 노력하라. 그러나 사장을 만나기 위한 수단으로 그것을 이용하지 말라. • 비서로부터 대외비로 분류된 정보를 얻으려고 꼬치꼬치 묻지 마라. • 비서를 한갓 수단으로 취급하지 마라. 당신이 어디에서 대기하고 있거나 업무수행 중에 있더라도 비서를 보면 웃음을 짓거나 말을 건네라. • 비서도 고객임을 명심하라. • 만약 처신을 어떻게 해야 할지 모를 때에는 과하게 행동하지 않고 조심스러움을 가져라.

자료원 : Russell, Frederick A., Frank H. Beach, and Richard H. Bushkirt, Selling Principles and Practices, 11th Ed., New York : McGraw-Hill, 2002, p. 199의 내용을 인용한 정익준, 환대마케팅, 학현사, 2006의 p. 275에서 인용함.

접근과 관련해서 몇 가지 전술을 살펴보면 다음과 같다(정익준, 2006).

- **소개식 접근 :** "여보세요, 나는 XYZ호텔에 근무하는 OOO입니다."라고 자신을 소개하는 것이다. 이 반응은 상대방으로부터 "뭐라고요?"와 같은 반응을 불러일으키기 쉽다. 따라서 소개가 끝난 후에 어떤 말을 이어나가야 할 것인가를 준비해 두어야 한다.
- **고객편익적 접근 :** 판매사원이 잠재고객에게 호텔에 관한 것을 소개하고 설명하는 것보다 비서가 설명하는 것이 효과적일 때가 있다. 예컨대 "우리 호텔에 당신을 한 번 초대하고 싶습니다. 부디 오셔서 우리의 서비스를 한 번 경험해 보시면 어떻겠습니까?"와 같은 정중한 표현을 사용한다. 또는 "우리는 당신의 요구가 있으면 객실 예약을 우선적으로 처리하겠습니다."와 같이 말하면서 명함을 전달할 수도 있다. 만약에 호텔의 판매사원이 일정한 폭의 요금 할인도 가능하다면, "우리 호텔은 서비스는 최상입니다. 우리는 귀하 또는 귀사 사장이 객실과 식·음료 시설의 이용시 5~10%를 할인해 드리겠습니다."라고 설명하는 접근도 가능하다.
- **초대 :** 방문판매를 통해 판매하려고 할 때 가장 좋은 판매도구이다. 고객을 호텔로 초대하여 그와 함께 식사를 하는 것이 더욱 효과적일 수 있다. 저녁식사 초대는 확정적일 때 해야 하며, 일반적으로 오찬이 가장 효과적이다.

판매사원이 고객을 접근할 주의할 점을 보면 다음과 같다. 첫째, 약속시간보다 몇 분 일찍 도착해야 한다. 일찍 도착해서 주위를 둘러보아 고객이 관심을 가질 만한 이야기를 준비하고 이야기를 꺼낼 수 있도록 해야 한다. 둘째, 지킬 수 있는 약속만을 해야 한다. 셋째, 판매사원의 스케줄보다 고객에게 편리한 시간을 약속해야 한다. 넷째, 명함을 건네는 것은 좋은 습관이다. 상담이 시작되기 전에 명함을 전달하는 것이 좋다. 다섯째, 남자 판매사원은 머리를 잘 정돈하는 등 용모를 단정히 하고 여자 판매사원은 지나친 보석 치장이나 화장은 삼가는 것이 바람직하다. 여섯째, 만약 적절치 못한 시간에 고객을 방문한다면 그에 대한 사과를 하고 차후 적절한 시간에 재방문할 것을 약속한다. 일곱째, 고객의 주위를 끌었다고 확신할 때 판매제시를 해야 한다. 예상고객이 편지를 읽고 있거나 다른 사람과 이야기할 때는 절대로 판매제시를 하지 말아야 한다(정익준, 2006).

(4) 판매제시

판매제시(sales presentation)는 방문판매에서 가장 중요한 단계이다. 가망고객의 주의를 끌고, 관심을 유발시켜서 상품을 구매하고 싶은 마음으로 이끌 수 있는 가장 중요한 단계이기 때문이다. 먼저 상담에 필요한 서류를 순서대로 재확인하고 상담의 구체적인 목표와 주제를 요약하고 정리해 두어야 한다. 시청각 도구가 필요할 경우 사전에 리허설을 하고 예상 질문에 대한 답변도 사전에 준비해야 한다.

판매사원은 논리적이고 설득력 있는 판매상품에 대한 설명으로 가망고객의 구매의사결정에 영향을 미칠 수 있도록 해야 한다. 판매제시를 할 때에는 원고를 줄줄이 읽지 말고 핵심을 이야기하면서 주제를 일관되게 견지해야 한다. 예화와 비유도 적절히 사용하면서, 적절한 제스처 사용하는 언어, 고객의 주의를 끌고자 하는 내용, 전개 순서, 혜택 등을 스토리 형식으로 전개해 나가야 한다. 판매제시는 순서는 소개, 개요설명, 본문 설명, 요약, 질의와 응답으로 진행한다.

판매제시는 약속된 시간의 정시에 맞춰 시작하고 목표를 분명히 해야 한다. 상담에 들어가기 전에 가벼운 주제를 통해 어색한 분위기를 깨고, 고객 입장에서 경청하고 긍정적인 자세를 가져야 한다. 또한 감정보다는 논리적으로 전개해야 한다.

판매제시를 할 때, 항상 자기소개를 분명히 하고, 즉시 본론에 들어가야 한다. 상대방으로 하여금 중요한 사람으로 느끼게 하여야 한다. 또한 불필요한 대화를 없애야 하고, 고객과 보조를 맞추면서 경청을 해야 한다.

판매제시 과정에서 판매사원은 가망고객의 의문점이나 의견을 경청하면서 고객의 욕구를 파악해야 한다. 객관적인 자료를 근거로 판매제시가 이루어져야 하며, 고객의 반응에 따라 적합한 설명을 할 필요가 있다.

판매제시 단계에서 아이다(AIDA) 공식인 주의, 관심, 욕구, 행동의 순서네 따라 제시하는 것이 좋다. 주요한 내용을 살펴보면 다음과 같다(정익준, 2006).

- **확신 구축** : 호텔의 판매사원이 고객의 신뢰를 얻는 데에는 다음 방법을 사용할 수 있다. 첫째, 신중한 처신을 견지해야 한다. 스스로 수행할 수 있는 것 이상을 과장해서는 안 된다. 둘째, 긍정적인 외양을 유지해야 한다. 자신의 회사를 비방하거나 상관과 사장을 비난해서는 안 된다. 전반적으로 회사를 이해하는 긍정적인 입장에서 설명을 하고 주눅이 들어있거나, 스트레스에 쌓여 있는 모습은 좋지 않다. 셋째, 호텔의 성공담을 설명한다. 판매사원이 소속한 호텔의 성공사례나 식·음료 부서의 영업실적이 현저하며 단골고객이 많은 이유와 배경 등에 대해서 설명한다. 넷째, 호텔로 고객을 초대한다. 고객의 초대는 최상의 판매도구이며, 호텔 자체의 시설과 서비스를 경험할 수 있는 좋은 기회이다. 다섯째, 쌍방적 의사교환이 필요하다. 자신의 이야기만 할 것이 아니라 판매사원은 경청도 잘 해야 한다. 여섯째, 적절한 질문을 해야 한다. 판매제시에도 불구하고 적절한 반응이 없으면 질문을 하는 것이 좋다. 반응을 통해 판매사원이 어떻게 처신해야 할 것인가에 대한 단서를 발견할 수 있다. 또한 고객의 의사를 피력할 수 있는 좋은 기회를 제공해준다. 일곱째, 경청하는 자세를 견지한다. 진지하 게경청하고 있는가의 판단기준은 눈맞춤이다. 얼굴에 미소를 짓고 있거나 찌푸린 얼굴, 바른 자세로 듣는 등의 표정은 관심도를 보여주는 것이다. 여덟째, 논쟁을 피한다. 판매사원이 잠재고객과 논쟁에서 이겼지만 판매기회를 잃을 수도 있다.
- **경쟁처리** : 경쟁자는 호텔의 판매사원이 먼저 언급할 필요는 없지만 고객이 경쟁자를 언급하는 경우가 있다. 이 때 호텔 판매사원의 경쟁을 무시할 수 없다. 세일즈맨 정신의 가장 오랜 격언은 '경쟁자를 비방하지 말라' 는 것이다. 경쟁자를 비방하지 않고, '아마' 라는 표현을 사용해서 경쟁을 처리해야 한다. 예를 들어 "그 회사도 좋은 회사지만 우리 회사도 아마 당신의 욕구를 충족시킬 것입니다. 왜냐하면……" 과 같은 식으로 표현하는 것이 좋다.

판매사원이 상대방과 대화할 때 흔히 일어나는 실수들은 다음과 같다(최태광 외, 2008).

- 말하는 스타일을 변경하는 것을 자연스럽게 하지 못하는 경우가 있다.
- 화제를 독점하거나 고객이 이야기의 흐름을 끌어 나가고 싶어할 때 판매사원이 끌어 나가려 하거나 통제를 하려고 한다.

- 고객의 말을 중단시킨다.
- 고객의 이야기 중에 주의를 기울이지 않는다.
- 쓸데없는 말을 한다.
- 방문목적과는 상관없는 것을 화제로 삼는다.
- 입에 껌, 담배, 파이프 등을 넣고 말한다.
- 너무 빨리 말하기 또는 판매를 다그치는 고압적 대화를 한다.

이러한 실수는 결국 판매사원이 판매를 망치게 하는 요인이 될 수 있다. 구체적으로 판매사원이 판매를 망칠 수 있는 상황은 다음과 같다(최태광 외, 2008).

- 너무 많이 이야기를 한다.
- 판매제시를 계획대로 하지 못한다.
- 고객과의 논쟁을 크게 벌인다.
- 고객의 질문에 대답하지 못한다.
- 경쟁자를 욕한다.
- 입증을 하지 못한다.
- 고객에게 분명한 물품구매를 요구하지 않는다.
- 신체적 결함(허름한 옷차림, 충치, 니코틴이 진하게 묻은 손가락, 몰아 쉬는 숨결, 사시, 심각한 문법적 에러, 허술한 생김새, 처진 어깨, 새가슴, 게을러 보이는 신체적 활동, 말더듬이)이 있다.

(5) 부정적 반응에 대한 대응

부정적 반응에 대한 대응(handling objection)은 판매제시가 진행되는 과정에서 가망고객들이 구매에 부정적인 반응을 보일 때 이에 대한 적절한 대응을 하는 것이다. 가망고객의 부정적 반응은 심리적 저항과 논리적 저항으로 나타난다. **심리적 저항**은 판매사원의 간섭에 대한 반감, 기존 타사 상품에 대한 브랜드충성도가 있는 경우 제시하고 있는 상품에 대한 좋지 않은 선입견, 금전적인 어려움 등 때문에 나타난다. 이에 대한 대응 방법은 명료한 화술과 신뢰성 있는 태도로 가망고객을 설득할 필요가 있다. 반면에 **논리적 저항**은 가격에 대한 불만, 기업이나 상품의 품질에 대한 불만, 기타 상품과 관련된 불만 등 때문에 나타난다. 이에 대한 대응 방법은 가망고객의 반대 의견이 미약한 경우 객관적인 정보를 제시하는 형태로 고객을 설득할 수 있다. 이러한 반응을 해결하는데 있어 가장 중요한 것이 있다면 판매사원이 고객의 질문에 대한 성실한 답변과 자사상품의 차별적 이점에 대한 설명을 해야 한다는 점이다.

(6) 구매권유

구매권유(closing)는 사전준비와 판매제시를 통한 설득의 과정이 지나고 가망고객에게 구매의도를 물어보는 단계이다. 이 단계에서 가망고객의 얼굴 표정, 행동, 말씨, 고객의 변화에 대한 관찰 등으로 구매의사를 민감하게 파악할 필요가 있다. 고객들은 즉각적으로 구매의사를 표현하기도 하지만 망설일 수도 있다. 이 단계에서 직접적인 구매를 요청하거나, 판매제시를 하는 동안 계속적으로 예라는 대답을 유도한 후 구매를 요청할 수도 있다. 가망고객이 구매할 것으로 가정하고 언제쯤 호텔을 이용하게 될지를 물어볼 수도 있고, 사소한 내용(옵션 등) 중의 선택에 대한 결정을 물어볼 수도 있다. 예를 들어 "언제 저희 호텔에 투숙할 고객의 명단을 받을 수 있겠습니까?", "귀 회사를 위해 우리가 준비해야 할 식사 메뉴를 지금 메모해 주십시오. 만약 결정하지 못하였다면 당신 부하와 의논해서 결정할까요?", "우리는 당신을 위해 지금 객실을 확보하겠습니다."와 같은 표현들을 사용한다.

지금 구매하지 않으면 후회하게 될 것이라는 점을 강조하거나 추가적인 혜택이 있다는 점을 제시할 수도 있다. 판매제시할 때 중요한 소구점이라고 생각하는 것들을 다시 제시하는 방법을 쓸 수도 있고, 구매를 거절하기 위해서 넘어야 하는 장벽을 설치할 수도 있다. 만약 가망고객이 상품을 좋아하지만 약간의 수정을 요구하는 경우 수정이 가능하다면 변경안을 제안할 수도 있다. 최종적으로 합의된 사항은 문서화 해야 한다.

중요한 것은 객실 판매에 너무 집착한 나머지 완벽하게 처리할 수 없는 약속을 함으로써 예약상의 오류를 범해서는 안 된다. 그렇게 되면 판매사원의 신뢰는 물론 호텔의 이미지에도 영향을 줄 수 있다.

(7) 사후관리

사후관리(follow up)란 판매 후의 해야 할 일들이다. 현장에서 세일즈 업무가 끝나면 사무실에 돌아와 명함과 관련서류를 정리하고 여러 가지 사후처리를 해야 한다.

먼저 정리할 서류들을 보면 다음과 같다. 방문판매의 결과를 일정한 양식에 의해 요점을 기록하고 향후 재방문 등의 계획을 수립하는 방문판매 리포트를 작성한다. 다음으로 현장에서 협의된 사항을 토대로 견적서 또는 계약서를 만들어 재방문시 전달하거나 긴급할 경우 이메일이나 팩스를 활용해 전달한다. 보통 3~4차례 이상의 방문을 통해 계약이 이루어지는 경우가 많다. 첫 번째 방문은 예상 고객을 상대로 가망고객으로 유도하기 위한 방문(qualifying call), 두 번째 방문은 가망고객을 실제 수요로 연결시키기 위한 방문(developing call), 세 번째 방문은 최종 결정을 얻기 위한 방문(closing call)으로 나뉠 수 있다. 방문판매가 성공하기 위해서는 방문목적을 명확하게 하고, 철저한 계획 가운데, 상품을 설득력 있게 설명할 수 있어야 한다.

만약 계약이 성사되지 않았을 경우에는 그 이유에 대한 내용과 적절한 대응책을 포함한 로스트 비즈니스 리포트(lost business report)를 작성한다. 마지막으로 거래고객에 대한 감사의 편지를 보내거나 전화로서 피드백 하는 과정을 거친다.

실제로 호텔 상품은 구매가 일어난 후 어느 정도 시간이 지나야 호텔 이용이 이루어지는 특징을 가지고 있다. 따라서 호텔 이용이 이루어지기 전까지의 준비 사항들을 점검할 필요가 있다. 호텔을 이용한 후에는 어떤 문제점이 없었는지를 점검하고, 문제점이 있었다면 이를 해결해 주어야 한다. 철저하고 지속적인 사후관리는 고객의 만족도와 브랜드애호도를 높이게 된다. 이러한 노력에 따라 고객은 고정고객으로서 남을 수 있고, 다시 재구매가 일어나게 된다. 또한 고객의 욕구변화를 파악하고 만족한 고객이 다른 잠재 고객에게 호의적인 구전효과를 유발시킬 수도 있고, 다른 잠재 고객을 추천할 수도 있다.

4. 전화판매

4.1 전화판매의 개요

전화판매(telephone sales)는 고객으로부터 기업에 걸려온 전화(incoming calls)나 기업이 고객에게 거는 전화(outgoing calls)를 중심으로 진행되는 판매활동을 말한다. 전화는 중요한 비즈니스 수단이지만, 적절한 훈련이 되지 않으면 안 된다. 전화를 다루는 방법은 기업경영에서 가장 중요한 예절임에도 불구하고 우리는 학교에서 전화와 관련된 예절을 배워본 적이 없다. 고객이 첫 번째로 만나는 것은 교환을 통해 들려오는 소리이며, 짧은 시간 동안에 기업에 관련된 다양한 정보를 전달하게 된다. 전화는 다음과 같은 다양한 판매기회를 제공할 수 있는 수단이다(Abbey, 2003).

- 판매기회 탐색
- 잠재고객의 확인
- 방문판매 약속
- 잠재고객과 고객에 접근하는 마케팅 수단으로 활용
- 경제적이고 시의 적절하게 지방과 지역적으로 떨어진 고객에게 서비스 제공
- 고객의 예약을 지원하고 호텔의 재방문 스케줄링
- 호텔에 투숙한 고객을 대상으로 룸 서비스, 호텔 레스토랑 등과 같은 서비스 판매
- 다이렉트 메일의 반응에 대한 응답
- 광고에 제시된 080무료전화를 통해 들어온 문의를 판매로 전환
- 마케팅조사를 신속하게 수행
- 과거 이용 고객의 재활성화
- 고객에게 판촉정보를 알리고 특별 판촉에 대한 사업기회를 생성
- 박람회에서 개발된 입찰, 제안, 직접우편 캠페인, 판매기회에 대한 사후처리

4.2 전화예절

전화판매를 원활하게 수행하기 위해서는 호텔산업의 환대와 친절함과 정중함을 갖춰야 한다. 이를 통해 고객에게 온화함과 서비스할 준비가 되어 있다는 것을 전달해야 한다. 그럼에도 불구하고 호텔에서의 전화예절을 점검해 보면 민감성, 감정이입, 공손함이 부족하다. 전화를 통해 좋은 인상을 전하기 위해서는 적절한 준비, 적절한 개입시기, 직접 접촉, 공손함과 존경, 간략함, 고객의 타이밍을 고려해야 한다(Abbey, 2003).

(1) 기본적인 전화예절

기본적인 전화 예절을 살펴보면 다음과 같다.

- 전화는 즉시 받아야 한다. 종업원의 상황에 관련이 없이 2~3번 이상의 벨이 울리기 전에 전화를 응답해야 한다.
- 확실하게 신원을 밝혀야 한다. 호텔의 이름과 전화 받는 사람의 부서명, 이름을 밝혀야 한다.

- 유쾌하게 말해야 한다. 목소리를 통해서 모든 것이 전달되기 때문에 유쾌하고 명랑하면서도 진지하게 받아야 한다.
- 항상 연락 가능해야 한다. 자리를 떠나 받아줄 사람이 없다면 전화를 대신 받아줄 사람에게 돌아올 시간이나 연락방법을 알려 주어야 한다.
- 메모를 한다. 말하는 것을 항상 받아 쓸 수 있도록 준비해야 한다.
- 경청하는 자세를 보여야 한다. 말하는 것을 자제하고, 항상 전화에 경청하는 자세로 임해야 한다. 때로는 질문하는 것이 좋다.
- 응답이 없이 내버려 두어서는 안 된다. 응답이 없는 전화를 들고 있으면 전화 건 사람에게는 매우 괴로운 일이 된다. 적어도 일분마다 통화중임을 알려 주어야 한다. 2분 이상 기다려야 한다면 다시 걸어주기를 요구해야 한다.
- 결론을 명확하게 한다. 전화를 끊고 싶을 때는 분명히 말한다. "감사합니다. 안녕히 계십시오."와 같은 형태로 표현을 해야 한다.

(2) 전화판매를 위한 전화의 예절

판매를 위한 전화에 대한 예절을 살펴보면 다음과 같다(최태광 외, 2008).

- 오감의 능력을 총동원해서 경청해야 한다.
- 고객의 말을 해야 한다. 팔려고 하는 상품이나 서비스를 고객에게 친숙하게 이해되는 말로 표현해야 한다.
- 판매부문별로 판매해야 한다. 경쟁자의 차이를 설명하고, 명확하게 상품에 설명을 하기 위해서는 판매부문별로 전문적인 응답을 할 수 있도록 해야 한다.
- 인적 판매와 전화판매의 심리적 차이를 인정해야 한다. 직접 보여주지 못하고 전화라는 제한성으로 인해 얼굴도 볼 수 없고 전시하지도 못하면서도 짧은 시간 안에 모든 것을 처리해야 한다.
- 판매를 종결 지을 수 있도록 유도질문을 하지 않으면 안 된다. 전화판매는 판매에 대한 기회를 의도적으로 만들어야 한다.
- 대부분의 사람들은 남의 말의 15~20%를 기억할 수 있다는 점을 기억해야 한다. 따라서 판매사원의 설명은 짧게 설명하고 고객으로 최종구매에 이르도록 유도해야 한다.

(3) 걸려오는 전화의 전화예절

걸려오는 전화는 다음과 같은 예절을 지킬 필요가 있다(최태광 외, 2008).

- 고객과 전화를 해야 하는 이유를 사전에 우편이나 홍보 또는 앞으로의 행사 등을 통해 미리 알려야 한다.
- 고객은 당신의 이야기를 들음으로써 이익을 얻을 수 있어야 한다.
- 기본 강점을 제일 먼저 팔아야 한다.
- 실천방안을 연구해야 한다. 즉 구매행동을 일으키는데 지렛대가 필요하다. 고객들이 따라 갈 준비를 갖추도록 해야 한다.
- 고객이 있는지를 파악하고, 사후관리, 전화의 연락과 관련해서 지속적인 연결을 할 수 있는지를 파악한다.
- 판매를 가능한 한 빨리 종결을 지어야 한다.
- 분명한 이해와 의무가 양측으로부터 얻어졌는가를 확인해야 한다.
- 고객을 붙들어 계속 교섭하려면 확실한 행동계획이 필요한가를 사후관리를 해야 한다.

5. 다이렉트 마케팅

5.1 다이렉트 마케팅의 개요

미국 다이렉트 마케팅협회(Direct Marketing Association : DMA)는 다이렉트 마케팅을 '하나 또는 그 이상의 광고매체를 사용하여 어느 장소에서나 측정 가능한 반응이나 거래가 이루어지도록 상호작용(interactive)하는 마케팅시스템' 이라고 정의하고 있다. 다이렉트 마케팅 매체로 다이렉트 메일(Direct Mail : DM)이 가장 많이 활용되며, 최근에는 TV, 라디오, 잡지, 신문 등의 대중매체나 일반 전화, 휴대폰, 팩시밀리, 비디오텍스 등의 다양한 전자매체와 각종 광고매체가 활용된다. 인터넷을 활용한 다이렉트 메일인 이메일(e-mail)은 고객과의 쌍방향 관계형성이 가능하다는 점에서 매우 중요한 다이렉트 마케팅 매체이다.

다이렉트 마케팅의 근본적인 목적은 즉각적인 이익을 창출하는 측정 가능한 반응을 얻는 것이다. 이를 위해서 고객의 구매행동을 유인할 수 있는 제안이 있어야 한다. 호텔의 상품이나 서비스를 소비자에게 직접 판매하기 위해 구매제안(offer)을 활용한다. 이 외에도 판매사원들이 판매를 할 수 있도록 실마리(leads)를 창출하거나, 소비자들이 정보를 요청하거나 여행사나 호텔을 직접 방문하도록 유도하게 하는 방법을 사용한다. 이를 위해 잠재고객의 프로필이 기록된 고객리스트, 구매제안, 제작물을 잘 구성해야 한다. 이렇게 해서 거래가 일어난 고객을 대상으로 고객의 평생가치를 구축하는 것이 다이렉트 마케팅의 최종적인 목적이다(밥 스톤, 1999). 다이렉트 마케팅은 〈표 11-4〉와 같은 일반적인 특징들과 실행상의 특징들을 가지고 있다.

〈표 11-4〉 매스마케팅과 다이렉트 마케팅의 특징 비교

구 분		매스마케팅(광고)	다이렉트 마케팅
일반적 특징	목 적	브랜드인지도 향상 및 수요창출	즉각적인 반응
	정보의 흐름	기업에서 고객에게 일방적으로	기업과 고객이 쌍방향 전달
	고객반응	우회적이며 점진적으로 나타남	즉각적으로 나타남
	광고매체	여러 가지 매체 혼합	대체로 한 캠페인에 하나만 사용
	구매시점·장소	소비자가 결정	판매자가 결정
	효 과	지속성이 있음	단절적인 경향이 있음
	성과측정	계량화와 정확한 측정이 어려움	계량화와 및 정확한 측정이 비교적 가능함
실행적 특징	판매 대상	상품판매	오퍼(offer) 판매
	시장접근	시장창출	테스트과정을 통해 시장발견
	실행목적	상품에 대한 인지도와 친근감 향상	고객의 직접적인 반응 유도
	소비자행동영향	소비자행동을 변화시킴	소비자의 행동을 분석하여 모델화
	내용구성	함축적	자세한 설명을 위하여 길고 사실적
	호소대상	감성에 호소	이성에 호소
	창출내용	판매창출	고객창출
	판매추구	대량판매를 추구	정확하고 가치있는 틈새시장 추구

자료원 : 이훈영, e-마케팅 플러스, 무역경영사, 2002, p. 475, 477의 내용을 재구성해 인용함.

5.2 다이렉트 마케팅의 실행과정

(1) 다이렉트 마케팅의 목표와 기본전제 사항

다이렉트 마케팅은 발송과 관련해 명확한 목표가 있어야 한다. 주요 목표는 다음과 같다. 문의

를 유도할 수도 있고, 예약을 바랄 수도 있고, 새로운 서비스나 시설이나 연예오락이나 객실을 소개할 수도 있고, 식사판매를 원할 수도 있고, 단체고객을 초대할 수도 있고, 전체 판매촉진 캠페인과 연결시킬 수도 있다. 이들 중에 어떤 목표로 보낼 지에 대한 명확한 목표가 있어야 한다.

다이렉트 마케팅의 기본전제 사항을 보면 다음과 같다. 첫째, 모든 고객은 동등하지 않다고 가정한다. 둘째, 가장 가치가 있는 고객은 재구매 고객이라고 생각한다. 셋째, 같은 리스트를 대상으로 단 시일 내에 반복해서 접촉하게 된다면 반응률이 증가한다고 가정한다. 넷째, 구매 경험이 있는 고객이 가장 효과적인 표적집단이다. 다섯째, 고객은 상품 자체의 특성보다도 상품으로부터 얻고자 하는 혜택을 고려하여 상품을 구매한다. 여섯째, 다이렉트 마케팅에 대한 응답건수를 늘리기보다는 고객의 평균구매금액을 증가시키는 전략이 더 쉽고 효과적이다. 일곱째, 할인보다는 무료사은품이 더 효과적이다. 여덟째, 'Yes/No' 처럼 구체적인 의사표현을 요구하는 오퍼가 더 효과적이다. 아홉째, 일정한 판매기간이나 판매량 제한이 명시된 오퍼가 더 많은 주문을 얻어낼 수 있다. 열째, 현금보다는 '신용카드 우대' 라는 오퍼가 평균 주문량의 약 20% 이상을 높여준다. 열한째, 우편이나 이메일보다는 개인의 직접적인 접촉(전화)이 4~5배 정도 효과적이다(이훈영, 2002).

(2) 다이렉트 마케팅의 실행과정

성공적인 다이렉트 마케팅을 실행하기 위해서는 잠재고객에 대한 리스트 선정, 오퍼의 제작, 전달 포맷, 가격수준 등이 중요하다(이훈영, 2002). **잠재고객에 대한 리스트 선정**은 가장 중요한 성공요인으로 반응을 보일 수 있는 대상고객을 선정하는 것을 말한다. 내부 리스트를 이용하여 반응이 좋고 브랜드애호도가 강한 고객을 선별한 후, 외부리스트를 통해 좀 더 많은 잠재고객 리스트를 확보하고, 확보된 고객을 대상으로 최소 비용으로 최대 효과를 낼 수 있는 반응 리스트를 만들어야 한다. 리스트를 선정할 때, 'RFM' 이라는 용어를 기준으로 가치가 있는 고객의 프로파일을 선정할 필요가 있다. 이것은 고객생애가치(Lifetime Value : LTV)로서 고객과의 관계를 지속할 수 있을 때까지의 전체 거래가능금액이다. RFM은 구입시기(Recency : R)로서 고객이 가장 최근에 구입한 시기, 구입빈도(Frequency : F)로서 특정 시즌이나 1년 동안 고객이 구입한 빈도, 구입금액(Monetary : M)으로 특정 시즌이나 1년 동안 고객이 구입한 금액을 의미한다(밥 스톤, 1999).

호텔에서 잠재고객 명단을 다음과 같은 통로 등을 통해 구입할 수 있다. 리조트 호텔은 지난 시즌의 고객들, 이전 시즌에 고객이었던 사람들, 작년과 금년의 문의사항 및 취소, 손님으로부터 얻는 명단, 신혼부부, 비경쟁 호텔, 컨트리클럽, 시티클럽, 학교 및 대학교 명부, 교통회사, 여행사,

호텔판매 대행소, 지역광고사무소, 업계명부 및 업계지, 시내 전화명부 및 시내 회원명부, 신용평가보고서, 사교 및 친목시티클럽단체, 브로커 명단에서 온 구매자, 기관 등이다. 호텔의 경우 개별고객은 신용카드 소지자, 시내 거래자 명부, 등록 파일, 문의자, 지역 내 기업, 상호 송객 호텔, 고객추천 고객, 현지기업 지역의 대표자, 기업비서실 작성 명부, 종업원, 공급업자, 주주명단, 지역의 신문, 학교 및 대학 명부, 체육단체, 여행사 및 호텔판매 대행소, 시내 안내명부(상공회의소 등), 신용평가서, 전화명부, 외국영사관, 교통 및 항공사, 주요소 등이다. 호텔의 단체고객은 사교 및 친목단체 명부, 정부기관 단체, 전문직업인 명부(의사, 변호사, 회계사, 은행원, 보험인 등), 제조회사 및 기업, 컨벤션 단체 명부 등이다. 레스토랑의 경우에는 신용카드 소지자, 정규이용 고객, 추천받은 고객, 지역별 회원명부(사교 친목단체, 전화번호부, 상공회의소, 사무실 건물 리스트) 등이다(최태광 외, 2008).

오퍼(offer)의 제작은 다음으로 중요한 성공요인이며 고객들에게 어떤 상품을 어떤 식으로 소개할 것인가, 어떤 내용을 제공할 것인가, 가장 효과적으로 오퍼를 표현할 수 있는 방법은 무엇인가에 대한 내용이다. 가격, 운송료 및 주문처리비용, 판매단위, 선택사항, 의무구매조건, 신용구매옵션, 인센티브, 만기일 표시, 수량제한, 보증과 관련된 내용들이 고객을 유인할 수 있도록 제공되어 있어야 한다.

전달포맷(format)은 고객에게 어떤 방식으로 접근하였을 때 가장 효과적인 반응을 얻을 수 있는가, 오퍼를 제공하는 패키지, 타이밍, 표현하는 방식 및 형태 등 메시지 전달과 관련된 것은 어떤 것이 좋은가로서 다이렉트 마케팅에서 가장 많은 다양성과 창의성을 요구하는 부분이다. 다이렉트 메일로 보내려고 할 경우에는 메일의 지질, 규격, 색상, 입체적 효과 등과 관련된 내용이다.

가격수준은 대상이 되는 고객들이 우리 상품을 구매하기 위해서 과연 얼마만큼의 금액을 기꺼이 지급할 것인가에 관한 것이다. 가격은 소비자의 태도나 반응을 변화시킬 수 있는 가장 강력한 제안이다. 호텔의 입장에서 단기적인 이윤추구보다는 장기적인 수익극대화를 위한 가격전략을 구사해야 한다.

다이렉트 마케팅을 실행하는 과정은 다섯 단계로 나뉘어진다(이훈영, 2002). 첫째, 적합한 상품을 선정한다. 호텔에서 다이렉트 마케팅으로 구매 가능한 상품인가, 가격에 비하여 가치가 있는 상품인가, 상품이 경쟁력이 있으며 독자적인 특성이 있는가, 시장의 규모 및 수익성이 충분한가를 고려하여 선정한다.

둘째, 다이렉트 마케팅을 수행할 매체를 선정한다. 주요 매체는 우편, 이메일, TV홈쇼핑, 잡지,

카탈로그, 일반전화, 휴대폰 등이다. 상품의 특성과 얻을 수 있는 잠재고객 리스트에 맞추어 매체를 선정하는 것이 효과적이다.

셋째, 잠재고객 리스트를 확보하고 테스트를 한다. 리스트는 오퍼 다음의 마케팅 성공요인으로 30~40%의 비중을 차지한다. 따라서 우수한 잠재고객 리스트를 확보해야 한다.

넷째, 오퍼(offer)를 작성하고 테스트한다. 오퍼는 단순한 가격만을 의미하는 것이 아니라 상품 및 서비스의 가치에 영향을 주는 모든 요소와 고객이 판매자로부터 물건을 구매하는 과정상의 영향을 주는 모든 것이 포함된다. 작성한 오퍼는 고객에게 제공해야 할 정보를 파악하고, 어떠한 방식으로 오퍼를 표현하는 것이 가장 좋은가를 확인하고, 고객이 상품구입을 위해 지급할 용의가 있는 가격수준을 결정하기 위해 테스트를 해야 한다.

다섯째, 다이렉트 마케팅을 수행하고 결과를 분석한다. 잠재고객 리스트 중에서 누가 반응을 보이고 구매를 하였는가, 구매한 고객들에게 어떠한 상품을 추가적으로 판매할 것인가에 대한 분석을 한다. 이렇게 함으로써 상품을 구매한 고객 프로필과 일치하는 고객들을 다른 소스의 고객 데이터베이스에서 찾아내어, 다이렉트 마케팅 대상을 확대하고 반복 적용할 수 있다.

5.3 다이렉트 메일

(1) 다이렉트 메일의 개요

다이렉트 메일(Direct Mail : DM)은 판매를 목적으로 하는 상호교류가 가능한 커뮤니케이션 매체이다. 단순한 광고나 통신문이 아닌 자극(오퍼)과 반응이 있는 커뮤니케이션 매체로서 고객으로부터 동의가 아닌 직접적인 반응 획득을 목적으로 진행되는 메일이다. 다이렉트 메일은 판매사원이 가지고 있는 시간과 공간적 제약을 극복하고 고객이 있는 장소에서 무형의 판매사원으로 활동하는 매체이다.

일반적인 다이렉트 메일은 다음과 같은 특징이 있다. 첫째, 대상의 선택이 자유롭다. 메일 대상과 메시지 내용을 세밀하게 계획하고 분석하고 관리를 하면 효과적인 고객반응을 일으킬 수 있다. 둘째, 전달시간을 자유롭게 조정할 수 있다. 거의 정확하게 필요한 시점에 메시지를 전달할 수 있다. 셋째, 스페이스에 대한 제한이 거의 없다. 넷째, 종이의 질에 따라 메시지 전달효과가 달라진다. 호텔상품처럼 호화로움, 세련됨, 품위, 여유가 있는 느낌 등이 광고 제작에 요구되는 경우 고급용지를 사용함으로써 상품에 내포된 메시지를 더 효과적으로 전달할 수 있다. 다섯째, 모든 종류의 인쇄가 가능하다. 호텔상품의 매력을 살리기 위해 칼라 표시를 자유롭게 할 수 있다. 여섯째, 일 대 일 대화가 가능하다. 신문, 잡지, 라디오, 텔레비전과 같이 여러 가지 광고가 한 곳에 모여있지 않기 때문에 고객과 단독으로 대화가 가능하다. 일곱째, 경쟁자가 모르게 수행할 수 있다. 경쟁자는 다이렉트 메일을 이용한 마케팅 활동을 사전에 감지하기 어렵기 때문에 일종의 전략, 전술적인 매체로서 활용된다(이훈영, 2002).

호텔에서 다이렉트 메일을 사용하면 다음과 같은 여러 가지 이점이 있다(Abbey, 2003, 최태광 외, 2008). 첫째, 표적고객을 선정하기 쉽다. 잠재성이 높은 고객을 대상으로 직접 고객을 상대할 수 있는 장점이 있다. 둘째, 개인적이다. 특정 개인을 대상으로 함으로 받는 사람이 호텔에 대해서 중요한 사람으로 느낄 수 있다. 셋째, 융통성이 있다. 제작형태, 발송시기, 발송횟수 측면에서 융통성이 있다. 넷째, 고객의 참여와 활동을 위해서 디자인된다. 수신자들에게 메시지의 핵심포인트를 놓치지 않고 연필로 이름이나 전화번호를 적게 만든다. 또한 수신자부담 전화번호, 반송우편 등을 통해 응답을 용이하게 한다. 다섯째, 비용통제가 쉽다. 모든 사람에게 보내는 것이 아니라 고객을 선정해서 보낼 수 있어 제작과 우편 비용을 줄일 수 있다. 이메일 같은 경우에는 거의 비용이 들지 않는다. 여섯째, 테스트와 측정이 쉽다. 성공여부를 정확하고 빠르게 결정할 수 있다.

(2) 다이렉트 메일의 종류

호텔에서는 다이렉트 메일을 객실, 연회, 컨벤션 시설, 식·음료 판매, 새로운 서비스 판매를 현재고객, 잠재고개, 이전고객, 종업원, 주주, 납품업차, 일반대중과의 관계계선을 위해서 사용한다. 주요 우편물은 편지, 회신, 브로셔, 기관지, 사진, 홍보자료, 복사물, 속기기록, 달력, 성냥갑, 메뉴, 우편엽서, 테이블텐트 등의 인쇄물 등을 사용한다(최태광 외, 2008).

호텔에서 다이렉트 메일을 흔히 이용하는 형태를 보면 다음과 같다(Coffman, 1984; 최태광 외, 2008). 첫째, 예약홍보로서 항공우편이나 일등급 우편물을 보낸다. 둘째, 유인물 홀더이다. 각종 유인물, 복사물 등을 우편과 함께 발송하거나 사후 관리 3등급 우편물로 발송한다. 셋째, 우편엽서는 예약응답 카드나 정보요구 카드 등을 보낸다. 넷째, 4쪽짜리 서신으로 1쪽은 개인편지에 3쪽은 설명서를 쓰는 형식으로 구성된 내용을 보낸다. 다섯째, 브로셔를 보낸다. 여섯째, 인사장으로 생일, 휴일, 명절을 맞이했을 때 보낸다. 일곱째, 알림 내용으로서 신규 호텔, 레스토랑, 호텔의 개업일, 증개축 신규 쇼나 오락, 호텔요금정책, 서비스의 변화 등을 보낸다. 여덟째, 봉투 인쇄물로 정규고객, 종업원, 주주, 물품 공급업자에게 청구서를 동봉 발송한다.

(3) 다이렉트 메일의 실행전략

다이렉트 메일은 고객으로부터 반응을 이끌어내거나 고객과의 상호작용할 수 있도록 대화식으로 디자인하여야 한다. 광고와는 달리 즉각적인 반응을 유도하는데 목적을 두고 제작되어야 한다. 일반적인 메일 디자인과 관련한 제작 규칙을 살펴보면 다음과 같다. 첫째, 고객이 기대하지 못한 것을 사용함으로써 고객의 주의를 이끌어내야 한다. 다양한 기념품(token)을 활용하는 것도 좋은 방법이다. 둘째, 시각적 차별화를 이용한다. 고객의 주의를 집중시켜 의도하는 메시지를 보다 효과적으로 전달할 수가 있다. 셋째, 글머리기호(bullet)을 이용한다. 고객이 적은 노력으로 빠른 시간 내에 많은 정보를 받을 수 있도록 메일을 디자인하는 것이 좋다. 넷째, 헤드라인(headline)을 작성할 때는 그룹으로 한다. 헤드라인 한 줄이 단독으로 있는 것보다 몇 줄이 그룹으로 있으면 더 많은 관심을 유발할 수 있다. 2~3개의 짧은 문구를 헤드라인과 같이 사용한다. 다섯째, 사용하는 색상의 선택을 신중하게 한다. 따뜻한 색상은 친근감을 유발하며, 차가운 색상은 거리감과 권위를 느끼게 한다. 친밀감이나 진실한 느낌이 있는 메시지를 전달하고자 하는 경우에는 따뜻한 색을 검은색과 함께 사용하는 것이 좋다. 여섯째, 활자의 특성을 효과적으로 활용한다. 활자의 경우 매우 창의적인 작품으로 다양한 활자체가 개발되어 있다(이훈영, 2002).

다이렉트 메일을 효과적으로 진행하기 위한 전략을 설명해 보면 다음과 같다. 첫째, 상품을 쉽게 파악할 수 있는 정보를 제공해야 한다. 사진이나 삽화를 제공하여 상품에 대하여 정확하게 알리고 고객이 쉽게 다가갈 수 있도록 해야 한다. 둘째 독자의 시선을 원하는 곳으로 끌고 가야 한다. 변화를 주며 주의를 끌다가 사진이나 삽화를 이용하여 원하는 곳에 멈출 수 있도록 해야 한다. 셋째, 직접 손으로 쓴 메시지가 주의를 끌 수 있다. 손으로 직접 쓴 글은 특별한 생각을 강조하는 도구가 된다. 그러나 손으로 직접 쓴 글을 너무 지나치게 사용해서는 안 된다. 넷째, 정적이 아니라 동적인 것으로 만들어야 한다. 정적인 것은 고객의 집중도를 떨어뜨릴 수 있다. 그렇다고 너무 지나치게 동적인 것은 이해를 저하시킬 수 있다. 다섯째, 광고문안의 규모를 적당하게 작은 단위로 한다. 단락을 너무 크게 만들면 읽기 힘들고 내용을 파악하기 힘들다. 너무 작게 만들어서도 곤란하다. 여섯째, 지루하지 않게 변화를 주면서 작성한다. 같은 스타일의 반복적인 어구는 읽는 사람을 쉽게 지루하게 만든다. 일곱째, 고객의 특성을 잘 반영한다. 읽는 사람의 특성에 맞게 칼라와 레이아웃, 전반적인 외형 등 모든 분야에서 고객의 언어로 이야기하여야 한다. 여덟째, 상품의 특성을 잘 반영한다. 예를 들어 남성을 대상으로 한 상품은 남성적으로, 여성을 대상으로 한 상품은 여성적으로 표현해야 한다. 아홉째, 가능한 한 따뜻한 색상을 사용한다. 따뜻한 색상은 따뜻한 반응을,

차가운 색상은 차가운 반응을 가져올 수 있다. 열째, 가능한 단순하게 한다. 가능한 한 눈에 피로감을 줄 수 있는 산만함이 없도록 해야 한다. 한 단락에 하나의 주제만을 포함하는 것도 좋은 전략이다(이훈영, 2002).

다이렉트 메일 전략은 단순히 우편으로 보내는 것뿐만 아니라, 이메일 형태로 보낼 때도 유용하게 사용할 수 있다. 보내는 수단이 인쇄된 것이냐, 전자적인 파일이냐의 차이일 뿐 대부분의 내용은 이메일을 통한 다이렉트 메일을 구사하는 경우에도 사용할 수 있다.

토론해 볼 문제

1. 호텔에서 인적 판매를 어느 분야에 활용하는 것이 좋은지에 대해서 토론해 보시오.
2. 판매사원의 관리과정에서 좋은 판매사원을 선발하는 것이 왜 중요한가에 대해서 토론해 보시오.
3. 호텔에서 1,000명의 회원이 모이는 협회의 컨퍼런스를 유치하려고 한다. 방문판매를 어떻게 진행해야 할지에 대해서 토론해 보시오.
4. 전화예절과 호텔의 이미지에 미치는 영향에 대해서 토론해 보시오.

Chapter 12

내부마케팅과 내부판매

1. 내부마케팅의 이해
2. 내부마케팅의 추진방안
3. 내부판매의 이해

12 내부마케팅과 내부판매

● **학습목표**

1. **내부마케팅의 개요 및 효과에 대해서 알아본다.**
2. **내부마케팅을 위한 주요 추진 방안에 대해서 알아본다.**
3. **내부판매의 개요, 판매 영역에 대해서 알아본다.**

내부마케팅(internal marketing)과 내부판매(internal sales)는 호텔 내부에서 진행되는 마케팅활동으로 서로 밀접한 관련이 있다. 내부마케팅은 내부의 종업원을 대상으로 진행되는 마케팅활동을 의미한다. 반면에 내부판매는 호텔 내부에 투숙하고 있는 고객을 대상으로 그들의 욕구를 만족시키고 수익을 증진시키기 위해 진행되는 판매활동이다. 이 장에서는 호텔의 내부에서 진행되는 두 가지 활동에 대해서 살펴본다.

1. 내부마케팅의 이해

1.1 내부마케팅에 대한 개요

호텔은 두 종류의 고객을 대상으로 경영을 하고 있다. 이들 고객 중에 한 부류는 외부고객으로서 소비자며, 또 다른 한 부류는 내부고객인 종업원이다. 이 둘의 관계는 뗄래야 뗄 수 없는 밀접한 관계이다. 물론 호텔에서 가장 중요한 사람은 소비자다. 하지만 이들과 좋은 관계를 유지할 수 있도록 하는 역할을 담당하는 것은 종업원이다. 종업원은 호텔의 고객활동을 직접적으로 수행하며, 관계마케팅을 직접적으로 진행하는 담당자이다. 따라서 이들에 대한 적절한 관리가 잘 되지 않는다면 호텔의 성공도 그 만큼 어려워진다고 볼 수 있다. 제조업체에 비해서 호텔의 종업원은 다음과 같은 특징을 가지고 있다(이정학, 2009a).

● **능동적인 업무수행** : 제조업의 종업원에 비해 수요예측이 어렵고 재고가 없는 상황에서 영업

을 해야 하는 종업원은 수요변화에 따른 능동적 업무수행의 필요성이 높다.

- **확장된 업무수행** : 제조업은 생산, 판매, 소비가 분리되어 있지만, 서비스 상품으로서 상품은 생산, 판매, 소비가 동시에 진행되는 경우가 많다. 호텔에서 동시에 진행되는 일을 중점적으로 진행하는 담당자가 종업원이다. 이 일을 감당하기 위해서는 더 확장된 범위의 일을 해야 한다.
- **품질관리의 어려움** : 제조업에 비해 상품은 종업원의 무형적인 서비스로서 품질관리의 대상이고, 서비스의 제공 과정 중이나 후에 품질이 검정되는 특성이 있어 어려움이 있다.
- **마케팅관리자의 역할** : 제조업에 비해 호텔의 종업원은 고객과의 접점에 대한 관리가 더 중요하며, 서비스과정 상에서 소비자와의 심리적 접촉까지 관리의 대상이 된다.

외부고객을 대상으로 고객에 대한 서비스를 효율적으로 하려는 마케팅을 외부마케팅(external marketing)이라면 내부 종업원들을 관리하여 고객에 대한 서비스를 효율적으로 하려고 하는 마케팅을 내부마케팅(internal marketing)이라고 한다. 내부마케팅은 '종업원을 최초의 고객으로 보고 그들에게 서비스 마인드나 고객지향적 사고를 심어주며, 더 좋은 성과를 낼 수 있도록 동기부여하는 활동' 이다(이유재, 2011).

나쁜 서비스와의 만남은 좋은 서비스와의 만남보다 더 소비자의 마음을 움직이기 때문에 호텔은 종업원이 소비자에게 어떤 서비스를 제공할 수 있는지에 대한 준비가 되어 있는가를 파악할 필요가 있다. 호텔의 마케팅은 모든 종업원이 포함되어야 하기 때문이다. 마케팅을 마케팅부서 또는 판매부서에만 맡겨두어서는 안 된다. 마케팅은 그 조직의 기본철학의 일부이어야 하며, 모든 종업원에 의해 실시되어야 한다. 내부마케팅과 외부마케팅을 비교해보면 〈표 12-1〉과 같다.

〈표 12-1〉 내부마케팅과 외부마케팅의 비교

구 분	외부마케팅	내부마케팅
대 상	소비자(외부고객)	종업원(내부고객)
제공물	상품	직무 및 작업환경
가 격	상품의 대가	직무의 대가
목 표	고객만족	종업원 만족

1.2 고객으로서 종업원관리

(1) 종업원의 동기부여

고객에게 품질이 높은 서비스는 오직 동기부여(motivation)가 된 종업원으로부터만 가능하다. 좋은 근무환경이 없이 사람이 사람을 동기부여를 시키는 것은 거의 불가능하다. 따라서 좋은 근무환경을 종업원 제공함으로써 동기부여가 가능하다.

좋은 근무환경으로 인해 생겨난 종업원의 동기부여는 호텔의 기업문화로 연결이 된다. 좋은 근무환경, 기업문화는 종업원의 동기부여 제고에 결정적인 역할을 하게 된다. 서비스 품질이 종업원들이 자기의 상사가 아닌 고객에게 잘 보이는 문화가 형성되어 있기 때문이다(그림 12-1 참조).

[그림 12-1] 페이필드 인(Fairfield Inn)의 내부마케팅

Marriott Hotel은 가격이 비싼 기존의 고급 호텔과 달리 저렴한 가격에 친절한 분위기와 깨끗한 방만을 원하는 고객계층이 있음을 파악하고 Fairfield Inn을 개설하였다. Fairfield Inn은 다음과 같은 3가지 사업목표를 가지고 있다. 첫째, 고객감동, 둘째, 저렴한 가격에 우호적인 분위기와 깨끗한 객실제공, 셋째, 탁월한 종업원의 채용과 성과에 따른 보상이다.

Marriott Hotel은 Fairfield Inn을 효과적으로 운영하기 위해 기존의 Marriott Hotel과는 다른 부류의 종업원들을 채용했으며 독특한 보상체계를 실시했다. 첫째, 설문서와 인터뷰 등을 통해 종업원의 고객에 대한 태도, 신뢰도, 생산성, 충성도, 인센티브에 대한 열의를 측정하여 종업원을 채용했다. 둘째, 임금은 호텔업계 평균을 기본급으로 설정하였다. 그러나 평균 10%의 추가임금을 고객의 평가에 의해 지급하도록 했다.

고객은 객실에 설치된 컴퓨터 터미널을 이용하여 간단하게 설문서에 답변할 수 있는데 Fairfield Inn의 고객 응답률은 50%를 넘고 있다. 그러한 고객의 피드백은 분야별로 종업원들에게 매일 제공되고 있으며 분기별 보너스 지급의 한 기준이 된다. 보너스의 50%는 개인업적에 의해서, 나머지 50%는 전체 종업원들의 업적으로 이루어져 팀워크와 개인의 서비스 향상을 동시에 추구할 수 있다. 각 지점의 매니저는 최대 봉급의 40%까지 보너스를 받을 수 있는데 이중 50%는 고객의 설문서를 기준으로, 25%는 투숙율을 기준으로, 25%는 분기당 개인이 설정한 목표의 달성을 기준으로 계산되고 있다.

Fairfield Inn은 성공적인 디스카운트(discount) 호텔로 인정되고 있다. 특정 계층을 표적으로 하여 마케팅하고 특히 직원들의 보상체계를 고객의 서비스 수준에 맞추어 탁월하게 운영된 사례라고 할 수 있다.

일반적으로 종업원에 대한 보상체계는 안정성, 종업원 각 개인에 대한 존경과 공헌도에 따른 공정성을 바탕으로 한다. 공정하고 정당하게 대우를 받는다고 생각하는 종업원들이 고객을 위한 더 탁월한 서비스를 수행하기 때문이다.

자료원 : 이순철, 서비스기업의 경영전략, 삼성경제연구소, 2002의 자료를 신우성(2008)에서 인용한 내용을 재인용함.

미국의 아코르(Accor) 호텔은 모범적인 종업원 동기부여 프로그램으로 유명하다. 이 호텔은 매니저가 원하지 않는 과업을 종업원에게 요청하는 않는 전통이 있다. 또한 직무평가를 상급자만이 아닌 동료 및 하급자에 의해서도 받도록 하고 있다. 하버드 대학의 AMP 과정을 통해 종업원의 자율성을 개발하고 있다. 종업원과 간부들의 주기적 원탁(round table) 회의를 통해 직접적 의사소통을 할 수 있는 기회를 갖고 있다.

이러한 사례는 다른 호텔에서도 적용되고 있다. 포시즌즈(Four Seasons) 호텔의 경우에도 매니저 보너스의 3분의 1이 종업원의 태도점수에 의해서 결정되고 있다. 데이즈 인(Days Inn)이나 리츠칼튼(Ritz-Carlton) 호텔 등은 종업원이 고객을 돕는 일에는 어떠한 경우라도 징계하지 않음으로 종업원에게 권한이양(empowerment)을 실천하고 있다. 좋은 사례들에 대해서는 철저히 보상을 하고 있다.

(2) 종업원의 서비스태도

인적 의존도가 높은 호텔의 종업원은 그들 자체가 서비스 상품이기 때문에 내부마케팅의 역할이 매우 크다. 왜냐하면, 상품이 아무리 좋더라도, 소비자가 상품을 구매하려면 호텔의 종업원과 접촉이 일어나야 하고, 이 과정에서 소비자와 종업원과의 접촉에 따라 상품에 대한 이미지가 달라지기 쉽다. 상품 자체의 특성도 있지만 소비자와 접촉하는 종업원 차체가 '서비스' 제공자로서 특징을 갖고 있으며, 이들이 '고객의 눈에 비치는 호텔의 모습' 이기 때문이다.

고객접점에서 종업원 개인이 가지고 있는 서비스 기술과 용모, 복장, 태도, 환대정신 등이 직접 소비자의 상품에 대한 인식에 영향을 미치게 된다. 종업원들의 역할에 따라 마케팅활동의 효과가 다르게 나타난다. 그렇기 때문에 외부고객인 소비자의 만족을 위해서는 내부고객인 종업원의 만족이 되어야 하는 것이 선결 과제이다. 회사에 대해 만족하고, 사명감을 갖고 있는 종업원일수록 소비자를 성심 성의껏 것 대할 것이기 때문이다. 결국 호텔이 종업원에게 양질의 서비스를 제공하면, 그것이 소비자에게 흘러가게 된다.

1.3 내부마케팅의 효과

내부마케팅을 잘 추진했을 때 호텔 내·외부고객에게 고객만족이 증가되며, 종업원들의 이직률이 감소하게 된다.

먼저 고객만족의 효과를 보면 다음과 같다. 종업원의 만족은 고객만족과 서로 관련이 있는데,

내부마케팅은 종업원을 만족시켜 고객을 만족시키는 활동이다. 호텔은 서비스 업체로서 내부마케팅을 통하여 내부고객인 종업원을 만족시키면, 이것이 자동적으로 소비자에게 흘러 들어가게 된다. 만족한 종업원이 소비자를 행복하게 만들기 때문이다. 그 결과로 소비자들도 호텔이나 상품에 대한 만족도가 높아지게 된다. 이렇게 만족한 소비자는 호텔의 단골고객으로 남게 되며 호텔의 순이익을 증가시킬 수 있게 된다. 어느 연구에 따르면 단골고객이 5% 증가하면 순이익이 적어도 25%에서 125%까지 증가된다.

다음으로 종업원의 이직률이 감소하게 된다. 훈련된 종업원이 호텔에 대해 사명감과 본인의 직업에 대한 만족감을 갖지 못하는 경우 호텔을 떠나게 된다. 이 때 호텔은 우수한 종업원을 잃어 버리게 됨에 따라 많은 기회비용이 발생하게 된다. 예를 들어 새로운 종업원의 채용, 교육, 훈련에 따른 비용과 적응비용, 떠나간 직원의 노하우상실 등에 따른 비용들이 들게 된다. 이런 비용들은 결국 호텔의 경쟁력을 감소시키게 된다. 반면에 본인의 직무에 만족하고 있는 우수한 종업원이 남아 있다면 그 만큼 호텔의 경쟁력이 높아진다.

2. 내부마케팅을 위한 추진방안

내부마케팅이 성공하려면 다음과 같은 요건을 갖추고 있어야 한다(신우성, 2008). 첫째, 내부마케팅이 전략적 관리의 주요한 부분으로 인식되어야 한다. 둘째, 내부마케팅 과정이 조직구조나 경영층 지원의 부족으로 방해를 받지 않아야 한다. 셋째, 최고경영층이 지속적으로 내부마케팅에 대해 적극적 지원을 해야 한다. 내부마케팅을 성공적으로 실천하기 위해서는 서비스문화의 확립, 마케팅 접근을 통한 적절한 인적자원관리 측면에서 접근하는 것이 필요하다.

2.1 서비스문화의 확립

내부마케팅의 목표는 내부고객인 종업원에게 동기를 부여시키는 것이 목적이다. 호텔의 내부고객인 종업원을 만족시키는 것이 외부고객의 욕구를 만족시키는 선결조건이기 때문이다. 이를 위해서 먼저 호텔 내에서 종업원에게 동기를 부여하는 것이 중요하다는 서비스문화에 대한 개발과 확립이 필요하다. 즉, 내부마케팅은 호텔 내에 서비스문화를 개발하고 확립하는 데부터 시작한다.

서비스문화는 일방적으로 만들어질 수 있는 것이 아니다. 호텔은 서비스문화를 조성하기 위해서 종업원의 역할과 중요성을 인식하는 데부터 시작해야 한다. 이를 위해 경영자와 종업원간에 합의된 생각들이 필요하다. 특히 경영자들이 내부고객과 외부고객에 대해 좋은 서비스를 제공하는 것이 당연하고 중요하다고 생각하지 않으면 서비스문화는 형성될 수 없다. 최고경영자에서부터 하위 종업원까지 '서비스 종업원이 행복하지 못하면 고객만족은 이루어지지 못한다' 는 인식이 절대적으로 필요하다. 즉 전략적인 차원에서 호텔이 이 문제를 접근해야 한다. 더 나아가 종업원들이 일할 수 있는 직무나 작업환경을 일, 직장, 인사, 근로조건, 회사의 만족도 차원에서 살펴보고 호텔이 적극적으로 개선하고 아낌없이 투자할 수 있는 인식이 필요하다.

이를 위해서 다음과 같은 몇 가지 구체적인 사항들이 필요하다. 첫째, 종업원들의 근로생활의 질(quality of working life)의 개선이 필요하다. 이를 위해 적정하고 공정한 보수 지급, 안전하고 즐거운 근로 환경조성, 능력발휘 기회의 제공, 성장과 안정적인 환경 제공, 건전한 조직문화를 구축해야 한다.

둘째, 공정한 직무평가가 필요하다. 직계제도, 동일노동 동일임금 체계, 조직내의 임금 격차의 합리화 등이 이루어져야 한다.

셋째, 적절한 동기부여와 보상이 필요하다. 금전적인 동기부여와 보상, 사회적인 동기부여와 보상, 자기실현 동기부여와 보상 등에 대한 적절한 방안이 마련되어야 한다.

넷째, 조직 내에서 내부 커뮤니케이션이 원활하게 이루어져야 한다. 조직이 전통적인 피라미드 조직보다는 역피라미드 형식으로 조직을 재구성함으로써 고객인 소비자에 가까운 조직이 더 존중을 받는 문화가 형성되어야 한다(그림 12-2 참조).

[그림 12-2] 조직구조의 상하전환

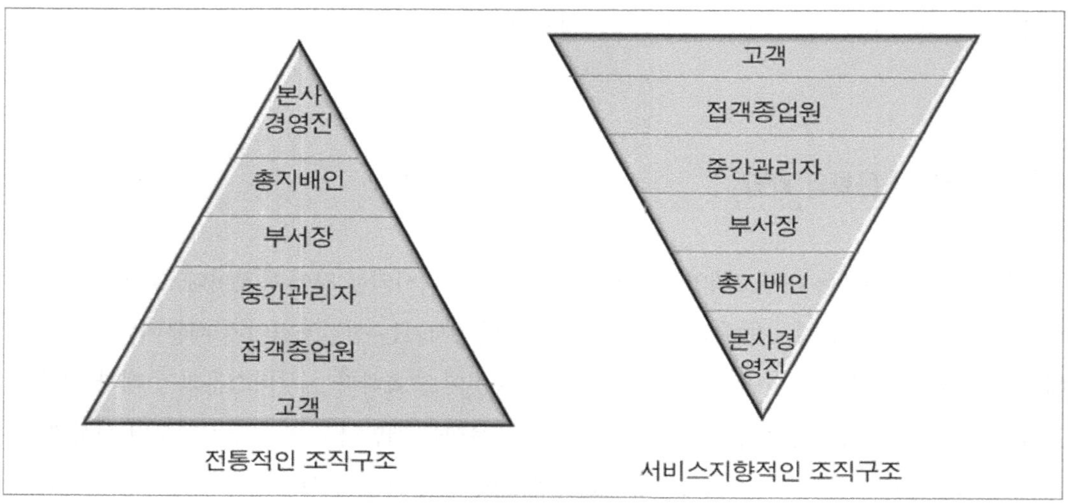

이러한 상호인식이 없을수록 호텔은 서비스문화가 약한 호텔로 드러날 것이다. 서비스문화가 약한 호텔은 공통된 가치관이나 규범이 존재하지 않거나 있더라도 명확하게 구성원들 간에 인식이 되지 못한 경우가 많다. 그 결과로 소비자를 대상으로 서비스를 제공할 때 상황과 고객 욕구의 변화에 어떻게 대처해야 할 지를 모르는 경우가 많이 생기게 된다. 종업원들은 과거의 경험을 통해서 알려진 것들은 잘 처리하지만 새로운 것들에 대해서는 어떻게 대응할지 모르기 때문이다.

반면에 서비스문화가 강한 호텔들은 구성원들 간에 서비스에 대한 가치관과 규범이 명확해서 상황과 고객의 욕구변화에 어떻게 대응해야 하는가에 대한 공통된 인식이 있다. 이것은 호텔 내에서 소비자를 대하는 종업원들에게 긍정적인 태도와 행동을 개발할 수 있도록 하는 분위기가 조성되어 있기 때문에 가능하다.

서비스문화 환경이 어느 정도 호텔 내에 확고하게 확립되어 있는가는 다음과 같은 측정지표를 통해 조사해 볼 수 있다(이유재, 2011).

- 서비스에 대한 명확한 사고방식이 확립되어 있다.
- 경영자가 서비스의 중요성을 계속 호텔 종업원에게 교육시키고 있다.
- 고객제일이라는 사고방식이 관리자 사이에 정착이 되어 있다.
- 모든 구성원들이 서비스품질의 중요성을 알고 있다.
- 양질의 서비스가 실현될 때마다 적절한 보수가 주어진다.

어느 정도 호텔 내부에 서비스문화 환경이 확립되어 있다는 판단이 들 경우 이를 유지하는 것이 필요하다. 이것은 종업원을 계속 지지하고 지원할 수 있는 관리시스템, 지속적인 정보를 제공하고 피드백 할 수 있는 시스템에 의해 유지가 된다. 만약 새로운 상품이 개발되거나, 환경과 상황이 바뀌었을 때는 종업원들이 호텔의 서비스를 먼저 경험하고, 이를 통해 서비스에 대한 다양한 경험을 통해 서비스 할 수 있게 하는 것도 필요하다. 상품에 대한 경험을 파는 호텔의 종업원들이 새로운 환경에 대한 경험이 없다면, 소비자에게 신뢰감 있는 서비스를 제공하기가 어려워지기 때문이다.

2.2 마케팅 접근을 통한 적절한 인적자원관리

경영자는 직원을 채용하고 유지하기 위해서 마케팅원리를 적용할 필요가 있다. 고객의 욕구를 조사하는 것과 마찬가지로 종업원의 욕구에 대해서도 연구하고 조사해야 한다. 이에 대해서 살펴보면 다음과 같다.

(1) 내부고객시장의 세분화

내부 종업원들의 개인적 욕구나 라이프스타일 등에 따라서 시장을 세분화함으로써 내부종업원이 원하는 다양한 제도를 만들어 실시할 수 있다. 호텔은 회사를 위해서 가장 좋은 세분시장을 선택하고 그 세분시장을 위한 마케팅믹스를 개발해야 한다. 종업원을 대상으로 한 마케팅믹스는 직무, 급여, 복지, 근무지의 위치, 교통, 주차장, 근무시간, 신임, 인지되는 승진의 기회, 무형의 보수, 회사의 이미지 광고 등이다. 대표적으로 유연근무시간제(flexible time) 등 내부종업원들이 원하는 것들을 직무와 작업환경에 반영하면 종업원의 만족도가 증가하게 된다. 또 직원이 스스로의 이익패키지를 설계할 수 있는 카페테리아형 편익프로그램 또는 탁아시설 등을 활용할 수도 있다. 회사의 이미지광고는 현재와 미래의 유망한 종업원을 두고 진행되어야 한다. 그들에게 회사의 좋은 이미지를 전달함으로써 회사에 대한 소명감을 높일 수 있다.

(2) 권한이양(empowerment)과 팀워크를 장려

소비자의 욕구에 맞추고 문제 발생시 빠른 대응을 하기 위해서는 종업원들에게 재량권을 부여해야 한다. 이러한 재량권을 권한이양이라고 한다. 재량권을 가진 종업원들은 즉각적인 상황판단과 문제해결 및 융통성 있는 업무흐름에 맞게 자발적인 의사결정을 할 수 있게 된다. 또한 재량권을 수행할 때 관련된 종업원들간에 팀워크를 활성화해서 서로가 상호 의견교환을 할 수 있는 분위기를 만드는 것이 좋다. 권한이양이 잘 형성된 조직은 다음과 같은 효과가 나타난다(이정학, 2009a).

- 소비자와의 접점에서 소비자의 요구에 즉각 응대할 수 있다.
- 소비자와의 접점에서 불만족한 소비자에 대해 즉시 서비스회복이 가능해진다.
- 종업원들이 자신의 직무에 대하여 만족과 긍지를 가지게 된다.
- 소비자에게 열정을 다하여 서비스를 할 수 있다.
- 종업원으로부터 더 많은 아이디어가 창출된다.
- 소비자로부터 더 많은 구전효과를 얻을 수 있다.

(3) 정서적 노동관리

호텔에서 소비자를 대상으로 하는 것은 종업원의 지식뿐만 아니라 성숙함, 사회적 예의범절, 인내력 등과 같은 '정서적 노동' 에 대한 바른 자세가 필요하다. 인간으로서 심리적, 감정적 반응에 따라 소비자를 대하는 자세가 달라지기 때문에 종업원들이 육체적, 정신적 기술을 뛰어 넘는 것들이 필요하다. 미소를 띄우고, 고객과의 눈맞춤을 하고, 진지하게 관심을 보여주는 작은 행동 하나가 모든 소비자에게 감정을 유도하거나 억제할 수 있다. 하지만 정서적으로 피로가 누적되면 이러한 서비스들을 종업원들이 할 수 없게 된다. 따라서 종업원의 선별 및 직무배치 단계부터 시작해서 적합한 종업원을 선발하고 교육과 훈련을 통해서 정서적 노동에 따라 생기는 스트레스를 완화하는 방법을 가르치고 지원할 수 있는 체제를 갖추어야 한다.

(4) 갈등과 스트레스 관리

호텔은 제조업보다 노동집약적이며 사람들 간에 갈등이 발생할 소지가 높다. 상품을 소개하고 제공하는 종업원의 만족도는 상품의 품질의 결정요인이므로 적절한 갈등과 스트레스를 관리할 필요가 있다. 주요한 갈등의 형태는 종업원의 역할 갈등, 종업원과 조직의 갈등, 종업원과 종업원의 갈등, 종업원과 소비자의 갈등 등이다. 이러한 갈등이 발생하면 종업원에게는 스트레스가 증가하게 된다. 스트레스를 줄여주기 위해서는 적절한 원인을 찾아 대처하는 것이 필요하다.

2.3 내부마케팅 실천방안

(1) 적합한 인재의 채용

한 번 뽑은 사람은 그가 아무리 무능력하더라도 바꾸기가 쉽지 않다. 따라서 호텔은 처음부터 우수한 종업원을 채용하는 것이 필요하다. 특별히 서비스 마인드를 가지고 있는 종업원의 경우에는 훈련을 시키기가 싶지 않기 때문에 적합한 사원을 뽑아야 한다. 호텔은 종업원이 기술이나 지식 또는 신체적 조건이나 학위 등을 기준으로 한 서비스 능력과 남을 드우려는 성향, 사려 깊음, 사교성과 같은 가치관과 태도가 잘 형성된 서비스 성향을 갖고 있는지를 채용과정에서 검토해야 한다. 그렇게 하기 위해서는 종업원들이 들어 올 수 있는 호텔이 먼저 되어야 한다.

(2) 교육과 훈련

종업원들에게 호텔의 전략이나 자신의 중요성에 대한 교육과 훈련이 필요하다. 이러한 지식이 부족하면 결국 소비자를 대하는 종업원의 태도에 문제가 발생할 수 있다. 적절한 사실에 대한 이해를 높여주기 위해 교육과 훈련을 함으로써 태도를 바꾸어 줄 수 있다. 교육과 훈련 프로그램은 고객 지향적으로 바꾸어서 진행을 하는 것이 효과적이다. 또한 상사와 더불어 지속적인 훈련이 되어야 한다. 교육 내용으로는 정중한 태도, 응답, 감정이 이입된 서비스, 경청, 문제해결방법, 커뮤니케이션, 대인적 기술 등을 포함시켜야 한다.

(3) 최고의 사원 유지

많은 경우 소비자에게 판매하는 상품에 대한 담당을 신입사원에게 맡기는 경향이 있다. 신입사원이 잘 훈련된 후 사기가 저하되어 타 호텔로 이직해 갈 가능성이 높다. 따라서 종업원들에게 적절한 동기부여를 통해 잘 훈련된 종업원이 지속적으로 호텔에서 활기차게 일할 수 있도록 환경을 조성하고 지원해야 한다. 이것은 종업원들에게 그들의 성과에 대한 정확하고 객관적인 측정과 강력한 보상이 있을 때 가능하다.

(4) 경영지원 및 내부 커뮤니케이션의 강화

교육훈련을 마치고 돌아온 종업원들에게 관심을 가지고 지속적인 피드백을 할 필요가 있다. 일상적인 경영활동으로서 공식적 훈련프로그램을 만들어 이를 지속시켜야 한다. 구체적으로 부하직원에 대한 적극적 격려, 계획 및 의사결정에 대한 부하직원의 참여, 개방적이고 지원적인 내부 분위기의 형성이 필요하다. 그렇지 않으면 상사들은 부하직원에 대해 교육훈련을 받는 동안 자리만 비우고 문제만 일으켰다는 인식을 갖기가 쉽다. 경영자나 중간관리자는 종업원이 새로운 아이디어를 실천하도록 적극적으로 권장하고 작업환경을 만들어 주어야 한다.

(5) 외부마케팅과 원활한 조화관계 유지

호텔은 새로운 상품의 도입과 상품믹스를 변경하고자 할 때에는 호텔의 외부고객에 앞서 내부고객인 종업원에게 먼저 알리고 내용을 터득하도록 해야 한다. 외부고객이 호텔의 외부마케팅에 대해 갖는 평가와 이미지는 여러 가지가 있을 수 있다. 하지만 종업원은 자사의 이미지에 대해 여러 갈래가 있어서는 안 된다. 새로운 상품에 대해서 그것이 공급되기 전에 종업원에게 잘 이해시키고 협력체제를 구축해야 한다.

고객과의 가장 효과적인 커뮤니케이션 방법은 접객직원을 통해서 이루어진다. 그들은 호텔의 헬스클럽이나 비즈니스센터와 같은 부가적 상품을 추천할 수 있고 그것이 고객의 편익이 될 때 매출액을 올릴 수 있다. 고객이 무엇인가의 문제로 화내기 전에 종업원은 종종 그것을 해결할 기회를 가질 수 있다. 이를 위해서는 지속적인 커뮤니케이션이 필요하다. 하지만 경영자가 부하직원에게 서비스문화나 전략을 정확히 전달하기가 쉽지 않다.

호텔은 또한 종업원들과 여러 가지 측면에서 그들의 이해와 공감대를 형성하도록 유도해야 한다. 종업원이 필요에 따라 내부판매를 할 수 있는 지식을 갖도록 자사의 상품에 대해 충분히 알려야 한다. 이를 위해 경영자는 종업원과 새로운 서비스지향적 전략과 사고방식에 대해 공감대를 형성할 수 있도록 부단히 커뮤니케이션을 진행해야 한다. 비디오테이프, 인쇄물, 사내보, 업계관련 소책자, 내부메모, 잡지 등의 다양한 수단을 통해 정보를 제공할 필요가 있다. 더 나아가 종업원들이 광고캠페인, 대중관계 활동이나 기타 수단을 통해 반응을 하기 때문에 이런 외부적인 커뮤니케이션 수단도 활용할 필요가 있다.

3. 내부판매의 이해

3.1 내부판매에 대한 이해

호텔 내부에서 판매활동은 고객이 예약을 할 때부터 시작된다. 고객이 예약을 전화로 문의했을 때, 별도의 서비스를 판매하며, 확인서를 보내는 과정에서 호텔은 고객에게 다양한 정보를 제공하게 된다. 주요 제공되는 정보는 식당과 고객시설의 특별 판매정보, 신용카드, 신속한 체크아웃 절차, 특별 리무진 서비스에 대한 정보 등이다.

내부판매를 효과적으로 전개하기 위해서는 다음과 같은 것들을 고려해야 한다. 첫째, 판매지향적인 종업원을 채용해야 한다. 판매지향적인 종업원은 내부판매를 증진시킬 수 있다. 이를 위해 판매지향적인 종업원을 뽑기 위한 직무기술서를 마련하고, 판매지향적인 종업원이 채용에 응모하도록 해야 한다.

둘째, 종업원에 대한 판매기법에 대한 교육훈련이 필요하다. 종업원에게 호텔에 대한 정보, 지역사회에 대한 정보, 고객과 관계 맺는 법, 판매기업에 대한 교육이 필요하다. 교육훈련을 통해 종업원은 업무수행을 더 잘할 수 있고, 판매도 잘할 수 있도록 이익이 나는 내부판매 아이템에 대해서 설명하는 것이 좋다. 종업원들이 호텔에서 판매를 위해서 만든 여러 가지 상품과 서비스에 대해서 적극적으로 알려주고 판매하는 것이 내부판매를 증진시키는 것이다. 객실, 식·음료, 연회, 게임 룸, 회의시설, 특별요리, 연예, 테니스장, 스파, 피트니스 시설 등을 안내할 수 있도록 훈련을 시켜야 한다.

또한 호텔은 종업원에게 호텔의 다양한 정책에 대해서 교육훈련을 하는 것이 필요하다. 소유주의 정책, 호텔에서 근무하는 이점, 개인별 직무기술서, 고객질의 예상 및 답변서, 취업규정과 편의 등에 대한 설명과 호텔의 명물, 주변 도시의 관광지 등에 대한 정보를 제공하는 것이 필요하다. 또한 호텔의 외관, 내부 인테리어, 분위기 등과 관련된 내용도 고려해야 한다.

내부판매를 위해 종업원에게 판매기법을 훈련시킬 수 있는 내용들은 다음과 같다(최태광 외, 2008). 프런트데스크 종업원에게는 스위트룸 판매를 늘리기 위한 설명이나 새로운 주말 패키지, 이익이 많이 나는 고가의 상품 등을 설명한다. 레스토랑에서는 가장 이익이 많이 나는 특별음식을 팔도록 요청하고 가지고 있는 소식도 전해주도록 해야 한다. 이러한 것들을 추천판매(suggestive selling)라는 형태로 개발해야 한다.

셋째, 경영자는 종업원들에게 판매에 대한 동기부여를 해야 한다. 경영자는 판매활동을 통해서 효율적인 종업원이 될 수 있다는 확신을 부여해야 한다. 이를 위해 경영자의 지속적인 관심이 필요하다.

내부판매는 효과적으로 이루어지면 회사입장에서는 판촉비가 절감되고, 부수적인 서비스를 더 많이 판매함으로써 고객으로부터 더 높은 수익을 얻을 수 있다. 종업원입장에서도 이윤율이 높아서 더 만족스럽고 생산적인 종업원이 될 수 있다.

3.2 내부판매의 영역

객실, 시설과 서비스, 교차광고, 고객서비스, 여성여행객, 기타 특별서비스에 대한 내부판매의 영역의 세부적인 내용을 살펴보면 다음과 같다.

(1) 객실

객실은 호텔에서 가장 고객과 빈번한 접촉이 일어날 수 있는 곳이다. 객실을 이용하는 고객은 다른 곳보다 프런트오피스의 방 배정에서부터 시작하여 고객과 접촉할 기회가 많다. 객실에 투숙하려는 고객을 대상으로 적절한 판매전략을 활용한다면 호텔은 객실의 투숙율을 꾸준히 유지하고, 상황에 따라 올릴 수 있다. 매일의 객실수입이 최고에 이를 수 있도록 판매를 할 수 있다.

최고의 객실수입을 올리려면 판매원은 다음과 사항을 지키도록 노력해야 한다(최태광 외, 2006).

- 호텔이 특정일에 매진되지 않을 것을 가정해야 한다. 언제든 높은 가격의 객실을 먼저 팔려고 노력해야 한다.
- 미리 최저 또는 저가의 객실을 보장하지 말아야 한다. 최저가격을 요구하면 예약을 확인할 때, 고객이 요구하는 최저가격으로 객실을 확보하려고 노력한다든가 가능한 한 그에 가깝게 하려고 노력할 것임을 밝히는 것이 좋은 전략이다.
- 신혼부부에게는 스위트룸을 판매하려고 노력해야 한다.
- 가능한 한 가격문제는 커뮤니케이션 과정에서 제외시켜서 판매의 종결은 객실판매원에게 맡겨야 한다.
- 요금을 묻는 질문에 "10불부터 있습니다."라고 말하기보다는 최고의 가격에서 아래로 내려가도록 해야 한다. 제시한 가격이 너무 높으면 판매를 위해서 내려올 수 있지만, 최저가격에 맞추어지면 고객이 높은 가격을 선택하게 하기가 어렵다.
- 고객에게 고압적 태도를 보이지 말아야 한다. 만약 고객이 최소가격을 고집하고 또 이용 가능하다면 그것을 제공해야 한다.
- 판매원은 고객에 대해 다음과 같은 가정을 할 필요가 있다. 고객은 최고를 원하고, 최고를 원할 자격이 있다는 것을 접객태도에 나타나게 하고, 언제나 고객에게 최고를 팔려고 해야 한다. 왜 고객이 호텔숙박을 마음에 들어 할 것인지 타당한 이유를 말해야 한다. 예를 들어 호텔 한 쪽에 고가의 트윈베드가 있는데 그곳에서 전 시가지를 볼 수 있다는 것과 같은 혜택을 제공해야 한다.

(2) 시설과 서비스 팔기

호텔내의 특별한 시설과 서비스는 여러 가지 방법으로 판매를 할 수 있다(최태광 외, 2008).

- 등록서를 키와 함께 전해주면서 지배인의 인사장과 식당, 오락, 기타 서비스를 설명한 컬러 유인물 봉투를 함께 전달한다.

- 벨멘이 고객을 객실에 안내할 때 적절한 것을 언급하도록 한다.
- 로비, 승강기 근처의 홀, 승강기내에 포스터를 붙인다.
- 손님들이 분명히 볼 수 있는 곳에 텐트카드, 객실전화번호부, 기타 전시물 등을 배치한다.
- 엘리베이터와 로비의 게시판은 아주 훌륭한 내부판매 위치이다. 고객이 1~2분 정도 기다리는 곳이다. 시간대별로 적절한 광고를 하면 좋다.

(3) 교차광고

각 객실에 있는 고객 디렉터리에는 교차광고가 포함되어 있다. 디렉터리에 전화번호를 비롯해 룸 서비스를 비롯한 식당, 세탁서비스, 상점 예약안내, 교통 및 일반서비스, 연회 및 컨벤션 시설 등에 대한 정보를 포함시켜야 한다. 정보가 자주 변하는 경우 폴더 형식으로 제작해 바뀔 때마다 교체할 수 있도록 디렉터리를 만들어야 한다. 고객이 한가할 때 이런 서비스를 보고 구매하려고 하는 경향이 있다. 교차광고를 보고 구매하는 경우 구매에 대한 고객의 저항도 낮아진다. 교차광고를 이용할 수 있는 기회는 다음과 같다(최태광 외, 2008).

- 객실, 식당, 라운지에 텐트카드를 놓아 새로운 시설의 서비스, 신규 그룹호텔의 개관, 현재의 연예 등을 안내한다.
- 식당, 라운지에 텐트카드를 놓아 와인 판매, 파티, 연회, 건강클럽, 새로운 행사 등의 참가를 유도한다.
- 종이냅킨, 은쟁반, 플레이스메트 등에 호텔 내 다른 식당이나 라운지를 선전한다.
- 문손잡이 걸게를 사용해 룸 서비스를 판촉을 한다.
- 욕실용 거울 스티커를 활용한다.
- 전화 스티커를 활용한다.
- 옷 봉투를 활용한다.
- 세탁소의 옷 포장지 및 셔츠 받침판을 활용한다.

(4) 고객서비스

고객의 욕구충족을 위하여 특별히 고안된 고객서비스를 제공한다. 주요한 서비스 내용을 보면 다음과 같다(최태광 외, 2008).

- 신용카드를 가진 재방문고객은 신속한 체크아웃데스크를 이용하게 한다.
- 특정층 특정객실에다가 명예바와 컨티넨탈 조식을 제공하게 하여 대금을 지불하게 한다.
- 객실 자동판매기를 두어 프런트데스크에 판매가 자동으로 기록되게 한다.
- 객실에 셀로판지로 싼 쿠키와 커피메이커를 둔다.
- 신용카드에 부과된 금액에 대한 수표 환전특혜를 준다.
- 공항왕복 리무진 서비스를 제공한다.
- 프런트데스크를 통해 안내관광을 수배한다.
- 프런트데스크를 통해 협력 클럽이나 리조트에서 골프, 테니스, 요트 등을 할 수 있도록 한다.
- 협력 리조트와 호텔과 오락이나 식사를 수배한다.
- 호텔의 건강시설을 사용하도록 클럽에서 권유한다.
- 가족을 위한 탁아서비스를 제공한다.
- 리조트에서 어린이 프로그램을 마련한다.
- 의료 및 치과 서비스를 수배한다.

(5) 여성여행객

남편과 함께 여행할 때 결혼한 여성의 역할이 결정적인 영향을 미친다. 전세계적으로도 여성이 직장을 갖게 되면서 여성으로서 상용여행객이 증가하고 있다. 미국의 경우에는 40%이상의 상용여행객이 여성이다. 여성여행객을 위해 다음과 같이 호텔을 매력적으로 구성해야 한다(최태광 외, 2008).

- 여성층 혼자 여행하거나 다른 여성과 함께 여행하는 사람은 주차장지역, 식당, 쇼핑 및 극장지역, 건물출구에서 멀리 떨어진 객실 등에서 안전을 원한다.
- 여성은 여성적인 장식과 특수조명이 있는 호화욕실을 좋아한다.
- 대부분의 여성은 개인적인 옷을 빨아 밤새 말리기를 원한다. 조그만 가루비누봉투와 욕탕에 건조기를 마련하면 감사할 것이고 궁극적으로 돈을 절약하는 결과가 된다.
- 다리미와 다리미판 이용에 대하여 욕실에 안내판을 붙인다.
- 욕실에 쓰고 버릴 수 있는 비닐 샤워 캡을 넣는다.
- 젖은 옷가지들을 넣을 비닐 봉투를 준비하고 조그마한 바늘 쌈지도 준비한다.
- 각층 하우스키퍼나 다른 여종업원이 체크인해서 다른 물품을 제공할 때 전화를 해야 한다.

- 여성들은 조찬 룸서비스를 대단히 고마워한다. 혼자 여행하는 경우 식당이 붐빌 때 저녁식사를 룸서비스할 때 고마워한다. 룸서비스 쟁반에 신문 한 장과 장미 한 송이를 포함하는 것이 좋다.
- 혼자 여행하는 여성들은 남성들이나 부부보다도 투숙호텔에서 아침과 저녁식사를 하는 확률이 높다. 혼자 여행하는 여인이 들어오면 영접해서 테이블에 앉도록 주의해야 한다. 카운터에 가도록 두어서는 안 된다.

(6) 기타 특별서비스

호텔에 투숙한 고객을 행복하게 할 수 있는 기타 특별서비스를 보면 다음과 같다(최태광 외, 2008).

- 프런트데스크에 붉은 잘 닦은 사과 한 바스켓에 지배인의 편지가 들어 있다. "드십시오. 이 사과는 인근 농장에서 우리를 위해서 특별히 재배한 것입니다. 주문하시면 배달도 해 드립니다."
- 지배인의 환영편지가 든 작은 캔디상자를 객실에 둔다. "이 캔디는 우리 회사를 위해 만든 것입니다. 마음에 드시기를 바랍니다. 2파운드 박스로 어디든지 배달해 드립니다."
- 침대정리를 할 때, 야간객실요원이 고객의 평안을 빌며 호일에 싼 박하 파이를 놓는다.
- 호텔 기프트샵에서 어린이를 위해 비싸지 않는 선물을 넣고는 가게를 방문하도록 하는 편지를 곁들인다.
- 룸 서비스 메뉴와 더불어 조간신문을 함께 넣는다.
- 지역의 오락, 가게, 지도에 대한 안내를 한다.
- 임원을 위해서 최근 주식시장보고서, 뉴스요약 등을 넣는다.
- 리조트에 온 스포츠맨을 위하여 일기예보, 항해, 스키 및 관련요소를 제공한다.
- 잠자리에서 읽을 거리를 위해 가벼운 단편집을 제공한다.

토론해 볼 문제

1. 호텔에서 고객으로서 종업원을 어떻게 관리하고 있는지를 조사해보고, 내부마케팅 관점에서 어떤 장, 단점이 있는지 토론해 보시오.
2. 특정 호텔의 서비스 문화에 대해서 조사해보고 이에 대해 토론해 보시오.
3. 내부마케팅과 내부판매의 차이점을 토론해 보시오.
4. 내부판매를 활성화시키기 위해서 내부마케팅이 왜 중요한지를 토론해 보시오.
5. 특정 호텔의 내부판매 기법에 대해서 각 상품별로 조사해보고 이에 대해서 토론해 보시오.

Chapter 13

서비스 환경관리

1. 물리적 증거관리
2. 서비스 프로세스관리
3. 서비스 기대관리
4. 서비스 품질관리

13 서비스 환경관리

> ● **학습목표**
> **1. 물리적 증거관리의 개념, 종류, 중요성, 관리에 대해서 알아본다.**
> **2. 서비스 프로세스의 개념, 관리과정에 대해서 알아본다.**
> **3. 서비스 기대관리의 개념, 영향요인, 관리방안에 대해서 알아본다.**
> **4. 서비스 품질관리의 개념, 품질평가, 관리방안에 대해서 알아본다.**

1. 물리적 증거관리

1.1 물리적 증거의 개념

호텔은 구체적인 상품을 판매하는 것이 아니라 외관과 로비, 객실, 편의시설을 비롯한 시설들의 이미지와 종업원들의 서비스를 결합하여 판매하는 산업이다. 이러한 것들은 외적인 증거로 사람이 보고, 느끼고, 만질 수 있는 것이지만 소비자가 구매를 해서 소유할 수는 없다. 따라서 이러한 눈에 보이는 외적인 요인들을 잘 관리하는 것이 필요하다.

물리적 증거(physical evidence)는 호텔에서 제공하는 상품과 서비스가 결합되어 전달되고, 기업과 소비자의 상호작용이 이루어지는 환경을 말한다. 소비자에게 제공되는 것은 무형이지만 유형적인 요소를 통해 표현이 된다. 이러한 물리적인 요소들은 호텔 소비자의 구매의사결정에 영향을 미친다. 상품과 서비스 품질의 단서로서 소비자의 기대와 평가에 영향을 주기 때문이다. 또한 호텔의 물리적 증거는 종업원의 태도와 생산성에 직접적인 영향을 준다. 물리적 증거에는 물리적 환경과 기타 유형적 요소로 구분된다(이유재, 2011).

- **물리적 환경** : 물리적 환경의 요소는 외부환경 요소와 내부환경 요소로 구분된다. 외부환경 요소로서 호텔 시설들의 외형, 간판 등의 안내 표지판, 주차장, 주변 환경 등을 말한다. 내부환경 요소는 내부의 장식과 표지판, 벽의 색상, 가구, 시설물, 공기의 질과 온도 등을 말한다.
- **기타 유형적 요소** : 종업원의 유니폼, 광고 팜플렛, 메모지, 입장 티켓, 영수증 등을 말한다.

1.2 물리적 환경의 종류

물리적 환경(physical environment)은 자연의 경치, 풍경(landscape)과 바다의 경치(seascape) 등과 같이 호텔의 서비스 환경을 관리한다는 의미에서 서비스 스케이프(servicescape)라고도 한다. 물리적 환경은 외부환경과 내부환경으로 나뉠 수 있다.

(1) 외부환경

호텔의 외부환경은 호텔의 외관이나 주변 환경 등을 말한다. 이것은 호텔의 차별화된 이미지를 확립하는데 결정적인 역할을 한다. 고급 호텔일수록 시설의 외관이 사업의 성패를 좌우할 정도로 영향력이 크다.

[그림 13-1] 제주 신라호텔의 외관

자료원 : http://www.shilla.net/kr/jeju

(2) 내부환경

호텔 내부의 로비, 객실의 색상이나 장식, 의자나 책상 등의 가구, 서비스 생산에 필요한 시설물 등의 내부 환경 구성을 말한다. 내부환경은 고객과 종업원의 만족과 생산성에 직결된다.

[그림 13-2] 제주 그랜드호텔의 내부환경

자료원 : http://www.grand.co.kr

(3) 기타 유형적 요소

호텔은 고객과 접하는 종업원에게 유니폼을 입도록 요구한다. 일하기 편리하며 세련된 유니폼을 입은 종업원은 자신의 일에 만족하고 고객에게도 깔끔한 이미지를 전달할 수 있다. 그 이외에도 기업을 알리는 광고전단지, 콘서트나 경기장에 들어갈 입장 티켓, 식사 후 받게 될 계산서 등은 무형적 서비스 전달에 수반되는 유형적인 요소로 서비스의 품질이나 첫 인상에 영향을 미친다.

1.3 물리적 환경의 중요성

(1) 물리적 환경의 영향

호텔의 물리적 환경은 소비자들에게 구매결정, 서비스의 무형성 극복, 이미지 형성에 영향을 줄 수 있다(이유재, 2011).

- **구매결정에 영향** : 호텔의 물리적 환경 내에 있는 많은 요소들은 고객의 행위와 구매, 호텔 이용 경험에 대한 만족도에 잠재적으로 영향을 미친다. 호텔의 분위기(atmosphere)는 상품 그 자체보다 구매결정에 더 큰 영향을 미치고, 고객의 태도와 이미지 형성에 직접적으로 영향을 미칠 수 있다고 한다. 또 호텔의 레스토랑과 같은 매장의 음악, 향기, 인테리어, 머천다이징 등이 상품의 구매보다 구매결정에 더 큰 영향을 미칠 수 있다.
- **서비스의 무형성 극복** : 소비자들은 호텔의 환경 내에서 서비스를 소비하기 때문에 호텔의 물리적 환경은 매우 중요한 영향력을 미친다. 물리적 환경은 서비스나 품질에 대한 정보적 단서를 소비자들에게 제공해주는 커뮤니케이션 역할을 하기 때문이다. 호텔 상품의 무형성은 소비자들이 상품을 이해하거나 평가하는데 어려움을 느끼게 하지만, 물리적 환경은 상품에 대한 이해를 하는데 유형적 단서를 제공한다.
- **이미지 형성** : 호텔의 물리적 환경은 호텔에 대한 이미지를 형성하는데 있어서도 매우 중요하다. 종업원들이 깨끗하고 깔끔한 유니폼을 입게 하고 매장의 내부시설을 청결하게 꾸미게 되면, 물리적 환경이 개선되어 독특한 이미지를 소비자에게 전달할 수 있게 된다. 색상, 조명, 음향, 실내공기, 온도, 공간배치, 가구 스타일 등에 대한 소비자의 인상은 소비자의 호텔에 대한 감정을 형성하는데 도움을 준다.

(2) 물리적 환경의 역할

호텔은 고객과 종업원을 물리적 환경의 대상으로 한다. 사람을 대상으로 하는 대인서비스(interpersonal services)의 형태로 고객과 종업원이 물리적 환경 안에서 같이 활동하여 서비스를 생산하는 형태이기 때문이다. 호텔의 프런트오피스나 음식점은 종업원이 고객과 접촉하면서 상품에 대해서 설명하기도 하고 고객의 관심사에 대화를 하면서 서비스를 진행한다. 이 과정을 통해 고객관리가 진행된다. 상황에 따라서는 다른 고객들과도 자연스럽게 접촉을 하도록 유도하기도 한다. 물리적 환경은 이 과정에서 고객과 종업원을 동시에 만족시키고 모두에게 편리함을 줄 수 있는 환경이어야 한다.

호텔은 다양한 물리적 환경으로 구성이 되어 있어서 복잡한 편이다. 호텔을 운영하는데 필요한 시설과 장비가 많기 때문이다. 복잡한 물리적 환경에서는 세심하게 관리해야 호텔의 마케팅 목표를 달성할 수 있다. 호텔에 투숙한 고객들이 편안하게 서비스를 즐길 수 있도록 하면서도 종업원들이 생산성 있게 일할 수 있도록 설계가 되어 있어야 한다.

물리적 환경의 주요한 역할을 보면 포장, 편의제공, 사회화, 차별화의 기능을 한다(이유재, 2011).

- **포장기능** : 상품의 포장처럼 물리적 환경은 본질적으로 서비스를 싸서 내부의 것을 외부적 이미지로 전달하는 역할을 한다. 상품의 포장이 소비자의 감각적 반응에 호소하도록 고안된 것처럼 물리적 환경은 광고처럼 고객의 첫인상을 끌거나 고객의 기대를 설정하는 역할을 한다. 이것은 호텔상품의 무형성을 시각적으로 제시하는 것이다. 특히 포장으로서의 역할은 특정한 기대와 문제해결 욕구를 갖고 있는 신규고객에게 더욱 중요하며 고유한 이미지를 형성하려는 호텔에게도 의미가 있다. 예를 들어 호텔에서 하우스키핑 과정에서 깨끗한 종이봉투에 음료수 컵을 놓아두고, 포장된 비누를 제공하며, 화장실에 '청결 확인' 이란 표를 붙임으로써 호텔 방이 깨끗하며 새로운 고객을 맞이할 준비가 되어 있다는 것을 전달할 수 있다.
- **편의제공기능** : 물리적 환경은 환경 내에서 활동하는 고객과 종업원의 성과를 돕는 역할을 한다. 초이스 호텔(Choice Hotels)에서는 노년층 고객이 많아지는 추세를 발견하고 이들을 위한 객실을 특별히 마련하였다. 전화기나 TV 리모컨의 숫자나 버튼을 크게 하고 전등 스위치에 빛을 넣어 밤에도 쉽게 찾을 수 있도록 했다.
- **사회화 기능** : 갖춰진 물리적 환경은 고객과 종업원으로 하여금 기대된 역할, 행동, 관계를 하도록 돕기 때문에 고객이나 종업원을 사회화시키는 역할을 한다. 신입사원은 사무실내의

자리 배치, 사무집기, 가구의 질 등을 보고 누가 부서의 장이고 자신의 위치는 어느 정도인지를 이해할 수 있다. 이를 통해 종업원은 사회화를 겪게 된다. 물리적 환경은 고객에게도 자신의 역할이 무엇인가, 어느 부분에 있어야 하는가, 어떻게 행동하여야 하는가 등을 암시하게 된다. 이것은 물리적 환경으로 인한 고객의 사회화 과정이라고 할 수 있다.

- **차별화 기능** : 물리적 환경을 통해서 호텔은 경쟁자와 차별화할 수 있고, 이를 통해 의도된 세분화가 가능하다. 호텔의 조명, 음악 등의 분위기를 보고 그 호텔을 이용할 것인가 아닌가를 판단할 수 있다.

1.4 물리적 환경의 관리

물리적 환경의 관리와 관련되어 문제가 될 수 있는 요인들은 호텔의 혼잡성, 외관과 만족, 호텔 이미지와 분위기라고 할 수 있다(이유재, 2011). 이에 대해서 살펴보면 다음과 같다.

(1) 호텔의 혼잡성

혼잡성(crowding)이란 환경 안에서 사람들 사이의 경쟁과 같은 사회적 간섭, 주어진 상황에서 이동의 제한으로 인한 협동적, 사회적 활동의 방해 같은 것을 느끼는 정도를 만든다. 혼잡성은 다음과 같은 요인들에 의해 결정된다.

- **환경적 단서** : 호텔 시설 내에 있는 고객의 수를 비롯하여 시설 내의 음악이나 잡음, 무질서한 시설 등의 영향을 받는다. 소음이 심하고 시설물이 무질서하게 놓여 있다면 고객들은 같은 상황에서 더 혼잡하다고 느낀다.
- **구매동기** : 같은 수의 사람들이 모여 있더라도 구매동기가 강한 사람은 그렇지 않은 사람보다 더 혼잡하다고 생각한다.
- **고객의 제약조건** : 고객이 시간이나 위험에 대해 특별한 제약을 가지고 있다면 더욱 혼잡하다고 느낀다.
- **혼잡에 대한 기대** : 미리 혼잡할 것이라고 기대한 고객은 상대적으로 혼잡성에 대한 불만을 덜 느낀다. 성수기 때와 같은 경우에는 고객들이 당연히 혼잡할 것이라고 느껴 불만을 덜 느낄 수 있다.

호텔 내에서 혼잡성은 소비자의 정보처리과정에서 인식이 되고, 의사결정 과정에 영향을 미친다. 특별히 구매의사결정과정에서는 정보탐색단계에서부터 영향을 미치게 된다. 혼잡성이 발생되는 경우 다음과 같은 형태로 영향을 준다.

- **정보의 양을 제한 :** 혼잡성은 소비자가 인식하고 처리할 수 있는 정보의 양을 제한한다. 이는 혼잡한 상황에서 호텔 내 판촉, 단위당 가격, 기타 서비스 제공과 관련된 자료, 호텔 내 공간적·사회적 상징물 등에 대해 덜 몰입하게 되기 때문이다.
- **대인 커뮤니케이션 감소 :** 혼잡한 상황에서 대부분의 고객들은 바빠 보이는 종업원에게 뭔가를 물어보고 요구하기를 꺼린다. 또한 다른 고객들끼리 대화하는 것도 싫어한다.
- **구매 가능성 감소 :** 혼잡성을 느낀 고객은 불필요한 구매를 연기하거나 충동적인 구매를 하지 않으며 한가한 시간을 이용하고자 한다.
- **만족 감소 :** 고객은 혼잡한 호텔 내에서 만족을 적게 느끼며 구매한 상품에 대한 만족도도 떨어지게 된다.
- **호텔이미지에 영향 :** 혼잡성을 경험한 고객은 그 호텔에 대해서 나쁜 이미지를 갖게 될 가능성이 크다. 따라서 동일 호텔을 이용하고자 하는 재구매 의도가 감소하게 된다. 특히 혼잡한 것을 싫어하는 고객은 그 호텔을 다시 이용하지 않을 수도 있다.

호텔에서 혼잡성이 발생하는 경우 이를 잘 관리하는 것이 필요하다. 혼잡성을 줄일 수 있는 것은 호텔의 물리적 환경을 개선하는 것이 가장 중요하지만 그 이외에도 서비스의 생산관리와 고객의 인식관리를 통해 줄일 수 있다(이유재, 2011).

- **서비스 생산관리 :** 혼잡성을 해소하기 위해 서비스 시설의 변화나 프로세스의 변화 등의 방법을 비롯해 호텔이 제공하는 서비스를 관리하여 혼잡성을 감소시킨다. 시설의 재배치, 최대 수용량의 조절, 고객 수의 통제, 종업원 수의 변동을 추진할 수 있다.
- **고객의 인식관리 :** 고객의 인식관리는 고객의 혼잡성에 대한 인식을 변화시키는 것이다. 혼잡한 상황을 알리는 표지를 이용하거나 주변 요소들을 이용하는 것을 사용한다. 주변 요소로 실내의 적정 온도 유지나 경쾌한 음악, 공간의 분리 등을 통한 관리는 좋은 방법 중에 하나이다.

(2) 외관과 만족

호텔의 물리적 모습 등 비언어적 단서는 서비스 실패 상황에서도 소비자의 귀인에 작용하고 그 결과 서비스 만족에 영향을 미친다. 고객에게 제공한 서비스가 계약대로 이행되지 않은 경우라 할지라도 호텔의 환경이 조직적이고 질서 정연한 것이었다면 고객은 서비스 실패의 원인을 다른 곳에서 찾는 경향이 나타난다. 호텔의 입지, 상품의 질이나 다양성, 가격 등도 호텔 이미지에 영향을 미치지만 물리적 환경도 영향을 미치기 때문이다. 특별히 호텔에 투숙한 고객이 투숙을 연장하거나 재구매를 하려고 할 때는 호텔의 환경에 대한 정서적 반응이 영향을 많이 미친다. 여성들의 경우에는 남성들보다 그러한 경향이 강하다.

(3) 호텔 이미지와 분위기

호텔의 환경은 내부환경과 외부환경으로 구분된다. 내부환경은 조명, 소음, 냄새, 배경음악, 온도, 진열, 색상, 내부 인테리어와 같은 것들이다. 외부환경은 입지와 건물의 외관과 인테리어 등이다. 내부환경과 외부환경을 통해 호텔이미지가 형성된다. 호텔이미지는 특정의 호텔에 대해 고객이 느끼는 바를 말한다. 이는 고객이 여러 가지 감각을 통해 받아들이는 호텔관련 자극에 바탕을 둔 인식의 모든 측면이다.

호텔이미지와 비슷한 용어로 호텔분위기가 있다. 호텔분위기는 고객 자신이 호텔 내에서 정확히 인식하지 못하지만 호텔 내에서 고객의 감정상태에 영향을 미칠 수 있는 영역을 포함한다. 고객의 호텔상품 구매라는 행위에 상당부분 정서적 반응이 영향을 미친다는 측면에서 호텔 환경과 관련이 있는 이러한 개념들이 중요성을 갖는다.

2. 서비스 프로세스관리

2.1 서비스 프로세스의 이해

호텔은 제조업의 제품과는 달리 품질의 동질성을 추구하기가 어렵다. 서비스 프로세스(service process) 관리는 호텔에서 제공하는 상품과 서비스의 품질의 동질성을 추구하기 위해서 추진되는 것이다.

서비스 프로세스는 서비스가 전달되는 절차나 흐름을 말한다. 프로세스는 제공되는 것 자체가 상품이면서도 전달과정이 유통의 성격을 가지고 있다. 서비스는 고객과의 첫 접점에서부터 마감될 때까지 전 과정이 시스템화되어 있고 묶음으로 제공되는 성향이 있다. 고객은 전 과정을 경험했을 때 비로소 대가를 지불하게 된다. 때로는 고객이 생산과정에 참여하기도 하며, 생산이 되면 곧 소비되는 특성을 가지고 있다. 따라서 생산과 소비가 분리되지 않는 동시성으로 인해 고객접점에서 프로세스의 관리가 더욱 중요하다.

프로세스는 그 성격에 따라 표준화 또는 개별화된 프로세스로 나누어 생각할 수 있다. 표준화(standardization)는 주로 상품의 생산 과정에서 진행된다. 서비스의 표준화 작업은 쉽지 않다. 하지만 서비스는 구체적인 규칙과 기준으로 갖게 되면 표준화될 수 있다. 서비스 전달과정을 표준화함으로써 대량 또는 일관성 있는 서비스를 지향할 수 있다. 개별화(customization)는 서비스 전달과정을 개인화함으로써 고객의 다양한 요구에 즉각 응대하도록 만드는 프로세스를 말한다. 고객의 욕구충족에 초점을 두고 설계되기 때문에 대량서비스가 불가능하다.

서비스 프로세스는 노동의 집중도와 고객과의 상호작용 또는 개별화로 구분해 볼 수 있다. 호텔의 경우에는 노동의 집중도가 낮고 고객과의 상호작용 또는 개별화 과정이 많이 필요하지 않은 분야이다. 노동의 집중도(degree of labor intensity)란 서비스 전달에 필요한 장치나 설비 등 자본에 대한 의존도와 사람에 대한 의존를 말한다. 사람에 대한 의존도가 높을수록 노동의 집중도가 높다고 한다. 고객과의 상호작용(interaction) 또는 개별화(customization)는 고객이 서비스 프로세스와 상호작용하는 정도와 서비스가 고객에 의해 개별화되는 정도를 말한다. 일반적으로 상호작용과 개별화되는 정도는 같은 방향으로 움직인다.

2.2 서비스 프로세스의 관리 과정

호텔의 서비스 프로세스관리는 구매전 대기 관리, 구매중 고객접점 관리, 구매후 고객 관리로 나뉠 수 있다.

(1) 구매전 대기관리

호텔에서 구매전 프로세스관리는 고객이 서비스를 받을 준비가 되어있는 시간부터 서비스가 개시되기까지의 소비자의 대기시간 즉 기다리는 시간을 단축하는데 있다. 기다리는 것에 대한 가치는 호텔의 입장에서는 비용이며, 소비자 입장에서는 돈으로 표현된다. 서비스의 근본적인 특성인 소멸성, 비분리성 때문에 고객들은 서비스를 받기 위해 종종 기다려야 하는데 이것을 대기행렬이라고 부른다. 대기는 어쩔 수 없이 발생하는 것이지만 모든 고객들이 기다리는 상황을 좋아하지 않는다. 많은 사람들은 서비스를 받기 위해 기다리는 시간을 부정적인 경험으로 인식하기 때문에 적절한 관리가 필요하다.

대기와 관련된 특성을 살펴보면 다음과 같다(이유재, 2011).

- 아무 일도 하지 않고 있는 시간이 뭔가를 하고 있을 때보다 더 길게 느껴진다.
- 구매전 대기가 구매중 대기보다 더 길게 느껴진다.
- 근심은 대기시간을 더 길게 느껴지게 한다.
- 언제 서비스를 받을지 모른 채 무턱대고 기다리는 것이 얼마나 기다려야 하는지를 알고 기다리는 것보다 그 대기시간이 더 길게 느껴진다.
- 원인이 설명되지 않은 대기시간이 더 길게 느껴진다.
- 불공정한 대기시간이 더 길게 느껴진다.
- 서비스가 더 가치 있을수록 사람들은 더 오랫동안 기다린다.
- 혼자 기다리는 것이 더 길게 느껴진다.

대기관리를 위한 전략들을 살펴보면 다음과 같다(이유재, 2011; 이정학, 2009b).

- **서비스 프로세스를 단순화하라** : 프로세스를 가능하면 단순화할수록 대기시간을 줄일 수 있다.
- **대기시간을 짧게 느껴지도록 하라** : 기다리는 시간을 실제 시간보다 길게 느끼는 경향이 있음으로 다양한 방법에 의해 짧게 느껴질 수 있도록 하는 것이 좋다. 호텔의 경우 엘리베이터 근처에 대형 거울을 설치하거나 각종 포스터 등을 통해 볼거리를 제공하는 것이 좋다.
- **대기시간을 고지하라** : 무작정 기다리는 것보다 대기시간을 고지하면 기다리는 시간을 심리적으로 단축할 수 있다.
- **공정한 대기시스템을 마련하라** : 대기 순서가 불공정하다고 느끼면 고객의 저항에 부딪히게 된다. 순서에 맞게 서비스가 될 수 있도록 처리해야 한다.
- **예약을 활용하라** : 수요가 몰리면 대기의 시간이 길어진다. 수요가 집중되는 시간 및 시기를 피하여 예약을 관리하면 대기수요를 분산시킬 수 있다.
- **고객을 교육시켜라** : 고객에게 수요가 몰리는 시간대와 성수기를 비하고 여유 있는 시간대와 비수기를 이용하여 서비스를 충분히 받을 수 있도록 교육을 시킨다.
- **고객의 인식관리 기법을 활용하라** : 고객에게 서비스가 시작되었다는 느낌을 주고, 이용되지

않은 자원은 보이지 않게 하는 것이 좋다. 고객의 유형별로 대응하는 것도 좋다. 고객은 유형별로 품질선호자, 시간선호자, 중립자 등이 있는데 시간선호자일수록 호텔의 체크인과 체크아웃을 신속히 처리할 수 있도록 다양한 시스템적 지원이 필요하다.

(2) 구매중 고객접점 관리

고객접점은 진실의 순간(Moments Of Truth : MOT)이라고도 하며, 소비자가 기업의 종업원 또는 특정 자원과 접촉하는 순간에 상품에 대한 인식에 영향을 미치는 상황이다. 진실의 순간은 상품의 품질에 대한 인식에 결정적인 영향을 미치기 때문에 고객접점에서 일어나는 결정적인 순간이기도 하다. 결정적인 순간은 평균 15초 이내에 일어나는 것으로 이 순간에 호텔이 무엇인가를 보여줄 수 있는 시간이다. 이 개념은 스칸디나비아 에어라인 시스템(SAS)의 사장 얀 칼존(Jan Carlzon)에 의해 처음 등장했다.

결정적인 순간이 발생하는 것은 고객과 접촉하는 시점이기도 하지만 다음과 같이 종업원과 접촉하지 않은 상황에서도 발생할 수 있다. 즉 소비자가 광고를 볼 때, 소비자가 그 기업의 건물을 볼 때, 주차장에 차를 세울 때, 로비에 들어 설 때, 우편으로 받은 청구서나 문서를 접할 때에도 발생한다(이유재, 2011).

이와 같이 소비자는 상품을 구매하기 위해서 입구에 들어올 때부터 나갈 때까지 여러 종업원과 접촉도 하며 물리적 환경에 노출되게 된다. 그 때마다 호텔은 역량을 최대한 동원해서 소비자를 만족시킬 수 있도록 해야 한다. 만약 이 과정에서 단 한 번이라도 불만족스러운 감정을 갖게 되면 그것은 전체 상품에 대한 이미지에 직접적인 영향을 주게 된다. 따라서 호텔은 진실의 순간이 일어날 수 있는 고객접점들을 잘 관리하고 통제해야 한다. 특히 경비, 주차, 운전사, 전화교환, 청소, 정원관리, 시설요원 등과 같은 종업원도 중요한 역할을 하기 때문에 전체적으로 서비스 마인드와 용모와 복장 등에 대해서 철저하게 교육할 필요가 있다.

소비자는 접점에서 느끼는 것을 통해 상품의 품질을 평가하게 된다. 진실의 순간과 관련해서 나타나는 상품의 품질 수준은 크게 기술적 품질과 기능적 품질이라는 두 가지 차원에서 살펴 볼 수 있다(이유재, 2011).

- **기술적 품질(technical quality)** : 소비자가 서비스를 받는 동안에 얻거나 서비스가 끝났을 때 남아있는 결과물이다. 예를 들어 렌터카를 사용하거나 하룻밤 호텔에서 숙박한 후에 느끼는 경험, 식사를 한 후에 느끼는 포만감 같은 것이다. 이것이 소비자의 기대에 부합하던가 더 좋게 느껴진다면 그만큼 품질수준이 높아질 것이다. 기술적 품질의 문제가 발생했을 때는 종업

원이 접점에서 잘 대처하는 것이 품질 수준을 높여준다. 예를 들어 음식점에서 음식에 불만족스러운 고객에게 신속하게 대응해서 사과를 하고 다음 번에 이용할 수 있는 무료식사권이나 할인권 같은 것을 소비자에게 준다면 이것이 긍정적인 효과를 가져올 수 있다.

- **기능적 품질(functional quality)** : 소비자는 종종 상품이 제시되고 진행되는 프로세스를 직접 관찰하거나 능동적인 참가자로서 개입하기 때문에 이 과정에서 느껴지는 전체적인 인상을 갖게 되는데 이 과정에서 미치는 영향을 말한다. 예를 들어 종업원의 무례함이나 고객을 불안하게 만드는 하우스키퍼, 웨이터의 너절한 복장 등은 기능적 품질을 떨어뜨리게 된다. 기능적 품질은 다른 소비자에게 영향을 받을 수도 있다. 여행사에서 기다리고 있을 때 다른 소비자와의 거래가 일어나는 것을 본다든지, 호텔에서 같이 보았던 고객의 반응들을 보고 전체 상품에 대한 인식에 영향을 받을 수 있다.

상품처럼 구매 후 소비가 완료되는 시점이 어느 정도 시간간격을 두고 일어나는 상황에서 진실의 순간의 각 순간들을 제대로 통제한다는 것은 쉬운 문제는 아니다. 그렇지만 적절한 종업원들의 관리를 통해서 진실의 순간에 대한 이해를 시키고 주의 깊게 관리하게 되면 소비자에게 좋은 이미지를 전달할 수 있게 된다. 이것은 상품에 대한 인식과 고객만족을 증진시킬 수 있다.

고객접점에서 서비스 병목이 발생했을 때에는 다음과 같은 전략들을 활용할 수 있다(이정학, 2009b).

- **고객을 참여시킨다** : 고객을 참여시켜 일부 서비스를 고객이 스스로 하게 하면, 서비스 병목을 줄여줄 수 있다.
- **기기를 활용한다** : 기기를 활용해 체크인이나 체크아웃을 돕고, 다양한 정보를 검색해 볼 수 있도록 호텔 내외에 단말기나 인터넷 홈페이지를 통해 제공한다.
- **인적 자원을 활용한다** : 타부서의 지원을 통한 도우미를 투입하고 전문적이고 노련한 인력을 배치하여 빠른 서비스를 통한 병목을 줄일 수 있다.

(3) 구매후 사후고객관리

호텔에서 구매후 사후고객관리는 고객과의 지속적인 관계를 유지하기 위한 관리를 말한다. 주요 관리방법으로 활용되는 것은 해피콜 서비스, 만족도 모니터링, 감사의 편지, 또는 메일이나 이메일을 발송하는 것이다. 인터넷 홈페이지를 통해 호텔이용 후기를 적게 하는 것도 좋은 방법이다. 이 과정을 통해서 문제가 발생된 고객들은 신속하게 그 문제점들을 해결할 수 있도록 하는 시스템을 구축해야 한다. 실제 문제가 발생해서 불만을 가지고 있던 고객들도 신속한 조치로 다시 호텔을 이용할 가능성이 높아진다.

3. 서비스 기대관리

3.1 서비스 기대관리의 개념

호텔은 소비자를 만족(Customer Satisfaction : CS)시키기 위해서는 고객의 필요, 욕구에 대한 이해가 필요하고 소비자가 기대하는 서비스를 제공해야 한다. 소비자의 만족은 종업원과 소비자의 접촉에서 일어나며, 소비자가 서비스 과정에 직접 참여하고 있다는 점에서 적절한 기대관리가 필요하다.

서비스에 대한 소비자의 기대는 상품의 서비스성과에 대해서 소비자가 가지고 있는 사전적 신념(pretrial belief)으로서, 실제 상품의 성과를 평가하는 표준(standard) 또는 준거(reference)가 된다(이유재, 2011). 고객의 상품에 대한 서비스 기대는 크게 3가지 수준으로 나뉜다. 이것은 희망 서비스, 적정 서비스, 그리고 희망 서비스와 적정 서비스의 차이를 나타내는 허용영역으로 나뉠 수 있다. 이들의 관계가 [그림 13-3]에 나타나 있다.

[그림 13-3] 소비자의 서비스의 기대 모델

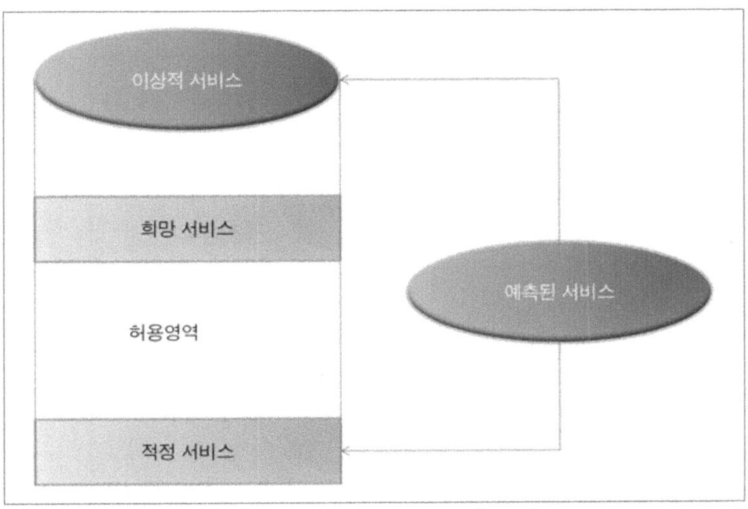

자료원 : 이유재(2011)에서 제시된 Zeithmal & Bitner (1996), Service Marketing 및 Kurz & Clow(1998), Service Marketing의 자료를 수정재인용

- **희망 서비스(desired service) :** 제공받을 서비스에 대한 희망수준, 즉 바램(wants)와 소망(hopes)을 의미한다. 다시 말하면 소비자가 기원하는(wished-for) 서비스 수준으로 바람직한 서비스 수준이다. 이와 관련해 이상적 서비스(ideal service)는 희망 서비스 수준이 도달할 수 있는 가장 최고로 원하는 서비스 수준이다.
- **적정 서비스(adequate service) :** 고객이 불만 없이 받아들일 만한 서비스 수준이다. 이것은 최소한의 허용 가능한 기대수준이거나 수용할 수 있는 성과의 최하수준을 말한다. 적정 서비스 수준은 경험을 바탕으로 한 예측된 서비스 수준(predicted service), 즉 소비자가 해당 기업으로부터 실제로 받을 것이라고 기대하는 서비스 수준에 의해 형성된다. 희망 서비스 수준은 잘 변화되지 않지만 적정 서비스 수준은 상황과 환경에 따라서 변하기 쉽다.
- **허용영역(zone of tolerance) :** 희망 서비스 수준과 적정 서비스 수준 사이의 영역을 말한다. 이 지역은 서비스의 실패가 드러나지 않은 '미발각 지대(no notice zone)' 이라고 말한다. 허용영역의 크기는 적정 서비스 수준의 변화에 따라 달라지며, 속성이 중요할수록, 가격이 높을수록, 서비스에 대한 경험이 쌓일수록 작아진다.

소비자가 기대한 서비스와 실제로 인식된 서비스가 차이가 있을 수 있다. 이에 따라 서비스의 적정도와 우위도가 달라질 수 있다. 상품의 서비스의 적정도(measure of service adequacy)는 적정 서비스와 인식된 서비스의 차이를 말하며, 서비스 우위도(measure of servicesuperiority)

[그림 13-4] 서비스의 적정도와 우위도에 따른 상품의 경쟁적 위치

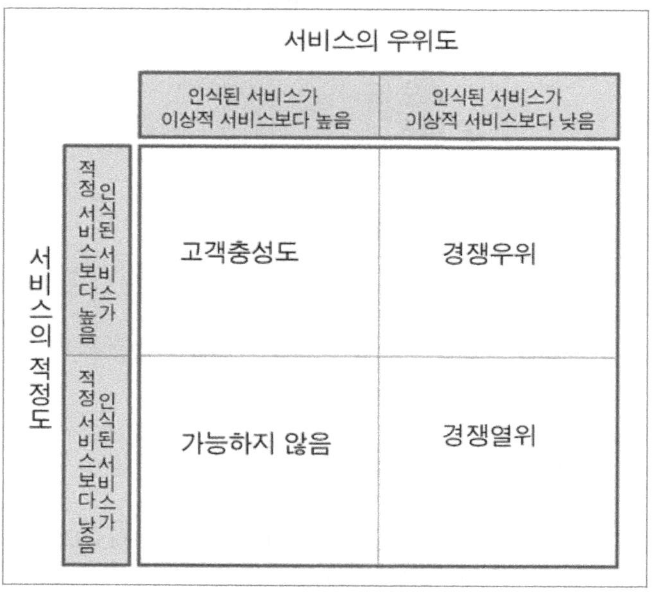

는 이상적 서비스와 인식된 서비스간의 차이를 말한다. 이에 따른 경쟁적 위치를 나타내보면 [그림 13-4]와 같이 표시될 수 있다.

3.2 서비스 기대의 영향요인

서비스 기대의 영향요인은 내적 요인, 외적 요인, 상황적 요인, 기업 요인으로 나뉠 수 있다(이유재, 2011). 이들 간의 관계를 살펴보면 [그림 13-5]와 같다.

[그림 13-5] 서비스 기대의 영향요인

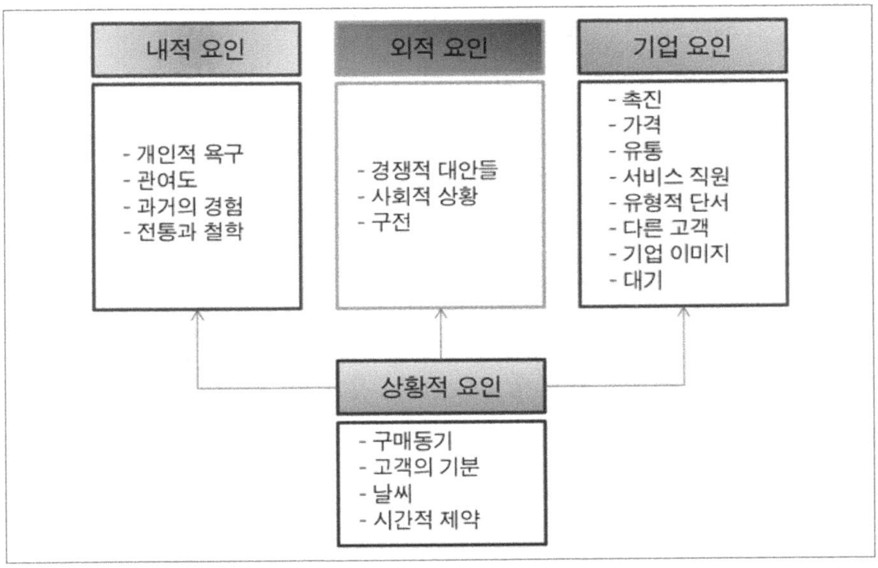

자료원 : 이유재(2004)에서 제시된 Kurtz and Clow (1998), Service Marketing의 자료를 수정 재인용

(1) 내적 요인

내적 요인으로서 **개인적 욕구**는 매슬로우(Maslow)의 욕구 5단계설에 기초한 욕구이다. 생리적 욕구, 안전의 욕구, 사회적 욕구, 존경의 욕구, 자아실현의 욕구를 말한다. 소비자가 어느 욕구 단계에 있는가에 따라 다른 기대를 갖게 될 것이다.

관여도는 소비자가 해당 상품의 서비스에 자신이 얼마나 관련이 있다고 느끼는지에 대한 것이다. 관여도가 증가할수록 이상적 서비스 수준과 희망 서비스 수준의 간격이 좁아지고 허용영역이 좁아지는 특성을 갖고 있다.

과거의 경험은 특정 상품의 서비스에 대한 경험일수도 있고, 동일한 상품 서비스를 제공하는 다른 서비스 기업에 대한 경험일 수도 있다. 상황에 따라서는 유사한 서비스에 대한 경험일 수도 있다. 일반적으로 경험이 풍부할수록 기대가 올라가는 경향이 있다.

마지막으로 **전통과 철학**은 소비자가 속한 사회·문화의 전통 및 서비스에 대한 개인적 철학이 영향을 미치는 것이다 어릴 때부터 배워왔거나 과거에 해오던 방식이나 종교적, 정치적, 문화적 사상이 직접 기대수준을 달리 갖게 한다.

(2) 외적 요인

외적 요인으로 **경쟁적 대안**들은 소비자가 이용할 수 있는 다른 대안들에 의해 기대수준이 영향을 받는 것을 말한다. 대표적으로 이런 기대 사항을 잘 이용한 회사가 Avis라는 렌터카 회사이다. 그들은 "We are No. 2. So, we try harder(우리는 2위입니다. 그래서 우리는 더 열심히 일합니다.)"라는 광고캠페인을 통해 자기 회사를 1위 회사인 Hertz와 비교하고, 기대수준을 올렸던 성공적인 전략이다.

사회적 상황은 다른 사람들과 함께 있을 때 기대수준이 높아진다는 것이다. 이중에서도 자신에게 중요한 사람들이 있을 때 더욱 영향을 미친다.

구전은 소비자들이 어떤 상품을 구매하기 전에 다른 사람들에게 물어보거나 조언을 구하는 경우가 많은데, 이에 따라 기대수준이 다르게 형성된다는 것이다. 구전은 친구, 친척 동료와 같은 가까운 주변 사람들의 의견, 교수나 변호사 같은 전문적인 사람들의 의견, 주변의 사건이나 광고, 이야기 등과 같은 간접적인 경험을 통해서 형성되는 파생원천을 통한 의견들을 통해 형성된다.

(3) 상황적 요인

상황적 요인 중에서 **구매동기**는 상품을 구매하려고 하는 동기가 기대수준을 다르게 한다는 것이다. 편안히 쉬고 싶은 마음에서 조용한 휴양지에 가려고 하는 소비자와 재미있게 놀 수 있는 리조트 시설을 가고자 하는 소비자는 각 장소에 대한 기대가 달라진다.

고객의 기분도 영향을 미친다. 일반적으로 고객의 기분이 좋으면 종업원에게 관대해지며, 허용영역 또한 넓어지며 적정 서비스 기대수준이 낮아진다.

날씨 또한 소비자의 기대수준으로 변화시킨다. 예를 들어 관광지에 갔던 고객들이 비가 오거나 눈이 오는 경우 일정상에 불편함이나 일정 취소가 되더라고 용인할 수 있다.

마지막으로 **시간적 제약**이다. 시간이 제한되어 있을 때, 소비자들은 상품의 서비스에 대한 예측된 기대수준을 낮추는 경향이 있다. 기업이 충분한 서비스를 제공할 만한 시간이 없다고 생각하기 때문이다.

(4) 기업요인

기업요인으로 **촉진**은 상품의 서비스기대에 직접, 간접적으로 영향을 미친다. 따라서 지키지 못할 약속을 하면 안 된다.

가격이 높을수록 서비스 기대수준이 높아지고, 허용영역을 좁히는 역할을 한다. 가격은 경쟁상황과 밀접하게 관련되어 있으며, 상대적으로 높은 가격을 주고 구매한 상품의 서비스가 적정 서비스 수준 이하이면 소비자는 실망하고 불만도 커진다.

유통은 프랜차이즈와 같은 체인점을 운영하는 경우 중요한 요소이다. 동일한 이름의 여행사 지점과 동일한 이름의 음식점이나 패스트푸드 점에서 소비자는 동일한 수준의 서비스를 받고자 하는 기대를 갖게 된다.

서비스 직원의 용모, 말씨, 태도, 설명력 등이 소비자의 서비스기대수준을 변화시킬 수 있다. 항공사 등과 같이 교통수단을 제공하는 경우에는 유니폼도 기대수준에 영향을 미치는 중요한 요인이다.

유형적 단서의 역할은 상품과 같은 서비스 상품의 경우 구체적인 형태가 없기 때문에 가격이나 여행사의 매장의 분위기, 레스토랑의 실내 분위기, 안내 책자와 같은 유형적 단서들이 서비스에 대한 기대수준에 영향을 미친다는 점이다.

다른 고객 또한 중요한 요인이다. 소비자는 다른 소비자들이 받은 서비스와 비교해서 자신의 서비스 기대수준을 형성하거나 변경하기 때문이다.

기업이미지가 좋은 기업에 대해서는 소비자의 기대수준이 상승한다. 또한 기업이미지가 높을수록 예측된 서비스 기대수준이 희망 서비스 수준 또는 이상적 서비스 수준과 가까워지며 허용영역도 좁아지는 경향이 있다. 반면에 이미지가 안 좋을 경우에는 예측된 서비스 기대수준은 적정 서비스수준에 가까워지며, 허용영역도 넓어지는 경향이 있다.

대기는 상품의 서비스를 받는데 기다리는 시간을 말한다. 오래 기다렸을 수록 소비자는 덜 관대해지며, 좋은 서비스를 받을 것을 기대하면서, 허용영역도 좁아지는 경향이 있다.

3.3 서비스 기대관리 방안

서비스에 대한 기대관리 방안은 상품 구매 전, 구매 시(호텔 투숙 중), 구매 후(호텔 투숙 후)로 나누어서 볼 수 있다. 〈표 13-1〉에 이에 대한 것이 정리되어 있다.

〈표 13-1〉 서비스 기대관리 방안

구매 단계	서비스기대관리 방안
구매 전	• 소비자의 기대를 조사한다. • 소비자에게 무엇을 기대할지에 대해 이야기한다. • 소비자가 기대하는 서비스를 지속적으로 제공한다.
구매 시	• 서비스를 제공하는 동안 소비자와 커뮤니케이션 한다. • 가능하다면 소비자의 기대를 충족시킬 수 있도록 서비스를 수정한다. • 서비스의 수정이 불가능하다면, 그 이유를 설명한다.
구매 후	• 기대가 충족되었는지 알아보기 위해 소비자와 대화한다. • 후속 프로그램(follow-up program)을 개발한다. • 불만족 고객에 대한 관리 절차를 개발한다.

자료원 : 이유재, 서비스마케팅, 2011에서 수정재인용.

구체적으로 기대관리 방안과 관련된 소비자의 기대에 부응해 만족을 시킬 수 있는 서비스 원칙을 살펴보면 다음과 같다.

- **소비자의 파악** : 소비자의 기대하는 서비스를 제공하기 위해서는 고객을 알아야 한다. 이를 위해 적절한 내부 및 외부의 마케팅조사 방법을 활용할 필요가 있다. 고정고객인 소비자의 이름과 직함을 불러주고, 처음에 방문한 소비자일지라도 친근하게 대해야 한다. 소비자는 고객으로서 기억 받기를 원하고, 환영 받고 싶어하며, 관심을 받기를 바라며, 중요한 사람으로 인식되기를 바라는 기본적인 관계마케팅의 원칙이 적용되기 때문이다.
- **소비자의 관점에서 보기** : 호텔의 입장이 아닌 소비자의 입장에서 볼 때 모든 문제에 대한 이해가 빠르다. 기업의 입장에서 옳은 것도 소비자의 입장에서는 적절하지 않을 수 있다. 따라서 호텔의 입장보다는 소비자의 욕구를 충족시켜주는데 목적을 두어야 한다. 소비자들은 합리화 효과(rationalization effect)로 인해 자신에게 일어난 일들, 예상치 못한 일들에 대

해서 반드시 설명이 있어야 하기 때문에 이 과정이 중요하다. 따라서 어떤 경우는 호텔의 규정에 어긋난 요구일지라도 그것을 성심 성의껏 해결하도록 해야 한다. 해결이 되지 않는다면 그 이유를 적절히 설명하는 것이 필요하다. 이렇게 함으로써 소비자의 기대에 부응할 수 있다.

- **순서효과(sequence effect)를 활용하기** : 소비자는 서비스에 대한 경험을 회상할 때 모든 순간을 기억하지 않고, 중요한 몇 가지 순간을 기억한다. 자신의 경험을 고통 또는 기쁨의 순서와 결말에 기초하여 평가하는 경향이 있다. 또한 시간이 지남에 따라 좋아지는 경험을 선호하는 경향이 있다. 따라서 중간 과정보다는 마지막 순간에 더 만족할 수 있을 만한 서비스를 제공해야 한다.
- **소비자의 수고를 들어주기** : 소비자의 적은 노력과 시간투자로 필요한 것들을 얻을 수 있도록 해야 한다. 무작정 기다리며 보내는 시간은 실제보다 4배나 길게 느껴지기 때문에 소비자의 시간을 절약할 수 있도록 해야 한다. 또한 고객이 투자한 요금과 시간에 대해서 더 가치를 느끼도록 해 주어야 한다.
- **소비자의 의사결정을 촉진시킴** : 결정하기를 주저하는 소비자에게 결정을 내릴 수 있는 추천이나 권유를 제시한다. 또 적절한 판매제시를 통해 그들에게 결정할 수 있는 가이드라인을 제시한다.
- **지속효과(duration effect)를 활용해 소비자가 회상하고 싶은 좋은 추억 만들기** : 소비자는 기억나는 좋은 경험은 다시 만들고 싶어한다. 소비자는 관심을 가지고 있는 것일수록 시간의 흐름을 느리게 느낀다. 따라서 관심을 가질 만한 경험들을 만들어서 좋은 경험을 남길 수 있도록 해야 한다. 이러한 경험은 구전효과를 일으킬 뿐만 아니라 재구매를 일으키고, 소비자의 애호도를 증진시킬 수 있는 좋은 전략이다. 반면에 소비자는 좋은 경험보다는 나쁜 경험을 더 오랫동안 생생하게 기억한다. 이것은 부정적인 구전효과를 발생시킨다.

4. 서비스 품질관리

4.1 서비스 품질관리의 개념

품질은 다양한 정의를 갖고 있다. 가빈(Garvin, 1984)은 이를 선험적 접근, 사용자 중심적 접근, 상품 중심적 접근, 제조 중심적 접근, 가치 중심적 접근 차원에서 품질의 정의들을 설명하고 있다. **선험적 접근**은 품질이 정신도 물질이 아닌 독립적인 제3의 실체로 타고난 우월성이라고 보는 관점이다. 이것은 반복적 노출에 따라 품질이 인식되는 시각적인 측면이다. **사용자중심적 접근**은 품질이 보는 사람의 눈에 달렸다는 가정에서 출발하며, 품질을 최대한의 만족과 동일시한다. 개별 소비자들은 서로 다른 욕구와 필요를 가지고 있고 그들의 선호를 가장 잘 만족시켜주는 상품을 높은 품질로 간주한다는 주관적이고 수요자 중심적인 접근이다. **상품 중심적 접근**은 품질을 정밀하게 측정 가능한 변수로 보며, 품질의 차이를 상품의 내용물의 차이나 속성의 차이로 보는 관점이다. **제조중심적 접근**은 공급자 지향적이고 엔지니어링과 제조에 관심을 두는 접근 방법으로서 상품의 설계와 규격에 맞는가에 따라 품질이 결정되는 것이다. 마지막으로 **가치 중심적 접근**은 품질을 가치와 가격으로 정의하는 관점이다. '만족스러운 가격에서 적합성을 제공하는 상품' 을 양질로 본다.

호텔의 상품과 서비스는 이런 다양한 접근의 특성들 중에도 사용자 중심적 접근과 가치 중심적 접근에 가장 가까우며, 선험적 접근, 상품 중심적 접근 순으로 품질의 특성을 파악할 수 있다. 제조중심적 접근은 호텔 상품에 적용시키기 어려운 측면이 있다.

이렇게 품질의 정의에 대해 다양한 관점을 가지고 있기 때문에 전사적 품질경영관점에서 서비스의 품질을 고려해 볼 수 있다. 전사적 품질경영은 1980년대 이후 전사적 품질관리(Total Quality Control : TQC)를 확대시킨 개념이다. 전사적 품질경영(Total Quality Management : TQM)이란 '최고경영자를 포함한 전 부서의 구성원이 소비자의 욕구를 충족시킬 수 있도록 품질의 방침, 계획, 관리, 보증, 개선 등을 전략적으로 추구하는 활동' 을 의미한다. 호텔에 있어서 서비스는 경영 성과의 성패에 중요한 영향을 미치는 요소이다. 서비스는 유형의 상품이 있는 것이 아니고, 소비자가 경험하는 현장에서 느끼는 서비스가 직접적인 품질에 영향을 미치기 때문이다. 전사적 서비스품질 관리를 위해서 다음과 같은 원칙을 고려해 볼 수 있다(이정학, 2009b).

- 서비스 품질관리에 대한 목표를 명확히 확립한다.
- 서비스 품질관리를 관장하는 전담부서를 설치한다.
- 각 고객접점의 서비스에 대한 표준화를 만든다.
- 소비자의 의견을 청취할 수 있는 다양한 장치를 마련해야 한다.
- 종업원의 의견을 청취할 수 있는 다양한 장치를 마련해야 한다.
- 종업원의 선발에 신중을 기한다.

- 종업원에 대한 교육을 강화한다.
- 고객접점 서비스 종업원들에게 권한을 강화한다.
- 서비스 품질관리 프로그램에 대한 점검 및 평가를 주기적으로 실시한다.

4.2 서비스 품질의 평가

(1) 서비스품질 평가의 개요

서비스 품질에 대한 평가는 여러 가지 차원에서 진행될 수 있다. 먼저 객관적 품질과 인식된 품질의 차이를 통해 품질을 평가하는 방법이다. 앞에서 살펴보았던 가빈의 상품중심적 접근과 제조중심적 접근을 통해 본 품질은 객관적 품질에 대한 인식이고, 사용자 중심적 접근은 인식된 품질로 볼 수 있다. 인식된 품질이 실제 소비자가 느끼는 품질이므로 이것과 객관적 품질의 차이를 통해 개선점을 찾아야 할 것이다.

다음으로 과정품질과 결과품질을 볼 수 있다. **과정품질**은 서비스를 제공받는 과정에서 느껴지는 품질이다. 종업원의 용모, 행동, 일을 수행하는 모습 등을 통해 소비자가 받는 인식에 대한 품질이다. **결과품질**은 소비자가 기업과 상호작용에서 받는 것을 말한다. 소비자의 호텔이용에 대한 경험이라고 볼 수 있다. 이들이 조합되어 소비자의 상품 서비스에 대한 품질 인식이 결정된다고 볼 수 있다.

마지막으로 기대와 성과에 대한 비교이다. 소비자의 서비스 기대관리에서 살펴보았듯이 소비자가 기대하는 서비스의 차이가 소비자의 만족을 가져올 수도 있고 불만족을 가져 올 수도 있음을 살펴보았다. 소비자가 인식한 서비스품질은 호텔이 제공해야 한다고 느끼는 소비자들의 기대와 호텔의 서비스 제공 성과에 대한 소비자들의 인식을 비교한 데서 나온다(Parasuraman, Zeithmal, and Berry, 1985). 소비자의 기대와 인식 사이에 불일치 정도가 작을수록 높은 품질 인식을 가져오게 된다. SERVQUAL은 서비스업의 품질을 측정하는데 유용하게 사용되는 모델이다.

(2) 서비스 품질 평가의 주요 차원

SERVQUAL은 1985년에 파라슈라만, 자이타믈과 베리에 의해서 제시된 개념으로 22개의 측정항목을 10개의 차원으로 처음 제시를 했었던 모델이다. 줄어 든 10개의 차원은 유형성(tangibles), 신뢰성(reliability), 응답성(responsiveness), 능력(competence), 예절(courtesy),

신용도(credibility), 안정성(security), 접근 가능성(access), 커뮤니케이션(communication), 고객의 이해(understanding the customer)이다. 이 모델은 1988년에 5가지의 차원으로 수정 제시되었다. 이 차원들은 신뢰성, 응답성, 확신성, 공감성, 유형성이다.

신뢰성(reliability)은 약속한 서비스를 정확히 제공하는 능력을 말한다. 서비스 제공내용, 가격 등 직접 또는 간접적으로 약속하는 것을 제대로 이행했는지 여부에 대한 것을 측정한다. 예를 들어 패키지 상품 내용의 약속 준수, 호텔 및 항공기 예약 사항의 준수 등을 통해 측정될 수 있다.

응답성(responsiveness)은 소비자를 도와주려는 의지와 신속한 서비스를 제공하고자 하는 의지의 표현을 말한다. 소비자에게 자신의 요구사항, 질문, 불만, 문제의 제기에 얼마나 신속히 응답했는가를 통해 파악이 될 수 있다. 예를 들어 적극적인 고객의 불평 처리, 호텔에서 소비자 요구에 적극 응대하는 여부 등을 측정해 볼 수 있다.

확신성(assurance)은 호텔과 종업원들이 가지고 있는 노하우와 능력을 통하여 소비자가 안심하고 이용할 수 있도록 확신을 심어주기 위한 노력의 정도를 말한다. 예를 들어 사고에 대한 보상 및 보험가입, 안심할 수 있는 예약업체의 소개, 목적지에서 안전하고 불편함이 없는 활동 보장 등이 그 예이다.

공감성(empathy)은 호텔과 종업원이 소비자 개개인에 대해 관심을 가지고 주의를 하여 환대를 보여주는 정도를 말한다. 노약자 및 장애인에 대한 시설 지원 및 관심, 사회 및 문화와 주의사항에 대해 사전에 숙지시키는 것과 같은 활동을 통해 드러난다.

유형성(tangibles)은 호텔이 가지고 있는 물리적 시설인 건물, 인테리어, 비품, 가구와 종업원의 복장, 외모, 태도, 커뮤니케이션을 위한 각종 도구에 대한 가시적인 표현의 정도이다. 유형성은 보이지 않는 서비스를 소비자에게 물리적 증거로 제시하는 효과가 있다.

4.3 서비스 품질관리

(1) 갭(Gap) 분석 모형

서비스의 품질관리는 갭(gap) 분석 모형에 의해 측정이 된다. 상품의 서비스 갭(Gap)은 서비스의 생산과 소비가 분리되어 있지 않고 사람을 중심으로 일어나기 때문에 발생한다. 특히 사람의 개입은 서비스의 표준화를 어렵게 만들고, 종업원의 부적절한 서비스가 이루어지면 종업원과 고객에 따라 편차를 발생시키는 이유가 된다. 경우에 따라서는 과대광고나 서비스를 정확히 전달하지 못하는 커뮤니케이션 차이가 발생 이유이기도 하고, 기업의 단기이윤만을 강조하는 견해 때문에 발생하기도 한다.

[그림 13-6] 갭 분석 모형

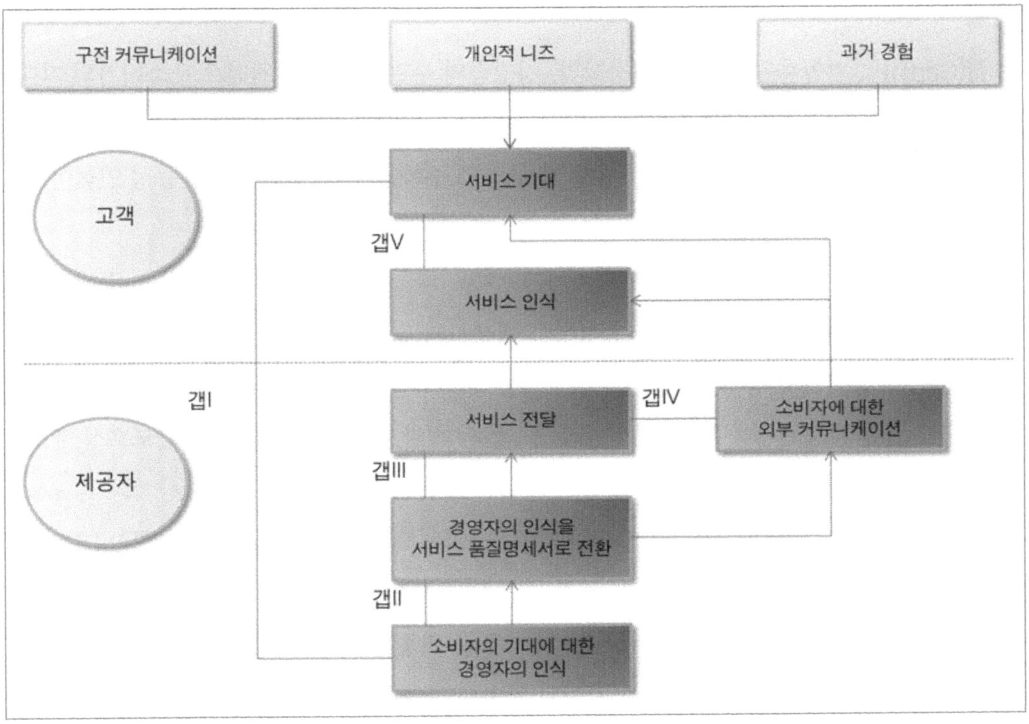

이러한 차이를 체계적으로 분석한 갭(gap) 분석 모형은 자이트말, 베리와 파라슈라만에 의해 제시된 방법으로 [그림 13-6]에서처럼 4개의 갭이 소비자의 기대와 소비자가 받는 실제 서비스 사이에 차이를 만든다고 제시한 모형이다. 상품의 서비스 품질을 개선하려면 위와 같은 4가지 갭의 원인을 찾아, 그 갭을 줄일 수 있는 전략을 개발하는 것이 필요하다. 갭 분석 모형에서 흐름은 다음과 같다. 서비스 기대는 소비자의 구전 커뮤니케이션, 개인적 욕구, 과거의 경험 및 기업의 외부 커뮤니케이션 활동에 따라 달라진다. 소비자가 인식한 서비스는 소비자가 실제로 경험하는 서비스로서 일련의 결과나 활동의 결과로 나타난다. 소비자의 기대에 대한 경영자의 인식은 서비스 품질명세서를 결정하고 이는 다시 서비스 전달에 영향을 미친다. 서비스 전달과 외부 커뮤니케이션은 소비자의 서비스 인식에 영향을 주게 된다. 이러한 갭들과 주요 해결 방안을 살펴보면 다음과

같다.

- **갭(Gap) I** : 기업에서 소비자가 기대하는 바를 알지 못할 때에 발생한다. 소비자와 커뮤니케이션 노력, 시장조사의 시행, 상향적 커뮤니케이션의 활성화, 관리층의 축소 등을 통해 해결할 수 있다.
- **갭(Gap) II** : 기업자원의 제약, 시장상황, 경영층의 무관심과 같은 원인으로 소비자의 기대를 반영하지 못하는 서비스 품질기준을 명기할 때에 일어난다. 이를 해결하기 위해서는 최고경영자의 헌신, 서비스 품질 목표의 개발, 업무의 표준화, 고객기대의 실행가능성 인식이 필요하다.
- **갭(Gap) III** : 종업원이 품질명세를 숙지하지 못했거나, 수행능력이 부족하거나, 수행을 꺼리는 과정에서 서비스의 실제 성과가 서비스 명세서와 일치하지 않을 때에 일어난다. 주요 해결 방안은 팀워크의 향상, 종업원의 직무적합성을 보장, 기술과 직무적합성의 보장, 종업원에게 인식된 통제권한을 제공, 경영통제시스템의 개발, 역할 갈등 해소, 역할모호성 해소 등을 통해 이루어질 수 있다.
- **갭(Gap) IV** : 커뮤니케이션의 부족 또는 부적합, 과대 약속으로 인해 마케팅 커뮤니케이션에서 약속한 수준의 서비스 성과가 따르지 못할 때에 나타난다. 이를 해결하기 위해서는 수평적 커뮤니케이션을 확대하고 과대 약속의 유혹을 거절할 필요가 있다.
- **갭(Gap) V** : 서비스 기대와 서비스 인식의 차이를 나타낸다. 소비자가 인식한 서비스 품질은 기대된 서비스와 인식된 서비스의 차이, 즉 갭 V의 크기와 방향에 의존하며, 이것을 다시 호텔경영자의 측면에서 서비스의 제공과 관련된 위의 4가지 갭의 크기와 방향에 의해 결정된다. 즉 갭 V의 방향과 갭 I~갭IV의 함수로 표현할 수 있다. 이를 통해 인식된 서비스 품질은 이상적 품질로부터 수용할 수 없는 품질의 수준까지 다양하게 나타난다.

(2) 서비스 품질 문제의 원천

서비스 품질에 문제가 발생하는 원천을 살펴보면 다음과 같다(이유재, 2011).

- **생산과 소비의 비분리성 및 노동집약성** : 상품은 제조된 후에 판매되고 소비되는데 반하여 서비스는 판매된 후에 고객 앞에서 생산된다. 이러한 생산과 소비의 비분리성은 대부분의 호텔 서비스가 노동집약적인 특성을 지니므로 한층 더 중요하다. 서비스가 표준화가 어렵고, 제공

된 서비스의 편차로 고객의 서비스 경험이 불만족스럽게 된다.

- **서비스 직원에 대한 부적절한 서비스** : 고객이 받은 서비스품질은 서비스 직원이 수행하는 서비스의 품질이므로 서비스 직원에 대한 부적절한 서비스는 서비스 품질 문제의 주요 원천이다. 이것은 내부마케팅에 의해 진행되는 내부서비스이다. 따라서 서비스 제공직원에게도 만족할만한 서비스품질을 제공해야 한다.
- **커뮤니케이션상의 차이** : 이것은 서비스 품질 문제의 주요 원천이다. 호텔의 과대광고 또는 서비스를 고객에게 정확히 인식시키지 못하거나, 고객의 요구를 정확히 들으려고 하지 않을 경우에 발생한다.
- **기업의 단기적인 견해** : 호텔의 단기이윤을 강조하는 경우 종업원들에게 비용절감을 강요하게 된다. 이 때 고객의 이익을 최우선으로 고려하지 않아 고객의 서비스 품질평가를 낮출 수 있다.
- **고객을 수치로 보는 견해** : 호텔은 많은 고객을 보유하고 있기 때문에 이들에게 개별화된 서비스를 제공해야 하는데 그렇지 못한 경우가 있다. 특별히 고객을 수치로 보는 견해를 갖는 경우에 더욱 그렇다. 개별 고객의 중요성을 간과하고 이들에게 민감한 서비스를 하지 않게 된다.

(3) 서비스 품질의 개선방법

서비스 품질이 문제가 되었을 경우 다음과 같은 노력들을 통해 개선을 할 수 있다(이유재, 2011).

- **중요한 서비스 품질의 결정요소 파악** : 서비스 품질의 개선은 고객에게 중요한 서비스 품질 결정요소를 파악하는 것으로부터 시작할 수 있다. 호텔과 경쟁자가 이를 결정요소에서 어떻게 소비자에게 평가되고 있는지를 살펴보고 문제가 있는 요소들을 개선한다.
- **고객의 기대관리** : 앞 절에서 살펴보았듯이 고객의 기대는 고객의 품질에 대한 인식에 중요한 역할을 한다. 과대약속의 유혹에서 벗어나 적절한 서비스정보를 제공하는 것이 좋다.
- **유형적 요소의 관리** : 호텔은 유형적 요소의 관리를 통해 고객의 기대관리 수준을 조절해 줄 수 있다. 고객의 기대관리가 서비스제공 이전의 현실적 기대를 보증하는 것이라면 유형적 요소의 관리는 서비스 제공 이후의 인식형성이기 때문이다. 고객은 유형적 요소를 통해 평가를 하기 쉽기 때문이 이것을 서비스 품질평가에 이용하는 경향이 있다.

- **고객에게 서비스내용의 제공** : 호텔은 고객의 측면에서 교육을 통하여 고객을 도울 수 있다. 서비스의 일부를 고객 스스로 수행할 수 있게 한다든지 서비스 사용의 적절한 시기, 방법, 또는 서비스가 수행되는 과정을 설명해 줌으로써 고객의 지식을 증대시킬 수 있다. 이러한 지식은 고객에게 좋은 의사결정을 할 수 있게 함으로써 고객만족을 증대시킨다.
- **호텔 내에 품질문화 정착** : 지속적으로 높은 서비스 품질을 유지하기 위해서 호텔 내에 품질문화 개념이 구현되도록 해야 한다. 품질기준을 확립하고, 이 기준을 충족시킬 수 있는 직원을 채용하고, 훈련시키고, 공정한 보상이 이루어질 수 있도록 한다.
- **자동화 실현** : 기술적으로 자동화가 가능한 영역은 자동화 시스템으로 대체할 때 서비스 제공 시의 잘못을 줄일 수 있으며, 이것을 통하여 서비스 품질을 일정하게 제공할 수 있다.
- **변화하는 고객기대에 대응** : 고객의 기대는 고정된 것이 아니라 시간과 상황에 따라 변화한다. 고객은 기대수준이 점차적으로 높아지고 관점이 변화하고 있다. 이에 대해서 호텔의 서비스도 변화해야 한다.
- **호텔이미지 향상** : 신용과 이미지를 개선함으로써 고품질의 서비스를 제공하는 회사로 남을 수 있다. 대중매체와 인터넷을 활용한 적절한 광고전략은 좋은 방법 중에 하나이다.
- **가시적 평가기준 제공** : 고객에게 가시적인 평가기준을 호텔 스스로 제공해주는 것도 좋은 방법이다. 대표적으로 서비스 분야의 고객만족도 상이나 데밍상, 말콤볼드리지 상과 같은 공신력 있는 상은 좋은 가시적 평가기준이다.

[그림 13-7] 서비스 품질관련 상을 받은 인터콘티넨털 호텔 홈페이지

자료원 : http://seoul.intercontinental.com

토론해 볼 문제

1. 주 변의 두 개의 호텔을 선정해서 물리적 환경을 비교해 보고 어떤 장, 단점이 있는지를 토론해 보시오.
2. 호텔의 서비스 프로세스 상에서 느꼈던 호텔의 이미지에 대해서 토론해 보시오.
3. 호텔에 대한 서비스 기대 수준에 비해 높은 서비스를 제공했던 호텔과 그렇지 못한 호텔을 조사해보고 어떤 점이 그런 차이점을 발생시켰는가에 대해서 토론해 보시오.
4. 갭 모형을 통해 호텔 서비스 품질의 차이가 어떻게 구체적으로 발생할 수 있는지를 토론해 보시오.

Chapter 14

호텔마케팅의 전략적 이슈

1. 관계마케팅
2. 텔레마케팅
3. 감성마케팅

14 호텔마케팅의 전략적 이슈

● 학습목표
1. 관계마케팅의 개요, 효과, 관계형성방법, 실천단계에 대해서 알아본다.
2. 텔레마케팅의 개요, 효과, 전개 방안에 대해 알아본다.
3. 감성마케팅의 개요, 종류, 전략에 대해서 알아본다.

1. 관계마케팅

1.1 관계마케팅의 개요

(1) 관계마케팅의 배경

과거에는 새로운 고객 창출을 가장 중요한 것으로 여겼다. 최근에는 시장의 경쟁이 치열해지면서 과거의 고객들과 개인적인 관계구축이 중요한 마케팅활동으로 부각되고 있다. 대부분의 마케팅 관리자는 새로운 고객을 유치하기 보다는 기존 고객을 재방문 하도록 유도하는 것이 비용측면에서 적게 든다는 것을 알고 있다. 또한 이탈리아 경제학자인 파레토(Pareto)는 국가 부의 80%는 20%의 국민에게 있다는 '80:20 법칙'을 제시했다. 기업의 경우에도 80%의 매출이 20%의 우량고객으로부터 발생함을 발견하고 20%의 핵심고객에게 역량을 집중시킬 필요성을 갖게 되었다. 이에 따라 현대의 마케팅은 개별적인 거래관계에서 가치를 지닌 고객들과 장기적인 관계를 구축하는 시대로 접어들고 있다.

전통적인 마케팅은 고객에게 일단 물건을 파는 것을 통해 판매극대화 하는데 목적이 있지만, 관계마케팅은 장기적인 관계를 유지하여 자연스럽게 수익이 창출될 수 있도록 하는데 목적이 있다. 전통적인 마케팅은 일방적이고 일회성 메시지 전달에 치중을 두지만, 관계마케팅은 다양한 수단을 통해 쌍방향 의사전달 과정을 거친다. 고객을 보는 시각도 판매의 대상이 아닌 동반자적인 관계로 본다. 기존 마케팅은 세분시장에 대한 차별화 마케팅의 관점에서 상품에 두었지만 고객의 관점으로 바뀌고 있고, 이를 통해 마케팅전략을 구사할지라도 대량생산, 대량판매에 의한 규모의 경제(economy of scale)의 관점이 강했다. 관계마케팅은 한 고객에게 다양한 상품을 판매하거나 거래

〈표 14-1〉 전통적인 마케팅과 관계마케팅의 차이점

전통적인 마케팅	관계마케팅
• 단순판매 지향적	• 고객유지 지향적
• 중단되는 고객접촉	• 계속적인 고객접촉
• 상품특성을 중요시	• 고객가치를 중요시
• 단기적 규모	• 장기적 규모
• 고객서비스의 중요성을 덜 인식함	• 고객서비스의 중요성 인식
• 고객기대 충족에 대한 제한적 사명감	• 고객기대 충족에 대한 높은 사명감
• 품질은 생산지원 부서만의 관심사	• 품질은 모든 직원들의 관심사

자료원 : Kotler 외(2010)에 있는 Bowen and Shoemaker (1997)의 자료를 재 인용함

기간을 장기간 유지하는 범위의 경제(economy of scope)의 관점을 갖고 있다. 이에 따라 기존의 마케팅이 시장점유율에 기초한 마케팅 성과를 보았다면 관계마케팅은 고객점유율 관점으로 마케팅 성과를 보고 있다. 이러한 관점에서 정리한 내용이 〈표 14-1〉에 정리되어 있다.

관계마케팅(relationship marketing)은 고객과 장기적인 관계를 구축하고, 유지하고, 강화하는 마케팅활동이다. 고객을 수적인 의미에서 보다 하나의 사람으로서 대하여야 한다는 측면에서 바라보는 방법이다. 따라서 장기적인 관계 구축을 위해 고객의 생애가치(Lifetime Value : LTV)를 늘리는데 목적을 둔다. 고객의 생애가치는 5년 또는 10년 정도의 장기적인 기간 동안 고객이 기업에게 어떤 가치가 있는 관점에서 접근한다.

관계마케팅을 진행하면 기업은 장기적으로 이익이 증가하고, 신규고객을 확보하거나 기존고객을 유지하는데 드는 비용이 감소하게 된다. 이외에도 관계마케팅으로 유지되는 고객이 다른 사람에게 구전효과를 일으키는 장점도 있다. 종업원들에게는 고객과의 좋은 관계를 유지함으로써 이직률이 감소되는 효과도 간접적으로 나타나게 된다. 따라서 기업은 기업에게 가치 있는 고객을 유지하는 것을 중요하게 생각한다. 〈표 14-2〉에는 고객 방문 빈도(customer frequency)에 따른 고객의 유형과 이익의 관계와 그에 따른 호텔의 적절한 대응 전략이 제시되어 있다. 표에서 보듯이 이익을 많이 가져다 주고 높은 방문 빈도를 갖는 고객들은 경영자의 관심이 된다. 이들은 상용고객 우대프로그램에서 VIP 층에 해당되는 고객들이다.

〈표 14-2〉 고객의 유형과 이익

구 분	낮은 방문 빈도	높은 방문 빈도
높은 이익률	이러한 유형의 고객은 좀더 자주 호텔을 방문할 수 있도록 노력한다.	이러한 고객은 최고의 고객이므로 그들에게 보상을 한다.
낮은 이익률	이러한 고객들은 판촉행사만 찾아 다닌다. 판촉을 할 때 이익이 남는지 확인한다.	이러한 고객들 중 일부는 보다 많은 이익을 가져다 줄 수 있는 잠재력을 가지고 있다.

자료원 : Kotler, Philip, John Bowen, and James Makens, 호텔·외식·관광마케팅, 김영태 옮김, 2010.

이들 VIP고객들을 대상으로 관계마케팅은 더 발전되어 귀족마케팅(VIP marketing)이라는 개념도 등장했다. 귀족마케팅은 관계마케팅을 하고 있는 고객 중에 상위 1~5%의 부자들을 대상으로 하는 마케팅이다. 이들은 소수의 고객이지만 수익의 규모가 크고 마케팅능력에 따라 얼마든지 높은 이익을 창출할 수 있는 고객층이다. 귀족마케팅은 제품중심적 영업이 아닌 개인별 고객의 필요에 따라 선별된 상품과 서비스를 재구성하는 판매방식을 활용한다. 이들을 통해 호텔은 안정된 매출을 확보할 수 있다. 이들은 경기에 영향을 적게 받으며, 일반소비자들과 달리 가격탄력성이 작고 가격대비 마진율이 높은 고객들이다(이정학, 2009b)

(2) 관계마케팅의 목적

관계마케팅의 근본적인 목적은 우량고객을 통한 신규고객의 유치, 고객의 유지, 고객과의 관계의 제고를 하고자 하는데 있다.

첫째, 신규고객을 유치하는 것이다. 신규고객을 유치할 때 기업은 장기적인 고객이 될 수 있는 고객을 선별적으로 유치할 필요가 있다. 대표적으로 기존의 우량고객의 추천제도를 활용하는 방법이 좋다. 그들이 추천한 고객은 신규고객이지만 장기적인 우량고객이 될 가능성이 높다. 기존의 고객이 신규고객을 유치할 때 인센티브를 주는 제도를 MGM(Members-Get-Members)제도라고 한다.

둘째, 고객의 유지에 있다. 한 번 찾아온 고객을 내보내지 않고 유지하는 것이다. 고객을 만족시켜 고객이 재구매를 하게 함으로써 그 목적을 달성할 수 있다.

셋째, 관계를 제고(enhancement)하는 것이다. 고객과의 관계에서 견고성과 친밀성을 증가시킴으로써 고객과의 관계를 발전시키는 것이다.

이러한 목적들은 고객에게 장기적인 가치를 제공함으로 고객의 충성도 제고하여 고객을 만족시킴으로 달성된다. 호텔의 고객들이 잦은 이용빈도와 구전에 의해 영향을 받는다는 점을 고려했을 때 매우 중요한 요소이다. 모든 관계마케팅의 노력의 핵심 성과는 개인고객이 특별하다고 느낄 수 있게 하고, 조직이 그들에게만 지대한 관심을 보이게 하는데 있다.

(3) 관계마케팅의 효과

관계마케팅을 진행하면 다음과 같은 효과를 얻을 수 있다(이유재, 2011; 이정학, 2009b).

- **구매의 증가 및 시장점유율 유지** : 특정 호텔의 단골고객은 상품품질에 불만족하지 않는 한 지속적으로 거래하기를 원하기 때문에 관계마케팅은 구매를 증가시키며, 고정고객을 통해 최소한의 시장점유율을 유지시킬 수 있게 된다.
- **마케팅비용의 절감** : 신규고객을 유치하기 위해서 초기 마케팅비용이 기존고객의 5배 정도 소요가 된다. 기존고객과의 지속적인 유지비용은 시간이 지남에 따라 점점 낮아지기 때문에 마케팅비용이 절감된다.
- **구전을 통한 무료광고** : 고객과의 관계가 잘 유지되면 고객 자신의 호텔 이용경험을 잠재고객들에게 전파하는 형태로 구전을 전개함으로 무료광고가 된다. 특별히 경험을 통해서 품질을 확인할 수 있는 호텔의 경우에는 구전효과의 영향이 크다.
- **고객만족 서비스가능** : 기존고객의 구매패턴과 전반적인 관계의 파악이 용이하고, 고객의 구체적인 욕구에 대응하기가 수월해지고, 쌍방향 의사소통을 통해 고객이 원하는 서비스를 제공함으로써 고객만족을 증진시킬 수 있다.
- **사업기회의 확대** : 고객과의 관계와 고객에 대한 지식을 기반으로 사업을 다각화 할 수 있다. 호텔은 충성도가 있는 고객들의 지식을 중심으로 새로운 레스토랑이나 부대사업을 진행할 수 있다.
- **종업원의 유지** : 고객이 품질에 만족하고 지속적으로 거래한다는 것을 고객을 만족시켜주는 종업원이 있기 때문이다. 호텔의 입장에도 이런 종업원을 다양한 내부마케팅을 통해 만족시켜서 잘 유지시킬 필요가 있다.

1.2 관계마케팅을 위한 관계형성 방법

(1) 고객과 관계형성 방법

고객과 좋은 관계를 구축하려면 어떻게 해야 하는가? 이를 위해서 고객의 구매 전에서부터 시작하여 구매 후까지 관계마케팅을 체계적으로 진행해야 된다. 구매 전에는 고객을 신중히 선택하고 고객이 원하는 것을 약속할 수 있어야 한다. 구매 중에는 고객의 데이터베이스에 있는 고객정보를 중심으로 고객접점에서 구매하는 과정이 기억에 남을 만큼 감동을 줄 수 있는 마케팅활동을 진행한다. 구매 후에는 고객과의 접촉을 유지하면서, 신속하고 효율적인 서비스를 제공할 수 있어야 하며, 고객의 불만을 항상 들어야 한다. 해피콜 서비스, 만족도 모니터링, 감사의 편지, 메일의 발송 등이 그 대표적인 예이다.

구체적인 관계형성 방법으로 세 가지 방법을 제시할 수 있다(Kotler 외, 2010). 첫째는 고객과의 관계에 있어 구전적인 이익을 부가하는 것이다. 마일리지 프로그램과 같은 상용고객 우대프로그램을 통해 빈번하게 이용하는 고객에게 혜택이 돌아가게 하는 방법이다. 고객에게 돌아가는 혜택은 항공기 좌석이나, 객실의 등급을 올려주거나, 마일리지 포인트를 활용할 수 있도록 하는 보상프로그램이다. 다음과 같은 내용들을 구체적으로 추진할 수 있다(Morrison, 2006).

- **서비스 접점(service encounter) 관리** : 고객의 이름, 선호 사항 등을 파악해 고객을 개별적으로 대할 수 있도록 훈련시킨다.
- **인센티브 제공** : 고객들에게 상용고객 우대프로그램(frequent-guest program)과 같은 인센티브를 제공한다.
- **특별한 서비스 제공** : 최고경영자라운지 객실을 제공한다든지 항공사 클럽 라운지 멤버십이나 개인 화물 번호표 등과 같은 서비스를 제공한다.
- **장기이용고객을 위한 가격차별화** : 객실, 레스토랑, 회의실 등의 시설을 재방문하는 고객에게 특별 가격 혹은 할인혜택을 제공한다.
- **고객 데이터베이스 유지** : 개별 고객에 대한 데이터베이스를 구축 및 관리한다.
- **직접매체를 통한 고객과의 의사소통** : 고객과의 직접적인 의사소통을 위해 우편이나 사보 같은 매체를 이용한다.

둘째는 금전적인 이익에 더불어 사회적인 이익을 부가하는 것이다. 종업원은 고객의 필요와 욕구를 알아내어 고객과의 사회적 유대를 강화하도록 한다. 상품과 서비스를 개별 고객의 맞춤화함으로써 고객을 단골고객으로 만들어간다. 일반 고객처럼 대중의 일부로서 또는 거대한 세분시장의 일부로서 서비스를 받는 것이 아니라, 단골고객은 각 개인별로 차별화된 서비스를 받게 된다.

셋째는 금전적, 사회적 이익뿐만 아니라 구조적 유대관계를 부가하는 것이다. 예를 들어 단골고객이 예약을 할 때, 그들만의 전화번호와 같은 연락 시스템을 가지고 있게 하는 것이다.

(2) 관계마케팅을 위한 조직의 준비

관계마케팅을 진행하기 위해서는 다음과 같은 조직적인 준비가 되어 있어야 한다(Kotler 외, 2010).

- **관계관리에 유리한 중요 고객(key customer)을 파악한다** : 최대 또는 최고의 고객을 선택하여 관계관리(relationship management)의 대상으로 한다. 현저한 구매 횟수나 금액 등의 측면에서 증가를 보이든가, 새로운 분야의 발전을 선도한 고객은 그 밖의 대상자로서 추가한다.
- **각각의 중요한 고객에게는 1명의 유능한 관계관리자를 배정한다** : 현재 그 고객에게 서비스를 하고 있는 영업부 직원은 관계관리 훈련을 받든가, 높은 능력을 갖춘 다른 직원으로 교체해야 한다. 관계관리자는 고객과 잘 어울리고 흥미를 끌 수 있는 성격을 가지고 있어야 한다.
- **관계관리자(relationship manager)를 위한 명확한 직무기술서(job description)를 작성한다** : 보고관계, 목적, 책임, 평가기준에 대하여 기술하여야 한다. 관계관리자를 모든 단골고객 대응에 중심 역할을 하도록 해야 한다. 각각의 관계관리자 한 명에게 한 명 내지 몇 명의 단골고객 관계만을 관리하게 하여야 한다.
- **각각의 관계관리자에게 고객관계의 연간계획과 장기계획을 세우도록 한다** : 이러한 계획 가운데 목적, 전략, 특별시책, 필요자원 등이 포함되어야 한다.
- **관계관리자를 감독하는 전체 총괄관리자를 임명한다** : 이 관리자는 관계관리자의 효용을 향상시킬 수 있게 자원지원을 뒷받침한다. 직무기술서 내용, 평가 기준을 작성하고 자원지원을 뒷받침한다.

(3) 고객관계관리 전략

고객관계관리(Customer Relationship Management : CRM)란 선별된 고객, 즉 우수고객으로부터 지속적인 수익창출을 유도하고 장기적으로 고객관계가 유지될 수 있도록 고객관계를 관리하는 것이다(이정학, 2009b).

고객관계관리는 호텔의 내부와 외부 자료를 분석하고 통합하여 각 고객특성에 기초한 마케팅활동을 전개해야 한다. 주요 자료는 고객의 신상정보, 구매이력에 대한 데이터베이스를 통해 텔레마케팅, 다이렉트 메일, 뉴스레터, 이메일 등을 활용해 관리를 하게 된다.

고객관계관리는 고객과의 우호적인 관계를 구축함으로써 장기적인 측면에서 수익향상을 가져온다. 고객수를 증대시키고, 고객생애가치를 증대시키며, 고객확보와 유지비용의 감소를 가져다준다. 고객생애가치(Life Time Value : LTV)란 고객 한 사람이 평생 자사의 상품만을 구매했을 시에 자사에게 기여한 이익을 말한다. 여기서 말하는 평생은 보통 5년에서 10년 단위 기간을 말한다. 고객생애가치가 높은 고객을 대상으로 수익성이 높거나 가능성이 있는 고객에게 더 많은 혜택이 돌아갈 수 있도록 전개한다. 고객관계관리를 위한 구체적인 전략을 살펴보면 다음과 같다(이유재, 2011; 이정학, 2009b).

- 고객의 기호와 개인욕구를 데이터베이스화한다.
- 상품개발 및 생산단계에서 고객을 참여시킨다.
- 고객접점에서 종업원의 권한이양(empowerment)을 강화한다.
- 기존고객과의 관계유지에 주력한다.
- 기존고객을 접할 때 성함과 직함을 부른다.
- 기존고객에게 편지나 안내문을 보낼 때 이름을 명기한다.

(4) 데이터베이스마케팅 체제 구축

관계마케팅을 원활하게 수행하기 위해서는 고객의 데이터베이스를 구축하고 이를 전략적으로 활용할 수 있는 데이터베이스마케팅(database marketing) 시스템을 구축해야 한다. 고객에 대한 여러 가지 정보를 컴퓨터로 데이터베이스화하고 고객 개개인과 장기적인 관계를 구축을 위한 마케팅 전략을 수립하고 집행하는 활동을 전개할 수 있다. 관계마케팅을 원활하게 수행하기 위한 데이터베이스마케팅 시스템의 특징을 보면 다음과 같다(신우성, 2006).

- **컴퓨터에 의한 고객정보의 데이터베이스를 구축** : 고객의 이름, 주소, 나이 등 인구통계학적 정보와 취미, 라이프스타일과 같은 사회심리학적인 정보, 구매기록 등의 거래정보를 데이터베이스로 구축해야 한다. 호텔은 이러한 자료들을 다차원 분석을 하고 마케팅전략에 활용을 할 수 있도록 시스템을 구축한다.
- **일 대 일 접촉을 통해 개별고객과의 장기적인 관계를 유지** : 개별고객과 일대일 접촉을 통해 개인별 욕구를 파악하고 이를 충족시킴으로써 장기적인 관계를 유지할 수 있도록 해야 한다.

이 과정을 통해 호텔은 고객의 충성도를 창출하고 고객이 기업에 기여하는 생애가치를 극대화할 수 있다. 실제로 리츠칼튼 호텔에서는 고객의 과거 주문사항과 개인적 취향 데이터를 철저하게 관리하면서 딱딱한 베개를 원하는 고객에게 사용할 방의 베개를 미리 교체하는 등 개별고객의 맞춤 서비스를 제공하고 있다.

- **쌍방향 커뮤니케이션** : 고객과 기업의 커뮤니케이션을 쌍방향으로 설계함으로써 고객의 반응을 즉각적으로 파악할 수 있고, 이를 호텔의 마케팅활동에 적시에 반영할 수 있다.

고객과의 관계제고를 위해 데이터베이스마케팅에서 다양한 전략들을 추진할 수 있다. 이들 전략들은 기존고객, 신규고객, 휴면고객을 대상으로 전개할 수 있다. 첫째, 기존고객을 대상으로 구매량에 따른 인센티브 등을 제공함으로써 고객활성화 전략을 사용하거나, 고객에게 물질적 혜택이나 정신적 혜택을 제공함으로써 유대강화를 통한 고객충성도를 제고하거나, 고객에게 여러 가지 정보를 지속적으로 제공함으로써 고객을 지속적으로 유지하거나, 호텔에서 객실과 같은 상품을 이용한 고객에게 다른 상품을 이용하도록 권하는 교차판매(cross-selling)를 전개하는 방법을 사용할 수 있다. 둘째, 과거의 고객으로서 현재는 이용하지 않는 휴면고객에 대해서는 다시 이용할 수 있도록 하는 재활성화 전략을 쓸 수 있다. 셋째, 신규고객을 확보하기 위해 설문조사, 직접반응광고, 타사의 고객 데이터베이스을 대상으로 하는 마케팅전략을 통해 신규고객확보 전략을 사용하기도 한다.

1.3 관계마케팅의 실천단계

관계마케팅 실천단계는 고객유치단계, 고객유지단계, 관계제고단계로 나누어서 진행될 수 있다(신우성, 2006; 이유재, 2011; 이정학, 2009b). 이들 내용에 대해서 살펴보면 다음과 같다.

(1) 고객유치단계

고객유치단계는 효과적인 고객포트폴리오를 구성하고, 올바른 고객을 유치해야 한다. 호텔은 장기적인 이익을 고객에게 제공하고, 지속적인 만족과 신뢰를 쌓아갈 수 있는 올바른 고객을 유치단계에서부터 선별할 필요가 있다. 주요한 내용을 살펴보면 다음과 같다.

- **고객포트폴리오 관리** : 고객포트폴리오(customer portfolio)란 호텔이 거래하고 있는 모든

고객들의 구성을 말한다. 특정 형태 고객의 가치와 각 고객 형태가 차지하는 비율을 안다면 고객들이 지속적 가치를 미래 수익 흐름의 관점에서 예측이 가능하다. 효과적인 포트폴리오 관리를 위해서는 우선 호텔의 자원과 부합되는 고객포트폴리오를 구성하고, 고객을 상품을 일부로 간주해야 한다. 이를 기초로 호텔의 수익성을 고려한다. 이 때 종업원의 관심 및 참여를 유지하는 것이 필요하다. 고객 또한 다른 고객에게 상품으로 비쳐지기 때문에 다른 고객과 시설을 공유해야 하는 시설에 대한 적절한 고객포트폴리오를 고민할 필요가 있다.

- **올바른 고객유치** : 호텔은 장기적으로 이익창출이 가능한 고객을 유치하는 것이 필요하다. 선천적으로 로열티가 높은 고객, 수익성이 높은 고객, 적합성이 높은 고객 중에 하나를 선정하는 것이 필요하다. 또한 호텔에게 아이디어를 제공하거나 개선점을 제공하는 고객도 올바른 고객이다. 이들과의 장기적인 관계구축을 통해 상호이익을 얻을 수 있다. 가장 유치하고 싶어하는 고객이 가장 최악인 고객인 경우와 같은 역선택(adverse selection) 위험을 회피하고, 장기적인 이익이 되지 않은 고객들은 포기하고, 상품을 잘못 소비하거나 잘못 사용하는 불량고객(jaycustomer)이 남아있을 경우 적절한 디마케팅(demarketing) 전략을 통해 자사 상품을 이용하지 못하도록 하는 것도 좋은 방법이다.

(2) 고객유지단계

고객과의 관계를 구축하고, 호텔과 가급적이면 가깝게 하는 단계이다. 마케팅조사 등을 통해 시간의 경과에 따라 고객과의 관계를 점검하고 평가하여 수익성 있는 고객들에게 차별화된 서비스 제공으로 호텔과 지속적인 관계를 유지할 수 있도록 해야 한다. 주요한 내용은 다음과 같다.

- **관계모니터링** : 고객과 관계가 구축되었을 때 시간의 흐름에 따라 관계의 질을 모니터링하고 평가할 필요가 있다. 고객관계 설문조사나 정기적인 전화, 대인 접촉을 통해 관계를 모니터링하고 평가한다. 고객의 파악, 그들의 구매행동, 수입, 그들에게 드는 마케팅비용, 기호 및 관련시장 세분화 정보 등의 기초자료를 파악해서 활용한다.
- **상품과 서비스 회복과 불평관리** : 실패한 상품 제공이나 서비스가 있을 경우 이를 회복시키고 불평을 관리해야 한다. 특히 서비스는 이질성이 높고 인적 접촉이 많아서 고객접점마다 실패의 가능성이 내재되어 있다. 실패한 서비스일지라도 신속하게 대응하면 오히려 고객을 더 만족시키고 단골고객화 할 수 있는 계기가 될 수도 있다. 그렇기 때문에 호텔에 불만족스러운 고객이 불평을 토로할 수 있고, 이를 신속하게 해결할 수 있는 체제를 만들어야 한다

(3) 관계제고단계

대표적인 고객과 호텔의 주요 관계의 단계는 [그림 14-1]에서 보듯이 다음과 같이 다섯 가지 단계로 나눌 수 있다(Kotler 외, 2010, 이유재, 2011).

- **예상고객(prospect) 단계** : 아직 기업과 첫 거래를 하지 않은 상태에서 호텔 상품의 구입가능성이 높거나 스스로 정보를 요구하는 유망고객이다. 개인적인 접촉이나, 이메일, 텔레마케팅 등을 통해 접근할 수 있다.
- **고객(customer) 단계** : 예상 고객이 첫 거래를 한 이후의 단계이다. Kotler 외(2010)는 이를 기본적(basic) 관계로서 호텔이 상품을 판매하지만 어떤 후속조치(follow up)도 실행하지 않는 관계, 대응적(reactive) 관계로서 호텔은 상품을 판매하고 고객에게 무엇인가 질문이 있거나 문제가 있으면 언제든지 연락하도록 고객을 격려하는 관계 형태로 제시하고 있다.

[그림 14-1] 고객관계제고 단계

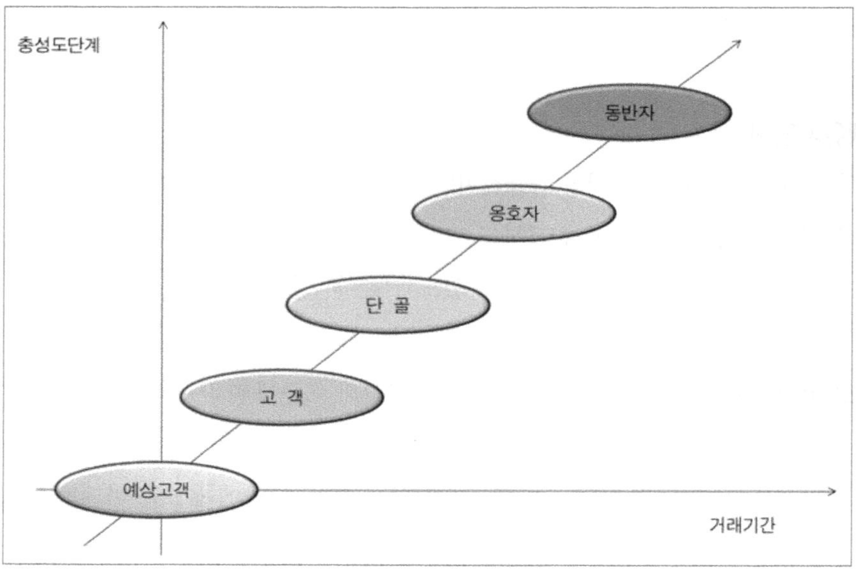

- **단골(client) 단계** : 고객이 발전하여, 한 호텔 또는 한 호텔 체인 만을 이용하는 단계가 된다. 이 때 기업은 고객과 금전적인 끈 이외의 사회 심리적인 유대감을 통한 장기적인 관계를 구축할 수 있다. 이를 Kotler 외(2010)에서는 설명적(accountable) 관계로 설명하고 있는데, 호

텔의 영업직은 예약을 접수하면, 즉시 고객에게 연락하여 확인하고 질문에 응답하는 관계이다. 행사기간 중과 그 후에 영업직은 고객으로부터 상품의 개선점과 특별히 실망한 점에 관한 정보를 찾는다. 이 정보에 의해 기업은 계속적으로 상품을 개선해 나간다.

- **옹호자(advocate) 단계** : 고객은 상품의 지속적 구입을 넘어 다른 사람에게 적극적으로 사용을 권유하는 단계이다. 구전효과와 기업의 어려움에 기업을 대변하고 옹호하는 역할까지도 하는 단계이다. Kotler 외(2010)는 사전대처적(proactive) 관계로 설명하고 있는데, 개선된 점과 장래의 행사에 대한 창조적인 제안 사항에 대해서 회사의 영업직원과 그 밖의 직원은 고객에게 수시로 연락을 취하는 관계이다.
- **동반자(partnership) 단계** : 기업과 고객이 함께 완전히 융합된 단계이다. 고객이 기업의 의사결정에 참여하고 함께 이익을 나누는 고도화된 단계이다. Kotler 외(2010)는 협력적 관계로 설명하고 있는데, 보다 나은 가치를 제공하는 방법을 발견하기 위하여 회사는 계속적으로 고객 및 다른 고객과 협력해 나가는 관계이다.

이러한 관계를 지속적으로 제고하기 위해서는 관계마케팅에서는 여섯 가지 기능을 수행할 수 있도록 설계가 된다(신우성, 2006).

첫째, 사회적 강화를 제공할 수 있도록 설계해야 한다. 고객에게 생일카드를 보내 고객의 사회적 존경이나 소속 및 유대감에 대한 욕구를 강화시킨다.

둘째, 재확신을 주도록 설계해야 한다. 재확신이란 신뢰와 헌신과 관심 등을 의미한다. 고객이 한 번 구매 이후로 기업은 고객과 지속적으로 관계를 맺어서 재확신을 주어야 한다.

셋째, 혜택을 강화할 수 있는 내용을 제공하도록 해야 한다. 고객에게 왜 그 서비스가 혜택이 있고 이익이 되는지를 설명해 주는 것을 통해 고객의 불일치를 해소할 수 있도록 한다.

넷째, 문제해결이 가능하도록 설계해야 한다. 고객을 영원한 고객으로 만드는 것은 좋은 상품을 제공하는 것 외에 불만이나 문제가 생긴 고객의 문제를 해결하는 것이다.

다섯째, 적당히 개인화된 맞춤 서비스를 제공할 수 있도록 설계해야 한다. 고객은 자신만의 서비스를 제공받기를 원하기 때문에 고객별로 개인화된 서비스를 제공할 필요가 있다.

여섯째, 서비스향상을 촉진시킬 수 있도록 설계해야 한다. 충성고객들에게 특별한 보상을 제공하거나 특별한 방식으로 혜택이 돌아가도록 해야 한다.

2. 텔레마케팅

2.1 텔레마케팅의 개요

텔레마케팅(telemarketing)은 1970년대에 미국에서 처음 등장했다. 텔레마케팅의 개념은 전화로 상품구매를 권유하거나 상품에 대한 고객들의 의견을 수집하는 통신판매에서 시작되었다. 우리나라는 1990년에 080클로버 서비스가 시작되면서 시작되었다. 텔레마케팅은 원래 전화(telephone)와 마케팅(marketing)의 합성어였다. 오늘날에는 컴퓨터로 고객을 관리하고 전화를 통해 고객의 의견을 수집하거나 고객에게 필요한 정보를 제공하는 것을 말한다. 〈표 14-3〉에서 보듯이 거시적 측면과 미시적 측면에서 다양한 환경적 배경으로 인해 텔레마케팅이 등장하게 되었다.

〈표 14-31〉 텔레마케팅의 등장배경

구분		요인
거시적 환경	인구통계적 환경	- 맞벌이 부부 및 독신자, 노령인구의 증가 등으로 24시간 상품을 구매하거나 서비스를 받아야 할 필요성 대두 - 획일적인 대규모시장으로부터 직업, 연령, 라이프스타일 등에 의해 차별화된 소규모시장으로 분리됨으로써 이에 적합한 마케팅 방법 필요
	경제적 환경	- 시간의 경제적 가치 증가 - 소득증가에 의한 지출내용의 다양화
	기술적 환경	- 컴퓨터 및 정보통신 기술의 급속한 발전 - 데이터베이스 기술의 발달
	사회문화적 환경	- 소비자에게 편하고 신속한 구매행동의 촉구 - 소비자욕구의 변화와 다양한 개성 추구
미시적 환경	기업내적 환경	- 광고비, 인건비, 일반 판매비 등 영업비용의 증가 - 교통혼잡으로 인한 이동시간의 증가와 물류비용의 증가 - 고객에게 보다 밀착된 서비스 제공을 통한 경쟁력 향상의 필요성 - 고객관계 유지 및 관리 방법의 필요 - 고객반응 파악 및 불평불만의 즉각 처리 가능 - 판매과정의 소요시간을 단축 가능

자료원 : 이정학, 관광마케팅, 기문사, 2009a, pp. 253-254.

2.2 텔레마케팅에 대한 정의

벤신(Becin, 1985), 스톤과 와이만(Stone, Wyman, 1986), 맥카퍼티(McCafferty, 1987), 필딩과 드룸먼드(Fielding and Drummond, 1991), 이희천과 한진수(2006), 이훈영(2002) 등 다양한 사람들에 의해 텔레마케팅의 정의가 제시되었다. 그 중에서 의미가 있는 정의들을 살펴보면 다음과 같다.

필딩과 드룸먼드(Fielding and Drummond, 1991)은 텔레마케팅을 '상품이나 서비스에 관련된 정보를 전달하는 도구로서 전화를 이용하여 상품이나 서비스를 판매(구매)하는 것으로 오늘날에는 때때로 다른 기술이나 도구를 이용하기도 한다' 라고 정의하였다.

이희천과 한진수(2006)는 텔레마케팅을 '보통 판매비용을 줄이고 시간을 절약하기 위하여 비대면 접촉을 사용하는 인적 판매로 특징지어지는, 잘 계획되고 조직화되고 관리된 마케팅 프로그램의 일부로서 텔레커뮤니케이션 기술을 사용하는 새로운 마케팅 분야이다.' 라고 정의하고 있다.

이훈영(2002)은 텔레마케팅을 '고객의 특성, 요구, 행동 등을 체계적으로 분석한 고객정보를 바탕으로 전화, PC통신, 인터넷 등의 정보통신수단을 이용하여 판촉활동, 고객상담, 주문 및 예약 접수 등을 수행하는 마케팅활동' 라고 말한다.

텔레마케팅은 전화를 거는 주체가 누구냐에 따라 인바운드 텔레마케팅과 아웃바운드 텔레마케팅으로 구분이 된다. 첫째로 인바운드 텔레마케팅(in-bound telemarketing)은 고객의 능동적인 참여 형태로서 고객이 외부에서 기업으로 전화를 거는 경우를 말한다. 이것은 대중매체 광고, 카탈로그, 다이렉트 메일로부터 발생되는 각종 주문이나 문의에 활용된다. 판매보다는 문제해결이나 불만처리에 중점을 두고 진행이 된다. 고객의 문의를 신속하게 응대하고 고객에게 유용한 정보를 제공함으로써 고객을 배려하는 기업의 이미지를 크게 부각할 수 있다. 또한 고객과의 통화를 통해서 얻어진 의견과 정보는 기업의 신상품개발 및 서비스 개선에 중요하게 활용할 수 있다. 1990년대까지 주로 많이 사용되었던 방법이다.

아웃바운드 텔레마케팅(out-bound telemarketing)은 기업이 고객이나 잠재고객에게 전화를 걸어 적극적으로 마케팅활동을 하는 것을 말한다. 기업이 특정한 목적을 가지고 지정된 고객에게 전화를 걸게 된다. 미리 선정된 목표 고객리스트를 대상으로 고객에게 양해를 얻고 대화를 진행해서 판촉활동, 고객관리, 마케팅조사 등에 활용한다. 판촉활동은 이 중에서 가장 많이 사용되는 것으로 전화를 이용하여 고객에게 상품을 소개하고 판매를 권유하는 가장 빠르고 효율적인 방법이다. 2000년 이후에 많이 사용되고 있으며, 기업이 공격적으로 시장에 접근해서 마케팅활동을 능동적이고 목표지향적이며 성과지향적으로 진행하는 방법이다.

전체적으로 보아 텔레마케팅은 다른 매체와 함께 전화를 중심으로 예상되는 표적고객으로부터 걸려오는 전화(in-bound call)나 표적고객에게 거는 전화(out-bound call)를 통해 상품정보의 전달, 판매 및 주문접수, 시장조사, 고객관계 유지를 위한 목적으로 진행되는 것이다. 이런 의미에서 불특정인을 대상으로 판매만을 목표로 하는 텔레세일즈(telesales)와는 구분이 된다(이훈영, 2002). 텔레마케팅은 인터넷 등과 결합하여 24시간, 1년 365일 연중무휴로 영업을 할 수 있으며, 고객은 전화를 사용하여 상품을 주문하게 되면 구매시간을 절약 할 수 있고, 기업은 판매를 위한 방문시간을 줄이면서, 유용한 마케팅정보를 수집할 수 있고, 신규고객을 창출할 수 있게 된다.

2.3 텔레마케팅의 기대효과

텔레마케팅의 일반적인 기대효과를 살펴보면 다음과 같다(이훈영, 2002; 이희천, 한진수, 2006).

첫째, 판매비용이 절감된다. 방문판매원 대신에 전화를 이용하여 마케팅활동을 전개하면 인적판매에 의해 소요되는 비용(인건비, 교통비, 출장비, 기타 경비 등)을 절약할 수 있다.

둘째, 마케팅믹스의 반응율이 증대된다. 광고나 판매촉진 혹은 다이렉트 메일 판매방식 등의 마케팅믹스 수단을 보완하는 역할을 함으로써 이들의 반응율을 높여 준다. 대중매체 광고 이후에 소비자에게 전화를 했을 때 판매로 연결되는 실질적인 효과를 얻을 수 있다.

셋째, 기업이미지를 제고한다. 전화를 통해 기업이미지 제고에 보이지 않는 효과를 가져다 준다. 소비자에게 심리적 만족을 주고 고객에게 무엇인가 이익을 준다는 생각을 심을 수 있다.

넷째, 쌍방향 커뮤니케이션이 가능하다. 일반 광고와는 달리 고객과의 상호작용을 통해 고객의 반응을 직접 파악하고 이에 대응할 수 있다는 장점을 가지고 있다.

다섯째, 실시간 원격지 접촉이 가능하다. 판매원을 파견할 수 없는 원격지에도 텔레마케팅 도구가 연결되어 있으면 마케팅활동을 수행할 수 있다.

여섯째, 시장조사가 용이하다. 고객에 대한 데이터베이스를 만들어 관리함으로써 보다 자세하게 고객의 취향과 특성을 파악할 수 있다.

일곱째, 생산성을 향상시킨다. 판촉을 위한 고객의 방문보다 시간과 비용이 절약되며, 상품판매의 단위당 생산성을 제고할 수 있다.

여덟째, 대고객서비스를 향상시킬 수 있다. 고객과의 지속적인 관계를 유지하면서 보다 새롭고 향상된 서비스를 제공하는 수단으로서 텔레마케팅을 도입할 수 있다.

2.4 텔레마케팅의 전개

텔레마케팅을 시행하려면 전문인력, 텔레마케팅 시스템, 완벽한 스크립트가 필요하다(이훈영, 2002).

첫째, **전문인력**은 텔레마케팅의 성공요인 중의 하나이다. 이직률이 높기 때문에 최고의 생산성 있는 우수한 인력을 안정적으로 확보해야 한다. 전문인력은 텔레마케팅을 진행하기 위한 콜 센터(call center) 운영의 핵심이며, 전체 운영비의 60%를 차지하는 부분이다. 전문인력은 업무나 조직의 특성에 맞는 텔레마케터의 자질과 능력이 무엇인지를 명확하게 파악하고 가능한 한 적성에 맞는 적임자를 채용해야 하며, 최고의 능력을 발휘할 수 있도록 적절한 교육훈련과 동기부여를 해야 한다. 주요 전문인력은 텔레마케터, 감독자, 텔레마케팅관리자로 구성된다. 텔레마케터(tele-communicator)는 전화를 통해 고객과 접촉하는 사람으로서 텔레커뮤니케이터 TSR(telephone sales representative) 등으로도 불린다. 감독자(supervisor)는 텔레마케터의 교육, 훈련, 관리뿐만 아니라 스크립트 작성, 세분화 및 리스팅, 판매전략회의, 운영코스트 관리 등의 업무를 수행하는 사람이다. 마지막으로 텔레마케팅관리자(manager)는 텔레마케팅 센터 전체의 효율성과 효과성을 높이기 위한 운영전략과 마케팅 전략을 수립한다.

둘째, **텔레마케팅 시스템**이 필요하다. 텔레마케팅시스템은 대화식 음성응답기(interactive voice response : IVR), 자동번호인식기(automatic number identification : ANI), 자동전화분배기(automatic call distributor : ACD), 컴퓨터와 통신의 통합체계(computer telephony integration : CTI)와 같은 장비와 시스템으로 구성된다. 이러한 장비로 구축된 형태를 콜 센터(call center)라고 부른다. 구체적으로 콜 센터는 여러 가지 정보통신기술과 데이터베이스 내의 다양한 정보를 이용하여 고객과의 효과적인 커뮤니케이션을 수행하는 텔레마케팅 장소 및 조직을 말한다.

셋째, **스크립트(script)**가 필요하다. 스크립트란 텔레마케팅을 실시할 때 고객과의 대화를 목적에서 벗어나지 않고 자연스럽게 진행할 수 있도록 사전에 준비한 '대화원본'을 말한다. 이것은 대화의 흐름 순서에 따라 도표로 구성되어 있다. 고객과 통화를 진행할 때 핵심 요점과 상품정보를 즉각적으로 제공하기 위한 필수적인 통화 대본 내용이다. 스크립트를 통해 콜의 명확한 목적과 방향을 제시하고, 정확하고 효율적인 콜을 진행하고, 정확한 소요시간 파악에 따른 효과적인 계획과 운영이 가능해지며, 텔레마케터 능력의 표준화 및 향상이 가능하다.

이러한 인력과 조직을 갖추기 위해서 텔레마케팅을 자체에서 전개하는 것과 전문대행사를 이용하는 방법이 있다. 사내보다 전문업체의 활용은 초기투자 비용이 들지 않고 작업량이 안정적이지 않고 예측할 수 없는 경우에 좋은 방법이다. 반면에 사내에서 하는 것보다 자료를 즉각적으로 받아보기 어려운 측면이 있고, 비용이 많이 들 가능성이 있다.

3. 감성마케팅

3.1 감성마케팅의 개요

감성마케팅이란 눈에 보이지 않는 감성이나 취향을 눈에 보이는 색채나 형태로 형상화하거나, 인간의 감각이나 감성에 호소하는 마케팅을 말한다(이정학, 2009a). 고객의 감성을 자극하여 상품이나 서비스에 대한 고객의 호의적인 감정을 불러 일으키는데 일차적인 목적이 있다. 이렇게 좋은 소비경험을 하게 되면 고객은 즐거워하고 좋은 감정을 일으키게 된다.

고객에게 감성을 불러일으키기 위해 감성마케팅에서는 사람의 오감을 활용하게 된다. 이를 통해 주요한 마케팅 방법으로 등장한 개념들이 향기마케팅, 컬러마케팅, 음향마케팅 등이다. 이와

〈표 14-4〉 감성마케팅의 사례

구 분	사 례
청각(음향)마케팅	- 와인매장의 클래식 음악을 사용해서 비싼 고급와인의 판매를 증대시킨다. - 식당의 느린 템포 음악을 통해 식사시간이 길어지고 음료수 주문을 증대시킨다. - 패스트푸드점의 빠른 템포음악을 통해 짧은 시간 내에 식사를 완료시킨다.
촉각마케팅	- 아기 기저귀의 '뽀송뽀송함'을 강조해 판대량을 증대시킨다.
후각(향기) 마케팅	- 베이커리의 구운 빵 냄새를 통해 베이커리의 매출액의 증가시킨다.
시각(컬러) 마케팅	- 1920년대 미국 파커(Parker)의 빨간 만년필을 통해 남성용처럼 검은색과 갈색이 전부였던 당시 파격적인 빨간색을 대담하게 도입하여 여성용 만년필 시장을 석권하였다.

자료원 : 이정학, 관광마케팅, 기문사, 2009a, p. 336.

관련한 주요 사례들이 〈표 14-4〉에 제시되어 있다.

감성마케팅은 상품 속성의 차이가 없는 현대에서 가장 차별화를 쉽게 할 수 있는 전략으로 등장하였다. 기업간의 경쟁의 치열화로 인해 이제는 상품 자체로는 품질의 표준화가 이루어져 있고, 과거처럼 가격, 편익, 기능, 디자인 등이 쉽게 구분이 잘 되지 않는다. 이에 따라 소비자의 오감을 통한 차별화를 통해 고객의 감성에 영향을 주어 시장의 주도권을 확보하고자 하려고 하고 있다. 특별히 고객들이 시대적인 변화에 따라 이성이 아닌 감성이 지배하는 문화를 추구하고 있는 상황에서 감성을 통해 대응하는 것은 브랜드 충성도를 높일 수 있는 좋은 전략이다.

3.2 감성마케팅의 전략

감성마케팅을 추진하기 위한 전략들을 살펴보면 다음과 같다(이정학, 2009a).

- **고객의 가치를 높여라** : 감성마케팅에서 고객을 단순히 기업의 상품이나 서비스를 구매하는 존재나 구매의 대상이 아니라 구매행위로 자신의 경험과 느낌을 충족시키고 소비자체를 즐기는 존재로 보아야 한다. 즉 고객은 구매 자체보다 소비행위를 통하여 가치를 느끼고자 하는 것이다.
- **고객의 심성을 살려라** : 고객은 기업의 일방적인 아이덴티티를 구매하는 것이 아니라 자신의 감성을 표출할 수 있는 상품을 구매하고자 한다. 감성마케팅에서 고객은 다른 사람들과는 뭔가 차별화를 원하므로 최대한 그들의 개성을 표출하도록 환경을 만들어 주어야 한다.
- **고객과 동반자적 관계를 유지하라** : 고객은 기업과의 상품 및 서비스의 거래관계시점에서 일시적으로 좋은 느낌을 받고자 하는 것이 아니라 항상 특별한 존재로 남기를 원한다. 따라서 감성마케팅에서는 고객과의 관계를 한 순간이 아닌 영원한 관계로 하고자 한다.
- **구전 마케팅을 전개하라** : 고객은 일방적인 상업 메시지나 정보를 원하지 않고 자신을 표출할 수 있는 쌍방향 의사소통을 원한다. 따라서 감성은 일방적인 TV나 신문 등의 광고보다는 친구와의 대화 같은 입소문 등에 의하여 영향을 받는다.
- **소비문화를 판매하라** : 오늘날 소비자는 다양한 문화를 추구하고 있으며 소비도 하나의 문화로 자리잡고 있다. 기업은 소비자와의 단순한 거래관계가 아닌 소비문화를 창출하고 전달하여 판매하는 관계를 만들어나가야 한다.

토론해 볼 문제

1. 호텔에서 관계마케팅의 관계형성 방법으로 활용되는 내용들을 조사해보고 이에 대해서 토론해 보시오.
2. 호텔의 텔레마케팅 활용사례를 조사해보고 이에 대해서 토론해 보시오.
3. 호텔의 감성마케팅 활용사례는 어떤 것이 있는지를 조사해보고 어떤 장, 단점이 있는지를 토론해 보시오.

참고문헌

[국내문헌]

강상원, 쉽게 알자! 마케팅, 더난출판, 2004.

김성용, 관광마케팅, 기문사, 2008.

김영규, 여행사경영과 실무, 대왕사, 2001.

박명호, 한장희, 김상우, 백운배, 인터넷 마케팅, 명경사, 2005.

박시사, 관광고객행동론, 대왕사, 2005.

박호표, 호텔·관광마케팅, 학현사, 1997

박홍수, 하영원, 신상품마케팅, 학현사, 1997.

밥 스톤, 데이터베이스마케팅, 금강기획마케팅전략연구소 옮김, 한언, 1999.

신강현, 강인숙, 호텔경영학 개론, 기문사, 2006

신우성, 호텔관광마케팅, 기문사, 2006.

신혜숙, 호텔·관광마케팅, 대왕사, 2004.

안광호, 하영원, 박홍수, 마케팅원론, 학현사, 2002.

안종기, 울산지역 관광호텔 연회상품의 포지셔닝전략, 동아대학교 경영대학원 석사학위논문, 2000.

연승호, 엄서호, "관광상품 가치지각에 관한 연구," 관광학연구, 27(4), 2004, 219-234.

윤희중, 신호창, PR전략론, 도서출판 책과 길, 2000.

이동휘, 김주호, 김성환, 정하경, 김세환, 문승제, 마케팅산책, 개정판, 도서출판 두남, 2005.

이문규, 안광호, 김상용, 인터넷 마케팅, 법문사, 2004.

이순철, 서비스기업의 경영전략, 삼성경제연구소, 2002

이유재, 서비스마케팅, 제4판, 학현사, 2011.

이정학, 관광마케팅, 기문사, 2009a.

이정학, 서비스마케팅, 대왕사, 2009b.

이훈영, e-마케팅 플러스, 무역경영사, 2002.

이희천, 한진수, 현대 호텔마케팅, 도서출판 갈채, 2006.

장대련, 한민희, 광고론, 학현사, 2001.

정익준, 최신관광마케팅, 형설출판사, 2004.

정익준, 환대마케팅, 학현사, 2006.

최태광, 관광마케팅, 백산출판사, 2002.

최태광, 김미경, 박종철, 호텔마케팅실무, 백산출판사, 2008.

[번역서]

Kotler, Philip,, John Bowen, and James Makens, Marketing for Hospitality and Tourism : 호텔·외식·관광마케팅, 김영태 옮김, 도서출판 석정, 2010.

Morrison, Alastair, M., Hospitality and Travel Marketing : 호텔·관광마케팅, 김홍범 역, 한올출판사, 2006.

[해외문헌]

Abbey, James R., *Hospitality Sales and Marketing*, 4th ed., Educational Institute : AHMA, 2003.

Arense, William F., *Contemporary Advertising*, 7th ed., McGraw-Hill, 1999.

Bencin, Richard, L., *The Marketing Revolution*, Cresheim Publications, 1985.

Bowen, John and Stowe Shoemaker, "Relationship in the Luxury Hotel Segment : A Strategic Perspecive," *Research Paper*, Center for Hospitality Research, Ithaca, N.Y. : Cornell University, 1997.

Coffman, C. Dewitt, *Marketing for a Full House*, Ithaca, New York : Cornell University, 1984.

Cohen, Robert J., "Ad Gains Could Exceed 6% This Year," *Advertising Age*, 64(19), May 3, 1993. p. 4.

Davidson, Rob, *Business Travel*, Pitman Publishing, 1994.

Degen, James M., "Segmentation Strategies for the 80s," *Restaurant Business*, October 1, 1980, p. 250.

Drucker, Peter, *Management : Tasks, Responsibilities, Practices*, New YOurk : Harper & Row, 1973.

Etzel, Michael, J., Bruce J. Walker, and William J. Stanton, *Marketing*, McGraw-Hill, 1997.

Garvin, David A., "Product quality : An important strategic weapon," *Business Horizons*,

27(3), May-June, 1984, pp. 40-43.

Gee, Chuck, James Makens, and Dexter Choy, *The Travel Industry*, NY : VNR, 1989.

Gonroos, C., "Developing the Service Offering-A Source of Competitive Advantage," in *Add Value to Your Service*, C. Surprenant, Ed., Chicago : American Marketing Assoication, 1987.

Fielding, Peggy, and Gary Drummond, *Telemarketing Fractionated*, Prentice-Hall Inc., 1991.

Kotler, Philip, *Marketing Management-The Millennium Edition*, Prentice-Hall, 1999.

______ and Keller Kevin, *Marketing Management*, 13th Edition, 2008.

Krippendorf, Jost (1987), *The Holiday Makers*, Heinemann Professional Publishing Ltd., 1987.

Kurtz, David L. and Kenneth E. Clow, *Services Marketing*, New York : John Wiley & Sons, 1998.

Lamb, Charles W., et al., *Marketing*, 7th ed., Thomson, 2004.

Levitt, Theodor, "Marketing Myopia," *Harvard Business Review*, July-Augusut, 1960, pp. 45-56.

Maslow, Abraham H., *Motivation and Personality*, Harper & Row Publishers, 1954.

McCafferty, Thomas, *In-House Telemarketing*, Probus Publishing, 1987.

McCarthy, E. Jerome, and William D. Perreault, Jr., *Basic Marketing*, 8th ed., Richard D. Irwin, Inc., 1984.

McIntosh, Robert, W, Charles R. Goeldner, and J. R. Brent Ritchie, *Tourism : Principles, Practices, Philosophies*, NY : John Wiley, 1995.

Nykiel, Ronald A., *Marketing in the Hospitality Industry,* 4th ed., Educational Institute : American Hotel & Lodging Association, 2003.

Parasuraman, A., V. Zeithaml, and L. Berry, "A Conceptual Model of Service Quality and Its Implications for Future Research," *Journal of Marketing,* Fall, 49, 1985, p. 41-50.

______________________________, "SERVQUAL : Multiple-Item Scale for Measuring Consumer Perception of Service Quality," *Journal of Retailing*, 64(1), pp. 12-40.

Plumber, Joseph T., "The Concept and Application of Life-Style Segmentation," *Journal of Marketing*, January, 1974, p. 34.

Porter, Michael, E., *Competitive* Advantage, Free-Press, 2004.

Reid, Robert D., *Foodservice and Restaurant Marketing*, Boston, Mass : CBI Publishing Company Inc., 1983.

Robbin, S.P. and D. A. DE Cenzo, *Fundamentals of Management*, 2nd ed., Prentice-Hall, 1988.

Russell, Frederick A., Frank H. Beach, and Richard H. Bushkirt, *Selling Principles and Practices*, 11th Ed., New York : McGraw-Hill, 2002

Stone, Bob, and John Wyman, *Successful Telemarketing*, NTC Business Books, 1986.

WTO, *Guide for Local Authorities on Developing Sustainable Tourism*, 1998.

Zeithamal, V. A. and M. J. Bitner, *Service Marketing,* New York : McGraw-Hill, 1998.

찾 · 아 · 보 · 기

ㄴ

ㄷ

ㅂ

ㅅ

ㅇ

ㅊ

ㅋ

ㅌ

ㅍ

ㅎ

A

B

C

D

E

I

J

K

L

M

N

O

P

Q

R

S

T

김충련(金忠鍊)

고려대학교 경영학과(B.S.)
KAIST 경영과학과 마케팅(M.S., Ph.D.) 전공
삼상물산 마케팅 및 경영기획 담당 과장
㈜ 데이터리서치 고문
현) 우석대학교 호텔관광학과 교수

■ **저서 및 논문**
SAS라는 통계상자
SAS데이터분석
SAS를 활용한 다차원척도법과 결합분석
관광마케팅
Journal of Advertising Research, Behaviour & Information Technology, Journal of Marketing Channels, International Journal of Management, 마케팅연구, 소비자학연구, 경영정보학 연구 등에 다수 논문 수록

E-mail : josephckim@hanmail.net

〈개정판〉호텔마케팅

초판 1쇄 발행 2010년 06월 10일
개정 1쇄 인쇄 2012년 02월 20일
개정 1쇄 발행 2012년 03월 02일
저　　자 김충련
발 행 인 이범만
발 행 처 **21세기사** (제406-00015호)
경기도 파주시 산남동 283-10 (413-130)
Tel. 031-942-7861　Fax. 031-942-7864
E-mail : 21cbook@hanafos.com
Home-page : www.21cbook.co.kr
ISBN 978-89-8468-351-8

정가 23,000원